Berthold Seliger – Das Geschäft mit der Musik

Berthold Seliger ist Autor und lebt in Berlin. Er betreibt seit 25 Jahren eine eigene Konzertagentur und ist Europaagent u.a. für Calexico, Lambchop, Pere Ubu, The Residents und The Walkabouts. Als deutscher Tourneeveranstalter arbeitet er mit Bonnie ›Prince‹ Billy, Bratsch, Daniel Kahn, Lou Reed, Patti Smith, Lucinda Williams und anderen zusammen.
Seliger schreibt über musik- und kulturpolitische Themen u.a. in der *Berliner Zeitung*, im *Freitag* und in *Konkret*.

Edition
TIAMAT
Deutsche Erstveröffentlichung
Herausgeber:
Klaus Bittermann
Lektorat: Heiko Arntz
4. Auflage: Berlin 2014
© Verlag Klaus Bittermann
www.edition-tiamat.de
Buchumschlagentwurf: Felder Kölnberlin Grafikdesign
ISBN: 978-3-89320-180-8

Berthold Seliger

Das Geschäft mit der Musik

Ein Insiderbericht

**Critica
Diabolis
208**

**Edition
TIAMAT**

Inhalt

Intro
Melancholie und Dissidenz – 7

Live-Industrie
Veranstalter, Agenten, Tickets und Big Data – 22

Tonträgerindustrie
Plattenfirmen, Indies, Streaming und neue
Geschäftsmodelle – 119

Copy? Right!
Urheber, Verwerter und Nutzer im chinesischen
Jahrhundert – 172

Gema
Afma, Stagma, Inka und Hadopi – 211

Sponsoring
Bands und Brands – 234

Die soziale Situation
Fame, Fun, Cash im Prekariat – 260

Musikjournalismus
Kooperationen, Preislisten und ein Hengst im
Karpfenteich – 289

Politik
Zeitkultur, Staatspop und die Rolle der Musiker – 311

Literaturverzeichnis – 349

»Wer nur von Musik etwas versteht,
versteht auch davon nichts!«

Hanns Eisler

Intro

Melancholie und Dissidenz

In der sogenannten O_2 World Berlin, der laut Eigenwerbung »modernsten Multifunktionsarena Europas«. Bereits von Ferne ballert einem die knallbunte Werbung entgegen, die Halle ist von außen erleuchtet mit den Heilsversprechen der Konsumwelt, von Beck's bis Coca-Cola (die Getränkemultis sind zwei der Hauptsponsoren der Halle). Innen verströmt die Halle den Charme eines mittelstädtischen Parkhauses, alles ist sauber und betoniert und zweckdienlich. Das Publikum soll möglichst rasch den Weg finden zu den Verkaufsständen von Pommes und Bier und danach anstandslos in der Halle das konsumieren, was die Anschutz-Gruppe mit Hilfe der Millionensubventionen von Wowereits rot-rotem Senat als »Kultur« verkauft (laut Presseberichten gab es seitens des Berliner Senats direkte Subventionen in Höhe von mindestens 12 Millionen Euro, hinzu kommen wohl noch einmal über 20 Millionen Euro, die in Infrastrukturmaßnahmen für das Anschutz-Gelände flossen).

Im Kern erinnert die O_2 World an die Mehrzweckhallen, wie man sie aus der Provinz kennt, ein überdimensionales Dorfgemeinschaftshaus sozusagen. Man kann dort alles anbieten, vom Eishockeyspiel über Boxkämpfe bis hin zu Metallica, DJ Ötzi und Leonard Cohen – und vor und nach dem Konzert werden die Besucher unablässig mit bunten Werbebotschaften bombardiert. Eine Abspielstation für Kultur, »die sie meinen«: seelenlos, kalt und ohne Charme, eine Fabrikhalle, in der »Produkte«

der Kulturindustrie »mehr oder minder planvoll hergestellt« werden, »die auf den Konsum durch Massen zugeschnitten sind und in weitem Maß diesen Konsum von sich aus bestimmen« (Adorno).[1] Heute heißt so eine Halle nach einem Mobiltelefonkonzern, oder wahlweise nach einem Versicherungsgiganten (Allianz Arena München) oder einer Bank (Commerzbank Arena Frankfurt), Beispiele für ein »System«, zu dem die »Konzentration von Wirtschaft und Verwaltung« geführt hat. »Kulturindustrie ist willentliche Integration ihrer Abnehmer von oben« (Adorno), und dies wird in der Berliner O_2 World auf eine Weise manifest, gegen die Adornos Thesen fast schon naiv anmuten.

In den letzten zwanzig Jahren ist eine Kommerzialisierung des Konzertgeschäfts erfolgt, eine Industrialisierung des Konzertwesens, deren Dimensionen so weitreichend sind, wie sie gleichzeitig in der öffentlichen Diskussion fast völlig verschwiegen werden. Das »Soundwave Festival« zum Tag der deutschen Einheit vor dem Brandenburger Tor wird von der Getränkemarke Coca-Cola veranstaltet (die braune Brause hat mit dem Sponsoring in Berlin einige Erfahrung: Bereits 1936 hat Coca-Cola Hitlers Olympiade unterstützt, und im Berliner Sportpalast verkündeten bei NS-Großveranstaltungen Werbebanner weiß auf rotem Grund: »Trink Coca-Cola – stets eiskalt«). Sogenannte »Mobile Sessions« mit Künstlern wie den Rascals oder José González werden vom Handyhersteller Sony Ericsson über die Bühne gebracht. Eine Organisation namens »Electronic Beats« (laut Impressum der Website »operated by Deutsche Telekom AG«) veranstaltet ein Konzert der Pet Shop Boys im städtischen Theater »Hebbel am Ufer« (HAU), Karten gibt es jedoch nicht öffentlich zu kaufen, sondern nur über die Website des Telefonkonzerns. Der Hardwarehersteller Apple or

---

[1] Adorno, Résumé über Kulturindustrie, in: Ders., Ohne Leitbild. Parva Aesthetica, Frankfurt a. M. 1967, S. 60.

ganisiert in europäischen Großstädten seine »iTunes Live«-Festivals, und sämtliche Medien, von Musikmagazinen über Radiostationen bis hin zum bürgerlichen Feuilleton, überschlagen sich mit Lobeshymnen und machen, als Berichterstattung getarnt, kostenlose Werbung für den Konzern. Die »O_2 World On Tour« präsentiert Künstler wie Mia oder Adam Green. Gemeinsam ist den Konzerten von O_2 und Apple, daß der Fan nirgendwo Tickets erwerben kann – Karten für diese Konzerte gibt es nicht zu kaufen, sondern nur zu gewinnen, etwa auf den Websites der Konzerne oder bei ihren sogenannten »Medienpartnern«. Oder die Handybesitzer erfahren über SMS von den Konzerten, die ihr Provider nur für seine Kunden veranstaltet. Konzertbesuche nicht als kulturelle Ereignisse, sondern als privatisierte Lifestyle-Zugabe zu bereits getätigtem Konsum – der Konsument wird mit manipulativer Musik zwangsernährt.

Die Modemarke »New Yorker« lädt zu einem exklusiven Madonna-Konzert, der Autokonzern Audi sponsert das Konzerthaus Berlin, Nestlé finanziert die Salzburger Festspiele (»A shared passion for quality«). Auch die Lifestyle-Presse hat sich zum willigen Helfer der Konsumindustrie degradiert und berichtet auf von der Konsumindustrie bezahlten und schüchtern und kleingedruckt »Promotion« genannten Seiten davon, wie »die Party zum Launch der H&M-Kollektion in Berlin« war, und Indie-Musiker wie Frank Spilker von der Band Die Sterne nehmen an der »Jägermeister Rock Liga« teil, um sich einen »neuen Kleinwagen« zu finanzieren. Vodafone veranstaltet ein »Music Unlimited«-Festival vor dem Kölner Dom (wo vor Jahren noch das renommierte und mittlerweile vom Sender eingestellte »WDR Weltmusikfestival« stattfand), die Mitschnitte der Konzerte auf der Domplatte kann man sich als mobile Downloads auf das Handy holen. Gleichzeitig gibt es auf MTV eine Sendung namens »Vodafone Soundbites«: »Es geht um eine weltweite Multiplattform«, sagt Charlie Carrington, Head of

New Media and Branded Entertainment bei der Vodafone Group, »Vodafone will als Partner der Musikbranche gesehen werden«.[2]

»Branded Entertainment« – besser hätte man die weltumspannende Manipulationsindustrie wohl kaum bezeichnen können.

Vor ein paar Jahren kam ich abends nach einem Konzert von Pere Ubu auf dem Weg ins Hotel mit dem großen David Thomas an einem Poster für ein von Coca-Cola veranstaltetes Konzert vorbei. David Thomas sagte: »I never would do this. I never would play for Coca-Cola!« Der viel zu jung verstorbene Beastie Boy Adam Yauch hat nicht nur »I might stick around or I might be a fad, but I won't sell my songs for no TV ad« gerappt (im Song »Putting Shame in Your Game«), sondern verfügte in seinem Testament auch ausdrücklich, daß »in keinem Fall mein Bild, mein Name sowie irgendeine Musik oder ein künstlerisches Eigentum, das ich geschaffen habe, für Werbezwecke verwendet werden darf«.[3]

Es gibt noch Künstler, die Haltung und Rückgrat haben, Künstler, die nicht jeden Scheiß mitmachen nach dem Motto: »Ich war doof und brauchte das Geld«, Künstler, die nicht Musik machen, um sich einen Kleinwagen zu finanzieren. Allerdings, diese Haltung – das »Ain't singing for Pepsi, ain't singing for Coke« (Neil Young) – ist heute, mehr als anderthalb Jahrzehnte nach dem Sponsoring von Volkswagen für die Tournee der Rolling Stones, das eine Vorreiterrolle spielte bei dieser neuen Form der Werbe-Deals, eine Seltenheit. Das Thema ist eigentlich durch. Musik um der Musik willen und nicht als Mittel zum Zweck, der da größtmöglicher Profit heißt, ist – siehe die oben erwähnten Beispiele – ein Anachronismus, selbst im sogenannten »Indie«-Bereich.[4]

---

[2] Interview mit Charlie Carrington, Musikwoche, 36/2008, S. 20.
[3] Frankfurter Allgemeine Sonntagszeitung, 12. 8. 2012.
[4] »Lost highways«, Titelgeschichte über Pere Ubu, Wire, 10/06.

Die Musikbranche spielt Monopoly. Denken Sie an die Tonträger- und Musikverlagsindustrie, die zuletzt durch den Verkauf des Traditionsunternehmens EMI in die Schlagzeilen geraten ist. Insgesamt dominieren heute nur noch drei statt bisher vier multinationale Konzerne fast 80 Prozent des weltweiten Tonträgergeschäfts. Bei den Musikverlagen sieht es ähnlich aus: Die drei multinationalen Konglomerate verfügen über 68,7 Prozent der Weltmarktanteile. Seit Drucklegung dieses Buches mögen sich die Zahlen geringfügig verändert haben. Macht nichts, die Tendenz ist nach wie vor die gleiche.

In der Konzertbranche läuft es nicht anders, global wie auch regional. Weltweit konkurrieren vornehmlich zwei große Agenten- und Managementfirmen um die Vorherrschaft auf dem Markt, William Morris Endeavor und die Creative Artists Agency. Und Live Nation ist der Konzern, der das Konzertgeschäft unserer Tage weltweit dominiert. Zur Marktkonzentration der Konzertveranstalter, Managementfirmen und Agenturen kommt seit geraumer Zeit die Marktdominanz der Ticketverkäufer, der Ticketingfirmen. Live Nation und Ticketmaster haben vor wenigen Jahren fusioniert – der größte Konzertveranstalter der Welt im Bett mit dem größten Ticketverkäufer der Welt. Die Marktdominanz wird längst über die Grenzen des Kerngeschäfts hinweg zementiert. Doch wir müssen gar nicht so weit in die Ferne, über den Atlantik schweifen, um Monopolstrukturen zu beobachten. Wir können dazu auch in Deutschland bleiben. Hierzulande ist der börsennotierte Konzern CTS Eventim der Marktführer in der Rolle eines Quasi-Monopolisten. Im weltweiten Vergleich belegt CTS Eventim heute hinter Live Nation und AEG (der Anschutz Entertainment Group, die die Berliner O_2-Arena betreibt) Platz drei unter den Konzertveranstaltern und hinter Ticketmaster Platz zwei unter den Ticketing-Unternehmen.

Der amerikanische Professor, Autor und Berater der amerikanischen Wettbewerbsbehörde, Tim Wu, beschreibt in seinem Buch *Der Master Switch*, daß alle amerikanischen Informationsindustrien – ob Telefon, Rundfunk, Film, Fernsehen oder zuletzt das Internet – am Ende in rücksichtslosen Monopolen oder Kartellen aufgegangen sind. »Aus den schönen neuen Technologien des 20. Jahrhunderts – deren freie Verwendung ursprünglich gefördert wurde, um weitere Erfindungen und individuelle Ausdrucksformen zu ermöglichen – entstanden ausnahmslos allmählich von der Privatwirtschaft kontrollierte Kolosse. Sie wurden zu den ›alten Mediengiganten‹ des 21. Jahrhunderts, die die Verbreitung und die Art der Inhalte aus kommerziellen Gründen streng kontrollierten.«[5] Und immer kann man den gleichen Verlauf konstatieren – »von einem frei zugänglichen Kanal zu einem streng durch ein Unternehmen oder Kartell kontrollierten Zugang – von einem offenen zu einem geschlossenen System«.[6]

Doch diese geschlossenen, privatwirtschaftlich organisierten Monopolsysteme entstehen ja nicht zufällig. In der Regel werden sie erst von der Politik ermöglicht. Erst die Möglichkeiten, die der politisch gewollte Paradigmenwechsel unserer Art des Wirtschaftens schuf, der in den späten siebziger Jahren begann, als sich in den USA die Theorien des neoliberalen Ökonomen Milton Friedman durchsetzten beziehungsweise später von Ronald Reagan und seinen »Reaganomics« durchgesetzt wurden, sowie die darauf fußende Theorie des »Shareholder Value«, von Alfred Rappaport 1986 entwickelt, haben auch die Musikindustrie auf den Kopf gestellt. Der Ansatz, den »Shareholder Value« (also allein den Wert für den Aktionär) und nicht etwa einen »Stakeholder Value« (also den Wert für alle am Unternehmen beteiligten Gruppen) zur Maxime unternehmerischen Handelns zu machen,

---

[5] Tim Wu, Der Master Switch, Aufstieg und Niedergang der Medienimperien, Heidelberg 2012, S. 20.
[6] A. a. O., S. 21.

führt in letzter Konsequenz zur Diktatur der »Märkte«, wie wir sie aktuell erleben, und hat zu Beginn unseres Jahrtausends unter anderem zu Massenentlassungen nicht nur in der Musikindustrie geführt sowie wilde Unternehmenskäufe und -verkäufe möglich gemacht. Belohnt wird nicht vorausschauende Unternehmenspolitik, die sich ihrer gesellschaftlichen Verantwortung stellt, sondern der rasche, hemmungslose Profit.

Wie ich im Kapitel über die Konzertindustrie zeigen werde, hat erst der sogenannte »Telecommunications Act«, ein Bundesgesetz, das 1996 in der Vereinigten Staaten zugunsten der Lobbyorganisationen der Kulturindustrie verabschiedet wurde, die modernen Medien- und Kulturmonopole in den USA ermöglicht, die mittlerweile den Weltmarkt dominieren. Aus Zeitungs- oder Rundfunkmogulen konnten Besitzer von breit aufgestellten Medienkonzernen werden. Die vermeintliche Deregulierung des amerikanischen Medienmarkts entpuppte sich als ungehemmte Liberalisierung mit dem Ergebnis eines massiven Konzentrationsprozesses, während gleichzeitig viele lokale, unabhängige und alternative Medienanbieter eliminiert wurden. Die von der US-Regierung animierte Liberalisierung der Medienpolitik schürte eine Goldgräberstimmung. Firmen wurden gekauft und wieder verkauft, die Besitzer und Geschäftsführer der Firmen wechselten zum Teil vierteljährlich. Hatte es 1983 noch fünfzig große Medienkonzerne in den USA gegeben, so war ihre Zahl im Jahr 2005 auf ganze fünf gesunken – der Telecommunications Act hatte de facto zu einem Oligopol geführt. Der amerikanische Verbraucherschützer Ralph Nader argumentierte, das Gesetz sei ein Musterbeispiel dafür, wie politische Korruption das Wohlergehen der Großkonzerne beförderte.

Die Konzentrationsprozesse in der Wirtschaft, die Monopolisierung in einzelnen Wirtschaftsbereichen sind natürlich kein Problem, das auf die Musikindustrie beschränkt wäre – so, wie die Tonträgerindustrie in der

Hand dreier weltweit operierender Konzerne ist, die etwa 80 Prozent des Marktes bestimmen, und so, wie im Konzertgeschäft einige wenige Konzerne weltweit, europaweit oder national den Markt dominieren, so beherrschen zum Beispiel in Deutschland drei Verlagsgruppen etwa 80 Prozent des Buchmarktes, so kontrollieren in Deutschland die vier großen Lebensmittelhändler Edeka, Lidl, Aldi und Rewe 85 Prozent ihres Marktes, und nur zehn internationale Konzerne beherrschen 85 Prozent des Nahrungsmittelhandels weltweit. Das Problem ist »systemisch«, wie man heute zu sagen pflegt.

Doch was bedeutet das für die Kultur, was bedeutet das für unsere Gesellschaft? Was bringt unsere Gesellschaft voran? Ist es die Quote, die zählen soll, oder ist es die Qualität von Kultur? Geht es um den größten Haufen, auf den sich bekanntlich die meisten Fliegen setzen? Oder geht es um diese ganz besonderen, einzelnen Leistungen außergewöhnlicher Künstler? Geht es um Musik, die unser Leben bereichert?

Die Gesamtauflagen von Kafkas Büchern zu seinen Lebzeiten waren: *Betrachtung* 800 Exemplare, *Die Verwandlung* 2000 Exemplare, *In der Strafkolonie* 1000, *Ein Landarzt* 1000. Keine »Quote«, kaum »Profit«. Aber wir sind uns sicher einig, daß Frank Kafka einer der wichtigsten Schriftsteller des 20. Jahrhunderts war, der die Moderne treffend wie kaum ein anderer beschrieben und ihre Auswüchse geradezu prophetisch vorausgesehen und analysiert hat. Würde jedoch heutzutage ein neuer Franz Kafka noch gedruckt werden? Ein Autor, der »nicht genug verkauft«, dessen »Quote« zu gering wäre? Seinerzeit hat Kafka einen Verleger gefunden, der an ihn geglaubt und ihn veröffentlicht hat. Die multinationalen und dem Profit verpflichteten Kulturkonzerne unserer Zeit würden Franz Kafka wahrscheinlich ignorieren. »Qualität wird, besonders wenn sie in ungewohnter Form auftaucht, in der Regel nicht erkannt, schon gar nicht vom Markt. Das Neue kommt auf leisen Sohlen, in kleinen

Auflagen. Wer kümmert sich um diese kleinen Auflagen?«, fragt der Verleger und Kafka-Experte Klaus Wagenbach. Wer kümmert sich um die Künstler, die auf ihren ersten Tourneen nur dreißig, vierzig, siebzig Tickets pro Konzert verkaufen? Wer veröffentlicht die Musik von Bands, deren Alben nur eine Kleinauflage erleben? Für die großen Konzerne sind diese Künstler uninteressant. Wie groß ist das Interesse der Gesellschaft am Neuen? Also an ihrer Zukunft?

Die spannende Musik hört man in aller Regel in den Clubs, in den kleinen Hallen, auf charmanten, wenig kommerziellen Festivals. Das ist die lebendige Musikszene, in der das wahre musikalische Leben stattfindet. Die interessante Musik wird in aller Regel von kleinen, engagierten Labels veröffentlicht. Kaum eine gute Band würde existieren, wenn es nicht kleine Clubs und engagierte örtliche Veranstalter gäbe, die die Aufbauarbeit leisten, die mit viel Einsatz, Kreativität und nicht selten mit beträchtlichen finanziellen Verlusten diese Bands ihrem lokalen Publikum vorgestellt haben. Kaum eine gute Band ist ohne die Aufbauarbeit kleiner Labels denkbar. Diese kulturelle Leistung bringt die Kultur unserer Gesellschaft voran – nicht das Schielen nach Kommerz und Profit.

Doch die alternativen Kultureinrichtungen, die Clubs, Kleinlabels und Kulturzentren, sind durch eine »Quotenkultur« akut in ihrer Existenz gefährdet. Damit ist auch die Teilhabe der Menschen an der Kultur gefährdet. Wie aber können wir die kulturelle Vielfalt am Leben halten jenseits der Monopole und jenseits der profitbestimmten Quoten? Wenn einige wenige Musikkonsortien sich den Musikmarkt aufteilen und untereinander noch stark vernetzt sind, dann sind letztlich, so der niederländische Politologe Joost Smiers, »Demokratie und das menschliche Recht auf Teilhabe am kulturellen Leben in Gefahr«. Es gibt Bereiche des Lebens, bei denen das öffentliche Interesse mehr zählt als bei Herstellung und Verkauf von

Zahnpasta oder Unterwäsche. Wenn sich nur noch die Universals und die Live Nations dieser Erde um die Künstler kümmern, dann entsteht eine profitorientierte Monokultur, die durch ihre vielfältigen Manipulationsmöglichkeiten die Konsumenten mit einem kulturellen Einheitsbrei füttert.

Die Manipulation der Menschen durch seichte Massenkultur dient letztlich der Regierbarkeit von Untertanen. Das ist keine Erfindung des Neoliberalismus des 20. Jahrhunderts. Georg Knepler erklärt in seiner »Musikgeschichte des 19. Jahrhunderts«, welche gesellschaftliche Aufgabe »die Schlammflut von seichter und schlechter Musik« im Kapitalismus von Anfang an hatte:
»Was waren die Versuche einzelner Musiker, was waren die Bemühungen von Vereinigungen, Verbindungen und Gesellschaften aller Art, die Schlammflut von seichter und schlechter Musik aufzuhalten, das musikalische Niveau der Massen zu heben, der Korruption und Heuchelei im Musikleben einen Riegel vorzuschieben – was waren diese Versuche gegenüber der unerbittlichen Gesetzmäßigkeit, mit der die kapitalistische Gesellschaft eben diese Übel täglich neu produzierte? Die zur Macht gelangte Großbourgeoisie hatte vor allem ein Interesse: an der Macht zu bleiben. (...) Es ist von unabsehbarer politischer Bedeutung, daß die kapitalistische Unterhaltungsmusik nicht realistisch war, sondern idealisierend, nicht aufrüttelnd, sondern besänftigend, nicht sammelnd, sondern zerstreuend, nicht konzentrierend, sondern ablenkend. (...) Je leichter die Ware, mit der der Musikhunger der Millionen zu befriedigen war, um so besser für die Verleger. Um so besser aber auch für die gesamte Klasse der Kapitalisten. Eine solche Musik half mit, die bestehenden Lebensverhältnisse als erträglich, ja, als ideal, jedenfalls aber als unabänderlich, als unveränderbar hinzustellen, und wurde auf diese Weise zu einem wich-

tigen Träger der Ideologie der herrschenden Klasse. Das ist das (...) entscheidende Merkmal, durch das sich die von Kapitalisten betriebene Tanz- und Unterhaltungsmusik von der früherer Epochen unterschied. Die kapitalistisch betriebene Tanz- und Unterhaltungsmusik brachte also doppelten Profit, so wie jede Ware, die auf den Markt geworfen wird; und – wichtiger noch – sie trug in ihrer Eigenschaft, als besondere, als ideologische Ware dazu bei, die ganze Gesellschaftsordnung mit ihrer Warenwirtschaft, ihrem Markt und ihrem Profit, mit ihrer Not und ihrem Elend, mit ihren Krisen und Kriegen, mit ihrer Oberflächlichkeit und Seichtheit zu festigen.«[7]

Eine direkte Linie zieht sich von Metternichs Untertanenstaat des frühen 19. Jahrhunderts zu der von Medien- und Kulturmonopolen dominierten Musik unserer Tage. Knepler weist auf das doppeldeutige, entlarvende Wortspiel Fürst Metternichs hin, das auch heute noch als Motto gelten kann: »Das Volk soll sich nicht versammeln, es soll sich zerstreuen.«[8]

Den Organisatoren der »Zerstreuung« wie Live Nation, Universal oder Warner geht es um eine Begradigung des kulturellen Angebots, um mit möglichst stromlinienförmigen »Produkten« (nicht umsonst heißen die Personen, die in den großen Plattenfirmen Alben bearbeiten, »Produktmanager«) möglichst leicht Profite machen zu können. Es gilt, das Publikum zu manipulieren und zu konditionieren. Es geht um Kontrolle. Es geht um »gated communities«. Man denke an Apple. Gilles Deleuze spricht von »Kontrollgesellschaften«: »Kontrolle ist der Name (...), um das neue Monster zu bezeichnen, in dem Foucault unsere nahe Zukunft erkennt (...), ultra-schnelle Kontrollformen mit freiheitlichem Aussehen, die die al-

---

[7] Georg Knepler, Musikgeschichte des 19. Jahrhunderts, Bd. 1, Frankreich – England, Berlin 1961, S. 484 ff.
[8] A. a. O., S. 492.

ten – noch innerhalb der Dauer eines geschlossenen Systems operierenden – Disziplinierungen ersetzen«.[9]

Man denke an die Castingshows im Fernsehen. Casting-Juroren wie Dieter Bohlen oder Heidi Klum betonen mit schöner Regelmäßigkeit, daß es um die »Persönlichkeit« der Kandidaten gehe. Tatsächlich aber »wird die Selbstentfaltung darauf eingeengt, was sich am besten verkaufen läßt. Bei Heidi Klum zum Beispiel ist immer der Kunde König, die Kandidatinnen sind nur dann professionell, wenn sie genau das machen, was der Kunde will«, erklärt der Medienwissenschaftler Bernd Gäbler. Die Castingshows haben ihre Entsprechung im Alltag der Zuschauer. Die vorwiegend jungen Menschen, Schüler, Auszubildende, Studenten, kennen in ihrem Leben eine ähnliche Ohnmacht, aber auch eine ähnliche Verpflichtung wie die Kandidaten der Shows, zu funktionieren, sich unterzuordnen unter das Diktat des Konsums, des Marktes. »Diese Shows sind Schulen für Konformismus, ja sogar für Gehorsam«, stellt Gäbler fest. »Casting macht gehorsam.«[10]

Wie aber kann ein künstlerisches Konzept von, sagen wir, Dissidenz und Melancholie vorangetrieben werden, das sich den Kontrollgesellschaften widersetzen würde, wenn die Kulturindustrie komplett gleichgeschaltet ist und von wenigen großen, multinational arbeitenden Konzernen dominiert wird? Die gezielt gegen jede Dissidenz, gegen »Untergrund«, gegen »Revolte« arbeiten?

Denn wir brauchen eine Kultur, die im Gegensatz zum Mainstream, im Gegensatz zum »modern talking« der Kulturindustrie Dissidenz ermöglicht, statt sie als Mode in die Verwertungslogik der Kulturindustrie aufzusaugen (wie zum Beispiel Punk oder Grunge). Ich bin überzeugt,

---

[9] Gilles Deleuze, Postskriptum über die Kontrollgesellschaften, in: Unterhandlungen 1972-1990, Frankfurt 1993, S. 254 ff.
[10] »Casting macht gehorsam«, Interview mit Bernd Gäbler, Frankfurter Allgemeine Zeitung, 23. 10. 2012.

daß große Musik seit über zweihundert Jahren im wesentlichen durch Dissidenz geprägt ist. Wobei Dissidenz kein leichtes Spiel ist, sondern in der Regel ein ausgesprochener Kraftakt. Bereits Mozart war in Habitus und Inhalt »dissident« gegenüber den herrschenden Zuständen. Man muß nun nicht in jede Oper Mozarts eine revolutionäre Haltung hineininterpretieren, aber ganz ohne Zweifel war Mozart der Aufklärung verpflichtet und in deutlicher Opposition zu kulturellen Systemen, wie sie der Salzburger Fürstbischof und die Kaiserin in Wien repräsentierten. Mozart wußte wie Beethoven, der »ein damaliger Linker« (so der Dirigent Michael Gielen) war, bestens über die Französische Revolution Bescheid und vertrat deren Forderungen. »Beethoven und Schubert erlebten in ihrem letzten Lebensjahrzehnt den Staat Metternichs, der eindeutig ein Polizeistaat war, und sie selbst standen durchaus *unter Verdacht*; nur die zweifache sprachliche Verschlüsselung ihrer Musik schützte sie. Schuberts Freundeskreis war ein Dissidentenkreis. Sie fühlten sich alle fremd im eigenen Land *und* in der Welt« (Jan Reichow).[11] Dissidenz und Melancholie dürfte ein roter Faden der Musik sein seit Beethoven und Schubert, dessen »fremd bin ich eingezogen / fremd zieh ich wieder aus« aus der *Winterreise* ja durchaus nicht nur eine private Aussage ist – Einsamkeit meint hier wie bei Hank Williams (»I'm so lonesome I could cry«) eben keinen persönlichen, sondern einen durchaus gesellschaftlichen Topos, einen »Weltriß« (Heinrich Heine), mit dem der Künstler sich »gegen die Welt«, also auch »dissident« gegen gesellschaftliche Zustände definiert. Gustav Mahler war Dissident im künstlerischen wie im gesellschaftlichen Bereich. »Mahler stachelt die mit der Welt Einverstandenen zur Wut auf (…). Darum plädiert Mahlers

---

[11] Jan Reichow, Schubert und die Romantik des Fremden, SWR 2, 26.6.2008

Symphonik (…) gegen den Weltlauf« (Adorno).[12] Oder
Kafka: »… gleich seinem Landsmann Gustav Mahler hält
Kafka es mit den Deserteuren« (Adorno).[13] Selbst Verdi
darf man nicht unterschätzen, in der *Aida* etwa geht es ja
genau genommen um Krieg und Liebe und Kirche und
Militär. Verdi war glühender Pazifist und hatte sicher
seine Zweifel an den kolonialen Aspekten seines Kompo-
sitionsauftrags. Daß das zweite Finale in der *Aida* so
schlechte Musik ist, kann nur inhaltlich begründet sein.
»Es ist die wunderbarste Musik davor und danach, und
das zweite Finale ist wirklich Kacke – diese Märsche und
das Tschingbum. Das muß so sein! Die Vulgärmusik
wird ausgestellt« (Michael Gielen).[14]

Oder nehmen wir die Wurzeln der Pop- und Rockmusik, den Blues, den Jazz – Musik, der die Dissidenz und
die Melancholie tief eingeschrieben ist, genauso wie ursprünglich dem Country, dem »Blues des weißen Mannes«.

Heute dagegen beherrscht der Quotenterror unser kultu-
relles Leben, ob beim öffentlich-rechtlichen Rundfunk
und Fernsehen, bei der staatlichen Filmförderung oder
bei unseren musikalischen Freizeitvergnügungen. Wir
leisten uns ein hochsubventioniertes Kultursystem, unterwerfen es allerdings freiwillig dem Diktat der Quote.
Es zählt nur, was verkauft.

Und Konzerne wie Amazon oder Apple heizen die Jagd
nach der Quote noch auf eine bis vor kurzem ungekannte
Weise an: Unsere Präferenzen sind in den neuen Systemen und Geschäftsmodellen Rohstoff und Währung zugleich. Amazon beispielsweise weiß genau, wie wir unse-

---

[12] Theodor W. Adorno, Mahler: Eine musikalische Physiognomik,
Frankfurt a. M. 2003, S. 153ff.
[13] Adorno, Aufzeichnungen zu Kafka, in: Ders., Kulturkritik und Gesellschaft, Frankfurt a. M. 2003, S. 286.
[14] »Der Unbeugsame«, Interview mit Michael Gielen, Die Zeit, 29. 4.
2010.

re E-Books lesen, welche Seiten wir überspringen oder welche Sätze wir markiert haben. Wer garantiert uns, daß Amazon nicht irgendwann von den Autoren stromlinienförmigere Bücher verlangt, in denen die Seiten, die viele Menschen übersprungen haben, nicht mehr vorkommen, dafür mehr Sätze, die von vielen markiert werden? Spotify weiß detailliert, welche Musikstücke wir im Streaming hören, Apple, welche Tracks wir downloaden. Und die großen Tickethändler haben abgespeichert, welche Konzerte wir besuchen und wieviel Geld wir für unsere Eintrittskarten ausgeben. Wenn wir das Konzertangebot nur den multinationalen Großkonzernen überlassen, können wir sicher sein, daß die Konzerte, für die nur wenige Tickets verkauft werden, in Zukunft wegfallen. Es dürften im Zweifelsfall die interessanteren Konzerte sein.

Dissidenz ist in den modernen Geschäftsmodellen der Kulturindustrie nicht als Möglichkeit vorgesehen. Wir müssen uns also die Möglichkeiten für eine dissidente Kultur neu erkämpfen. Das macht es nötig, die Mechanismen der Kulturindustrie genau zu kennen. In diesem Sinne Kenntnisse zu vermitteln, ist Ziel dieses Buchs.

Live-Industrie

Veranstalter, Agenten, Tickets und »Big Data«

Einer der vielen Gründe, warum es lohnt, Keith Richards Autobiographie *Life* zu lesen, ist die Erzählung, wie die Rolling Stones als Band entstanden, wie sie sich ihren Ruhm erkämpften, wie die ökonomischen Bedingungen damals waren. Bei einem ihrer ersten Auftritte mit zwei halbstündigen Sets im Londoner Marquee Club bekam die Band laut »Keefs« Aufzeichnungen £2. Zwei Pfund, für die ganze Band! Aber sie tingelt durch die Clubs und die kleinen Läden, manchmal sogar für Null Gage.

Doch es gibt auch bessere Tage, mitunter sind die kleinen, stickigen Clubs gut gefüllt, wenn diese neue Band namens Rolling Stones spielt. Aber irgendwann gibt es das Angebot, jeden Sonntag im Richmond Station Hotel zu spielen. »Glücksfall« kommentiert Keith Richards in seinem Tagebuch, und Jahrzehnte später schreibt er: »Dort hat alles angefangen.« Irgendwann gibt es dann Leute, die der Band »einfach überallhin folgen«, echte Follower also, ganz ohne Facebook und Gezwitscher.

Und an dieser Stelle erwähnt Keith Richards in seiner Autobiographie Giorgio Gomelsky, der »die Organisation übernommen« und »Auftritte an Land gezogen« hat – ein Booker also, würde man heute sagen. »Ohne ihn hätte die ganze Sache nicht funktioniert. (...) Giorgio tat alles für uns. Er brachte uns unter, er organisierte Gigs.« Doch, auch so etwas kommt einem bekannt vor: Als Brian Jones größere Erfolge wittert, sägt er den Booker ab. »Wahnsinn, wie Brian die Fäden gezogen hat, wie er über all das die Kontrolle haben wollte.«[1]

Dann kommt der erste Plattenvertrag, die Gigs werden etwas größer. Mal spielen die Rolling Stones auf einem Debütantenball in den St. Clements Caves bei Hastings, mal treten sie in der Corn Exchange von Wisbech auf, einer altertümlichen Getreidebörse in Cambridgeshire, und machen Krawall. Doch dann kommt die erste richtige Tournee, sechs Wochen. Die Rolling Stones werden als Opener gebucht für ein »Wahnsinns-Line-up: die Everly Brothers, Bo Diddley, Little Richard, Mickie Most«, eben eine Zusammenstellung mehrerer Bands, wie das zu der Zeit üblich war und das an die phantastischen Tournee-Line-ups früher Lippmann+Rau-Tourneen hierzulande erinnert. Keith Richards und die Rolling Stones machen große Augen: »In den Kinos hingen wir immer von den Deckenbalken, um Little Richard, Bo Diddley und die Everlys auf der Bühne zu beobachten. (...) Große Gigs, kleine Gigs. Was für ein Erlebnis – wow, ich in einer Garderobe mit Little Richard!«[2] Die Stones schauen sich einiges von ihren Idolen ab, doch sie spielen nicht lange die Rolle des Openers. Bald dürfen sie als Letzte vor der Pause ran, dann als Erste nach der Pause, und am Ende der Tour meinen die Everly Brothers, die Rolling Stones sollten als Headliner auftreten – »wir reisten durchs Land, und es tat sich was. Plötzlich kreischten die Mädchen, wir wurden zu Teenie-Idolen.«[3] Sechs Wochen, die nicht nur die Welt der Rolling Stones veränderten. Sechs Wochen harter Arbeit. Jeden Tag einen Gig. Gab es mal einen freien Tag, dann nur, weil die zwischen den beiden Tourneeorten zu fahrende Strecke zu weit war. »Als wir unsere ersten Erfolge feierten, nahm uns das Touren voll in Anspruch ...«

---

[1] Keith Richards, Life, München 2010, S. 171.
[2] A. a. O., S. 179.
[3] A. a. O., S. 184.

Schnitt: Wir schreiben das Jahr 2012. Die Eurosonic in Groningen, die laut eigener Aussage »führende europäische Musikkonferenz und das wichtigste Showcase-Festival« der Musikbranche, präsentiert 280 Bands, ausschließlich aus europäischen Ländern, viele naturgemäß aus Holland. Die Bands werden in aller Regel von nationalen Exportbüros präsentiert und/oder finanziert. Als Teilnehmer der Konferenz erhält man Einladungen wie: »Swiss Music Export is proud to announce 6 Swiss artists at this year's Eurosonic Festival«, oder: »Don't miss the fresh Icelandic talent at Eurosonic 2011. Iceland Music Export«, oder: »After a successful first edition of Dutch Impact at Eurosonic Noorderslag 2011, Music Centre The Netherlands and Buma Cultuur continued promoting Dutch bands abroad«. Das »Bureau Export« Frankreichs läßt in Groningen ebenso Bands spielen wie die staatliche deutsche »Initiative Musik«, die drei Bands mit bis zu 400 Euro pro Bandmitglied gefördert hat. Die Band »Boy«, ein deutsch-schweizer Frauenduo, wird gleich doppelt gefördert: Die Musikerinnen haben nicht nur Mittel aus der deutschen »Kurztourförderung« erhalten, sondern befinden sich auch auf der Empfehlungsliste des Schweizer Exportbüros.

Die Eurosonic ist kein Einzelfall. Bei der weltweit größten und wichtigsten Musikmesse, der »South by Southwest« (SXSW) in Austin, Texas, kann man den ganzen Tag mit kostenlosen Drinks und Essen auf Veranstaltungen staatlicher Musikexportbüros verbringen, sei es beim »Canadian Blast«, in der »British Embassy«, beim Mittagessen der »Initiative Musik«, bei den Einladungen des »Bureau Export« oder bei »Sounds From Spain«. Lassen wir einmal den Aspekt des »Staatspop« sowie des Stadtmarketings und des »Nation Branding« an dieser Stelle beiseite und beleuchten wir ausschließlich, unter welchen Bedingungen heutzutage junge Bands ihre Karriere starten – dann läßt sich eines auf jeden Fall feststellen: Neue Bands müssen sich mittlerweile in aller Regel weder Gedanken machen, wie sie ihre Instrumente und Verstärker abstottern, noch, wie sie ihr Leben und ihre ersten Auftritte finanzieren. Es gibt staatliche Förderprogramme, Tourneesubventionen, und selbst unbekannte Support-Acts erhalten kleine Auftrittsgagen, meistens zwischen 50 und 150 Euro pro Show – nicht üppig, aber doch etwas anderes als die null oder zwei Pfund für die ganze Band, die die Rolling Stones in den sechziger Jahren als Opening Act erhalten haben. Gehen deutsche Bands auf Tour, können sie bei der »Volkswagen Sound Foundation« einen gesponserten Tourbus beantragen. Sollte eine Band bereits einen Plattenvertrag haben, wird in aller Regel ihr Label eine Support-Tour co-finanzieren und der Band damit Auftritte vor einem größeren Publikum ermöglichen.

Doch nicht nur die finanzielle Situation junger Bands hat sich geändert, auch die Strukturen des Konzertmarkts sind völlig andere. Bands wie die Rolling Stones mußten sich regelrecht »hochspielen«, mit zahllosen kleinen Gigs an zum Teil dubiosen Orten, in mehrwöchigen Tourneen mit einem oder nicht selten sogar zwei Auftritten pro Tag. So etwas würde sich heutzutage in Europa kaum mehr eine Band zumuten. Die meisten Newcomer-Acts speziell hierzulande sind längst verwöhnt, im Gegensatz zu den meisten ihrer US-amerikanischen Kollegen. Dort gilt noch das alte Spiel: touren, touren, touren. Im Van quer durch die Staaten. Kleine Clubs ohne Bezahlung. Man verbringt die Nacht im Wagen oder in einem billigen Motel. Vom Veranstalter bekommt man vielleicht eine Anzahl von Tickets für den eigenen Auftritt am Abend »geschenkt«. Wenn man diese Tickets im Lauf des Tages in Bars oder Einkaufszentren verkaufen kann, ist das die Einnahme, denn unbekannte Bands spielen in den USA grundsätzlich »for the doors«, also ohne Festgage, es gibt lediglich eine prozentuale Beteiligung an den Ticketverkäufen. Es liegt also im eigenen Interesse, wenn die Band tagsüber die Tour durch die örtlichen Radiostationen unternimmt und Werbung für den Auftritt und die neue CD macht. Ob man dieses Modell nun befürwortet oder nicht – das viele Touren hat einen unbestreitbaren Vorteil: Es ist eine extrem wichtige Schule. Es ist ein Unterschied, ob eine Band bereits fünfzig oder hundert kleine oder mittelgroße Shows gespielt hat, bevor sie das erste Mal auf Tour ins Ausland geht, oder ob eine Band bislang vor allem in der eigenen Stadt, an der eigenen Schule oder im örtlichen Club aufgetreten ist. Routine, Können, das Wissen, wie man auf einer Bühne steht und besteht – all das lernt man nur durch viele Auftritte vor möglichst unterschiedlichem Publikum. In den Sechzigern eine Selbstverständlichkeit.[4] Heute allerdings werden viele junge Bands aus dem Nichts in irrsinniger Schnelle hochgepusht. Ich denke etwa an die Arctic Monkeys, die ich vor einigen Jahren auf dem Festival in Bourges gesehen habe. Sie galten aufgrund des gehypten Erstlings bereits als »hottest shit« und spielten auf der größten Bühne, vor vielleicht zehntausend Menschen. Aber sie wären besser vorher ein paar Wochen durch die englische Provinz getourt. Drummer und Bassist brauchten ewig, bis sie sich auf den gleichen Takt einigen konnten.

Doch die strukturellen Veränderungen des Konzertmarkts lassen sich nicht mehr rückgängig machen. Organisierte sich eine neue Band wie die Rolling Stones in ihrer Anfangsphase die Gigs selber, so findet man auf den Showcase-Festivals unserer Tage kaum mehr eine Band, die nicht mindestens einen Manager hat, und nicht selten auch einen ganzen Troß von sonstigem Personal, von Tourmanager bis Agent. Fand in den sechziger Jahre immer mal wieder ein musikverrückter Nerd zu einer Band, wie der erwähnte Giorgio Gomelsky (der, nachdem er von Brian Jones gefeuert worden war, die Yardbirds mit Eric Clapton managte), so gibt es heute ein ganzes Heer

---

[4] »Wir kannten nur eines: das Touren. Jede Woche, jeden Tag (...). Ob du willst oder nicht, du bist *on the road*.« (Richards, a. a. O.)

von Agenten, die bei den Showcase-Festivals und Musikmessen Bands vom Fleck weg engagieren und die Karrieren planen. Die meisten neuen Manager sind jedoch wenig kompetent und vor allem aus Profitgründen im Geschäft. Diese Manager pflegen oft ihr Ego mehr als die Strategien zum Aufbau ihrer Bands.

Wie also funktioniert das genau mit den Konzerten, wer macht was?

* * *

Ein Agent (englisch: »booking agent«) hat Künstler oder Bands unter Vertrag, die er in aller Regel exklusiv vertritt, meistens kontinental beschränkt. Wir haben es also meistens mit Europa-Agenten zu tun, Agenturen, die bestimmte Künstler europaweit vertreten (manche große Agenturen sichern sich die Künstler auch weltweit). Die Europa-Agenten der meisten Bands kommen aus Großbritannien. Das hat historische, wirtschaftliche und kulturelle Gründe. In den sechziger Jahren, als das Pop- und Rock-Business sich entwickelte, war Großbritannien der mit Abstand größte Musikmarkt Europas. Viele der wichtigsten Bands dieser Zeit kamen aus England, die wichtigsten Plattenfirmen hatten ihre Headquarter in London, die wichtigsten Musikmagazine erschienen hier. Und: man sprach die gleiche Sprache wie die amerikanischen Manager und Agenten, die ihre Künstler auf Europatournee schicken wollten. Es war also naheliegend, daß die Europa-Agenten in London saßen.

Was aber tut nun ein Agent genau? Bob Lefsetz hat dies aktuell am Beispiel der Band Dawes beschrieben.[5]

---

[5] Bob Lefsetz, The Lefsetz Letter (Blog), »Tonight's Dawes Show«, 27. 11. 2011. Bob Lefsetz war lange Jahre Anwalt in der Unterhaltungsindustrie und Berater von großen Plattenfirmen. Heute betreibt er einen vielbeachteten Musik-Blog, in dem er sein Insiderwissen öffentlich macht.

Laut Lefsetz geht es letztlich um die Beziehungen, die Netzwerke des Agenten. Und natürlich um die Qualität einer Band. Denn in der Regel arbeitet der Agent eine ganze Weile umsonst für die Band, manchmal jahrelang. Er hat Kosten, die ihm niemand ersetzt. Ist die Band also gut und entscheidet sich der Agent, die Band vertreten zu wollen, dann versucht der Agent, der Band Auftritte zu vermitteln. Die erste Dawes-Tour brachte pro Auftritt 50 Dollar. Die Provision des Agenten, in aller Regel 10 Prozent der Gage, war also 5 Dollar pro Gig. So etwas macht man nur, wenn man an die Zukunft einer Band glaubt. Wenn die Band *gut* ist. Die Dawes übernachteten auf den Sofas von Fans. (»Maybe rock and roll's a young man's game«, schreibt Lefsetz.) Irgendwann bekam die Band dann 250 Dollar Gage pro Show. Die Dawes leben immer noch hauptsächlich von der Reputation und vom Netzwerk des Agenten, der seine Kontakte spielen läßt, der die Veranstalter von der Qualität der Band überzeugt, der andere Bands überredet, seine neue Band als Vorgruppe auftreten zu lassen.

Die Band liefert gute Shows und verbringt viel Zeit am Merchandising-Tisch. Es geht weniger darum, Geld zu verdienen, als darum, sich ins Gespräch zu bringen, mit Fans zu sprechen. Gerade die frühen Fans werden von ihrer »Entdeckung« erzählen, Mundpropaganda betreiben (heutzutage kommen die »social media« wie Facebook hinzu). Gute Songs, bestimmte Hooklines, verbreiten sich meistens zunächst auf Graswurzelebene, immer noch. Man erzählt von diesem einen Song, von dieser einen Show, die einen begeistert hat, man bringt nächstes Mal Freunde zum Konzert mit. Die Fan-Gemeinde wächst.

Es gibt Rezensionen in Musikzeitschriften, Menschen klicken das YouTube-Video der Band an. Die Gagen steigen allmählich. Die Band erhält jetzt pro Abend 1000, später 2000, dann irgendwann 5000 Dollar. Die ersten Festivalveranstalter interessieren sich für die neue Band. Die Alben verkaufen sich – es geht nicht um Hits, denn wenige Bands, die einen raschen »Hit« haben, die aus dem Nichts viele CDs verkaufen, sind wirklich und langfristig auch auf Konzerten interessant. Es geht darum, gute Konzerte zu spielen. Auf den ersten beiden Alben von Bruce Springsteen gab es keinen Hit, keine »Single«, aber Springsteen war charismatisch, und die E Street Band spielte formidabel und baute sich etwas auf. Irgendwann kommt dann oft der eine Song, der alles ändert. Manchmal kommt er auch nicht, aber eine Band kann auch ohne »Hit« erfolgreich sein und langfristig viele Fans gewinnen.

All dies organisiert ein Agent (manche sagen auch: »Künstleragent«). Er arbeitet eng mit dem Management der Band zusammen (falls es ein solches gibt), und wenn es gut läuft, gibt es auch eine tüchtige Plattenfirma, und die Aufbauarbeit geht Hand in Hand. Der Agent sorgt dafür, daß die Band in den richtigen Clubs spielt, daß sie Gelegenheit hat, auf den richtigen Festivals aufzutreten, auf möglichst guten »Positionen« (also nicht morgens um elf Uhr vor einem Häuflein betrunkener oder übermüdeter Fans).

Will der Agent, daß seine Band im Ausland spielt, sucht er sich in dem jeweiligen Land einen Tourveranstalter. Eigentlich wäre die angemessenere Bezeichnung Subagent, denn eigentlich ist der Tourveranstalter (englisch: »(national) promoter«) derjenige, der die Band des Europa-Agenten in seinem Land »aufbaut« und vertritt. Ein Tourveranstalter zeichnet für die Entwicklung eines Künstlers oder einer Band in seinem Land verantwortlich. Er verkauft die Band an verschiedene örtliche Veranstalter (kurz »Örtliche«, englisch: »(local) promoter«). Der Tourveranstalter organisiert die landesweite Werbung, entwirft ein Tourposter und läßt dies drucken. Und eigentlich sollte der Tourveranstalter eine eigene Promo-Abteilung haben, die die landesweite Werbung für die Band organisiert, Anzeigen in Auftrag gibt und bezahlt, und in Zusammenarbeit mit der jeweiligen Plattenfirma

Radio- oder manchmal sogar Fernsehauftritte an Land zieht.

Der örtliche Veranstalter wiederum führt das jeweilige Konzert, das er vom Tourveranstalter eingekauft hat oder zusammen mit diesem veranstaltet, vor Ort durch (deswegen sagen manche auch »Durchführer«). Er mietet die Hallen an oder stellt sie, wenn sie ihm gehören, zur Verfügung. Er mietet das örtliche Personal an, von der Kasse bis zum Roadie, er organisiert die örtliche Werbung, besorgt die Plakatierung mit den Plakaten, die ihm der Tourveranstalter zur Verfügung gestellt hat, kurz: Er wickelt das Konzert vor Ort ab und sorgt dafür, daß es ein Erfolg wird. Ein guter örtlicher Veranstalter ist ebenso ein Stratege wie ein guter Tourveranstalter. Der Örtliche kennt sein Publikum, weiß in größeren Städten, wo das Publikum für die jeweilige Band wohnt, welche Spielorte also am besten für die jeweilige Band sind, wo die Fans gerne hingehen, wo die Akustik oder die gesamten Verhältnisse für die jeweilige Band am besten sind. (Es ist schließlich ein Unterschied, ob es sich um eine akustische oder um eine Heavy-Metal-Band handelt.) Ein guter örtlicher Veranstalter ist für eine Band und einen Tourveranstalter Gold wert.

Doch wie funktionieren nun diese Netzwerke? Im Idealfall bewirbt sich ein örtlicher Veranstalter beim Tourveranstalter um die Bands, die ihm am besten gefallen, für die er sich leidenschaftlich einsetzen will. Und im Idealfall erwirbt ein Tourveranstalter von den Europa-Agenten die Bands, die ihm am besten gefallen und für die er sich leidenschaftlich einsetzen will, eben weil ihm die Musik nahe ist.

In der Praxis sieht es jedoch anders aus. In der Praxis gelingt es nur den wenigsten Tourveranstaltern, wirklich von den Europa-Agenten die Bands zu bekommen, die sie haben wollen. Und nur die wenigsten örtlichen Veranstalter können tatsächlich ihr eigenes Programm vor Ort buchen. Denn in der Praxis wird alles von oben nach unten organisiert, und oben steht der Europa-Agent. Die Europa-Agenten haben einen festen Künstlerstamm und ein bestimmtes Profil, manchmal auch ein musikalisches Profil (wobei auch die Europa-Agenten wiederum zum Beispiel auf bestimmte Managements angewiesen sind, mit denen sie immer wieder zusammenarbeiten). Die Europa-Agenten stellen nun also eine Europatournee für ihre Band zusammen und wenden sich in den einzelnen Ländern an die Tourveranstalter, mit denen sie oft schon lange Jahre zusammenarbeiten. Das darf man sich in etwa so vorstellen: Der Europa-Agent hat mit der Band beziehungsweise mit deren Management eine, sagen wir, achtzehntägige Europatournee zu einem bestimmten Zeitraum vereinbart (wobei darauf zu achten ist, daß der Zeitraum »vernünftig« ist, also zum Beispiel nah genug am Veröffentlichungstermin des neuen Albums liegt, damit die zu erwartende Promotion rund um das Album den Tourneedaten zugute kommt). Dann macht der Europa-Agent einen Plan: Bei nur achtzehn Tagen ist eine europaweite Tournee kaum möglich, und sofern die Band nicht besondere Wünsche geäußert hat (etwa: »Wir wollen unbedingt in Spanien spielen«) oder ein bestimmtes Land ein absolutes »must do« ist (weil der Bekanntheitsgrad der Band, wie so häufig, in einem Land höher ist als in einem anderen), stellt der Europa-Agent einen Tourplan auf, der beispielsweise in London beginnt und dann häufig über Paris, Brüssel, Amsterdam, Hamburg, Berlin, Kopenhagen, Stockholm nach Oslo führt (wenn die Band in Skandinavien erfolgreich ist). Es hängt von verschiedenen Faktoren ab, wie viele Konzerte im jeweiligen Land gespielt werden. Bei Ländern mit zentralistischen Strukturen wie Frankreich, Belgien oder Holland reicht meistens ein Konzert (es sei denn, die Band wäre zum Beispiel in Frankreich *sehr* erfolgreich, dann würde man dort zwei bis drei Konzerte einplanen), in Ländern mit föderalen Strukturen wie Deutschland sind in der Regel mehrere Konzerte vorgesehen, allerdings selten mehr als zwei oder drei (und einer der Gründe, warum viele Tourneen nicht südlich von Frankfurt oder gar Köln stattfinden, ist tatsächlich, daß die Tourneen nur zwölf oder fünfzehn Tage lang sind und in aller Regel der genannte europäische Tourverlauf Standard geworden ist, und da lägen süddeutsche Termine oder gar Konzerte im weit östlich gelegenen Wien oder auf dem Balkan eben »ab vom Schuß«). Hinzu kommt eine gewisse Arroganz vieler britischer Europa-Agenten. Ich erinnere mich an das Telefonat mit einem der führenden britischen Europa-Agenten, als ich ihm einmal für eine Band ein Konzert in Regensburg angeboten habe: »Where the hell is Regensburg? I never have done a concert in Regensburg, and I don't wish this to change.« Es geht oft weniger darum, ob an einem Ort ein Publikum für die Band ist, sondern darum, die Plattenfirmen und die Manager glücklich zu machen, und die Plattenfirmen und Manager macht man durch Auftritte in den sogenannten »Medienstädten« glücklich, in Städten also, wo wichtige Tages- und Wochenzeitungen, die Musikzeitschriften und wichtige Radiostationen existieren. In den neunziger Jahren waren Städte wie Köln (wo damals unter anderem EMI, Spex und Viva ihren Sitz hatten) sehr wichtig. Seit viele Musikzeitschriften und Plattenfirmen ihren Sitz in die Hauptstadt verlegt haben, gehört Berlin als Pflichttermin auf jeden Tourplan, und die Bedeutung von Köln ist deutlich gesunken. Klar, ganz falsch ist die Strategie mit den »Medienstädten« nicht, allerdings: Ist eine Band noch unbekannt, werden kaum in nennenswerter Größenordnung Menschen aus der »Provinz« einige hundert Kilometer in die jeweiligen Großstädte fahren, um die unbekannte Band zu sehen, daher wäre es gerade in der Aufbauphase einer Band mehr als sinnvoll, die Band nicht nur in den üblichen Metropolen auftreten zu lassen. Und es zeigt sich, daß Bands, die zu Beginn ihrer Karriere viele Konzerte in Deutschland gespielt haben, sich hier einen festen Stamm von Fans aufgebaut haben, die nicht selten der Band noch jahrzehntelang die Treue halten. Aber das ist einem britischen Europa-Agenten nur schwer beizubringen.

Die Tourveranstalter sind oft lediglich das ausführende Organ des Europa-Agenten (»Die Band wird auf Tour gehen, das sind deine Daten: der 17. 2. in Köln, der 18. 2. in Berlin«). Es ist daher schwierig für Tourveranstalter, ein eigenes Profil zu entwickeln. In der Regel kommt es für die hiesigen Tourveranstalter darauf an, sich einem englischen Europa-Agenten anzudienen, der ein gutes Händchen hat. Wenn ein Europa-Agent zum Beispiel die White Stripes, die Strokes und die Foo Fighters vertritt, hat der Tourveranstalter, der der Partner dieses Europa-Agenten ist, automatisch selbst ein gutes »Roster«, wie die Künstlerliste genannt wird. Andererseits bedeutet dies für einen Tourveranstalter natürlich auch, dem Europa-Agenten, dem er seine erfolgreichsten Acts »verdankt«, was schuldig zu sein. Wenn der Agent, von dem der Tourveranstalter seine größten Bands hat, anruft und sagt: »Du mußt mir einen Gefallen tun, ich habe da diese Band XY und brauche drei Shows in Deutschland«, dann wird kaum ein Tourveranstalter ablehnen, weil er die Band nicht mag oder befürchtet, daß er damit kein Geld verdient.

Es ist ein Irrglaube zu denken, Tourveranstalter könnten allein ihrem Geschmack und ihren Vorlieben folgen. Der einzige Tourveranstalter in Deutschland, der wirklich frei entscheiden und sich die Künstler aussuchen kann, ist wahrscheinlich Marek Lieberberg. Dann gibt es noch einige wenige größere Veranstalter, die vielleicht eine gewisse Unabhängigkeit entwickelt haben durch ihre jahrzehntelange Arbeit, durch ihre Größe, die Marktposition, die sie erworben haben, vielleicht auch durch das konsequente Bespielen einer Nische. Aber die meisten leben von den »Acts«, die ihnen ein englischer Europa-Agent zukommen läßt. Und die örtlichen Veranstalter leben von den Bands, die ihnen die nationalen Tourneeveranstalter überlassen, und rutschen zunehmend in die Rolle eines bloßen Dienstleisters hinein, des sogenannten »Durchführers«.

Die Frage, die mir als Konzertagent am häufigsten gestellt wird, ist die unwichtigste von allen: Wie kommst du an deine Künstler? Die Antwort lautet: Es ergibt sich. Man sieht eine Band und möchte sie vertreten. Oder eine Band schreibt einem und möchte vertreten werden. Oder ein Manager oder eine Plattenfirma schlägt einem eine Band vor. Es sind Zufälle. Man muß nur im richtigen Moment zugreifen – aber vielleicht ist das ja überhaupt die große Kunst im Leben.

Eine der wichtigsten und liebsten Bands meiner Agentur sind Bratsch, mit denen ich seit 1993 zusammenarbeite und über dreihundert Konzerte veranstaltet habe. Zwischen den Musikern und mir ist eine der schönsten Freundschaften entstanden, die ich im Musikgeschäft erleben durfte. Der Zufall, der Bratsch und mich zusammengeführt hat, hat uns zunächst allerdings auch sofort wieder getrennt. Und es bedurfte eines weiteren Zufalls, daß wir erneut und endgültig zusammenfanden. Und das kam so: Ein großer französischer Tourveranstalter hatte Anfang der neunziger Jahre die schöne Idee, im Théâtre du Châtelet in Paris das »neue Europa« nach dem Fall des eisernen Vorhangs zu feiern, in dem er jeweils eine Band aus Osteuropa mit einer französischen Band auftreten ließ. So buchte der Franzose bei mir das Terem Quartet aus St. Petersburg, und lud von einer mit ihm befreundeten Agentur, mit der er später fusionierte, aus Frankreich Bratsch dazu ein. Ich fuhr nach Paris, um das Konzert zu sehen, und die Franzosen wollten natürlich auch, daß ich Bratsch sah, in der Hoffnung, mich für diese Band zu interessieren. Es war ein merkwürdiges Konzert an jenem Winterabend im Châtelet. Der Backstage-Bereich hatte eine Tür zu einem Straßentunnel unweit der

Stelle, wo ein paar Jahre später eine englische Prinzessin zu Tode gefahren wurde. Der imposante Saal war nur etwa zur Hälfte gefüllt. Das Terem Quartet spielte ein virtuoses Konzert, das freundlich aufgenommen wurde, und nach der Pause spielten Bratsch. Es war kein besonders gutes Konzert. Schwer zu verstehen, denn die vielen Male, die ich Bratsch seither gesehen habe, waren ihre Konzerte immer hervorragend, und selbst an einem Abend, an dem sie nicht so gut wie sonst waren, waren sie immer noch sehr, sehr gut. Aber der Abend mißlang einfach. Kurz: Der Auftritt ließ mich ziemlich kalt, und als ich mich am nächsten Vormittag in ihrem Büro mit der Managerin traf, tauschte ich die üblichen Floskeln, die unsereiner sagt, wenn er nicht unhöflich sein will, eine Band aber nicht vertreten möchte: »Interessant«, und: »Mal sehen, was sich machen läßt«, und: »Wir bleiben in Kontakt.«

Damit hätte die gemeinsame Geschichte von Bratsch und der Konzertagentur Berthold Seliger also beendet sein können. Aber es kam zum Glück anders. Wenige Wochen später hatte ich eine Tournee mit der samischen Musikerin Mari Boine, die ein paar Tage vor dem Tourstart abgesagt wurde. Eines der Konzerte war ein Auftritt im Rahmen der »Matinee der Liedersänger« des WDR, jener legendären und anspruchsvollen Reihe von Sonntagmorgen-Konzerten, die jahrzehntelang alle vierzehn Tage von Oktober bis April Live-Konzerte von Weltmusik-Künstlern darbot (und die natürlich schon seit Jahren eingestellt ist). Ein Auftritt in der »Matinee« war gewissermaßen der Adelsschlag im deutschen Weltmusik-Bereich. Hier spielten im Lauf der Jahre alle Künstler, die Rang und Namen haben, von Youssou N'Dour, Baaba Maal und Johnny Clegg über Brownie McGhee und Cesária Évora bis hin zu den Taraf de Haïdouks und dem Sexteto Mayor. Für einen jungen Konzertagenten wie mich war es daher bitter, dem WDR eine vertraglich fixierte Matinee absagen zu müssen.

Am Telefon sprach ich mit dem Chefredakteur »Musikkulturen« des WDR. Es war eine mittlere Katastrophe, denn das Konzert in einem Bochumer Museum war längst ausverkauft, der Sendeplatz am kommenden Sonntag belegt. Wir überlegten gemeinsam, wen man so kurzfristig engagieren könnte. Und in diesem Moment fielen mir Bratsch ein. Von denen hatte der WDR-Chefredakteur auch schon Gutes gehört, während ich ehrlich genug war, darauf hinzuweisen, daß ich das Konzert, das ich vor zwei Monaten in Paris gesehen hatte, nicht besonders gut fand. Aber ich erhielt den Auftrag: »Fragen Sie, ob Bratsch am Sonntag frei sind und in Bochum spielen können.« Das Management in Frankreich war hoch erfreut. Die Band *war* frei. Sie kamen per Eisenbahn an einem Samstagabend in Bochum angereist, und am nächsten Morgen Punkt 11:05 Uhr begannen Bratsch im zwanzigsten Jahr ihres Bestehens ihren allerersten Auftritt in Deutschland. Sie spielten »Nane Tsora« – diesen Moment werde ich in meinem Leben nicht vergessen. Es war von einer ungeheuren Schönheit und Intensität. Der WDR-Chefredakteur, ein zurückhaltender Gentleman, kam noch während der ersten Minuten zu mir, faßte mich an der Schulter und raunte: »Ist das schön!«[6] Und so begann eine Liebesgeschichte, die Bratsch und mich jetzt schon seit zwei Jahrzehnten verbindet – durch eine Verkettung von Zufällen. Hätte Mari Boine nicht ihre Tournee abgesagt, hätte der WDR-Chefredakteur nicht Bratsch gekannt, hätten Bratsch an dem Tag nicht Zeit gehabt ... Hätte, hätte, hätte. Milan Kundera sagt: »Nicht die Notwendigkeit, sondern der Zufall ist voller Zauber.«

---

[6] Man kann diesen wunderbaren Moment und fast das ganze Konzert, das Bratsch am 28. Februar 1993 in Bochum gegeben haben, auf der Live-CD *Bratsch – Gypsy Music From The Heart of Europe* nachhören, erschienen bei Network (»Nane Tsora« ist aus Gründen, die hier unwichtig sind, an den Schluß der CD gerückt, war aber das erste Stück des Konzerts).

Natürlich muß ein Konzertagent aufmerksam »den Markt« verfolgen. Und wenn man sich auf bestimmte Musikrichtungen spezialisiert, sollte man sich auch hohe Ziele setzen und auf unbedingte Qualität setzen. Ich habe mich seit jeher stark für Singer-Songwriter interessiert, und es ist mir gelungen, mit einigen der besten Musiker dieses Genres zusammenzuarbeiten: Townes Van Zandt, Bonnie »Prince« Billy, Kurt Wagner ... Es sind alles einzigartige und sehr unterschiedliche Geschichten, wie diese Zusammenarbeiten entstanden. Aber ein wesentlicher Aspekt war: Man wird von anderen Künstlern empfohlen, weil man für sie gute Arbeit gemacht hat. Weil man die Künstler nicht bescheißt (das hört sich jetzt vielleicht merkwürdig an, ist aber ein wesentlicher Aspekt – woraus man schließen kann, wie viel in diesem komischen Geschäft betrogen und manipuliert wird). Die Fellow Travellers hatten eine erste Tournee mit einer anderen Agentur unternommen und waren hochgradig unzufrieden. Sie hatten unter anderem das Gefühl, zu hohe Provisionen gezahlt zu haben und über den Tisch gezogen worden zu sein. Mit meiner Arbeit waren sie zufrieden und empfahlen mich weiter.

Ein guter Ruf dringt irgendwann auch bis zu einflußreichen Managern und Künstleragenten vor. Der langjährige Europa-Agent von Lou Reed wußte seit Jahren, daß ich als ein glühender Fan von Velvet Underground fast alles tun würde, um eine Tournee mit diesem Künstler zu veranstalten – und über mehr als ein Jahrzehnt habe ich andere Künstler dieses englischen Agenten erfolgreich auf Deutschlandtournee gebracht: John Cale, Peter Hammill, Patti Smith. Ich hatte immer wieder insistiert, Angebote gemacht, Konzepte ausgearbeitet. Und irgendwann war es dann so weit: Lou Reed sollte wieder auf Europatournee gehen, und mir wurde der Deutschland-Teil dieser Tour anvertraut.

Und wie kommt es, daß man Künstler wieder verliert? Manchmal, wenn auch in seltenen Fällen, kommt es vor, daß man nicht mehr miteinander kann und der Künstler oder der Agent eine Zusammenarbeit beendet. Oder daß man keine Lust mehr hat, sich mit einem völlig inkompetenten Management oder einer doofen Plattenfirma herumzuärgern. Öfter passiert es, daß man für den kommerziellen Misserfolg (oder was dafür gehalten wird) verantwortlich gemacht wird. Das ist wie bei Fußballtrainern – es ist eben einfacher, den Trainer auszuwechseln als die Mannschaft. Meistens aber ist es so, daß die Europa-Agenten oder Manager wechseln und die Künstler mitnehmen zu den neuen Firmen, die sich dann ihres eigenen Netzwerkes bedienen. Und immer häufiger passiert es auch, daß größere Tourveranstalter Bands, die kleinere Veranstalter sorgfältig aufgebaut haben, mit höheren (und wirtschaftlich oft nicht zu verantwortenden) Angeboten abwerben. Das Tourneegeschäft ist ein Haifischbecken, Loyalitäten oder gar Gentlemen's Agreements gehören immer mehr der Vergangenheit an.

Es ist klar, daß die britischen Europa-Agenten ihre Marktposition und ihr Quasi-Monopol auf die interessantesten Künstler und Bands wirtschaftlich ausnutzen. Der Standard-Deal für ein Konzert geht davon aus, daß die Künstler, die von den Europa-Agenten vertreten werden, 80 Prozent der Einnahmen eines Konzertes jenseits der Kosten erhalten sollen. (Wir reden hier von Club- und mittelgroßen Hallen-Konzerten. Bei Konzerten in großen Hallen oder gar in Stadien wird anders gerechnet.) Es gibt kein Konzert, für das der Tourveranstalter dem Agenten nicht eine Festgage zahlen müßte, und so gut wie kein Konzert ohne dieses »80 percent of the net, whichever the greater«. Nur: der Tourveranstalter erhält in aller Regel nicht 80 Prozent der Nettoeinnahmen eines Konzertes. Es gibt unterschiedliche Vereinbarungen zwischen Tour- und örtlichem Veranstalter, auf die an dieser Stelle nicht im einzelnen eingegangen werden soll. Bei

Festgagen-Vereinbarungen sind 50 bis 70 Prozent nach »Break« relativ üblich (also nach dem »Break-Even«, der Schwelle, an der die Kosten eingespielt sind und der Gewinn beginnt). Oder man teilt sich die Einnahmen hälftig, und wenn der Break erreicht ist, erhält der Tourveranstalter einen höheren prozentualen Anteil aus den restlichen Einnahmen. In aller Regel werden Clubkonzerte bis zu einer gewissen Größenordnung auf der Basis einer Denkfigur gerechnet, wonach beide Partner, also Tourveranstalter und örtlicher Veranstalter, in etwa die Hälfte der Einnahmen erhalten und davon ihre jeweiligen Kosten bestreiten. (Der Tourveranstalter bezahlt unter anderem die Künstlergage.) Die Reingewinne werden wie beschrieben aufgeteilt. Man kann sich leicht vorstellen, daß ein wirtschaftliches Überleben für den Tourveranstalter angesichts seiner vertraglichen Verpflichtung dem Europa-Agenten gegenüber nur mit etlichen Winkelzügen und einiger Kreativität möglich ist. (In der Regel gibt es zwei Ordner mit Belegen der Produktionskosten für jedes Konzert: einen Ordner, der dem Tourmanager der Band gezeigt wird, und einer, nach dem tatsächlich abgerechnet wird.) Das wirtschaftliche Risiko trägt zum erheblichen Teil der Tourveranstalter, zu einem anderen Teil der örtliche Veranstalter, nie aber der Europa-Agent, der immer 10 Prozent der Gage erhält. Wie oben beschrieben, ist dies in der Aufbauphase eines Künstlers oder einer Band mitunter sehr wenig Geld und reicht nicht aus, die Grundkosten (Büroräume, Gehälter usw.) zu finanzieren, kann also auch ein Zuschußgeschäft sein. Aber ein eigentliches, darüber hinausgehendes wirtschaftliches Risiko geht ein Agent in der Regel nicht ein. Die englischen Europa-Agenten fungieren in der Regel nicht einmal als Tourveranstalter im eigenen Land. Sie beschäftigen, wenn zum Beispiel amerikanische Bands in England auftreten, eigene Promoter, die diese Konzerte abwickeln – und die wiederum das wirtschaftliche Risiko tragen.

Begreiflicherweise sind viele Tourveranstalter mit diesem Procedere unzufrieden. Wenn man schon das wirtschaftliche Risiko tragen soll, möchte man wenigstens die Möglichkeit haben, ein eigenes Programm anzubieten. Statt dessen fungiert man nur als Befehlsempfänger und muß womöglich noch Bands auf Tour bringen, mit denen man eigentlich nicht arbeiten möchte, bloß weil sie nun mal dem jeweiligen Europa-Agenten wichtig sind. Seit den achtziger Jahren wurden daher immer wieder Versuche unternommen, dieses Modell umzukrempeln. Etwa in dem man sich bemühte, eine Band aus dem eigenen Land auch außerhalb des Heimatmarktes bekannt zu machen. Und anstatt die Band irgendwann an einen englischen Europa-Agenten abzugeben (um sie von diesem dann für Konzerte im Heimatland zurückkaufen), schwangen sich die Künstleragenten mitunter selbst zum Europa-Agenten auf. Daß dieses Modell trotz einzelner Erfolge eine Ausnahme geblieben ist, hat hauptsächlich damit zu tun, daß den Künstleragenten außerhalb Englands oft das Netzwerk europäischer Tourveranstalter fehlt, aber auch damit, daß sie in aller Regel gleichzeitig als Agent und Tourveranstalter fungieren. Und wenn ein noch so erfolgreicher Tourveranstalter plötzlich als Europa-Agent auftreten würde, würde er relativ schnell die Bands verlieren, die ihm bisher der britische Agent gegeben hat. Nur wenige Tourveranstalter hatten den Mut, diesen Schritt zu wagen – und so werden beispielsweise französische Erfolgsbands wie Daft Punk oder Phoenix weiterhin von englischen Europa-Agenten vertreten.

Aber es gab und gibt positive Gegenbeispiele. Eine der ersten Agenturen, die neue Wege gingen, war in den frühen achtziger Jahren Paperclip in Holland, die Bands wie Nirvana, Soul Asylum, Mudhoney oder The Feelies zu Beginn ihrer Karrieren vertraten. Das Konzept war das einer »unabhängigen« Agentur, und unabhängig bedeutete vor allem: unabhängig von der Agenturen in London. »Paperclip Agency (...) became the first agency outside of the UK that booked full European tours for contemporary pop/rock on a regular basis«, heißt es in der Selbstdarstellung der Agentur. Es wurden neue Netzwerke aufgebaut mit anderen Tourveranstaltern, die Ende der achtziger und zu Beginn der neunziger Jahre fast überall in Europa entstanden. In Deutschland waren das Agenturen wie Sweatshop, Taboo oder Pastell. Gemeinsam war diesen Agenturen vor allem das Interesse an einer »neuen« Pop- und Rockmusik, an dem, was heutzutage als »Indie« beschrieben wird (und damals nicht bloß einen gefälligen Lifestyle meinte). Es war die Zeit von Postpunk und Grunge. Bands, die sich vom Mainstream absetzen wollten, haben oft auch nach einer Agentur gesucht, die selbst »irgendwie indie« war, deren Betreiber die Kumpel der Künstler waren und deren Lebensgefühl teilten. Es entstanden nicht nur neue Agenturen und Tourveranstalter, sondern auch neue Plattenfirmen, die die neuen Bands großartig fanden und mit viel Enthusiasmus vertraten. Im Lauf der neunziger Jahre gewann die Musikmesse SXSW in Austin zunehmend an Bedeutung, Mitte der neunziger Jahre konnte man dort etliche spannende neue Bands unter Vertrag nehmen, sei es als Europa-Agent, sei es als Label. In den neunziger Jahren traf man in Texas die Musikfans und Afficinados ebenso wie viele unabhängige Labels und kleinere Agenten und Tourveranstalter, während die großen Agenturen und Managementfirmen dort kaum präsent waren. Und so konnten neue Agenturen einen eigenen Künstlerstamm entwickeln, ohne auf die englischen Europa-Agenten angewiesen zu sein. Neben Paperclip in Holland, spezialisiert auf Grunge und Indierock, galt dies auch für den Verfasser dieser Zeilen, der in den neunziger Jahren in Zusammenarbeit mit Labels wie Normal Records oder City Slang einen Roster mit dem Schwerpunkt Roots-Rock, Indie-Folk und Singer-Songwriter herausbildete mit Bands, die fast alle aus den USA kamen und dort keine Manager und in Europa noch keine Agenten hatten.

Doch natürlich schliefen die englischen Europa-Agenturen nicht. Sie sahen dem neuen Spiel mit holländischen und deutschen Europa-Agenturen, die viele inzwischen angesagte neue Bands vertraten, nicht lange zu. Seit Ende der neunziger Jahre zeigen sie daher bei ursprünglich »unabhängigen« Musikmessen wie der SXSW verstärkt Präsenz und bieten Newcomer-Bands bei Bedarf direkt Verträge an. Zum anderen gab es gerade in den letzten zehn Jahren massive Konzentrationsprozesse, was Agenturen und Managementfirmen angeht.

Noch in den neunziger Jahre existierten europaweit eine Vielzahl mittelgroßer und kleinerer, mehr oder weniger spezialisierter Agenturen. Zu Beginn des 21. Jahrhunderts kam es zum entscheidenden Paradigmenwechsel bei den nationalen Konzertveranstaltern und Künstleragenten. Wie in der Tonträgerindustrie galt auch hier das Motto: »Think big.« Es entstanden weltweit operierende Konzert-Gemischtwarenkonzerne, die sich jetzt nicht mehr auf einzelne Genres beschränken, sondern querbeet durch die Stile operieren und Künstler verschiedenster Genres anbieten. So können heute Künstler wie Randy Newman mit den Chippendales in der gleichen Anzeige eines Tourveranstalters auftauchen, oder der hippe Indie-Newcomer James Blake mit dem italienische Softrocker Zucchero. Zu den Künstlern der weltweit führenden Künstleragentur William Morris Endeavor (WME) gehören so unterschiedliche Musiker wie Eminem, The Rolling Stones, Snoop Dogg, Justin Timberlake, Britney Spears (die 2013 von WME zur Creative Artists Agency, CAA, wechselte), die Foo Fighters, Pearl Jam, Lady Gaga, Rihanna, die Backstreet Boys, die Beastie Boys, Spoon und die Village People. Es lohnt sich, einen kurzen Blick auf dieses Unternehmen zu werfen.

1898 gründete der aus Deutschland stammende Jude Zelman Moses, der sich in den USA William Morris nannte, in New York City eine »Vaudeville-Agentur«. Ab 1918 profilierte die Firma sich zunehmend im aufstrebenden Stummfilm-Geschäft und vertrat Künstler wie die Marx Brothers, Mae West und Charlie Chaplin. In den dreißiger Jahren zog die William Morris Agency, wie sie jetzt hieß, nach Beverly Hills um.

1949 kaufte WMA die Berg-Allenberg Agency auf, womit Filmstars wie Frank Capra, Clark Gable oder Judy Garland zum Künstler-Roster der Firma kamen, das bald von Sammy Davis Jr. und Rita Hayworth ergänzt wurde. Durch die wachsende Bedeutung des Fernsehens ergab sich ein neues Geschäftsmodell für WMA: Die Agentur erkannte, daß man vorteilhafte »Pakete« schnüren konnte mit Stars, Produzenten, Drehbuchschreibern und fertigen Showkonzepten, die man den Sponsoren, die die Anfangsjahre des amerikanischen Fernsehens dominierten, fertig anbieten konnte. Zu den Künstlern von WMA gehörten während dieser zweiten Aufbruchsphase in den fünfziger und sechziger Jahren unter anderem Steve McQueen, Frank Sinatra, Marilyn Monroe, Elvis Presley, Katharine Hepburn, Jack Lemmon, Walter Matthau und Bill Cosby.

In den sechziger Jahren baute WMA außerdem seinen Einfluß in Richtung der neuen Rockmusik aus und hatte Künstler wie die Rolling Stones, die Byrds, die Beach Boys oder Sonny & Cher unter Vertrag. 1973 eröffnete WMA ein Büro in Nashville und stieg ins Country-Geschäft ein. Die Agentur war längst ein Großkonzern der Unterhaltungsindustrie geworden. Durch weitere Firmenaufkäufe vergrößerte WMA seinen Einfluß; 1992 übernahm WMA »Triad Artists«, die bis dahin größte Akquise in der Geschichte des Showbusiness, mehr als fünfzig Agenten kamen auf diese Weise unter das Dach der William Morris Agency. 1993 gründete die Firma eine Art »New Media«-Abteilung namens William Morris Consulting (WMC). 2004 eröffnete WMA ein Büro in Shanghai, und 2007 baute WMA seine europäische Repräsentanz entscheidend aus: Der legendäre Ed Bicknell, früher Manager der Talking Heads, der Dire Straits und von Brian Ferry, wurde als Chef der weltweiten Musikabteilung in die Firma geholt, und das Londoner WMA-Büro wurde von einigen der besten Agenten verstärkt, die WMA von anderen Agenturen in London abwerben konnte: David Levy kam von ITB, Adele Slater und Russell Warby kamen von der Agency Group und Diana Richardson kam von Sensible Elements. Mit einem Schlag wurde WMA die führende europäische Agentur, mit Künstlern wie den Foo Fighters, den White Stripes, den Strokes, den Raconteurs, Air, Björk und Take That.

 2009 kam es dann zu dem entscheidenden Zusammenschluß mit der »Endeavor Talent Agency«, einer Firma in Beverly Hills mit über fünftausend Mitarbeitern. Endeavor hatte sich 1995 gebildet, nachdem vier Agenten von ICM gefeuert worden waren, weil sie Unterlagen gestohlen hatten. Endeavor sammelte rasch einen eindrucksvollen Künstlerstamm im Film-, Fernseh- und Comedy-Bereich, zu dem unter anderem Matt Damon, Ben Affleck, Jude Law, Sacha Baron Cohen, Charlie Sheen und nach weiteren Firmenaufkäufen auch Martin Scorsese und Robert Rodriguez zählen. Seit dem Zusammenschluß mit Endeavor heißt die Firma William Morris Endeavor (WME). Heute ist WME die marktbeherrschende Entertainment-Firma weltweit. WME repräsentiert die meisten Filmstars unserer Zeit, von Ben Affleck über Kevin Costner, Michael Douglas, Dustin Hoffman, John Malkovich, Eddie Murphy, Tilda Swinton, John Travolta, Emma Watson bis hin zu Catherine Zeta-Jones. WME repräsentiert zahlreiche erfolgreiche Filmemacher, darunter Michael Moore, Martin Scorsese, Ridley Scott, Quentin Tarantino, Gus Van Sant oder die Wachowski-Geschwister. WME vertritt 49 Prozent der amerikanischen Fernsehautoren, Produzenten und Showmaster. WMEs Fernsehabteilung war die erste Firma, die Showformate international verkaufte, wie zum Beispiel

Who Wants to Be a Millionaire (*Wer wird Millionär?*),
und spielte eine führende Rolle bei der Entwicklung des
neuen Reality-Fernsehgenres (*Big Brother, American
Idol, Top Chef, Dancing With The Stars*). Künstler von
WME haben allein 2010 hundertsechs Grammy-Nomi-
nierungen auf sich vereinigen können, und WME bucht
mit weitem Abstand die meisten Künstler der vom amerikanischen Musikmarkt-Magazin *Billboard* veröffentlichten »Money Makers List«. WME vertritt zahlreiche
Theaterschauspieler, Regisseure und Autoren, viele
Schriftsteller und Sportler wie Serena Williams oder Ma-
gic Johnson. Die »Commercials Division« von WME berät unter anderem Firmen wie Visa, Samsung, Gucci,
Mercedes, Starbucks oder Absolut Vodka. Sogar US-Po-
litiker wie Condoleezza Rice, Nancy Pelosi oder Jim
Webb gehren zu den Klienten des WME-Konzerns. Es ist
müßig zu betonen, welche Möglichkeiten der engen Verzahnung zwischen den verschiedenen Abteilungen der
Entertainment-Branche das riesige Portfolio von William
Morris Endeavor verspricht, und wie sehr dieser Konzern
die weltweite Unterhaltungsindustrie dominiert.[7]

Zu den Besonderheiten des Unternehmens gehört bereits seit den vierziger Jahren des letzten Jahrhunderts eine Institution, die sich »William Morris Mailroom«
nennt, ein hausinternes Ausbildungsprogramm. Die
»Trainees« dieses Programm durchlaufen die verschiedensten Bereiche der Firma, bevor sie Vollzeit-Assisten-
ten werden. David Geffen nannte den »William Morris
Mailroom« einmal die Harvard-Universität des Show-Bu-
siness – »only better: no grades, no exams, a small sti-
pend and great placement opportunities.«[8]

---

[7] Zahlreiche Informationen aus: Wikipedia (englisch), »William Morris Endeavor«, Stand 8. 1. 2012.
[8] David Rensin, The Mailroom. Hollywood History from the Bottom
Up, New York 2004, S. 464.

Selbst der größte internationale Konkurrent von WME, die Creative Artists Agency (CAA), wurde 1975 von lauter früheren WMA-Mailroom-Trainees gegründet.

CAA vertritt hauptsächlich Film- und Sportstars. Im Filmbusiness gilt CAA noch vor WME als führende Agentur weltweit, mit Klienten wie Jennifer Aniston, Drew Barrymore, George Clooney, Tom Cruise, Tom Hanks, Scarlett Johansson, Nicole Kidman, Robert De Niro, Sean Penn, Arnold Schwarzenegger, Will Smith, Steven Spielberg, Oliver Stone, Meryl Streep, Bruce Willis, Kate Winslet oder Reese Witherspoon. Im Sport gehören unter anderem David Beckham, Peyton und Eli Manning, LeBron James, Cristiano Ronaldo, Novak Djokovic, der Madison Square Garden, der FC Barcelona und das Internationale Olympische Komitee zu den Klienten von CAA. Dazu kommen zahlreiche Fernsehstars, von David Letterman über Kiefer Sutherland bis Oprah Winfrey. Und das Roster an Musikern und Bands läßt sich ebenfalls sehen: Bruce Springsteen, Sting, Usher und Mariah Carey gehören dazu, ebenso wie Justin Timberlake, Radiohead, Green Day, AC/DC, Marilyn Manson, Justin Bieber und Stevie Wonder. CAA wurde seit 2002 achtmal von Pollstar als »Booking Agency of the Year« ausgezeichnet. In Europa vertritt CAA neben eher »Mainstream«-Acts wie Bruno Mars, Crowded House, Feist, Franz Ferdinand, Gossip, Joss Stone, Katy Perry, Loreena McKennitt, Manu Chao, Nanci Griffith, Nelly Furtado, Norah Jones, den Red Hot Chili Peppers, den Roots und Tony Bennett auch viele Bands, die aus dem »Indie«-Bereich kommen, wie Arcade Fire, Antony and the Johnsons, And You Will Know Us By The Trail Of Dead, Broken Social Scene oder Joan As Police Woman, Nada Surf, Sigur Rós, die Black Keys oder TV on the Radio.

Wenn man die Künstlerlisten von WME und CAA so betrachtet, wird unmittelbar klar, welche geballte Macht allein diese beiden Konzerne auf sich vereinen.

Vertreten diese beiden großen »Talent Agencies« Künstler, so setzen Konzert- und Tourneefirmen die Veranstaltungen der Künstler in die Praxis um. Die Geschichte des nordamerikanischen Konzertmarkts lässt sich anhand einiger herausragender Persönlichkeiten beschreiben. Ich beschränke mich auf zwei: Michael Cohl und Bill Graham.

Graham war der erste und seinerzeit größte und erfolgreichste Rock-Impresario der USA und damit der ganzen Welt. 1965 gründete er den bedeutendsten Rock-Konzertsaal der folgenden Jahre, das Fillmore in San Francisco. Zu den Künstlern, die Bill Graham veranstaltet hat, gehören Bob Dylan, die Grateful Dead, Janis Joplin, Crosby, Stills & Nash, Jim Morrison und seine Doors, Led Zeppelin, Jimi Hendrix, die Rolling Stones und The Who. Bill Graham hat den legendären Scorsese-Film *The Last Waltz* ermöglicht und jenseits seiner kommerziellen Erfolge weltweite Amnesty-Tourneen organisiert und koproduziert sowie das Live-Aid-Konzert veranstaltet.

Bill Graham kam als Wolfgang Grajonza, als Sohn einer russisch-polnisch-deutsch-jüdischen Familie in Berlin zur Welt. Seine Mutter, die den Jungen mit einem Kindertransport nach Frankreich geschickt hatte und ihm damit das Leben rettete, wurde auf dem Weg ins Konzentrationslager ermordet. Bill Graham konnte als Junge über Madrid, Lissabon, Casablanca und Dakar in die USA fliehen und kam zu einer Pflegefamilie in der Bronx.

Im Mai 1985 wurde der amerikanische Präsident Reagan vom deutschen Bundeskanzler Kohl quasi genötigt, mit ihm am Jahrestag der Befreiung vom Nationalsozialismus den Soldatenfriedhof im rheinland-pfälzischen Bitburg zu besuchen. Für Kohl eine Geste der Versöhnung mit Hintergedanken: Es ging ihm um einen bewußten Kontrapunkt zur Demutsgeste des sozialdemokratischen Kanzlers Willy Brandt, dem Kniefall vor dem Denkmal für die Opfer des Aufstands im Warschauer

Ghetto 1970, und es ging ihm um eine »Normalisierung« der deutschen Geschichte, um eine »Entsorgung der Vergangenheit«, wie Habermas das nannte. Kohl wollte um jeden Preis dieses Zeichen setzen, auch als bekannt wurde, daß unter den namentlich bekannten Toten auf dem Soldatenfriedhof in Bitburg auch Angehörige der Waffen-SS lagen. Sowohl in der Bundesrepublik Deutschland als auch in den USA gab es massive Proteste, das amerikanische Repräsentantenhaus hatte Ronald Reagan aufgefordert, den Besuch in Bitburg abzusagen. Und Bill Graham hatte Ende April 1985 einen »perönlichen Aufruf« als große Zeitungsanzeige aufgegeben. Darin schrieb Graham unter anderem: »Der Präsident der Vereinigten Staaten plant den Besuch eines westdeutschen Soldatenfriedhofs, auf dem auch Mitglieder von Hitlers Waffen-SS bestattet sind. Die SS war eine Organisation der Nazis, die sich durchweg aus Freiwilligen rekrutierte – aus Freiwilligen, die willkürlich gemordet haben und unmittelbar für die Ermordung von sechs Millionen Menschen verantwortlich sind. (...) Diejenigen unter uns, die das Glück hatten, dem europäischen Terror zu entkommen und in unserem Land ein friedliches Leben zu führen, können nicht vergessen und werden nie vergeben. Diese Anzeige wurde finanziert von Bill Graham, Bill Graham Presents, 11th Street 201, San Francisco.«[9]

Alle Proteste diesseits und jenseits des Atlantiks waren vergebens, auch die große von Graham organisierte Kundgebung in den USA. Im Gegenteil: Am 7. Mai – Graham war geschäftlich in Südfrankreich – schmissen Unbekannte eine Brandbombe in sein Büro in San Francisco. Die Adresse hatte er ja in seiner Anzeige angegeben. Die Unternehmenszentrale brannte bis auf die Grundmauern nieder, das Feuer hat einen Schaden in Höhe von mindestens einer Million Dollar verursacht. Vor

---

[9] Bill Graham, Robert Greenfield: »*Bill Graham presents*«. Ein Leben zwischen Rock and Roll, Frankfurt a. M. 1996, S. 641 ff.

allem aber verbrannte Bill Grahams umfangreiche Sammlung von Rock-Memorabilien. »Was da in diesem Büro an den Wänden gehangen hatte, war mein Leben. Jeder einzelne Tag bis zur Gegenwart. Das Leben, zu dem ich mit fünfunddreißig hingefunden hatte. Ich hatte niemals irgendwelche Dinge, die mir persönlich wichtig waren, in einen Safe gesperrt. Alles hing da an den Wänden, damit jeder es sehen konnte. Das waren meine Kunstwerke.«[10]

Bill Graham starb sechs Jahre später, im Oktober 1991, bei einem Hubschrauberabsturz. Wer etwas über das Konzertgeschäft und über diese Welt lernen möchte, sollte das Buch *Bill Graham Presents* lesen.

Eine andere legendäre Figur der nordamerikanischen Konzertindustrie ist der 1948 in Kanada geborene Michael Cohl. Cohl gelang es, das korrupte nordamerikanische Tourneegeschäft zu revolutionieren, das seit jeher von örtlichen Veranstaltern dominiert wurde, die den Markt durch mafiöse Absprachen abschotteten. Die Künstleragenten und Manager mußten mit diesen örtlichen Veranstaltern zusammenarbeiten. Die wenigen Versuche, die lokalen Platzhirsche zu umgehen, blieben dominanten Künstlern wie Elvis Presley vorbehalten, dessen Tournee 1970 zum Beispiel von einem landesweiten Tourveranstalter, Concert West, mit direkten Verträgen mit den Eigentümern der Veranstaltungsorte durchgeführt wurde.

Das Problem des fragmentierten Marktes war, daß die Künstler weniger Geld verdienten, als möglich war, weil eben lokale Monokulturen existierten und der örtliche Veranstalter die Bedingungen diktieren konnte. Vor allem aber waren landesweite Tourneen so einfach nicht profitabel.

Michael Cohl war es, der das System ins Wanken brachte. Mit seiner Firma Concerts Productions Interna-

---

[10] A. a. O., S. 651 f.

tional (CPI) entwickelte er das Konzept einer landesweiten Tournee »aus einer Hand«. Kernstück eines derartigen Konzeptes ist, daß eine Tour als Gesamtpaket begriffen wird, mit verschiedenen Einzelkonzerten, die gegeneinander verrechenbar sind. Diese von Cohl entwickelte »Querfinanzierung« von nationalen Tourneen ist heutzutage weltweit selbstverständlich. Es ist ja auch nicht einzusehen, daß ein Tourveranstalter den Gewinn, den er an einem Ort macht, zum größten Teil an den Künstler weiterreicht, während er den Verlust an einem anderen Spielort alleine tragen soll.

1984 veranstaltete Michael Cohl mit CPI eine landesweite USA-Tournee mit Michael Jackson, die legendäre »Victory Tour« seiner Band The Jacksons, durch fünfundfünfzig Stadien, mit einem Gesamtangebot für die gesamte Tour und untereinander verrechenbaren Konzerten, und als Affront gegenüber den örtlichen Platzhirschen, die nur noch als eine Art »Abwickler« gesehen wurden, die für ein Fixum, mit dem sämtliche Kosten abgedeckt wurden, arbeiten mußten, ohne weitergehende Gewinnchancen. Die Tournee war extrem erfolgreich und setzte Maßstäbe. 1989 machte Michael Cohl mit diesem Modell sogar Bill Graham die Rolling Stones abspenstig, obwohl Graham die bisherigen US-Touren der Stones veranstaltet hatte und den Musikern freundschaftlich verbunden war. Doch Cohl bot den Stones eine Garantie von 50 Millionen US-Dollar für fünfzig Auftritte in den USA. Ein Angebot, das so attraktiv war, daß die Stones nicht widerstehen konnten. Die »Steel Wheels Tour« wurde ein voller Erfolg, und die Rolling Stones durften sich am Ende über Einnahmen von insgesamt 260 Millionen Dollar freuen – Ticketverkäufe, Merchandising, Lizenzdeals und Sponsoring: Michael Cohl entwickelte entsprechende »Package-Deals«, wie sie heute im Musikgeschäft bei großen Tourneen gang und gäbe sind und von den Plattenfirmen seit geraumer Zeit kopiert werden. Man darf jedoch nicht vergessen, daß Cohl sich zu einem Zeitpunkt an die Stones wandte, als diese gerade wild entschlossen waren, endlich mit ihrem Tourneegeschäft Geld zu verdienen. Oder wie ihr Manager Rupert Prinz zu Loewenstein es ausdrückt: »Der Trick würde es sein, sicherzustellen, daß das Geld beim Künstler landet und nicht beim Promoter.«[11] Zusammen mit Cohl ging Loewenstein auf Sponsorensuche. Die Rolling Stones warben fortan nicht nur für Volkswagen, sondern auch für Anheuser-Busch oder General Electric. Seit 1989 erlösten die Rolling Stones knapp eine Milliarde Dollar nur aus ihren Konzerten.

Michael Cohl übertrug dieses neue System von landesweiten und querfinanzierten Tourneen mit Pauschalgagen auf die ganze Welt und entwickelte damit das moderne Tourneegeschäft mit weltweiten Deals, wie wir es heute kennen.

Mit solchen Erfolgstourneen machte Michael Cohl nicht nur die Rolling Stones zum Top-Live-Act der neunziger Jahre, mit Einnahmen von mehr als 750 Millionen Dollar bei 333 Konzerten. 1992 zahlte Michael Cohls CPI 115 Millionen Dollar an U2 für ihre »Zoo TV Tour«. Bands wie Pink Floyd oder Crosby, Stills, Nash & Young und Künstler wie David Bowie folgten dem Erfolgsrezept der von Michael Cohl veranstalteten USA-Tourneen. Mittlerweile hatte Cohl (der von den Medien schon als »Howard Hughes of Rock'n'Roll« bezeichnet wurde), seine Firma in The Next Adventure (TNA) umbenannt. Zu seinen Klienten gehörten im Lauf seiner Karriere auch Frank Sinatra, Prince, Stevie Wonder, The Who oder Barbara Streisand.

Cohl gilt auch bei seinen Kritikern als ein Genie im heutigen Showbusiness, der nicht zuletzt auch am Broadway mit großen Erfolgen aufwarten kann. Doch Erfolgsgeschichten wie die von Cohl, der seinen Klienten unver-

---

[11] Prince Rupert Loewenstein, A Prince among Stones, London 2013, Kindle Edition (Zitat deutsch von mir).

hoffte Mega-Deals verschafft, verstellen leicht den Blick auf die Realität. In den späten sechziger und frühen siebziger Jahren etwa waren »flat deals« im Konzertgeschäft die Regel: Die Bands erhielten eine Festgage, während die Gewinne nach Erreichen des Break-Even beim Konzertveranstalter blieben. Bill Graham war eine der führenden Protagonisten dieser Deals, die wenig später obsolet wurden. Berühmt war Bill Grahams Antwort auf das Erstaunen seiner Gäste angesichts der Größe und Schönheit seines Hauses: »Flat deals at the Fillmore.« Die Gewinne mußte er nicht mit den Künstlern teilen.

Michael Cohl trieb das System noch weiter. Wie der *Toronto Star* 1995 in einem Artikel unter der Überschrift »King Cohl of rock'n'roll and the tax that never was« berichtete, soll CPI bei den Großkonzerten anläßlich der »Canadian National Exhibition« (einer jährlichen Messeveranstaltung plus Kulturprogramm in Toronto) seit 1984 Künstlergagen mit einer regionalen Steuer in Höhe von 10 Prozent sowie mit einer »CNE gate charge« in Höhe von 2 bis 3,50 kanadischen Dollars belegt haben, die CPI den Bands, die im Rahmen der CNE auftraten, von den Einnahmen abzog – was bei Großkonzerten schon mal bis zu 200.000 kanadische Dollars ausmachen konnte. Tatsächlich waren aber alle Konzerte der CNE von der 10-Prozent-Steuer befreit, wie alle »agricultural fairs«. Und von einer »gate charge« wußten die Behörden auch nichts. Kevin Donovan faßt im *Toronto Star* zusammen: »Wenn man all diese Steuern und Gebühren, die erheben zu müssen CPI seit 1984 behauptet hat, zusammenzählt, dann ergibt das bei einem Gesamtverkauf von 54 Millionen Tickets stolze 5 Millionen.« Cohl hat in einem Interview behauptet, die Einnahme der 10 Prozent[12] sei an die CNE abgeführt worden, was von den staatlichen Stellen in Abrede gestellt wurde. Ich weiß nicht, wie Michael

---

[12] »Tax, allowance, benefit, exemption or whatever you want to call it ...«, eiert Cohl in diesem Gespräch herum.

Cohl seinen Hals seinerzeit aus der Schlinge gezogen hat, aber weder die Bands, denen er Millionenbeträge abgeknöpft zu haben scheint, noch die Fans, die dieses Geld aufgebracht haben, dürften begeistert gewesen sein.

1998 verkaufte Michael Cohl seine Firma für viel Geld an SFX Entertainment.

Werfen wir noch einmal einen Blick zurück in die Zeit vor 1990. Etwa vierzig Jahre lang hatte sich an dem Geschäftsmodell, Rock'n'Roll-Konzerte zu veranstalten, wenig geändert. Wie Dean Budnick und Josh Baron in ihrem Buch *Ticket Masters* schreiben, übte die Live-Industrie zwar immer stärkeren Einfluß aus, insbesondere was höhere Künstlergagen und höhere Ticketpreise anging, die Abläufe waren jedoch immer die gleichen. Die Konzertveranstalter konkurrierten wohl untereinander, griffen sich aber in ihren Regionalmodellen nicht an. Das »System« der Konzertindustrie war noch gesund, und es gab sogar eine Art Ehrenkodex. All dies änderte sich drastisch Mitte der neunziger Jahre bis zur Jahrtausendwende, also innerhalb weniger Jahre.[13] Man kann dies als typisch amerikanische Erfolgsstory eines Mannes erzählen, wie Budnick und Baron dies auch tun: »And it was all the result of the actions of one man: Bob Sillerman.« Tatsächlich hätte aber auch ein Bob Sillerman nicht viel bewirkt, wenn nicht zuvor die entscheidenden Weichen für sein Handeln in der Politik gestellt worden wären.

Robert F. X. Sillerman wuchs in der Bronx als Sohn jüdischer Eltern auf, war Mitte der sechziger Jahre als Marketing-Consultant tätig und baute in den achtziger Jahren zum Teil mit windigen Deals eine große Rundfunksenderkette in den USA auf. Es ist eine typisch kapitalistische Geschichte der achtziger und frühen neunziger Jahre, mehr ein Medien-Monopoly mit guten und sehr

---

[13] Dean Budnick, Josh Baron, Ticket Masters, Toronto 2011, S. 154.

guten Verkäufern als eine Geschichte von Kultur- oder Medienstrategien. 1988 beispielsweise hatte Sillerman laut dem *Wall Street Journal* das New Yorker Medienunternehmen Metropolitan Broadcasting von der Investmentbank Morgan Stanley gekauft. Er löste eine der vier Radiostationen aus dem Paket heraus und verkaufte sie an Command Communications, an der er ebenfalls Anteile hielt. Mit dem Erlös bezahlte er den Kredit, den er für das Gesamtpaket aufgenommen hatte. Im Jahr darauf verkaufte Sillerman den Rest von Metropolitan mit Gewinn an die Westinghouse Broadcasting Co. Wir befinden uns in den Boomzeiten der Wall Street, in denen Firmen, die Hunderte von Millionen wert waren (oder auch nicht), manchmal im Jahresrhythmus ihre Besitzer wechselten. Die Theorien des neoliberalen Ökonomen Milton Friedman (*Kapitalismus und Freiheit*) setzten sich auf breiter Ebene durch beziehungsweise wurden durchgesetzt, nicht zuletzt durch den US-Präsidenten Ronald Reagan, der das Land 1981 bis 1989 regierte. In seinem 1980 erschienenen Buch *Chancen, die ich meine* bezeichnet Friedman den Wohlfahrtsstaat als den großen Feind der Wirtschaft. Im gleichen Jahr strahlte PBS Friedmans Fernsehserie *Free to Choose* aus, in der Friedman das Hohelied des freien Marktes sang. 1988 erhielt Milton Friedman die höchste zivile Auszeichnung der USA, die »Presidential Medal of Freedom«, und Reagan sprach in Zeiten der Deindustrialisierung der USA als Erster von der »Ökonomie des Geistes«.

Friedmans neoliberale Theorien erhielten mit Alfred Rappaports Konzept des »Shareholder Value« neue Munition. »Shareholder Value« bedeutet, daß die Unternehmensleitung ausschließlich im Sinne der Anteilseigner handeln soll. Ziel ist die Maximierung des Unternehmenswertes durch Gewinnmaximierung und Erhöhung der Eigenkapitalrendite. Auswirkungen der Unternehmensentscheidungen auf Mitarbeiter, Kunden, Umwelt oder die Gesellschaft allgemein werden nicht oder kaum berücksichtigt. Wenn ein Unternehmen Tausende von Arbeitsplätzen vernichtet, sind die Analysten heutzutage nicht etwa besorgt über den massiven Kompetenzverlust, der damit einhergeht, sondern sie belohnen die »Verschlankung« des Unternehmens in der Regel mit einem deutlichen Anstieg des Aktienkurses. Und in diesem Klima des »neuen Wirtschaftens« tummelte sich der Medienmogul Bob Sillerman.

1992 schlossen sich Sillermans Radiokette und Steven Hicks' Capstar Communications zusammen, und SFX Broadcasting entstand. 1996 profitierte SFX Broadcasting von einem umstrittenen Gesetz, das seit den achtziger Jahren entwickelt worden war und von Bill Clinton unterzeichnet wurde: dem »Telecommunications Act of 1996«. Clintons Regierung war angeschlagen, die Demokraten hatten 1994 die Mehrheit im Repräsentantenhaus an die von Newt Gingrich geführten Republikaner verloren, wodurch sich die Schlagrichtung des neuen Gesetzes massiv zugunsten der großen Medien- und Telefonkonzerne änderte. Der »Telecommunications Act« war die erste grundlegende Überarbeitung des amerikanischen Telekommunikationsrechts seit 1934. Angeblich war das Ziel des Gesetzes, Wettbewerbsbeschränkungen aufzuheben. Natürlich mit der Begründung, um den Wettbewerb zu fördern und so das Angebot zu verbessern. So wurde nun etwa der Wettbewerb zwischen lokalen Telefonanbietern ermöglicht. Doch es kam, wie es kommen mußte: Die lokalen Anbieter wurden von den großen bundesweiten Firmen AT&T und MCI/WorldCom aufgekauft, und während vor dem Erlaß des Gesetzes die vier größten Telekommunikationsgesellschaften weniger als die Hälfte aller Telekommunikationsleitungen in den USA besessen hatten, besaßen sie fünf Jahre später mehr als 85 Prozent.

Der umstrittenste Teil des Gesetzes betraf unmittelbar die Medienkonzerne und die Rundfunk- und Fernsehanstalten, denn das Gesetz erlaubte erstmals in der Geschichte der Vereinigten Staaten das sogenannte »Media Cross-Ownership«, also beispielsweise den gleichzeitigen Besitz eines Fernsehsenders und einer großen Tageszeitung. Zeitungsverlage und Rundfunkketten konnten so zu breit aufgestellten Medienkonzernen werden. Jedem Medienunternehmen wurde es erlaubt, zwei Fernsehstationen und eine unbegrenzte Zahl von Radiostationen im selben Markt zu betreiben. Außerdem wurde die Preisregulierung für Kabelnetzwerke mit weniger als 600.000 Abonnenten aufgehoben. Kurz: Die vermeintliche Belebung des amerikanischen Medienmarkts führte nur zu einem massiven Konzentrationsprozeß, in dessen Verlauf zahllose lokale, unabhängige und alternative Medienanbieter eliminiert wurden. Hatte es 1983 noch fünfzig große Medienkonzerne in den USA gegeben, so war ihre Zahl im Jahr 2005 auf ganze fünf gesunken.

Noch im selben Jahr, als der »Telecommunications Act« verabschiedet wurde, verleibte sich SFX Broadcasting erstmals eine Firma der Konzertindustrie ein: SFX kaufte die New Yorker Konzertagentur Delsener-Slater Enterprises. Es ergaben sich reizvolle Synergieeffekte, die Veranstaltungen konnten auf den hauseigenen Radiostationen beworben werden. Und das war erst der Anfang. Steven Hicks, der erst 1996 aus SFX ausgestiegen war, um Capstar Broadcasting zu gründen, kaufte im Sommer 1997 SFX Broadcasting auf, der mittlerweile 71 Radiostationen gehörten, um sie in seine Capstar-Gruppe zu integrieren, die bereits über 241 Radiosender verfügte – wohlgemerkt nur etwas mehr als ein Jahr nach ihrer Gründung! Für den Kauf von SFX mußte der Capstar-Konzern 2,1 Milliarden Dollar auf den Tisch legen. Bob Sillerman persönlich machte durch die Transaktion angeblich 200 Millionen Dollar Gewinn.

SFX Broadcasting konnte sich die neue amerikanische Gesetzgebung erneut zunutze machen: SFX durfte nämlich ihren durchs Radiogeschäft erzielten Cashflow unter bestimmten Bedingungen zur Akquise weiterer Firmen im Konzertgeschäft nutzen. So wurde SFX Entertainment als börsennotiertes Unternehmen gegründet und nutzte seine so doppelt gewonnene Liquidität, um weiter auf Einkaufsreise zu gehen und für mehrere Hunderte Millionen Dollar weitere Konzertveranstalter aufzukaufen, darunter auch für 65 Millionen Dollar »Bill Graham Presents« und, wie oben erwähnt, Michael Cohls Firma »The Next Adventure«. In wenig mehr als zweieinhalb Jahren hatte SFX Entertainment neun Konzertagenturen in den USA gekauft und die Spielregeln der Branche von Grund auf geändert. Bislang herrschte strenge Gewaltenteilung: »Künstler haben Manager beschäftigt, die Agenten anheuerten, um Deals mit den Konzertveranstaltern zu verhandeln. Die Konzertveranstalter wiederum verhandelten mit den Veranstaltungsorten, den Venues, und der Tikkethändler wurde üblicherweise von den Venues bestimmt.«[14] Doch seit SFX die Szene bestimmte, gab es deutlich weniger Konzertveranstalter, die Angebote für regionale Shows machen konnten, und entsprechend gab es weniger Angebote für landesweite Tourneen. Nun gab es eine einzige Firma, die nicht nur die Mehrzahl der Veranstalter des Landes kontrollierte, sondern der auch das Gros der wichtigsten Veranstaltungsorte des Landes gehörte. Was sollte SFX davon abhalten, direkt mit den Künstlern und Managern zu verhandeln? Und vor allem: die Bedingungen der Zusammenarbeit zu diktieren und zu verändern? Budnick und Baron beschreiben in ihrem Buch, wie sich SFX erstmals anläßlich einer großen USA-Tour von Eric Clapton weigert, das branchenübliche »deposit« zu bezahlen, eine Art Kaution in Höhe von 50 Prozent der Gage, die vorab zu zahlen ist. Der Monopolist bestimmt die Spielregeln.

Das Geschäftsmodell von SFX beruhte auf drei Säulen: SFX verbuchte die Einnahmen aus den Eintrittsgeldern, die Einnahmen aus dem Verkauf von Snacks, Getränken

---

[14] Budnick, Baron, a. a. O., S. 178.

und Parkgebühren an den Venues, und SFX steigerte systematisch die Einnahmen aus Werbung und Sponsoring, die 1999 bereits über 60 Millionen US Dollar betrugen. Allerdings wurde SFX als großer Player auch von smarten und starken Managern unter Druck gesetzt, etwa von Irving Azoff. Azoff war in den achtziger Jahren Chef von MCA Records, gründete dann ein eigenes Label und wurde schließlich einer der erfolgreichsten Künstlermanager mit Stars wie Christina Aguilera, den Eagles, Van Halen, Neil Diamond, den New Kids on the Block und vielen anderen. Manager wie Irving Azoff, Howard Kaufman und Howard Rose trieben die Einnahmenanteile ihrer Künstler bei von SFX veranstalteten Konzerten regelmäßig in die ungeahnte Höhen. Azoff erzählt den Autoren Budnick und Barn, wie er mit Bob Sillerman verhandelt hat: »Ich habe zu ihm gesagt, natürlich gibst du mir 90 Prozent, Bob. Entweder das ist unser Deal oder wir spielen nicht. Oder meinst du, daß die Leute in den Boston Garden kommen, um Bob Sillerman zu sehen?«[15]

Heutzutage wird immer wieder gerne angeführt, daß die Künstler so gierig seien und mit ihren hohen Gagenforderungen die Ticketpreise in die Höhe treiben würden. Dies ist nur zum Teil richtig. Ein wesentlicher Grund für die hohen Gagen und ihre Durchsetzbarkeit sind die Monopolstrukturen des Konzertgeschäfts. Wenn es nur noch einen Quasi-Monopolisten gibt, dem landesweit fast alle Spielstätten und Konzertveranstalter gehören, und wenn auf der anderen Seite nur wenige große, den Markt dominierende Managerfirmen fast alle Künstler repräsentieren, dann steigen unweigerlich die Preise – für die Künstlergagen, für die Ticketpreise, ja, selbst für die Parkplätze. Es ist eine der Besonderheiten des Konzertgeschäfts, daß der Wettbewerb anders als in anderen Bereichen der Wirtschaft die Preise steigen und nicht sinken läßt. Künstler, Manager und Agenten wollen immer, daß meh-

---

[15] Budnick, Barn, a. a. O., S. 181 (Zitat deutsch von mir).

rere Veranstalter Angebote machen, sich gegenseitig überbieten und die Gagen hochtreiben. Diese Marktlogik wird durch Konzentrationsprozesse, an deren Ende nur noch ein den Markt dominierender Konzertkonzern steht, ausgehebelt. Insofern war es ein sehr smarter Move von Azoff und einigen anderen einflußreichen Managern, den Spieß umzudrehen und den Einnahmenanteil gegenüber SFX neu zu definieren. Die Entwicklung war nicht von Dauer. Aber eine Weile konnte es sich SFX immerhin leisten, den Künstlern 90 Prozent der Einnahmen zuzusichern, weil der Konzern mit den Nebengeschäften von Getränkeverkauf bis Sponsoring genug verdiente. Seit dem Markteintritt von SFX 1996 waren die Ticketpreise um sage und schreibe 50 Prozent gestiegen!

1999 konnte SFX Entertainment einen Umsatz von 1,5 Milliarden Dollar verzeichnen und machte damit einen Gewinn von 209 Millionen Dollar. Der Konzern expandierte unter anderem nach Europa, stieg ins Musicalgeschäft ein (SFX produzierte am Broadway das Erfolgsmusical *The Producers*) und wurde der weltgrößte Produzent und Veranstalter im Bereich Live-Entertainment. Robert F. X. Sillerman hatte gezeigt, daß das Veranstalten von Konzerten ein Milliardengeschäft war, wenn man sich die politischen Rahmenbedingungen zunutze machte und Monopole schuf. SFX Entertainment hatte in nur vier Jahren Firmen für mehr als 2 Milliarden Dollar aufgekauft. SFX betrieb 120 Konzertstätten im ganzen Land. In einer Rede, die er im Rahmen des jährlichen »Concert Industry Consortium« im Februar 1999 in Los Angeles hielt, sagte Sillerman: »In the words of Gozilla, size is good. Size matters. There has to be a market leader in every business segment.«[16] Die Konzertveranstalter und Agenten waren jedoch enttäuscht von Bob Sillerman und seiner Rede. Hier war das Musterbeispiel eines Geschäftsmannes ohne Visionen für das Konzertgeschäft,

---

[16] Budnick, Baron, a. a. O., S. 190.

ohne jeden Enthusiasmus für Musik. Hier ging es einem zugegeben sehr erfolgreichen Geschäftsmann ausschließlich um Geschäft und Profit. Eine Figur der neunziger Jahre, eine Figur aus Zeiten des neoliberalen Shareholder-Value-Geschäftsmodells, eine Gestalt, die das Konzertgeschäft in nur vier Jahren auf den Kopf gestellt hatte. Ein Mann aber, der mit Kultur nicht viel am Hut hatte.

Im Jahr 2000 wurde SFX Entertainment für sage und schreibe 4,4 Milliarden US-Dollar an Clear Channel Communications verkauft, die weltweit größte Radiosenderkette, der fast 1000 Radiostationen, 550.000 Plakatwände und 19 Fernsehstationen gehörten.

Clear Channel Communications ist in seiner heutigen Form ebenfalls ein typisches Produkt der »Liberalisierung« des Marktes in den neunziger Jahren durch den »Telecommunications Act«. Hervorgegangen aus einer kleinen texanischen Radiostation, erwarb die Firma 1972 die erste UKW-Station in San Antonio, weitere Sender folgten. 1986 erwarb Clear Channel die ersten Stationen außerhalb von San Antonio. Schon vier Jahre vor dem »Telecommunications Act« hatte der US-Kongress die Regeln für den Besitz von Radiostationen gelockert: Firmen war es jetzt erlaubt, mehr als zwei Stationen im gleichen Markt zu erwerben. 1995 besaß Clear Channel daher bereits 43 Radio- und 16 Fernsehstationen und gehörte bald zu den Weltmarktführern für öffentliche Werbeflächen. Mit der Verabschiedung des »Telecommunications Act« war es Clear Channel möglich, 70 andere Medienunternehmen und Radio- und TV-Sender zu erwerben. Die texanische Firma finanzierte im übrigen, wen wundert es, die Präsidentschaftskampagnen des texanischen Gouverneurs George W. Bush. Nach 1996 gab Clear Channel sage und schreibe über 30 Milliarden Dollar für den jetzt legalen Zukauf anderer Medienunternehmen aus und erwarb über 1200 Rundfunk- und Fernsehstationen landesweit, davon bis zu sieben Stationen innerhalb der gleichen regionalen Märkte. Der Konzern nutzte seine geballte Medienmacht auch politisch aus: So verbannte Clear Channel die populäre amerikanische Country-Pop-Band Dixie Chicks aus allen Programmen, nachdem die Band auf einem Konzert in Großbritannien George W. Bush öffentlich kritisiert und sich gegen den Krieg im Irak ausgesprochen hatte. Unmittelbar nach den Anschlägen des 11. September wurde von Clear Channel Communications eine »schwarze Liste« mit Songs erstellt, die aus nationalen Gründen als »unpassend« galten und nicht mehr abgespielt werden durften. Die Liste mit über 150 Songs reichte von John Lennons »Imagine« über Bob Dylans »Knockin' on Heaven's Door« und »Hey Joe« von Jimi Hendrix bis hin zu verschiedenen Songs von Neil Diamond, Billy Joel, Elton John, den Rolling Stones sowie sämtlichen Stücken von Rage Against the Machine. Clear Channel redete sich damit heraus, daß es sich um keine Verbote, sondern um »Empfehlungen« für die örtlichen, der Kette angeschlossenen Radiostationen handelte. Die Songs wurden von Clear-Channel-Stationen dennoch nicht gespielt. Gleichzeitig organsierte Clear Channel eine Pro-Irakkrieg-Propaganda-Tournee unter dem Schlagwort »Rally for America«.

Daß Zensur für den US-Unterhaltungsmogul Clear Channel Communications quasi systemisch ist, zeigt die Reaktion auf den für viele Nicht-Amerikaner wenig nachvollziehbaren »Nippelgate-Skandal«, als in der Halbzeitpause des Super Bowl 2004 bei einem Auftritt von Justin Timberlake und Janet Jackson für einen kurzen Moment Jacksons entblößte Brust zu sehen war. Der Sender erklärte, daß auf seinen Kanälen obszönes oder unanständiges Material nicht länger geduldet werde. Einige Mitarbeiter wurden entlassen, die Show des bekannten Radiomoderators Howard Stern wurde von etlichen Clear-Channel-Stationen wegen seiner »vulgären Ausdrucksweise« aus dem Programm genommen. Immer wieder wurde Clear Channel auch von Werbekunden verklagt, deren Werbung der Konzern nicht akzeptierte. 2004 etwa hatte die Aktivistengruppe »Project Billboard« ein Großplakat für die Außenwerbefläche am New Yorker Times Square gebucht. Das Plakat war gegen die Invasion des Irak gerichtet und enthielt den Slogan »Democracy is best taught by example, not by war«. Eine Tochterfirma von Clear Channel lehnte dieses Plakat ab. »Project Billboard« verklagte Clear Channel darauf wegen Vertragsbruchs und sah in der Ablehnung politische Motive.

Nach dem Kauf von SFX Entertainment verfügte Clear Channel im Live-Business über fast unbeschränkte Möglichkeiten: Wenn eine Band durch die USA tourte, konnte Clear Channel die eigenen freien Werbeflächen nutzen und die Tour über sein gigantisches Sendernetzwerk mit 1200 Radiostationen promoten. Clear Channel zwang indirekt die unter Vertrag stehenden Künstler, die firmeneigenen Veranstaltungsstätten zu nutzen, indem ihnen mehr Radio-Airplay zugesichert wurde.

Clear Channel geriet unter massiven Druck der Öffentlichkeit und der Politik. Vorwürfe der Wettbewerbsbehinderung wurden erhoben. Das Unternehmen beschloß daher 2005, die Konzertsparte aus dem Konzern herauszulösen und in ein neues, eigenständiges Unternehmen mit dem Namen »Live Nation« zu überführen.

Live Nation, die Firma, die als SFX Entertainment noch für über 4 Milliarden Dollar gekauft worden war, wurde »nur noch« mit 1,5 bis 2 Milliarden Dollar bewertet. Aber am System hat sich nichts verändert: Man ist auf weltweitem Einkaufstrip. Live Nation will zum weltweiten Marktführer werden. Live-Nation-Boß Michael Rapino ist ein kaltschnäuziger Texaner mit Red-Neck-Charme. Ein Mann, der das protestantische Arbeitsethos repräsentiert. Für ihn ist die Welt dazu da, vom Stärksten gekauft zu werden. Was denn passiere, wurde Rapino gefragt, wenn Live Nation nicht wie geplant das legendäre Wembley-Stadion bespielen könne? »Bauen wir eben unser eigenes Stadion direkt nebenan.« Nun, Live Nation *konnte* das Wembley-Stadion ins Portfolio einreihen – und nicht nur das.

Michael Rapino ist in Kanada aufgewachsen und diente sich nach einem Studenten-Job in der kanadischen Labatt-Brauerei zur Nummer Eins unter den Labatt-Vertretern hoch. In einer versoffenen Nacht beschloß Rapino angeblich, daß er Chef einer Konzertagentur sein wollte, bevor er vierzig wurde, wahrscheinlich beeinflußt durch die Verflechtung des Labatt-Konzerns mit dem Konzertveranstalter CPI, der Firma eines gewissen Michael Cohl. Nach zehn Jahren beim kanadischen Bierbrauer gründete Rapino seine eigene Konzertagentur und verkaufte sie später an den SFX-Konzern. Für SFX/Clear Channel ging Rapino nach Europa, kümmerte sich um Territorien im Konzerngeflecht, die niemand haben wollte. Vor allem aber beschäftigte sich Rapino intensiv mit dem Thema Sponsoring und entwickelte diesen Unternehmenszweig zu einem Kernbereich des Konzertgeschäfts. Rapino wurde für Clear Channel und später Live Nation unverzichtbar. In der Liste der »Billboard Power 100«, der hundert wichtigsten Player des internationalen Musikgeschäfts, wird Rapino 2012 auf Platz 6 gelistet. Das amerikanische Magazin ist sich sicher, daß Rapino »das Konzertgeschäft fundamental verändert« hat.

Live Nation hat in den letzten Jahren führende Tourveranstalter in ganz Europa, vor allem aber auch Konzertsäle und Festivals erworben beziehungsweise sie werden von Live Nation betrieben oder gemanagt. Heute gehören Live Nation diese europäischen Tourveranstalter: Die niederländische Traditionsfirma Mojo Concerts, die dort Marktführer ist und unter anderem die Festivals Pinkpop, Lowlands und North Sea Jazz ausrichtet. In Belgien hat Live Nation Rock Werchter gekauft und führt sie nun unter eigenem Namen; die Firma war und ist nicht nur Veranstalter des gleichnamigen Festivals, des größten in Belgien, sondern auch der führende belgische

Tourveranstalter. Live Nation hat zwei italienische Tour-veranstalter aufgekauft und managt exklusiv die früheren olympischen Spielstätten in Turin, wozu die größte Arena Italiens, das PalaOlimpico, zählt. Live Nation hat Tour-veranstalter als Tochtergesellschaften in Finnland, Nor-wegen, Schweden, Dänemark und hat den spanischen Marktführer im Tourneegeschäft, Gamerco, gekauft. Live Nation betreibt Festivals und Konzerthallen sowie Sta-dien in Frankreich und Irland, vor allem aber stieg der Konzern in Großbritannien massiv ins Konzertgeschäft ein: Die Liste reicht von Londoner Traditionsspielstätten wie der Wembley-Arena (den Management-Vertrag der Wembley-Arena hat Live Nation zum Jahresende 2012 allerdings gekündigt, wobei Live Nation weiter Veran-stalteraufgaben in Wembley übernehmen soll),[17] Brixton Academy und O$_2$ Shepherd's Bush Empire über die Opernhäuser in Manchester oder York, das Empire Theatre in Liverpool bis hin zur Cardiff International Arena, von Festivals wie dem Hyde Park Open Air oder Latitude bis zu Beteiligungen an den legendären Festivals in Reading und Leeds. Besonders der Besitz von Spiel-stätten ist natürlich eine gewinnversprechende Strategie: Veranstaltet ein Konzern dort seine eigenen Konzerte, kann er die Konzerte günstiger kalkulieren. Benutzt aber ein Mitbewerber die Spielstätte, verdient der Konzern durch die Miete dennoch an dem Konzert, das er gar nicht veranstaltet.

Live Nation betrieb im Jahr 2012 117 Veranstaltungs-stätten weltweit, davon 75 in den USA. Zusätzlich ver-fügte der Konzern über das exklusive Recht, weitere 33 Veranstaltungsorte zu buchen – weltweit also 150 Veran-staltungsstätten. Gleichzeitig gehörten Live Nation zu diesem Zeitpunkt ganz oder teilweise Merchandising-Firmen, Fanclubs und Konzertveranstalter, sogar in Chi-

---

[17] »Wembley Arena: Live Nation kündigt Management-Vertrag«, Mu-sikmarkt.de, 28. 12. 2012.

na und Dubai. Doch Live Nation ging in Sachen Dominanz des Musikgeschäfts noch einen weiteren Schritt.

Beim »Concert Industry Consortium«, dem Jahrestreffen der Hauptakteure der Konzertindustrie, trat 2006 Michael Rapino als Hauptredner auf, sechsunddreißig Jahre alt und CEO der gerade neu gegründeten Live Nation. Rapino sagte damals: »Ich habe immer die klugen Worte von Cohl im Hinterkopf gehabt. Er hat gesagt: ›Wenn du Veranstalter werden willst, kannst du das hergebrachte Modell übernehmen, oder du kannst versuchen, ein neues zu erfinden.‹ Als ich den CEO-Posten bei Live Nation bekam, war meine erste Frage: ›Wie kann ich das Modell ändern?‹«[18]

Höchstwahrscheinlich hat er sich die Frage nicht erst zu diesem Zeitpunkt gestellt. Denn schon bald präsentierte Rapino der Öffentlichkeit, welches neue Geschäftsmodell ihm vorschwebte – das sogenannte 360-Grad-Modell.

Gemeinhin versteht man unter einem 360-Grad-Deal in der Musikindustrie einen Vertrag zwischen einem Künstler und einer Firma der Musikindustrie, in dem der Künstler *sämtliche* seiner Geschäftsbereiche an diese Firma abtritt: die Einnahmen aus Albumverkäufen, die Musikverlagseinnahmen, die Tournee-Einnahmen, die Einnahmen aus Merchandising und Sponsoring. Der Künstler verkauft sich sozusagen mit Haut und Haar.

In der Praxis der Musikindustrie werden jedoch selten komplette 360-Grad-Verträge ausgehandelt. Die Firmen der Musikindustrie, die sich um solche umfassenden Verträge mit Künstlern bemühen, sind in der Regel die Plattenfirmen und Konzertfirmen wie Live Nation. Plattenfirmen versuchen, auch die Tournee-Einnahmen ihrer Künstler oder zumindest Anteile daran zu erwerben. Warner zum Beispiel versucht, bei neuen Künstlerverträgen die Live-Rechte der Künstler mit zu erwerben und diese den konzerneigenen Tourneefirmen zuzuschustern

---

[18] Budnick, Baron, a. a. O., S. 306 (Zitat deutsch von mir).

(auch in Deutschland hat Warner seit einigen Jahren eine eigene Tourneefirma, »Neuland Concerts«). Auch Universal versucht regelmäßig, sich am Gewinn der von den Tourneeagenturen der Künstler veranstalteten Konzerte zu beteiligen. In den meisten Fällen ist es eine Frage, wie hart Künstler und ihre Managements verhandeln, ob sie die entsprechenden Avancen der Plattenfirmen abwehren können. Doch auch im Indie-Bereich sind derartige »Hand in Hand«-Verträge nicht unüblich. Die kleineren Plattenfirmen, deren Gewinne oft mager sind, versuchen hier, Zusatzeinnahmen zu generieren. Fast schon lustig könnte man die Tatsache nennen, daß ausgerechnet Plattenfirmen, ob große oder kleine, die auf ihrem ureigenen Markt in den letzten anderthalb Jahrzehnten ja strategisch eher versagt haben und denen es nicht gelungen ist, ihr Geschäftsmodell an den sich ändernden Markt anzupassen, meinen, sie könnten in einem so schwierigen Geschäft wie dem Konzertmarkt reüssieren. Ein Künstler ist jedenfalls nach wir vor gut beraten, wenn er sich vielfältiges Know-How sichert, statt sich nur einer einzigen Firma auszuliefern: Eine gute Tonträgerfirma weiß, wie man Alben verkauft, und sei es im schwierigen digitalen Markt. Ein guter Agent weiß, wie er sorgfältig und langfristig die Konzertgeschäfte seines Künstlers aufbauen kann. Ein guter Musikverlag kann für einen Künstler Geld wert sein, hier sind zusätzliche digitale Einnahmen zu generieren, während die konservativen Einnahmen gut abgerechnet werden müssen. Ein guter Manager weiß, wie er die besten Deals bei Plattenfirmen, Verlagen und Agenten erhält, aber vor allem, wie er ein Netzwerk von »Experten« um seinen Künstler errichten kann. Je größer das Netzwerk, desto vorteilhafter für den Künstler. Das sollte eigentlich klar sein, aber die Verfechter der 360-Grad-Deals behaupten was anderes.

Es ist im Grund einfach zu begreifen: Wenn eine Firma wie Live Nation einer Künstlerin wie Madonna 120 Millionen Dollar für einen Vertrag anbietet, der zehn Jahre lang quasi »alles« umfaßt, also: Konzerttourneen, Merchandising, Studioalben, Fanclubs bis hin zu Sponsoring und Branding – nun, dann dürfte doch wohl klar sein, daß all dies wesentlich *mehr* als 120 Millionen Dollar wert sein muß!

Die sogenannten 360-Grad-Verträge sind keine Erfindung von Michael Rapino und Live Nation. Plattenfirmen wie Motown haben bereits Anfang der sechziger Jahre nicht nur Musik vermarktet: »Motown war ein Pionier des 360-Grad-Deals«, sagt Panos Panay, der CEO von Sonicbids. »Ihnen gehörte alles: dein Markenzeichen, deine Tour, deine Verlagsrechte, deine Tantiemen, sie schrieben dir deine Kleidung vor und wie du dich zu bewegen hattest.«[19] Die 360-Grad-Deals standen dann allerdings lange nicht mehr auf der Tagesordnung, hauptsächlich wohl, weil es den Plattenfirmen jahrzehntelang bestens ging und sie sich nicht mit komplizierten Dingen wie dem Tourneegeschäft abgeben wollten. Und weil sie möglicherweise die potentiellen Einnahmen aus den indirekten Einnahmen der Künstler, also zum Beispiel aus dem Merchandising oder aus Sponsoring, massiv unterschätzt haben.

Im ersten Jahrzehnt des 21. Jahrhunderts allerdings lagen die Deals wieder in der Luft. EMI hat 2002 mit Robbie Williams einen Vertrag über sage und schreibe 160 Millionen Dollar geschlossen, der der EMI sämtliche Einnahmen aus der Verwertung der Aufnahmen, der Verlagsrechte und der Konzerte sichern sollte. Das Neuartige an den Verträgen, die Live-Nation-Chef Michael Rapino im Sinn hatte, war, daß es ein Konzertveranstalter wagte, in das Revier der Plattenfirmen vorzustoßen. Halten wir uns vor Augen, wie das »alte« Musikgeschäft bis um die Jahrtausendwende lief: Im Zentrum standen die Plattenfirmen, global agierende, multinationale Konzer-

---

[19] Interview mit Panos Panay, HitQuarters, 5. 7. 2010 (Zitat deutsch von mir).

ne, die wesentlich höhere Umsätze und Gewinne als die Konzertindustrie machten und die auf dem Fahrersitz des Musikgeschäfts saßen. Tourneen begriffen die Plattenfirmen vornehmlich als Möglichkeit, ihre Tonträger besser verkaufen zu können, sozusagen als Marketinginstrumente, als zusätzliche Promotion. Nicht zufällig haben Plattenfirmen vor Jahren zum Beispiel wie selbstverständlich die Tourposter mitfinanziert. Hingen die Poster in den Städten, war das Werbung fürs Produkt der Tonträgerfirmen, für die LPs, MCs, später CDs.

Die anhaltende, zum größten Teil selbstverschuldete Schwäche der Plattenfirmen zeigte sich in der drastischen Umwälzung der beiden Hauptpfeiler der Musikindustrie. Waren bis um die Jahrtausendwende die Plattenfirmen dominant, übernahm jetzt die Konzertindustrie die Führungsrolle. Seit etwa 2005 sind die jährlichen Umsätze der Konzertbranche höher als die der Plattenfirmen – mit deutlich steigender Tendenz. In den letzten zehn Jahren sanken die jährlichen Umsätze der Tonträgerindustrie in Deutschland beispielsweise von 2,2 Milliarden Euro auf 1,2 Milliarden Euro in 2011, während die deutsche Live-Industrie 3,9 Milliarden Euro in 2011 umsetzte, wovon 2,763 Milliarden auf Musik entfielen.

Michael Rapino hat mit seinem Live-Nation-Konzern den Trend der Zeit erkannt und entscheidend mitgeprägt. Ob sich das Konzept auch rechnet, ist eine andere Frage. Laut den jährlichen Geschäftsberichten, den »Annual Reports«, die man auf der Website des Konzerns (unter der Rubrik »Investor Relations«) einsehen kann, hat Live Nation im Jahr 2011 ungefähr drei Milliarden Dollar investiert, um mehr als 20.000 Konzerte in mehr als dreißig Ländern zu veranstalten, in 2012 waren es knapp 22.000 Konzerte mit 48,76 Millionen Gästen. Ob diese riskante Strategie aufgeht, steht in den Sternen – mehr als drei Milliarden Dollar pro Jahr wollen erst mal eingesammelt sein! In etlichen der letzten Geschäftsjahre hat Live Nation zum Teil beträchtliche Verluste generiert.

Laut den Geschäftsberichten betrug der Netto-Verlust des Konzerns:

2005: 130,619 Mio. Dollar
2006: 31,442 Mio. Dollar
2007: 15,189 Mio. Dollar
2008: 239,412 Mio. Dollar
2009: 60,179 Mio. Dollar
2010: 228,390 Mio. Dollar
2011: 83,016 Mio. Dollar
2012: 163 Mio. Dollar[20]

Selbst in einzelnen Quartalen macht Live Nation mitunter Verluste in Höhe von schwindelerregenden, dreistelligen Millionenbeträgen, etwa im ersten Quartal 2009, in dem der Konzern einen Nettoverlust von 102,7 Millionen Dollar ausweist.

Der weltgrößte Live-Musik-Konzern fährt also in mittlerweile acht aufeinanderfolgenden Jahren extreme Verluste ein, die sich allein von 2005 bis 2012 auf die unglaubliche Zahl von 951,25 Millionen Dollar summieren. Ein sehr teurer Expansionskurs. Live Nation setzt den eingeschlagenen Weg jedoch fort, erwarb 2012 und 2013 einige Firmen,[21] die Festivals und Tourneen im boomenden »EDM«-Markt veranstalten (EDM wird in den USA als Kürzel für alle Arten von elektronischer Dance-Musik verwendet), und erweist sich als wahrer Meister im Vernetzen: Live Nationen ist Kooperationen eingegangen unter anderem mit dem Kreditkartenunternehmen American Express, dem amerikanischen Lautsprecherhersteller Klipsch, dem Kreuzfahrten-Anbieter Carnival Cruise Li-

---

[20] »Live Nation erhöht Umsatz und verdoppelt Nettoverluste«, Musikwoche.de, 27. 2. 2013.
[21] 2012 übernahm Live Nation die Firmen Hard Events und Cream Holding, im zweiten Quartal 2013 Insomniac Events, den Veranstalter des Electric Daisy-Festivals.

nes (das Stichwort lautet: »Rock The Deck«), dem Getränkehersteller Bacardi und mit der Rabatt-Plattform Groupon. Hinzu kommt eine Kooperation mit UPS: Der Logistik-Konzern soll mit seinem Nachhaltigkeitsprogramm die CO_2-Emmissionen bei der Ticket- und Merchandising-Zustellung sowie in der Tourneelogistik reduzieren helfen. Live Nation hat eine mehrjährige »strategische Sponsoring- und Marketingkooperation« mit dem Getränkehersteller Coca-Cola geschlossen: In den von Live Nation betriebenen Spielstätten soll das Angebot an Erfrischungsgetränken ausschließlich aus dem Hause Coca-Cola stammen. Live Nation kooperiert mit Apple: Im iTunes-Store des Computergiganten kann man direkt Konzerttickets von Live Nation Entertainment kaufen. Eingebettet wird die Kaufmöglichkeit im Social-Network-Dienst Ping. Michael Rapino äußerte sich dazu wie folgt: »Unsere Partnerschaft mit Apple ist ein Kernstück unserer Strategie, Musik-Fans den größtmöglichen Zugang zu Live Entertainment zu bieten.«[22] Großkonzerne verschiedenster Branchen nehmen die Gelegenheit zur »Markenaufladung« und Imageverbesserung durch eine Kooperation mit Live Nation ganz offensichtlich gerne wahr. »Live Nation ist unerreicht darin, Kunden und Marken durch eines der mächtigsten Medien der Welt zusammenzubringen – Livemusik«, so Russell Wallach, President of National Alliances bei Live Nation.[23] Der Jahresumsatz im Bereich »Sponsorship & Advertising« betrug 247,9 Millionen Dollar in 2012, mit Steigerungsraten von über 7 Prozent jährlich.[24]

* * *

[22] »Live Nation kooperiert mit Apple«, Musikmarkt.de, 3. 9. 2010.
[23] »Live Nation schließt Exklusivpakt mit Coca-Cola«, Musikwoche.de, 6. 10. 2009.
[24] »Live Nation erhöht Umsatz und verdoppelt Nettoverluste«, Musikwoche.de, 27. 2. 2013.

Der »Telecommunications Act« von 1996 hatte die große Zeitenwende im Konzertgeschäft eingeleitet und zu der hier beschriebenen Monopolisierung in der Branche geführt. Aus personengeführten Konzertagenturen wurden (multi-)nationale Konzerne, aus Musikliebhabern, die ihr Hobby zum Beruf machten, wurden Manager, die ihr Geld nun statt mit Bier oder Mode eben mit Musik verdienen und anders als die Agenten und Tourveranstalter im vergangenen Jahrhundert nur noch selten ein Faible für einen eher glamourösen Lifestyle haben. Sicher, man kann beim jährlichen Branchentreff, der ILMC in London, auch heute manchmal einen der großen englischen Konzertagenten, bedröhnt von verschiedenen Drogen, ziemlich strange auf dem Hotelbett seiner teuren Hotelsuite herumhopsen sehen, doch de facto dominieren längst Geschäftsleute und kühle Strategen das Konzertgeschäft.

Und die haben glasklar erkannt: Das eigentliche Geld wird immer weniger mit der Musik verdient, dafür aber immer mehr mit den Nebenrechten, von Merchandising bis Sponsoring. Vor allem aber mit dem Ticketing.

Bereits 1998 waren Clear Channel und das Serviceunternehmen Ticketmaster eine Vereinbarung eingegangen, wonach alle Tickets des Konzertveranstalters exklusiv von Ticketmaster verkauft werden sollten. Ticketmaster war 1976 in Arizona von drei Universitätsabsolventen gegründet worden und hatte (nach Finanzspritzen eines Direct-Mailing-Unternehmens und der Hyatt Management Corporation) Kunden in den USA und in Norwegen akquiriert. Das Geschäft lief jedoch eher mau. Erst als der Steuerberater Frederick »Fred« Rosen 1982 zusammen mit der Familie Pritzker, die die Hyatt-Hotels betrieb, in die Firma investierte, kam das Geschäft ins Laufen. Rosen übernahm für Ticketmaster das Konzept des Marktführers Ticketron, ein gesamtes Hard- und Softwarepaket an die Kunden zu vermieten, statt wie früher die Ticketing-Software zu lizensieren. Doch Rosen revolutionierte das System: Ticketmaster verlangte von allen Kunden, daß ihr gesamtes Kartenkontingent per Computer verkauft werden mußte – keine Selbstverständlichkeit in den achtziger Jahren. Selbst der Mitbegründer von Apple, Steve Wozniak, der nach einem Besuch des *Woodstock*-Films beschlossen hatte, selbst ein Musikfestival zu gründen, sagte, nachdem ihn Ticketmaster darüber informiert hatte, daß wegen der Kurzfristigkeit des Auftrags das Online-Netzwerk des Tickethändlers für sein Festival nicht zur Verfügung stehen würde: »Um so besser. Denn wir wollen Hardtickets. Wir trauen den Computern nicht.«[25] Und Wozniak war ursprünglich der Vizepräsident von Apple, zuständig für Forschung und Entwicklung!

Ticketmaster drängte seine Kunden auch dazu, ihre eigenen Kassen an ihren Hallen ab dem ersten Verkaufstag zu schließen, damit der gesamte Ticketing-Prozeß ausschließlich über Ticketmaster abgewickelt werden konnte. Es gab plötzlich also keine Tickets mehr ohne Bearbeitungsgebühr. Doch Ticketmaster drehte die Schraube noch einige Umdrehungen weiter: Fred Rosen erklärte den Veranstaltern, daß sie bislang, wie er es nannte, ein »Kosten-Center« namens »Konzertkasse« betrieben, sie würden Miete für den Raum bezahlen, für das Equipment und für die Arbeitskraft, um die Konzertkassen zu betreiben. Statt dessen schlug Rosen den Veranstaltern vor, die Büros mit dem nötigen Equipment und den Computerterminals kostenlos auszustatten, das Personal auszubilden, vor allem aber, die Konzertkassen am ersten Tag des Vorverkaufs zu schließen, so daß keine Personalkosten mehr anfallen würden. Zusätzlich bot Ticketmaster den Veranstaltern einen Anteil an den Bearbeitungsgebühren an, die Ticketmaster jedoch nicht selbst finanzierte, sondern dadurch, daß die Bearbeitungsgebühren verdoppelt wurden. Rosen versprach, daß Ticketmaster mit diesen

---

[25] In: Budnick, Baron, a. a. O., S. 56 (Zitat deutsch von mir).

Maßnahmen die »Kosten-Center« der Veranstalter in »Profit-Center« verwandeln würde.

Bald darauf bot Ticketmaster den Veranstaltern Vorschüsse an, wenn sie sich exklusiv an den Tickethändler banden. Natürlich erleichterten diese Vorschüsse den Veranstaltern die Arbeit, ihr finanzielles Risiko wurde deutlich geringer. Gleichzeitig gerieten die Veranstalter so in eine starke Abhängigkeit von Ticketmaster. Es war lange nicht klar, wer am längeren Hebel saß, aber sukzessive wurden die Konzertveranstalter entmachtet, der Tikketinganbieter Ticketmaster wuchs in die stärkere Position. Letztlich etablierte Ticketmaster das System von Bearbeitungsgebühren zum eigenen und zum Vorteil der Konzertveranstalter, aber zum Nachteil der Kartenkäufer. Hatten frühere Ticketing-Unternehmen wie etwa der ursprüngliche Marktführer Ticketron noch versucht, die Bearbeitungsgebühren niedrig gehalten, ging es ab der zweiten Hälfte der achtziger Jahre darum, möglichst hohe Gebühren auf die Konzertkarten aufzuschlagen.

In den späten achtziger und frühen neunziger Jahren stieg Ticketmaster zum unbestrittenen Marktführer unter den Ticketing-Unternehmen in den USA auf. Auch die Erfolgsgeschichte von Ticketmaster ist ein typisches Beispiel für die Politik einer durch die Herrschaft des Marktes unter reinen Profitaspekten entfesselten Wirtschaft.

Die Musik, die in dieser Zeit in Seattle entstand und als »Grunge« bezeichnet wird, kann als direkte Reaktion auf diese Politik verstanden werden, als eine Kunstform, die gegen die seinerzeit in den USA vorherrschende kritiklose Kommerzialisierung der Gesellschaft rebellierte. So, wie »I Can't Get No Satisfaction« als eine Reaktion auf die Saturiertheit der Gesellschaft im Nachkriegs-Europa verstanden werden kann, so kann man Grunge als Reaktion auf die Gier des ungehemmten Kapitalismus verstehen, für den Michael Douglas in *Wall Street* stand: »Greed, for lack of a better word, is good.« Bands wie Mudhoney, Pearl Jam, Nirvana oder Soundgarden standen für eine Revolte gegen diese Gier. Grunge war ein rauher, ungezähmter Sound, der allerdings noch schneller als vorherige rebellische Musikformen kommerziell ausgeschlachtet wurde.

Als 1991 *Ten*, das Debütalbum von Pearl Jam, erschien und vor allem *Nevermind* von Nirvana und beide in den Charts nach oben schossen und Platinstatus erhielten, die Musik dieser Bands in den College-Radios und auf MTV rauf und runter gespielt wurde, wurde eine Musik, die eben noch als »Alternative« bezeichnet worden war, zum Mainstream. Der kommerzielle Erfolg der Grunge-Bands rief die Konzerne der Verwertungsindustrie auf den Plan. Speziell für Pearl Jam begann ein jahrelanger Kleinkrieg mit dem Ticketingkonzern Ticketmaster. Als die Band im Dezember 1992 ihre weltweite Erfolgstournee mit drei Konzerten in der Seattle Center Arena beschließen wollte, hatte sie beschlossen, vom Gewinn der Konzerte 20.000 Dollar an die Seattle Center Arts and Sciences Academy zu spenden. Mit Ticketmaster hatten Pearl Jam vereinbart, daß der Betrag zwei Monate vor den Konzerten an die Akademie überwiesen werden sollte, was jedoch nicht geschah. Im Gegenteil, Ticketmaster verlangte laut Pearl Jams Manager Kelly Curtis plötzlich, daß die Servicegebühr um einen Dollar pro Ticket angehoben werden sollte, um davon die Spende zu finanzieren. Nachdem Pearl Jam androhten, die drei Konzerte abzusagen, fand sich Ticketmaster doch noch zu der vereinbarten Spende bereit, überwies allerdings statt der laut Pearl Jam vereinbarten 20.000 Dollar nur 14.000 Dollar.

Pearl Jam kümmerte sich von Beginn ihrer Karriere an um einigermaßen faire Ticketpreise für ihre Konzerte. Für ihre Tournee 1994 hatte die Band beispielsweise die Ticketpreise auf 18 Dollar und die Ticketgebühr auf maximal zehn Prozent festgelegt. Außerdem verlangten Pearl Jam zwei weitere Bedingungen, die erfüllt werden mußten: Die »service fee«, die Ticketgebühr also, mußte separat vom Ticketpreis auf der Eintrittskarte ausgewiesen werden, und das Ticket durfte keinerlei Werbung enthalten. Das Geschäftsmodell von Pearl Jam war also, auf die durchaus möglichen höheren Einnahmen aus den Ticketverkäufen zu verzichten und von ihren Geschäftspartnern zu verlangen, es ihnen im Gegenzug gleichzutun, um den Fans günstigere Tickets anbieten zu können.

Darauf konnte sich ein Konzern wie Ticketmaster, der ja mit seinen hohen Gebühren auf die Eintrittskarten eben erst ein erfolgreiches Geschäftsmodell entwickelt hatte, natürlich nicht ohne weiteres einlassen. Der Konflikt zwischen einer der größten Bands der neunziger Jahre und dem größten Ticketingkonzern war vorprogrammiert. Wie oben beschrieben, hatte sich Ticketmaster die meisten Spielstätten der USA durch exklusive, langjährige Verträge gesichert, die hohe Zahlungen an die Besitzer der Spielstätten garantierten. Die Spielstätten erhielten zum Teil hohe Vorauszahlungen auf in der Zukunft zu erwartende Ticketverkäufe sowie nicht selten eine »signing fee«, einen Bonus, der den Vertragsabschluß erleichtern sollte. Wenn nun eine Band in diese zwischen Ticketmaster, Konzertveranstaltern und Inhabern der Spielstätten ausgearbeiteten Bedingungen eingreifen wollte, konnte das gesamte ausgeklügelte System zusammenbrechen, mit dem sich die einzelnen Parteien ihre jeweiligen Profite gesichert hatten – Profite, an denen die Künstler wenn überhaupt nur indirekt beteiligt waren.

Pearl Jam konnten in einzelnen Märkten, etwa in Chicago oder Detroit, ihre Bedingungen (Ticketpreis 18 Dollar und separat ausgewiesene Servicegebühr von 1,80 Dollar) durchsetzen, außerdem gewährte die Band den Mitgliedern ihres Fanclubs einen exklusiven Vorverkauf für 15 Prozent der Tickets, bevor die Karten in den offiziellen Vorverkauf gingen. Pearl Jam hatten drei Lücken in den Ticketmaster-Verträgen gefunden, wo die Rechte des Serviceunternehmens nicht griffen: bei Promotion-Shows, Benefizshows und privaten Konzerten. Diese drei Konzertformen unterlagen nicht dem exklusiven Kartenverkauf durch Ticketmaster. Also verkaufte der Buchhalter der Band, David Cooper (der eine Software für Tourabrechnungen entwickelt hatte, die von vielen großen Bands verwendet wurde, etwa The Who, David Bowie oder U2), zehn New Yorker Radiostationen jeweils 500 Tickets für die Pearl-Jam-Show im Paramount Theater unterhalb des Madison Square Garden am 17. April 1994 für 18 Dollar das Stück sowie eine Ticketgebühr von 2,10 Dollar. Die Radiostationen mußten bei der »Verlosung« der Tickets einen Pearl-Jam-Song spielen, und dann jedem soundsovielten Anrufer ein Ticket zu dem festgesetzten Preis verkaufen, und zwar passend zum Sendernamen: »Wenn euer Sender auf 91,6 sendet, müßt ihr den einundneunzigsten Anrufer nehmen, wenn ihr auf 106,8 sendet, den hundertsechsten.«[26] Pearl Jam hatten das Konzert mit der Hilfe von David Cooper unter Umgehung der Exklusivrechte von Ticketmaster ausverkauft – eine Art Kriegserklärung an den Ticket-Giganten. Und das Imperium schlug zurück. Ticketmaster-Präsident Fred Rosen machte in einem Statement für den amerikanischen Konzertveranstalter-Verband NACPA klar, daß seine Firma mit allen zur Verfügung stehenden Mitteln die existierenden Verträge mit Konzertveranstaltern und Spielstätten »schützen« und massiv gegen Veranstalter und Spielstätten vorgehen werde, die sich unter Umgehung ihrer Ticketmaster-Verträge auf andere Bedingungen des Kartenverkaufs einlassen würden.

Chuck Philips, Reporter der *Los Angeles Times*, schilderte in einer investigativen Artikelserie[27] ausführlich die Entwicklung des Konflikts zwischen Pearl Jam und Tiketmaster. Die Artikel bildeten eine der Argumentations-

---

[26] David Cooper, in: Budnick, Baron, a. a. O., S. 119 (Zitat deutsch von mir).
[27] Los Angeles Times, 8. 6. 1994; 30. 6. 1994; 12. 8. 1994; 7. 2. 1995; 17. 6. 1995; 6. 7. 1995. Siehe auch: Wikipedia (englisch), »Chuck Philips«.

grundlagen für eine kartellrechtliche Untersuchung, die das US-Justizministeriums schließlich gegen Ticketmaster einleitete. Pearl Jam engagierte die renommierte Anwaltskanzlei Sullivan & Cromwell, um die Untersuchung des Falls voranzutreiben, wozu das Justizministerium die Band ausdrücklich ermuntert hatte. In einem Memorandum faßten die Anwälte die Beschwerden von Pearl Jam gegen Ticketmaster zusammen: Nach Ansicht der Band übte Ticketmaster nicht nur ein landesweites Monopol über den Konzertkartenverkauf aus, vielmehr werde es der Band durch die exklusiven Vereinbarungen von Ticketmaster unmöglich gemacht, in wichtigen Märkten aufzutreten, ohne gezwungen zu sein, mit Ticketmaster zu kooperieren. Außerdem seien die Zusatzgebühren von zwischen 2 und 8 Dollar, die Ticketmaster auf die Karten aufschlage, nicht durch die tatsächlichen Serviceleistungen der Firma gerechtfertigt. In einer juristischen Analyse des Falls für die Zeitschrift *Journal of Civil Rights and Economic Development* kommen die Autoren Matthew K. Finkelstein und Colleen Lagan zu dem Schluß, daß die Geschäftspraktiken von Ticketmaster eine Behinderung des freien Wettbewerbs darstellen. Besonders für die exklusiven Verträge mit vielen der größten Spielstätten der USA über einen ausgesprochen langen Zeitraum gebe es keine legitime Begründung: »Die Verbreitung der exklusiven Vereinbarungen von Ticketmaster, Hand in Hand mit der extremen Dauer und der sehr speziellen Art und Weise, in der sie angelegt sind, unterstützt die Feststellung, daß Ticketmaster sich eines wettbewerbswidrigen Verhaltens gemäß des ›Sherman Antitrust Acts‹ schuldig gemacht hat.«[28]

---

[28] Matthew K. Finkelstein, Colleen Lagan, »Not For You«; Only for Ticketmaster: Do Ticketmaster's Exclusive Agreements with Concert Venues Violate Federal Antitrust Law?, in: Journal of Civil Rights and Economic Development, Volume 10, Issue 2, St. John's University New York, 1995 (Zitat deutsch von mir).

Am 30. Juni 1994 war die Anhörung vor dem amerikanischen Kongreß angesetzt. Gegen Ticketmaster sagten nicht nur verschiedene Vertreter von Pearl Jam aus, wie ihr Gitarrist Stone Gossard und Bassist Jeff Ament oder ihre Manager, sondern auch Vertreter etlicher anderer Bands, wie der Manager von Aerosmith, der Anwalt von R.E.M. oder der Manager der Nitty Gritty Dirt Band. Bertis Downs, der Anwalt von R.E.M., die sich nach sechs Jahren Pause auf eine neue Tournee vorbereiteten, sagte über Pearl Jams Kampfansagen gegen Ticketmaster: »Sie wollten einfach, daß alles im vernünftigen Rahmen bleibt, sie wollten eine Band der Fans sein, eine Band der einfachen Leute.«[29]

Der kalifornische Abgeordnete Gary Condit fragte in seiner Eröffnungsrede bei der Anhörung im Kongreß: »Gibt es ein Monopol in der Ticketvertriebs-Industrie?« Und: »Um es kurz zu machen: Wer schützt die Verbraucher? Ist die Ticketing-Industrie dazu da, die Verbraucher zu bedienen, oder ist sie ein Kartell?« Sogar Präsident Bill Clinton beobachtete das Verfahren aufmerksam. Sein Chefberater George Stephanopoulos sagte: »Das Weiße Haus ist beeindruckt von Pearl Jams Engagement für die Fans.« Und auch wenn man dem Ergebnis des Verfahrens vor dem Justizministerium nicht vorgreifen wolle: »Das Ziel, Konzerttickets erschwinglich zu machen, ist lobenswert. Es ist etwas, woran wir glauben.«[30] Das Problem überteuerter Tickets war zu einer nationalen Angelegenheit geworden.

Doch die kurz darauf vom US-Justizministerium eröffnete Untersuchung wegen wettbewerbswidriger Praktiken in der Ticket-Industrie verlief im Sande. Im November 1994 übernahmen die Republikaner die Mehrheit im US-Kongreß und hatten wenig Interesse daran, diese Angele-

---

[29] In: Budnick, Baron, a. a. O., S. 124 (Zitat deutsch von mir).
[30] In: Chuck Philips, »Pearl Jam Takes Ticket Complaints to Capitol Hill«, Los Angeles Times 30. 6. 1994 (Zitat deutsch von mir).

genheit des Verbraucherschutzes voranzutreiben. Außerdem sicherte sich Fred Rosen im Frühjahr 1995 die Dienste der Kanzlei Brown & Bain aus Phoenix, Arizona. Laut Chuck Philips besetzten die Partner der Kanzlei seinerzeit Top-Positionen in der »Anti Trust«-Abteilung des US-Justizministeriums, darunter Abteilungsleiterin Anne K. Bingaman.[31] Brown & Bain bestritten etwaige Interessenskonflikte oder Absprachen, und kurz darauf, am 6. Juli 1995, gab das Justizministerium in einer Presseerklärung in zwei knappen Sätzen die Einstellung der Untersuchung bekannt. Pearl Jam kommentierten in einer offiziellen Erklärung: »Wer am meisten unter der Entscheidung des Justizministeriums zu leiden hat, sind unglücklicherweise die Konsumenten von Live-Entertainment. Sie sind es, die am Ende dafür bezahlen, daß es auf dem Markt keine Wahlmöglichkeit gibt.«[32]

Und so war durch eine politische Entscheidung die monopolistische Vorgehensweise des größten amerikanischen Ticketingkonzerns quasi regierungsamtlich abgesegnet worden.

Mehr Erfolg war im übrigen gut zehn Jahr zuvor der Band Grateful Dead beschieden gewesen. Sie hatte 1983 ihren eigenen Ticketing-Service gegründet, der bis zu 50 Prozent der Konzertkarten ihrer Konzerte selbst verkaufen beziehungsweise den Verkauf dieses Anteils kontrollieren durfte, unabhängig von etwaigen Ticketmaster-Verträgen. Auch die Band Fugazi konnte zeigen, daß Ticketmaster unter Umständen zu Kompromissen bereit ist. Fugazi hatten für ihre Tournee 1993 einen sehr günstigen Ticketpreis von 5 Dollar initiiert, Ticketmaster schlug 3 Dollar Gebühren drauf. Daraufhin beschloß Bandleader Ian MacKaye, lieber drei aufeinanderfolgende ausverkaufte Konzerte im Palladium von Los Angeles

---

[31] Chuck Philips, »U.S. Drops Ticketmaster Antitrust Probe«, Los Angeles Times, 6. Juli 1995
[32] In: Budnick, Baron, a. a. O., S. 147 (Zitat deutsch von mir).

abzusagen, als einen Aufschlag von 60 Prozent auf den Ticketpreis zu akzeptieren. Fred Rosen vereinbarte schließlich mit Ian MacKaye und Fugazi eine Gebühr von einem Dollar beziehungsweise zwei Dollar bei Benutzung von Kreditkarten. Fugazi machten Ticketmaster klar, daß sie diese Regelung für all ihre US-Konzerte beibehalten wollten. Und Tré Cool, der Drummer von Green Day, wies lakonisch darauf hin, daß seine Band einen kleineren Gewinnanteil beanspruchte, weswegen ihre Tickets deutlich günstiger als die von Pearl Jam waren: »You don't want tickets being $27 and shit? Take a lower cut, guys.«[33]

Nach der erwähnten denkwürdigen Kooperationsvereinbarung von Live Nation und Ticketmaster im Jahr 1998 stand für 2008 die Neuverhandlung dieser Verträge zwischen dem Konzertveranstalter und dem Serviceunternehmen an. Live Nation machte allerdings keinen Hehl daraus, seinen Vertrag mit Ticketmaster nicht verlängern zu wollen. Im Sommer 2007 wurde eine weitreichende Kooperation mit dem deutschen Ticketingunternehmen CTS Eventim bekanntgegeben. Damit stieg Live Nation selbst ins Geschäft mit der Vermarktung von Eintrittskarten ein: Der Konzern erhielt im Rahmen der Zusammenarbeit eine Lizenz für die CTS-Ticketsoftware für Nordamerika, und CTS übernahm im Gegenzug das Tikketing für Live Nation auf dem europäischen Markt.

Nachdem Live Nation ins Ticketing eingestiegen war, antwortete Ticketmaster mit dem Kauf einer der weltgrößten Künstleragenturen, der Front Line Management Group von Irving Azoff. Live Nation hatte selbst Interesse an Front Line gezeigt, war aber von Ticketmaster aus

---

[33] In: Alec Foege, »Green Day: From Punk to Platinum«, Rolling Stone, 28. 12. 1995.

dem Rennen geschlagen worden. Noch sollten die beiden Königskinder nicht zusammenkommen.

Live Nation stand in den Folgejahren unter Druck. Die von Michael Cohl abgeschlossenen 360-Grad-Verträge mit Madonna (120 Millionen Dollar), mit U2 (100 Mio.), mit Jay-Z (150 Mio.), mit Shakira (70 Mio.) und ein Deal mit Nickelback über drei Alben und Tourneen (geschätzte 50 bis 70 Mio.) brachten weniger ein als erwartet, die Anleger waren unzufrieden, die Aktien von Live Nation verloren drastisch an Wert. Michael Rapino zog die Notbremse, das Signen neuer 360-Grad-Acts wurde gestoppt, Michael Cohl wurde aus der Firma gedrängt. Doch Live Nation bekam an einer weiteren Front massive Probleme: beim Ticketing. Im Januar 2009 kam es bei CTS Eventim zu einem Systemabsturz, nachdem die Eintrittskarten für die Tournee der wiedervereinigten Band Phish zum Verkauf gebracht worden waren. So war es für Insider kaum mehr überraschend, daß Ticketmaster und Live Nation im Februar 2009 ihre Fusion bekanntgaben, die durch Aktientausch in Höhe von 2,5 Milliarden Dollar vollzogen wurde. Diese Mega-Fusion brachte den weltgrößten Konzertveranstalter und das weltgrößte Tikketingunternehmen unter ein Dach. Damit war unter dem Namen Live Nation Entertainment (LNE) ein den weltweiten Konzert- und Eventmarkt dominierender Megagigant entstanden.

Zunächst bestätigte Live Nation noch die auf zehn Jahre angelegte Partnerschaft im Ticketing mit CTS Eventim. »Alle Spekulationen sind vom Tisch. Wir haben an der Vertragstreue von Live Nation nie gezweifelt«, erklärte der Vorstandsvorsitzende von CTS Eventim, Klaus-Peter Schulenberg, im März 2009.[34] Ein Jahr später jedoch beendete Live Nation Entertainment zunächst die Zusammenarbeit mit dem deutschen Konzern in den

---

[34] »Live Nation und CTS bestätigen Kooperation«, Musikwoche.de, 6. März 2009.

USA und erklärte, auf dem Heimatmarkt fortan mit dem Ticketing-System von Ticketmaster arbeiten zu wollen. Michael Rapino äußerte, er sei nicht zufrieden mit den Resultaten, das System von Ticketmaster sei dem von CTS Eventim »überlegen«.[35] Einige Monate später kündigte Live Nation den Kooperationsvertrag mit CTS Eventim, worauf der deutsche Konzern Schadensersatzansprüche in Millionenhöhe stellte. CTS Eventim wies den Schritt von Live Nation als »prozeßtaktisches Manöver ohne jede sachliche und rechtliche Grundlage« zurück.[36] Den Prozeß um die Schiedsklage von CTS Eventim gegen Live Nation vor der Internationalen Handelskammer in London hat CTS Eventim mittlerweile verloren.

Doch der Streit mit CTS Eventim war für den neuen Megakonzern Live Nation Entertainment vergleichsweise ein Nebenschauplatz. LNE mit Michael Rapino als CEO und President, Irving Azoff als Executive Chairman und CEO von Front Line sowie Bary Diller als Chairman of the Board mußte sich mit kartellrechtlichen Problemen auseinandersetzen, in den USA wie in Europa. Die Fusion wurde Gegenstand einer Prüfung durch das US-Justizministeriums, und in Ausschüssen des Repräsentantenhauses wie des Senats kam es zu Anhörungen.

Während der zwei Anhörungen im amerikanischen Kongreß wurden vor allem folgende Vorwürfe laut:

1. Die Fusion von Live Nation und Ticketmaster würde andere Ticketingfirmen vom Markt ausschließen.
2. Der Merger würde den Wettbewerb im »Secondary-Ticket-Markt« vermindern (wir kommen auf diesen lukrativen Zweitmarkt mit »zurückgegebenen Karten« noch zu sprechen), weil der neue Großkonzern seinen

---

[35] »Live Nation beendet US-Zusammenarbet mit CTS Eventim«, Musikwoche.de, 1. März 2010.
[36] »Scheidung auf Amerikanisch«, Musikmarkt 29/2010.

eigenen Secondary-Konzern TicketsNow bevorzugen werde.

3. Veranstalter, die nicht mit Live Nation zusammenarbeiten würden, aber Ticketmaster nutzten, würden einen wettbewerbsverzerrenden Nachteil zu befürchten haben, weil ihr größter Wettbewerber Zugang zu hochsensiblen Informationen und Daten bekomme.

4. Live Nation und Ticketmaster würden ihre beträchtliche Kapitalkraft dazu nutzen, wichtige Künstler und Spielstätten zu einer exklusiven Zusammenarbeit zu bewegen.[37]

Und wie ein roter Faden zog sich durch die Anhörungen die Frage: welchen Preis die Verbraucher für diesen Mega-Merger zu zahlen hätten. Jerry Mickelson, Mitbegründer der britischen Eventagentur Jam-Productions, betonte: Live Nation kontrolliere 47 amerikanische Amphitheater direkt oder indirekt und mache es anderen Veranstaltern praktisch unmöglich, in diesem attraktiven Markt tätig zu werden, heißt: Open-Air-Konzerten in den Sommermonaten zu veranstalten. Laut dem Branchenmagazin *Pollstar* hatte Live Nation 2001 insgesamt 161 der Top-200-Tourneen in den USA veranstaltet. Und Ticketmaster-CEO Azoff mußte eingestehen, daß sein Unternehmen 2007 für 87 Prozent und 2008 für 84 Prozent aller amerikanischen Veranstaltungsstätten exklusiv das Ticketing abwickelte. Wenn man dies nicht als Monopolstellung bezeichnen will, wie dann?

Zur Verteidigung ihres Super-Mergers führten die Verantwortlichen beider Unternehmen die schlechte allgemeine wirtschaftliche Lage an. Michael Rapino beklagte sich zudem über zu hohe Gagenforderungen von Künstlern und deren Vertretern. Möglicherweise haben aber auch die beträchtlichen Boni, die an die Spitzenkräfte der beiden Konzerne nach dem Abschluß der Fusion ausgezahlt wurden, die Fusion beschleunigt: Michael Rapino

---

[37] Budnick, Baron, a. a. O., S. 316.

strich eine Sonderzahlung in Höhe von drei Millionen Dollar ein, an Irving Azoff wurde ein Bonus von zwei Millionen Dollar ausgezahlt. Andere Topmanager der beiden Firmen erhielten sechs- und siebenstellige Dollarbeträge als Sonderzahlungen. Irving Azoff, der Ticketmaster in die Megafusion führte, erhielt außerdem 36,4 Millionen Dollar für den »Azoff Family Trust«, zahlbar in monatlichen Raten von 835.000 Dollar, nach einer ersten Zahlung in Höhe von 1,7 Millionen Dollar am 1. Februar 2010. In den Anhörungen vorm amerikanischen Kongreß hatten die beiden fusionswilligen Konzerne noch argumentiert, daß durch die höhere Effizienz, die mit dem Zusammenschluß einhergehe, etwa 40 Millionen Dollar eingespart werden könnten. Ungefähr diesen Betrag haben die Konzerne an Boni und Sonderzahlungen an ihr Führungspersonal ausgezahlt – trotz der angeblich so schlechten wirtschaftlichen Lage.[38]

Die beiden Konzerne hatten sich wichtige Partner gesichert, um in Washington um Zustimmung zur Fusion zu werben. Live Nation engagiert die Lobbyisten-Firma Public Strategies, und Ticketmaster arbeitete mit der ehemaligen Abgeordneten Mel Levine zusammen. Vor allem aber sicherten sich die Konzerne die Dienste der Star-Lobbyistin Hilary Rosen, die »während der Präsidentschaft von Bill Clinton Vorsitzende des US-Tonträgerverbands RIAA war« und nun als Partnerin der PR-Firma The Brunswick Group ihre »exzellenten Kontakte in die US-Politik und dort vor allem zu Entscheidungsträgern der Demokratischen Partei, die in beiden Häusern des Kongresses über solide Mehrheiten verfügen«, spielen lassen konnte.[39]

Offensichtlich leisteten die Lobbyisten erfolgreiche Arbeit: Ohne daß es eine befriedigende Begründung dafür

---

[38] Budnick, Baron, a. a. O., S. 324 f.
[39] »Ex-RIAA-Chefin soll neue Fusion durch Kartellprüfung lotsen«, Musikwoche.de., 12. 2. 2009.

gegeben hätte, wurde die Ticketmaster/Live Nation-Fusion im Januar 2010 genehmigt – verbunden mit einigen Auflagen. Dazu gehörte, daß Ticketmaster sich verpflichten mußte, dem zweitgrößten Konzertveranstalter der Welt, der Anschutz Entertainment Group (AEG), eine Kopie seiner Software zur Verfügung zu stellen, und daß das Unternehmen sich von einer kurz zuvor erworbenen Tochterfirma trennen mußte. Dem neuen Megakonzern wurde es außerdem untersagt, Maßnahmen gegen Betreiber von Veranstaltungsstätten zu treffen, die eine Zusammenarbeit mit anderen Konzertagenturen oder Ticketingfirmen anstrebten. Zuletzt wurde von den Wettbewerbshütern noch die Errichtung einer Art Firewall zwischen den einzelnen Abteilungen des Konzern verlangt, die sicherstellen sollte, daß vertrauliche Daten von anderen Firmen nicht von der konzerneigenen Promotion- und Marketingabteilung genutzt werden können. Wenn man die Realitäten des Live-Musik-Markts auch nur ein bißchen kennt, weiß man, wie hilflos diese Maßnahmen anmuten. Sie werden ganz sicher nicht dafür sorgen, daß der weltweite Gigant seine Marktmacht nicht mißbräuchlich einsetzen kann. Der auf die Musikindustrie spezialisierte Wiener Wirtschaftswissenschaftler Peter Tschmuck formulierte:»Die Fusion von Ticketmaster mit Live Nation markiert den Beginn einer neuen Ära in der Musikindustrie, die dadurch gekennzeichnet ist, daß ein Unternehmen sämtliche Wertschöpfungsaktivitäten, beginnend beim A&R (also den Künstlerabteilungen der Plattenfirmen; B. S.) und dem Künstlermanagement, über die Musikaufnahme und -produktion bis hin zur Distribution, Konzertveranstaltung, Ticketing, Merchandising und Sponsoring in einer Hand vereint.«[40]

Auch in Europa wurde die Fusion von der EU-Kommission und den Wettbewerbshütern in Großbritannien,

---

[40] Peter Tschmuck, »Ticket Masters – Teil 6: Die Ticketmaster/Live Nation-Fusion«, Musikwirtschaftsforschung (Blog), 21. 11. 2011.

Norwegen und der Türkei untersucht, allerdings weitgehend unter Ausschluß der Öffentlichkeit. Live Nation ließ dazu verlautbaren: »Wir freuen uns darauf, die Vorzüge der Fusion mit den Regulierungsbehörden zu diskutieren und alle ihre Fragen zu beantworten.«[41] Letztlich warteten die europäischen Wettbewerbshüter die Entscheidung ihrer US-Kollegen ab und winkten dann die Megafusion ohne Auflagen durch. Die Elefantenhochzeit war Anfang 2010 vollzogen. Live Nation Entertainment, das den Weltmarktführer unter den Konzertveranstaltern mit dem Weltmarktführer unter den Ticketingfirmen vereinte, war Realität geworden. Eine Entwicklung, die sich in den letzten zwei Jahrzehnten abgezeichnet hatte und die von der Politik erleichtert, wenn nicht sogar ermöglicht wurde, war auf ihrem Höhepunkt angekommen.

In Deutschland sieht die Lage nicht anders aus. Hier ist der bereits erwähnte börsennotierte Konzern CTS Eventim der Marktführer in der Rolle eines Quasi-Monopolisten. Mehrheitsaktionär ist der Bremer Klaus-Peter Schulenberg. Schon von früh an hat er sich für Musik interessiert. Mit vierzehn Jahren spielt er in einer Schülerband. Später machte er, noch nicht volljährig, einen Vertrag mit einem noch unbekannten Sänger namens Bernd Clüver – dem »Jungen mit der Mundharmonika«, ein wirtschaftlicher Glücksgriff.[42] Schulenberg beginnt ein Studium, Jura und BWL, er will Wirtschaftsanwalt werden. Noch während seiner Studienzeit in Bremen wird er jedoch im Entertainment-Geschäft aktiv und gründet 1973 seine erste Firma, eine Künstlermanagement- und Konzertveranstaltungsagentur. 1977 darf er mit dem le-

---

[41] Margaretha Löffler, »Wer ist für den Merger Live Nation + Ticketmaster?«, Musikmarkt, 8/2009.
[42] Die Informationen zur Person folgen: Axel Postinett, »Kühle Geschäfte mit heißer Popmusik«, Handelsblatt, 31. 7. 2003.

gendären Fritz Rau sein erstes Mega-Event organisieren, ein Konzert der Rolling Stones in Bremen. Doch Schulenberg setzt nicht nur auf das Musikgeschäft, er gründet oder übernimmt auch Unternehmen aus anderen Branchen, etwa ein Call-Center, eine Messegesellschaft und regionale Anzeigenblätter. Schulenberg ist damit ein früher Vertreter der »neuen Generation« in der Musikindustrie – nicht in erster Linie ein Musikverrückter, sondern jemand, den neue Geschäftsmodelle interessieren. Er ist denn auch einer der ersten in Europa, der die Chancen im Ticketing-Geschäft erkennt. 1996 kauft er die defizitäre Ticketing-Firma CTS GmbH von den Tour- und Konzertveranstaltern Marek Lieberberg, Matthias Hoffmann und Marcel Avram, krempelt den Laden um und schreibt bereits ein Jahr später schwarze Zahlen.

In den Folgejahren baut CTS Eventim, wie die Firma jetzt heißt, systematisch Beteiligungen an nationalen Tour- und Konzertveranstaltern auf. Diese Beteiligungen sind in der Medusa Music Group GmbH gebündelt, an der die CTS Eventim AG über eine Zwischenholding 94,4 Prozent der Anteile hält. Zu den wesentlichen Unternehmensbeteiligungen gehören u.a. die Marek Lieberberg Konzertagentur, einer der fünf größten Konzertveranstalter weltweit, die Peter Rieger Konzertagentur, Semmel Concerts und FKP Scorpio Konzertproduktionen.[43] Nicht nur wesentliche Teile des deutschen Tour- und Konzertgeschäfts, sondern auch der größte Teil der hiesigen Festivallandschaft befindet sich damit praktisch in der Hand eines einzigen Konzerns.

---

[43] Laut Anteilsbesitzliste 2011 auf der Website von CTS Eventim (Stand 12/2012). Mit Ausnahme der Beteiligung an der FKP Scorpio Konzertproduktionen GmbH (45 Prozent) handelt es sich in der Regel um (oft hohe) Mehrheitsbeteiligungen, etwa 100 Prozent bei Marek Lieberberg Konzertagentur Holding GmbH, der Marek Lieberberg Konzertagentur GmbH & Co. KG, der Peter Rieger Konzertagentur GmbH & Co. KG oder der Münchner PGM Promoters Group Munich Konzertagentur GmbH.

Die Plattenindustrie wird, wie ich meine zurecht, dafür kritisiert, daß sie sich von Hardwareherstellern, etwa von Apple, die Bedingungen im Musikvertrieb vorschreiben ließ, obwohl doch die Musikfirmen über den, wie man heute so häßlich sagt, »content« verfügen. (Dazu David Thomas von Pere Ubu: »We sell soul. It's not content. It's called music.«) Aber diesen Vorwurf müssen wir Tour- und Konzertveranstalter uns genauso gefallen lassen: Wie konnten wir tatenlos dabei zusehen, daß ein Tickethändler wie CTS nach und nach diejenigen Firmen aufkaufte beziehungsweise Beteiligungen an ihnen erwarb, die die »Inhalte« vertreten, also die größten Konzert- und Tourveranstalter Deutschlands?

Im weltweiten Vergleich belegt CTS Eventim heute hinter Live Nation und der Anschutz Entertainment Group (AEG) Platz drei unter den Konzertveranstaltern und hinter Ticketmaster Platz zwei unter den Ticketingunternehmen. Laut Selbstdarstellung auf der Firmenwebsite[44] ist die CTS Eventim AG »Europas Marktführer im Ticketing und in zwanzig Ländern aktiv. Über die Systeme der Eventim-Gruppe werden jährlich europaweit insgesamt über 100 Millionen Veranstaltungstickets für mehr als 140.000 Events vermarktet.« In einem separaten Absatz wird der große andere Unternehmenszweig genannt: »Zur Eventim-Gruppe gehört außerdem das Segment Live Entertainment mit der Planung, Organisation und Abwicklung von Konzertveranstaltungen, Konzerttourneen, Festivals und anderen Live-Events. Mehrheitsbeteiligungen an vielen der erfolgreichsten Konzertveranstalter in Deutschland, Österreich und der Schweiz, gute und langjährigen Kontakte zu nationalen und internationalen Künstlern, erfolgreiche Open-Air-Festivals und zahlreiche weitere Veranstaltungen sichern der Eventim-

---

[44] Alle Zitate und Zahlen in diesem Absatz laut Website der CTS Eventim AG-Gruppe, www.eventim.de (Rubrik »Investor Relations«), Stand 12/2012.

Gruppe eine hervorragende Position als Marktführer in der europäischen Konzert- und Entertainmentbranche.« Und es wird klar beim Namen genannt, worum es dabei geht:»Die weltweit erstmals bei Eventim umgesetzte unmittelbare Verbindung von Live Entertainment und Tikketing innerhalb eines Konzerns führt dabei zu einer besonders attraktiven Wertschöpfungskette.« Genau so ist das wohl.

Die Strategie von CTS Eventim ist der von Live Nation Entertainment sehr ähnlich: Beide Konzerne verfolgen eine globale Strategie, CTS Eventim etwa besitzt Anteile an Ticketingunternehmen in vierzehn europäischen Ländern. Beide Konzerne setzen auf den Kauf von bedeutenden Veranstaltungsstätten. CTS Eventim hat für die Waldbühne in Berlin einen langfristigen Pachtvertrag geschlossen, und 2012 hat CTS Eventim zusammen mit AEG für 32 Millionen Pfund das legendäre Londoner Hammersmith Apollo gekauft, eine der beliebtesten Spielstätten im Zentrum der britischen Metropole. AEG ist übrigens der zweitgrößte Konzertveranstalter der Welt, der unter anderem die O_2 World Berlin betreibt. Für CTS Eventim sicher eine interessante strategische Partnerschaft, um im englischen Markt weiter Fuß zu fassen, vor allem nach der endgültigen Trennung von Live Nation. Ebenfalls 2012 hat CTS Eventim die Lanxess Arena in Köln übernommen. Der Konzern will den Kauf von Spielstätten»national und international weiter entwickeln«.[45] Der Besitz oder die Pacht von Spielstätten ist, wie wir gesehen haben, eine besonders gewinnversprechende Strategie, vor allem dann, wenn es sich um in einem bestimmten Marktsegment quasi alternativlose Venues handelt: Veranstaltet ein Konzern dort seine eigenen Konzerte, kann er die Konzerte günstiger kalkulieren. Und wenn ein Mitbewerber die Spielstätte benutzt, ver-

---

[45] A. a. O., Finanzberichte zum Download: Berichte 2012,»Konzern-Zwischenbericht zum 30. September 2012«, S. 15.

dient der Konzern durch die Miete dennoch an einem Konzert, das er gar nicht veranstaltet.

Längst übt CTS Eventim hierzulande eine Art vertikales *und* horizontales Monopol im Konzertmarkt aus. Besonders wichtig für den Konzern ist nach wie vor der Ticketverkauf (wir erinnern uns: das eigentliche Kerngeschäft des Konzerns, bevor er die Tour- und Konzertveranstalter zukaufte). Auf den ersten Blick erscheint es absurd, daß ein Ticketverkäufer, der ja von der Arbeit von Künstlern wie von Kulturvermittlern wie Tour- und Konzertveranstaltern abhängig ist, wirtschaftlich erfolgreicher arbeiten kann als letztere. Aber das System hat seine eigene Logik: Die Ticketverkäufer kennen praktisch kein wirtschaftliches Risiko. Muß der Konzertveranstalter für die Künstlergage und sämtliche Produktionskosten geradestehen, so hat der Ticketverkäufer eine »Bude«, entweder im Wortsinn oder im Internet, muß praktisch kaum investieren, muß keine »Wetten« eingehen, ob der Künstler X die Gage Y auch tatsächlich einspielen wird, sondern verkauft lediglich ein Stück Papier, nämlich die Eintrittskarte. Verkauft ein Konzert schlecht, müssen die Konzertveranstalter für sämtliche Kosten des Konzerts, von Künstlergage bis Hallenmiete, geradestehen. Der Ticketverkäufer dagegen verdient einfach nur ein bißchen weniger, aber er verdient – selbst bei hochdefizitären Konzerten. Hinzu kommt: Der Tickethändler vereinnahmt den Erlös der verkauften Karten zunächst einmal auf seinem Konto. Selbst wenn man davon ausgeht, daß die vereinnahmten Eintrittsgelder nur eine Woche oder vielleicht sogar nur zwei oder drei Werktage auf dem Konto des Ticketverkäufers liegen, bevor sie an Tour- und Konzertveranstalter weitergeleitet werden, kann man sich bei einem Jahresumsatz von knapp vier Milliarden Euro durch den Verkauf von Veranstaltungstickets allein in Deutschland (2011, davon 2,763 Milliarden Euro Umsatz durch Konzerte) leicht vorstellen, über welche Summen wir hier reden.

Den größten Gewinn machen Ticketkonzerne jedoch durch den Verkauf von Tickets im Internet. Laut Klaus-Peter Schulenberg »ist die Wertschöpfung im Online-Ticketing pro Karte sechsmal höher als beim herkömmlichen Verkauf«.[46] Eventim verkauft jährlich rund 100 Millionen Tickets, davon über das Internet allein 20,6 Millionen (2012), mit stark steigender Tendenz (allein von 2010 auf 2011 konnte Eventim den Ticketverkauf im Internet um 12 Prozent steigern, von 2011 auf 2012 noch einmal um rund 7 Prozent).[47] Das Unternehmen verkauft in Deutschland geschätzt etwa 80 Prozent aller Konzertkarten im Pop- und Rock-Bereich.

Warum ist der Ticketverkauf im Internet besonders interessant?

Erstens geht die Vorverkaufsgebühr (in der Regel 10 Prozent) komplett an den Ticketinganbieter und muß nicht mit Vorverkaufsstellen geteilt werden. Zweitens hat man deutlich weniger Kosten. Drittens erhält Eventim – der Kunde ist immer der Dumme! – vom Verbraucher noch eine zusätzliche Internetgebühr, die bei Eventim »Ticketdirect« heißt und in der Regel 2,50 Euro beträgt – dafür, daß der Kunde sich sein Ticket selbst zu Hause ausdruckt und seinen eigenen Drucker und seinen eigenen Toner verwendet und bezahlt. Ein echtes Bubenstück! Wie gesagt, Eventim hat 2012 im Internet 20,6 Millionen Tickets verkauft. Macht allein in diesem Bereich 20,6 Millionen mal die sogenannte »Ticketdirect«-Gebühr von 2,50 Euro. Da werden den Kunden mal eben für nichts 51,5 Millionen Euro abgeknöpft.

Im Amerikanischen gibt es einen treffenden Begriff dafür: »to scalp the fans«, beziehungsweise: Den Kunden wird das Fell über die Ohren gezogen. Und wohlgemerkt: All dies ohne jedes unternehmerische Risiko, denn pro

---

[46] A. a. O., Bericht 2011, »Brief an die Aktionäre«, S. 2, und Bericht 2012, S. 2.
[47] A. a. O.

forma versteht sich jeder Ticketverkäufer nur als Makler, der einen Kaufvertrag zwischen Konzertveranstalter und Ticketkäufer vermittelt. Das Risiko trägt allein der Konzertveranstalter.

Doch wieviel vom Ticketpreis erhalten die Konzert- und Tourveranstalter und wieviel die Künstler? Darüber gibt es praktisch keine öffentlichen Aussagen. Anders als etwa bei einer CD sind beim Konzert einfach zu viele Variablen im Spiel. Wie teuer sind die Konzertsäle, Clubs und Hallen? Wie teuer ist eine Produktion, wie viele Musiker stehen auf der Bühne? Gibt es eine aufwendige Lichtshow oder Videoeinspielungen? Wieviel Personal, vom Tourleiter, Ton- und Lichtingenieur bis hin zu Aufbauhelfern und Security, wird benötigt? Und dann die wichtigste Variable: Wie viele Tickets werden für ein Konzert verkauft? Bei halb leeren Sälen passiert es schnell, daß nicht mal die Kosten eingespielt werden.

Ein kleines Rechenbeispiel mag das verdeutlichen: Sagen wir, eine Band tritt in einem ausverkauften Berliner Club vor 1500 Leuten auf. Gehen wir davon aus, daß der zwischen Tour- und Konzertveranstalter vereinbarte Tikketpreis für das Gastspiel 28 Euro beträgt. Davon gehen Mehrwertsteuer und Gema-Gebühren ab (letztere haben sich für Konzertveranstalter seit 2009 übrigens um mehrere 100 Prozent erhöht). Es verbleiben zirka 25 Euro netto. Vereinfacht kann man sagen, daß die örtlichen und die Tourveranstalter mit je etwa der Hälfte der Konzerteinnahmen ihre jeweiligen Kosten decken. In diesem Beispiel betragen die örtlichen Produktionskosten vielleicht 10 Euro pro Ticket. Die Tourneekosten (Busmiete und Transporte, Backline, Flüge, Werbung, Personalkosten, Musikerhonorare) schlagen mit vielleicht 6,50 Euro zu Buche. Von der Gage gehen 15,825 Prozent Ausländersteuer und 4,1 Prozent Künstlersozialkasse ab – insgesamt beträgt der Staatsanteil an einem 28-Euro-Ticket mehr als 4 Euro. Für die eigentlichen »Macher« des Konzerts, also Künstler, Tour- und örtliche Veranstalter, bleiben vergleichsweise niedrige Anteile übrig: Die Künstler werden nach Abzug der Kosten und Steuern zwischen 3 und 5,50 Euro netto pro Ticket verdienen, Tour- und örtlicher Veranstalter vielleicht jeweils 1,50 bis 3,00 Euro (wovon dann wiederum Bürokosten und Steuern zu bestreiten sind). Und das alles gilt für ein ausverkauftes Konzert. Jede nichtverkaufte Karte verschlechtert die Ertragslage der Tournee- und Konzertveranstalter, denn die Künstler erhalten meist eine Festgage plus Gewinnanteil. Viele kleinere Clubkonzerte werden längst so kalkuliert, daß Bands wie Veranstalter froh sind, wenn das Ganze plusminus Null ausgeht. In der Regel verlieren bei kleinen Konzerten alle Beteiligten Geld, hier geht es vor allem um den Aufbau von Künstlern, um eine Investition in die Zukunft.

Wir halten fest: Von einem 28 Euro teuren Ticket verbleiben bei einem ausverkauften Konzert einer erfolgreichen Band in der Regel gut 4 Euro beim Künstler, ungefähr soviel, wie der Staat durch seine Abgaben am Konzert einnimmt. Die Tour- und Konzertveranstalter, die sich das Risiko eines solchen Konzerts teilen und den größten Teil der Arbeit leisten, verdienen noch weniger. Wenn Sie nun aber eine Karte für dieses Beispielkonzert kaufen wollen, stellen Sie fest, daß das Ticket nicht 28 Euro kostet, sondern mindestens 32 Euro, oft jedoch deutlich mehr, bis hin zu 40 Euro. Hier kommen wieder die Tickethändler ins Spiel. 10 bis 15 Prozent beträgt die übliche Vorverkaufsgebühr: 10 Prozent erhält in der Regel die Vorverkaufsstelle, die wegen des Internet-Ticketings eine aussterbende Gattung ist, oder der Tickethändler. Mit 5 Prozent finanzieren die Konzertveranstalter einen Teil ihrer Werbung. So entsteht der günstigste Ticketpreis in Höhe von 32 Euro, der Ihnen in der Regel nur beim örtlichen Veranstalter oder dem Kulturzentrum in dessen jeweiliger Vorverkaufsstelle angeboten wird, wenn die seriös und fair arbeiten. Kaufen Sie stattdessen das Ticket bei einer Ticketingfirma, verlangt diese eine Gebühr von 1 beziehungsweise 1,25 Euro. Ihr Ticket kostet jetzt 33 Euro oder mehr. Kaufen Sie Ihr Ticket über das Portal des Tourveranstalters und drucken es selbst aus, dann sollte es eigentlich bei diesen 33 Euro bleiben, zumindest, wenn der Tourveranstalter seriös arbeitet. Der Tickethändler hat keine weiteren Kosten und kann ja die 10 Prozent Vorverkaufsgebühr und seine Tikketgebühr einstecken. So weit, so gut.

Jetzt beginnt die Geschäftemacherei, jetzt geht es um Ihren Skalp! Kaufen Sie Ihr Ticket beim größten deutschen Tickethändler, also bei Eventim, dann kostet Sie das nicht nur eine separate »Buchungsgebühr in Höhe von max. 2 Euro« (Eventim), sondern für das Selbstausdrucken noch mal 2,50 »Ticketdirect«-Gebühr. Kommt das Ticket mit der Post, verlangen die Ticketfirmen fast immer 4,90 Euro. Das im Internet gekaufte und per Post zugesandte Ticket kostet dann bei Eventim 40 Euro, über 12 Euro mehr! Das sind 44 Prozent Zusatzgebühren. Wohlgemerkt bei einer Band und einem Tourveranstalter, die sich für günstige Tickets von 28 Euro entschieden haben. Während die Künstler vielleicht 4 Euro pro Ticket erhalten, gönnt sich Eventim deutlich mehr, ohne an irgendeiner Stelle am Risiko der Konzerte beteiligt zu sein. Das erklärte Unternehmensziel von Eventim ist es, »künftig den kompletten Ticketverkauf in Europa aus einer Datenbank abzuwickeln«.[48] Aber schon jetzt ist das Unternehmen in der Rolle des faktischen Monopolisten, der die Ticketgebühren diktieren kann.

Gibt es denn hierzulande kein Wettbewerbsrecht? Was macht das Bundeskartellamt? »Das Kartellrecht bleibt eine Geheimwissenschaft«, ist ein Artikel des Brüsseler Rechtsanwalts Christian Filippitsch in der *Frankfurter Allgemeinen* überschrieben.[49] Das bundesdeutsche Kar-

[48] A. a. O., Bericht 2011, S. 2.
[49] Christian Filippitsch, »Das Kartellrecht bleibt eine Geheimwissenschaft«, FAZ, 2. 1. 2013.

tellrecht existiert erst seit 1958, während der bereits erwähnte »Sherman Antitrust Act«, der die Form der unternehmerischen Zusammenarbeit als Kartell grundsätzlich verbietet, in den USA schon 1890 erlassen wurde. Das deutsche »Gesetz gegen Wettbewerbsbeschränkungen« (GWB) bezweckt die »Erhaltung eines funktionierenden, ungehinderten und möglichst vielgestaltigen Wettbewerbs« und reglementiert daher die Akkumulation und den Mißbrauch von Marktmacht.

Im Einzelnen enthält das Gesetz Bestimmungen, die das Kartellverbot, den Mißbrauch marktbeherrschender Stellungen, die Kontrolle von Unternehmenszusammenschlüssen oder das Vergaberecht zum Inhalt haben. Der Mißbrauch einer marktbeherrschenden Stellung wird nach dem GWB vermutet, wenn eine Schwelle von 40 Prozent (bis 2012: 33 Prozent) erreicht ist. Diese Schwelle ist laut Ansicht des *FAZ*-Experten aber »letztlich nur kosmetischer Natur.

Im Gegensatz zum EU-Recht bietet der Prozentsatz in Deutschland lediglich eine gesetzliche Vermutung, die marktstarken Unternehmen die Pflicht zum Gegenbeweis auferlegt.«[50] Neben der Schwelle zum Mißbrauch einer marktbeherrschenden Stellung sieht das GWB eine Umsatzschwelle vor. Die Fusionskontrollvorschriften schreiben eine Kontrollpflicht bei Fusionen von Firmen vor, sofern die zurechenbaren weltweiten Umsatzerlöse der fusionierenden Unternehmensgruppen weltweit mehr als 500 Millionen Euro betragen. Als sich Eventim 2011 »Ticket Online« einverleibt hat, die damalige Nummer zwei im deutschen Ticketmarkt, hat das Bundeskartellamt diese Übernahme nachträglich im Rahmen eines Entflechtungsverfahrens geprüft. Im Fallbericht des Bundeskartellamts heißt es:

»Der Schwerpunkt der Ermittlungen des Bundeskartellamts lag bei der Frage der Anmeldepflicht des Vorhabens

[50] A. a. O.

und bei der Aufklärung der Konzernbeziehungen der CTS. Dabei wurden auch die Unternehmen berücksichtigt, die von dem Hauptaktionär und Vorstandsvorsitzenden der CTS, Herrn Klaus-Peter Schulenberg, kontrolliert wurden und werden. Die CTS hatte vor dem Erwerb des Zielunternehmens einen Geschäftsanteil an dem Unternehmen FKP Scorpio Konzertproduktionen GmbH veräußert. Daher hat sich die Beteiligung der CTS an diesem Unternehmen soweit verringert, daß ihr die Umsätze des Unternehmens nicht mehr zugerechnet werden konnten. Die Umsatzschwellen wurden aus Sicht des Bundeskartellamtes jedoch erst unterschritten, nachdem – während des Entflechtungsverfahrens – ein weiteres Unternehmen veräußert worden war. Angesichts der entfallenen Kontrollpflicht konnte die materielle Prüfung trotz erheblicher horizontaler Überschneidungen zwischen den beiden Unternehmensgruppen im Ergebnis offen bleiben. (...) Nach den im Bundeskartellamt vorliegenden Informationen ist zu erwarten, daß CTS durch den Zusammenschluß insbesondere auf dem Markt für elektronische Ticketsysteme hohe Marktanteile erreichen wird, die eine marktbeherrschende Stellung möglich erscheinen lassen.«[51]

An dieser Entscheidung des Kartellamts in Bonn sind zwei Dinge bemerkenswert. Erstens geht das Bundeskartellamt zwar sowohl von einer »möglichen marktbeherrschenden Stellung« des neuen Konzern aus, als auch von »erheblichen horizontalen Überschneidungen«. De facto aber erweist sich das deutsche Kartellverfahrensrecht als wirkungslos, es bleibt, um Christian Filippitsch zu zitieren, »eine Geheimwissenschaft und behindert eine effizientere Durchsetzung des Kartellrechts. Anders als der Brüsseler Behörde stehen den Wettbewerbshütern in Bonn keine speziell auf die Kartellverfolgung angepaßten

[51] Bundeskartellamt, Fallbericht »Erwerb der See Tickets Germany/ Ticket Online Gruppe durch CTS Eventim nicht kontrollpflichtig«, Aktenzeichen B 6-75/10, Bonn, 12. April 2011.

Regeln zur Verfügung.«[52] Wie zu hören war, verwendete Eventim in diesem Verfahren vor dem Bundeskartellamt eine ähnliche Verteidigungsstrategie, wie sie schon Tikketmaster und Live Nation vor dem US-Kongreß angewandt hatten: Die Konzerne beriefen sich jeweils darauf, in Wahrheit gar nicht so viele Tickets zu verkaufen. Tikketmaster verwandte zu diesem Zweck eine vermeintliche »Untersuchung« der Marketdata Enterprises Inc., die Ticketmaster selbst in Auftrag gegeben und bezahlt hatte. Nach dieser Untersuchung wurden in den USA jedes Jahr etwa 1,5 Milliarden Tickets für »live events« verkauft, wovon Ticketmaster angeblich nur etwa 51 Millionen verkaufe. Allerdings entfielen etwa 70 Prozent der 1,5 Milliarden Tickets auf Museen, Vergnügungsparks, Nationalparks oder Landesausstellungen.[53] Aus gut unterrichteten Kreisen ist zu hören, daß Eventim die eigene Marktposition durch Einbeziehung der hohen Zahl von Museumstickets und der bei Opern, Theatern und Klassik-Konzerten ebenfalls runterrechnete und schönredete. Denn: obwohl Fachleute davon ausgehen, daß Eventim nun etwa 80 Prozent aller Konzert- und Entertainment-Tickets in Deutschland verkauft (was deutlich über der 2011 geltenden Schwelle von 33 Prozent für eine verbotene »marktbeherrschende Stellung« nach dem GWB läge), winkten die deutschen Wettbewerbshüter in dem hierzulande grundsätzlich nichtöffentlichen Verfahren die Megafusion im Ticketingbereich durch.

Zweitens ist auffällig, daß Eventim sich offensichtlich lieber von einem beträchtlichen Geschäftsanteil an einem nennenswerten Konzern der Konzertindustrie trennt, als auf den Kauf eines Ticketingkonzerns zu verzichten. Lassen wir mal beiseite, daß die Übernahme der »Ticket Online«-Gruppe durch Eventim zum Zeitpunkt der Übernahme vermutlich gegen die deutschen Fusionskontroll-

---

[52] Filippitsch, a. a. O.
[53] Budnick, Baron, a. a. O., S. 136.

vorschriften verstoßen hat und Eventim erst durch den nachträglichen Verkauf eines Geschäftsanteils an einer weiteren Firma seinen Kopf aus der Schlinge gezogen hat. Das Bundeskartellamt weist jedenfalls pikiert darauf hin, daß »die Umsatzschwellen aus Sicht des Bundeskartellamtes jedoch erst unterschritten wurden, nachdem – *während des Entflechtungsverfahrens* – ein weiteres Unternehmen veräußert worden war« (Hervorhebung von mir). Vor dem Erwerb von »Ticket Online« hatte Eventim einen Geschäftsanteil an der FKP Scorpio Konzertproduktionen GmbH veräußert, so daß die Umsätze dieser Firma nicht mehr der CTS Eventim Gruppe zugeordnet werden konnten.

Die FKP Scorpio Konzertproduktionen GmbH ist nicht nur ein führender Konzert- und Tourveranstalter, sondern hat sich neben »Hurricane« und »Southside« in den letzten Jahren eine ganze Palette von großen Festivals zugelegt. Zum Festivalportfolio der Hamburger Firma gehören heute das »Highfield«, »Area 4«, »Chiemsee Reggae Summer«, »Chiemsee Rocks«, »Mera Luna«, das »Rolling Stone Weekender«, das »Deichbrand Festival«, »Elbjazz« und der »Hamburger Kultursommer«, das Schweizer »Greenfield« sowie Festivals in Schweden (»Hultsfred«, »Bråvalla«, »Getaway Rock«), Dänemark oder den Niederlanden. FKP Scorpio ist der größte Festivalveranstalter hierzulande – neben Marek Lieberberg, der die beiden legendären und größten deutschen Festivals, »Rock am Ring« und »Rock im Park«, veranstaltet und 2011 eine Mehrheitsbeteiligung an der Jenaer Seekers Event GmbH, dem Veranstalter des »SonneMondSterne«-Festivals, erwarb und 2013 ein neues Großfestival am Hockenheimring, »Rock'n'Heim«, an den Start bringt. Auch im Festivalbereich existiert in Deutschland ein Oligopol, da einerseits die Firmen von Marek Lieberberg zum Eventim-Konzern gehören und andererseits Eventim immer noch eine 45-Prozent-Beteiligung an der Hamburger FKP-Scorpio-Gruppe hält.[54] In der Summe hält Eventim damit direkt und indirekt Anteile an mindestens 16 der 20 größten deutschen Musikfestivals.

Das Veranstalten von Festivals ist nicht nur eine bemerkenswerte Einnahmequelle. Ist ein Touranbieter der Veranstalter von Großfestivals, ergibt sich dadurch ein weiterer, nicht zu unterschätzender Wettbewerbsvorteil, nämlich bei der Künstlerakquise. Wenn ein Tourveranstalter einem englischen Künstleragenten oder einem Manager anbieten kann, daß seine Künstler neben den Club- und Hallentourneen auf einem oder mehreren Großfestivals des Tourveranstalters auftreten dürfen, wird sich der Agent oder Manager natürlich für die Tournee bevorzugt für den Tourveranstalter entscheiden, der dieses attraktive Koppelgeschäft anbieten kann. Ein Wettbewerbsvorteil, den sich FKP Scorpio seit Jahren gezielt zunutze macht.

Festivals sind die Goldgrube des Live-Markts – zumindest, wenn man es richtig angeht. Man kann sich die klassischen Festivals der späten Sechziger, frühen Siebziger heute dankenswerterweise alle auf DVD ansehen. Woodstock wird für meinen Geschmack dabei immer etwas überschätzt. Ich ziehe das erste große Rock-Festival überhaupt vor, das »Monterey Pop«, das bereits zwei Jahre vor Woodstock 1967 in Kalifornien stattfand und das man sich in der kompletten, von der »Criterion Collection« veröffentlichten Fassung ansehen sollte,[55] die nicht nur den in den siebziger Jahren im Kino gezeigten, schönen Konzertfilm bringt, sondern jede Menge weiterer Aufnahmen, inklusive des kompletten Auftritts von Jimi

---

[54] Laut Anteilsbesitzliste, Website von CTS Eventim (Stand 2012).
[55] The Complete Monterey Pop Festival, Films Directed by D. A. Pennebaker, Original film, the Festival, and Live Recordings, 3 DVDs und Buch, The Criterion Collection, USA 2002.

Hendrix. Diese Aufnahmen geben einen vorzüglichen Einblick, wie seinerzeit riesige Pop-Festivals abliefen: Es gab praktisch keine Distanz zwischen Publikum und Künstlern. Die Bühne ist nur geringfügig erhöht, kein Security-Personal kümmert sich um die Abschirmung der Künstler, es gibt keinen nennenswerten Backstage-Bereich, einige Künstler springen nach ihrem Auftritt den vielleicht halben Meter von der Bühne zum Publikum herunter, anstatt hinten von der Bühne zu verschwinden. Jimi Hendrix sitzt vor und nach seinem legendären Auftritt mitten im Publikum, lacht, unterhält sich mit den Fans. Eine Nähe, die übrigens zu der Zeit auch Quick Silver Messenger (die Künstler spielen ohne Bühne auf dem Rasen, auf gleicher Ebene wie die tausenden Zuschauer) oder die Rolling Stones in ihrem legendären »Rock and Roll Circus« 1968[56] bewußt suchen. Am Ende des Konzerts und des Films sitzen die Stones in den gleichen Phantasieklamotten, die die Fans extra tragen sollten, mitten im Publikum. Es gibt im »Swinging London« des Jahres 1968 keine Kluft zwischen Musiker und Publikum, kein Oben und Unten, das Publikum ist nicht durch sein unterschiedliches Einkommen und dadurch, daß sich einige bessere, andere nur schlechtere Tickets leisten können, voneinander getrennt. Die Konzerte und Festivals fanden im Geiste der Kommune, im Geist der Gleichheit statt. Und: es gab keine Werbung, nirgends. Keine Logos von Konzernen, keine schrill ballernde Werbung, kein Sponsoring, kein Flyermüll. Vergleichen Sie das einmal mit einem Festival hierzulande in den letzten Jahren, nehmen Sie das »Melt!«-Festival, wo Sie mit knallig bunten Konsum-Animationen und Sponsoren-Logos tage- und nächtelang bombardiert werden! Gehen Sie auf ein x-beliebiges Festival: Die Bühnen und Arenen

---

[56] The Rolling Stones Rock And Roll Circus (11. Dezember 1968), DVD, UK 2004.

heißen sogar nach Sponsoren, deren Logos meterhoch zu sehen sind.

In Monterey ging es nicht um Konsum, sondern um Musik, um Kunst. Das waren Zeiten, als auch Filme eine Kunstform waren und keine Geldmaschine, als es in der Musik um etwas ging, um die Darstellung von Entfremdung, um das Erforschen und Herausbilden von Freiräumen, um eine andere Gesellschaft mit einer anderen Kultur. Die meisten Festivals unserer Tage sind dagegen eine einzige Konsumveranstaltung, eine Animation zum Vergnügen. Sie heißen »Event« und es geht um Freizeitspaß, um »Fun«. Schon Adorno und Horkheimer haben sich an dem Begriff gerieben: »Fun ist ein Stahlbad. Die Vergnügungsindustrie verordnet es unablässig. Lachen in ihr wird zum Instrument des Betrugs am Glück.«[57] Diesem Stahlbad, das da »Fun« heißt, unterziehen sich die Konsumenten unserer Tage freiwillig. Festivals wie »Monterey Pop« wurden seinerzeit partnerschaftlich organisiert, die Hauptrolle nicht nur auf der Bühne, sondern auch bei der Organisation des Festivals spielten die Künstler selber: Das Festival wurde von John Phillips (von den Mamas and the Papas) zusammen mit zwei befreundeten Managern und Produzenten organisiert. Phillips hatte auch den Text für Scott McKenzies Hymne »San Francisco (Be Sure to Wear Flowers in Your Hair)« geschrieben, der eine Art Werbung für das Festival sein sollte und ein Welthit wurde. Dem Organisationskomitee des Festivals gehörten hauptsächlich Musiker an, darunter die Beatles und die Beach Boys. Den Sonntag eröffnete der indische Musiker Ravi Shankar mit Ragas. Man stelle sich so etwas heutzutage bei Rock am Ring oder beim Hurricane-Festival vor! Nein, beim Monterey-Festival ging es um Musik, bei den Großfestivals unserer

---

[57] Max Horkheimer, Theodor W. Adorno, Kulturindustrie. Aufklärung als Massenbetrug, in: Dies., Dialektik der Aufklärung, Frankfurt a. M. 1988, S. 149.

Tage geht es um Unterhaltung, um Amusement. Das Bedürfnis nach Amusement wird »weithin von der Industrie hervorgebracht«, schreiben Horkheimer und Adorno, und so ist »dem Amusement immer schon das geschäftlich Angedrehte anzumerken, der sales talk, die Stimme des Marktschreiers vom Jahrmarkt. Die ursprüngliche Affinität aber von Geschäft und Amusement zeigt sich in dessen eigenem Sinn: der Apologie der Gesellschaft. Vergnügtsein heißt Einverstandensein.«[58]

Für Eric Burdon war sein Auftritt mit den Animals beim Monterey-Festival eine »Erweckung« des politischen Rock'n'Roll. Daß die größten Festivals weltweit heutzutage von den großen Konzernen der Unterhaltungsindustrie betrieben werden, die beispielsweise auch, wie wir gesehen haben, den Irakkrieg Bushs propagieren und unterstützen, ist kein Zufall, sondern System.

Kommerzielle Festivals sind die Königsdisziplin des neuen Musikgeschäfts. Die größten Festivals sind ausverkauft, lange bevor sie überhaupt die auftretenden Künstler veröffentlichen. Es ist bezeichnend, daß sich in London gerade die zwei größten Live-Konzerne der Welt mit Open-Air-Konzerten bekriegen: Live Nation hat die Ausschreibung gewonnen, Konzerte im »Queen Elizabeth Olympic Park« inklusive des neuen Olympiastadions veranstalten zu dürfen, und kündigt mit seinen »Wireless«- und »Hard Rock«-Festivals »Blockbuster Events« im Sommer 2013 an, während der Rivale AEG sich den Hyde Park, den »großartigsten Open-Air-Spielort der Welt«, für seine »Barclaycard British Summer Time«-Festivals gesichert hat (im Hyde Park hat zuletzt Live Nation Großkonzerte organisiert). Ein Krieg der Parks, der Großkonzerte und riesigen Open-Air-Festivals, bestritten von den zwei größten Live-Veranstaltern der Welt, unterstützt von Großsponsoren. Es geht um zig Millionen.

---

[58] A. a. O., S. 152 f.

Erfrischend anders operiert das sympathische »Fusion«-Festival in Mecklenburg-Vorpommern, das seine 55.000 Tickets mittlerweile im Losverfahren verkauft, noch bevor auch nur eine Band angekündigt wird. »Fusion« verzichtet komplett auf Sponsoren und bedient sich direkter Vertriebsmodelle: Statt wie üblich teure Anzeigen in Zeitungen, Zeitschriften und im Radio zu buchen, übernehmen hier die Fans die Werbung. Es spricht sich herum, die Fans wollen dabei sein – und vielleicht schließt sich hier doch wieder der Kreis zu Monterey, vielleicht kann man hier eine Gegenbewegung zur brutalen Stahlbad-Kommerzialität der Mammutfestivals beobachten.

Doch der Mainstream bringt heute nur wenige Festivals hervor, die sich dem Kommerz widersetzen, eher werden neue Geschäftsmodelle entwickelt. Dazu zählt auch »Melt!«, das sich seit einigen Jahren eines ähnlichen Wettbewerbsvorteils bedient wie Lieberberg oder FKP Scorpio. »Melt!« gehört zur »Hörstmann Unternehmensgruppe« (HUG). Matthias Hörstmann gründete 1989 ein Fanzine, aus dem 1991 Intro wurde. Heute gehören neben dem Kostenlosmagazin *Intro* auch die Fußballzeitschriften *11 Freunde* (bei der mittlerweile der Medienkonzern Gruner+Jahr eingestiegen ist) und *Bolzen*, der Festivalguide und das *Sneaker Freaker-Magazin* sowie die entsprechenden Internet-Plattformen zur HUG. Seit 2004 betreibt Hörstmann das »Melt!«-Festival. 2008 wurde die Künstler- und Booking-Agentur »Melt! Booking« gegründet. Im gleichen Jahr ist Hörstmann beim Fernseh- und IT-Unternehmen TVRL eingestiegen, das den Internet-Musikfernsehsender »Putpat« betreibt. 2009 stößt das »Berlin Festival« zur Hörstmann-Gruppe (die jedoch erst seit 2011 als HUG firmiert). Eine Turnschuhmesse (»Sneakerness«) wird gegründet, eine Gastro- und Cateringfirma, ein Berliner Veranstaltungsmagazin namens

Greatest, das HipHop-Festival »splash!« sowie das splash! Mag werden betrieben oder in den Konzern integriert, man verkauft ein eigenes Bier (»Bolzen Bier«), betreut Veranstaltungsreihen (von »Introducing« über »Victory« bis hin zu »Certain People«, mal in Zusammenarbeit mit dem öffentlich-rechtlichen Fernsehsender Arte, mal in Kooperation mit dem Berliner Club »Berghain«) und hat Marketing- und Promotion-Agenturen unter seinem Dach. Natürlich nutzen die Unternehmen der HUG die Möglichkeiten, die sich durch die breite »Aufstellung« des Konzern ergeben, nicht zuletzt beim Akquirieren neuer Künstler: Man kann den Bands eben Auftritte bei den firmeneigenen Festivals, bei den firmeneigenen Veranstaltungsreihen sowie umfassende Features in den firmeneigenen Zeitschriften bieten – alles aus einer Hand. Gleichzeitig eine ideale Wertschöpfungskette für die HUG. Die HUG ist geradezu das Musterbeispiel für einen neoliberalen Konzern, der den Kapitalismus neu definiert und sich dabei auf allen Ebenen einen vage »alternativen« Anstrich gibt, hinter dem gnadenlose Profitorientierung steht. In der Branche sind praktisch alle Unternehmsteile der HUG für schlechte Bezahlung bekannt. Die HUG »ist geprägt vom Leitsatz ›Leben und Lieben für die Popkultur‹«[59] heißt es in niedlicher Selbstdarstellungs-Prosa auf der Website des Konzerns. Es gehe darum, Erfahrungen »von Fan zu Fan zu teilen«. Man veranstalte nicht einfach nur Konzerte aus Gewinnabsicht, sondern man schaffe »soziale Orte und innovative kulturelle Angebote (...), um die Menschen *ein bißchen glücklicher* zu machen«.

Es ist das Nicole-»Ein bißchen Frieden«-Prinzip übertragen auf den neoliberalen Kapitalismus des 21. Jahrhunderts. Und ging es bei Nicole um eine ideologische Zustimmung zu einem System als solchem, das immerhin

---

[59] Website der Hörstmann-Unternehmensgruppe www.hoerstmann.de, Stand 31. 3. 2013 (Hervorhebungen von mir).

»ein bißchen« Frieden gewährleisten sollte, so steht die HUG für die bedingungslose Zustimmung zu einem modernen Kapitalismus, der bei aller Ausbeutung die Menschen dennoch »ein bißchen glücklicher« machen soll. Wenn der Alternativ-Großkonzern etwa Vollzeitpraktika ausschreibt, bei denen sechs Monate Vollzeit für 400 Euro monatlich zu arbeiten ist, dann wird diese moderne Ausbeutungsform natürlich verklärt: »Bewirb Dich noch heute für unser Praktikum (...) *und werde Teil des Ganzen*!« Und damit sind selbstredend nicht etwa Anteile am Immobilienbesitz des Konzerngründers gemeint. Für die lausige Bezahlung erwartet HUG, daß die Praktikanten einen anspruchsvollen Vollzeitjob leisten, über umfassende Erfahrungen verfügen, selbständig arbeiten und natürlich die »Bereitschaft zu flexiblen Arbeitszeiten« und zu hoher »Belastbarkeit« mitbringen. Wer sich heutzutage ausbeuten läßt, der darf sich glücklich schätzen, »Teil des Ganzen« zu werden. Ausgebeutet zu werden, wird als Privileg inszeniert.

Ansonsten preist der HUG-Mischkonzern sein »einzigartiges, breitgefächertes Netzwerk im Event- und Medienbereich *dank der Gruppen-Architektur*« an, wodurch »Marken auch bei sensibleren Zielgruppen ins Gespräch gebracht und langfristig in den Köpfen verankert werden können«. Oder er beschreibt seine PR-Firma als »Alternative zu traditionellen PR-Konzepten, die oft keinen glaubwürdigen Zugang zu den gewünschten Zielgruppen-Umfeldern finden«, während die HUG-»Unit« »die vielfältigen Ressourcen des HUG-Netzwerkes zu einem aktiven Kompetenz-Center bündelt«, »mehrphasige Kommunikations-Strategien konzipiert und crossmedial über ausgewählte Medien aktiviert«. Die Sprache ist neoliberal: Es geht um Kapitalismus und Kommerz, wie ihn Investmentbanker und Werbe- und Marketingfritzen praktizieren und propagieren – aber unter dem Deckmäntelchen des »Alternativen«, des vage »Guten«. Die HUG ist immer »mit Herz«, »mit Stil, Herz und Seele«, »mit reich-

lich Herzblut« dabei oder doch zumindest irgendwie
»ganzheitlich«, »Taylormade und nicht vom Fließband«,
und ist natürlich auch »ökologisch nachhaltig«.

* * *

Doch wir müssen noch einmal zum Ticketing zurückkeh-
ren, denn nicht beim Veranstalten von Konzerten, nicht
einmal beim Veranstalten von Festivals, sondern hier
beim Kartenverkauf wird auch in Zukunft das große Geld
verdient! Nicht zufällig dringen zahlreiche Konzerne, die
mit Kultur wenig, mit Profit aber viel zu tun haben, in
dieses Geschäft: Die ProSiebenSat.1 Group lanciert eine
eigene Ticketingplattform, die sie laut Musikwoche in
Kooperation mit CTS Eventim betreiben wird. »Das Tik-
ketingbusiness (...) ermöglicht uns eine weitere Diversifi-
zierung der Erlösquellen«, verkündet Christian Wegner,
Vorstand »Digital & Adjacent« des Privatfernseh-Kon-
zerns.[60] Auch der Burda-Verlag will künftig im Internet
Tickets verkaufen und hat dafür laut *Musikwoche*[61] eine
strategische Partnerschaft mit Sony Music und CTS
Eventim geschlossen. Hatte die Burda-Zeitschrift *Bunte*
bereits Tourneen wie die von David Garrett »begleitet«,
so will der Verlagskonzern mit dem Einstieg in den
Markt der Onlinetickets »die Wertschöpfungskette wesentlich breiter aufstellen«, auf den Onlineportalen von
Bunte und der *Freizeit Revue* gibt es künftig eigene
Shops, über die Konzertkarten gekauft werden können.
   Verfolgen das Privatfernsehen oder die Regenbogen-
presse plötzlich ungeahnte kulturelle Interessen? Natürlich nicht. Man hat einfach das Geschäftsmodell kapiert
und festgestellt, daß man mit dem Makeln von Konzert-

---

[60] »ProSiebenSat.1 Group lanciert eigene Ticketingplattform«, Mu-
sikwoche.de, 7. 2. 2013.
[61] »Sony Music und CTS Eventim verkaufen Tickets mit Burda«, Mu-
sikwoche.de, 19. 12. 2012.

karten kräftig Profit machen kann, ohne eigene »Inhalte« bereitstellen zu müssen. Pikant, wenn man daran denkt, daß Burda zusammen mit Springer der größte Propagandist des Leistungsschutzrechts für Presseverleger ist, einer Art »Anti-Google-Gesetz«, das am 22. März 2013 im Bundesrat verabschiedet wurde. Dort hat Burda nicht zuletzt damit argumentiert, daß Google ja keine eigene »Inhalte« anbiete, sondern nur von den »Inhalten« der Verlage profitieren wolle.

Man kann anhand der Unternehmenszahlen von CTS Eventim gut beobachten, wo die Reise hingehen wird. Die Umsatzerlöse haben sich im Konzern von 2005 bis 2012 mehr als verdoppelt: von über 256 Millionen Euro in 2005 fast kontinuierlich (mit nur einer kleinen Delle 2011) auf über 520 Millionen Euro in 2012. Das Segment Ticketing erreichte dabei in 2011 unter anderem »durch starkes Wachstum in den europäischen Kernmärkten« einen Rekordumsatz von gut 228 Millionen Euro, der 2012 noch einmal geringfügig auf über 231 Millionen Euro gesteigert werden konnte, und nähert sich den Umsatzzahlen des Segments Live-Entertainment (in 2011: fast 281 Mio. Euro) immer stärker an. Das »normalisierte EBITDA« (der Gewinn vor Zinsen, Steuern, Abschreibungen) im Gesamtkonzern betrug 2011 mehr als 104 Millionen Euro und konnte in 2012 nochmal um 13,4 Prozent auf über 118 Millionen Euro gesteigert werden.[62] Davon entfielen 2011 aber schon 85,4 Millionen Euro und 2012 sogar fast 92 Millionen Euro auf das Segment Ticketing, mit Steigerungsraten von 23 Prozent (2010 auf 2011) und 7,7 Prozent selbst in einem schwächeren Jahr (2011 auf 2012). Insbesondere die bereits erwähnten hohen Gewinnmargen beim Verkauf von Tickets im Internet bei ständiger Ticketmengensteigerung auf den konzerneigenen Internetplattformen tragen zu diesen guten Zahlen

---

[62] Website von CTS Eventim, a. a. O., Bericht 2011, S. 23 ff., und Bericht 2012, S. 23 ff.

bei. Durch mobile Apps, die Eventim für Smartphones entwickelt hat und die als ein Zukunftsgeschäft im Tikketing gelten, dürfte sich der Anteil der digital verkauften Tickets selbst im grundsätzlich langsameren deutschen digitalen Markt noch weiter erhöhen. Laut dem Branchenverband der deutschen Informations- und Telekommunikationsbranche Bitkom wurden 2011 in Deutschland über 23 Millionen Smartphones verkauft, und der Ticketverkauf via Smartphone und Social Media gilt derzeit als das am schnellsten wachsende Zukunftsgeschäft.

Anfang 2013 wurde bekannt, daß sich CTS Eventim das Ticketing für die olympischen Winterspiele 2014 in Rußland gesichert hat. Bleibt zu hoffen, daß die Vergabe einwandfrei abgelaufen ist, denn CTS Eventim sieht sich Vorwürfen ausgesetzt, daß es beim Ticketverkauf zur Fußball-WM 2006 zu Unregelmäßigkeiten gekommen sei.[63] Die Büros von Eventim in Bremen wurden wie auch die des DFB von der Münchner Staatsanwaltschaft mehrfach durchsucht.

»Weniger Umsatz, aber mehr Gewinn« – auf diese Formel läßt sich die aktuelle Entwicklung bei Eventim bringen. Selbst in Zeiten von Umsatzrückgängen steigt der Profit. Im Bereich Ticketing ging der Umsatz etwa im ersten Halbjahr 2012 um 7,2 Prozent zurück, das EBITDA des CTS-Konzerns stieg im gleichen Zeitraum trotz des geringeren Umsatzes um 26 Prozent auf 52 Millionen Euro, das EBIT (der Gewinn vor Zinsen und Steuern) gar um 34,9 Prozent auf 40,7 Millionen Euro.[64]

Ein vergleichsweise neues Phänomen, aber ein besonderes Ärgernis beim »Skalpieren der Konzertgänger« sind die Ticketanbieter auf dem bereits erwähnten sekundären

---

[63] »CTS Eventim nimmt Stellung zu Ticketing-Vorwürfen«, Musikwoche.de, 18. 6. 2012.
[64] Website CTS Eventim, Bericht 2012.

Markt. Zweitmarkt-Anbieter sind theoretisch zunächst einmal eine Art Ticketbörsen.

Das Prinzip ist bekannt: Hat jemand für eine Veranstaltung eine Eintrittskarte zu viel, kann er sich am Abend der Veranstaltung hinstellen und versuchen, die Karte zu verkaufen. Wenn er ehrlich ist, zum Preis, den er selbst bezahlt hat. Wenn er die »Notlage« der Fans ausnutzt, zu einem deutlich höheren Preis – der klassische Schwarzmarkt. Besonders im Fußballbereich gibt es Internetbörsen, die diesen Weiterverkauf für die Fans organisieren, in aller Regel ohne Aufpreis. Zunehmend übernehmen diesen Handel allerdings kommerzielle Tikketingunternehmen, und hier zahlt der Fan in der Regel erhebliche Aufpreise.

Dem Mißbrauch ist Tor und Tür geöffnet. Tickets werden zu den von Künstlern und Tourveranstaltern festgelegten Preisen aufgekauft und dann auf dem Zweitmarkt zum Teil zu Phantasiepreisen weiterverkauft. Und das betrifft beileibe nicht nur die großen Stars. Angriffe von Secondary-Ticket-Anbietern gibt es auch auf Clubebene. Im Februar 2013 wurde im Fernsehmagazin »Dispatches« des britischen Senders Channel 4 eine Reportage ausgestrahlt, die bewies, daß Mitarbeiter des führenden Secondary-Ticketing-Unternehmens Viagogo offenbar selbst als Verkäufer von Eintrittskarten auf den Wiederverkaufsplattformen systematisch Tickets anbieten – was jeder Tourveranstalter längst vermutet hatte.[65]

Was die Reportage ebenfalls offenbarte: Konzertveranstalter wie Live Nation UK, Metropolis und MCD Productions unterhalten direkte Geschäftsbeziehungen mit Viagogo. Heißt: Es werden Karten hin und her geschoben und teuer gemacht, und der Profit wird aufgeteilt, ohne daß Künstler oder Tourveranstalter davon etwas hätten. Der Tourveranstalter kann so etwas kaum unterbinden. (Er hat in der Regel keine Chance nachzuweisen, woher

---

[65] »The Great Ticket Scandal«, 23. 2. 2013.

der Zweitanbieter seine Karten bezieht). Und die gesetzlichen Möglichkeiten sind, vor allem in Deutschland, begrenzt. Als Tourveranstalter kann man höchstens verwundert beobachten, daß zum Vorverkaufsstart einer Band in einzelnen Städten auf einen Schlag mehrere Hundert Tickets verkauft werden, während der Vorverkauf in den darauffolgenden Wochen auf einem normalen, niedrigeren Niveau weitergeht.

Verhindern ließen sich die kriminellen Machenschaften nur durch personifizierte Tickets (was allerdings nur bei Großkonzerten praktikabel ist) oder durch eine Gesetzgebung, die festlegte, daß jedes Ticket nur zum offiziellen Preis erworben und nicht zu einem höheren als dem aufgedruckten Preis weiterverkauft werden darf. Dies fordert übrigens in seinen Sonntagsreden auch Michael Rapino, der CEO von Live Nation Entertainment. Wenn man sich aber im Jahr 2012 die Website von Madonna angesehen und dort die Ticketlinks für ihre von Live Nation veranstaltete Welttournee angeklickt hat, dann landete man in aller Regel direkt beim Zweitverwerter Viagogo. Wie kommt das? Nun, ganz einfach: Der Manager von Madonna, Guy Oseary, sitzt im Advisory Board von Viagogo.

Der FC Bayern München arbeitet übrigens auch mit Viagogo zusammen. Mittlerweile hat Viagogo bereits acht deutsche Fußball-Bundesligisten sowie elf englische und sechs spanische Profliclubs unter Vertrag, gegen den zum Teil erbitterten Widerstand der Fans, die Transparente wie »ViaNOgo« hochhalten. Viagogo vertreibt nicht nur »zurückgegebene« Tickets gegen hohe Zusatzgebühren weiter, sondern erhält in aller Regel ein Kontingent von Eintrittskarten zum Erstverkauf, die der Händler zumeist über dem Nennwert weiterverkauft. Zwei Karten der »Kategorie 1« für das Champions-League-Achtelfinal-Rückspiel von Schalke 04 gegen Galatarasay Istanbul, die der sogenannte Arbeiterverein eigentlich für 70 Euro verkauft, kosteten laut *Spiegel* auf dem

Portal von Viagogo je 397 Euro.[66] Nicht selten werden die Fußballvereine am erhöhten Erlös durch Viagogo beteiligt, wie der HSV, der sich laut *Spiegel* 85 Prozent am Zusatzerlös gesichert hatte, bis der Club aufgrund massiver Fan-Proteste den Viagogo-Deal auflösen mußte. Seit Juli 2013 ist Viagogo übrigens über einen Sponsorvertrag Partner von Schalke, ein Verein, der vor nicht allzu langer Zeit noch vor Gericht gegen den Schwarzmarkthandel im Internet vorgegangen ist, an dessen Wucherpreisen er jetzt indirekt mitverdient.

In den USA sah sich, wie bereits erwähnt, Ticketmaster mit dem Vorwurf der Abzocke wegen der Geschäftspraktiken der Konzerntochter TicketsNow konfrontiert, die zu Ermittlungen der US-Generalbundesanwälte und zu Schadensersatzklagen in Höhe von dreistelligen Millionenbeträgen geführt haben.[67] Allein 16,5 Millionen US-Dollar betrug die Vergleichssumme, auf die sich Ticketmaster mit Kunden geeinigt hat, die 2009 fragwürdigen Praktiken des Ticketingkonzerns auf den Leim gegangen waren. Bei einem »Presale« von Tickets für Konzerte von Bruce Springsteen hatte Ticketmaster die Kunden auf sein Zweitmarktportal TicketsNow umgeleitet, wo sie, ohne darüber informiert worden zu sein, überteuerte Tikkets kauften.[68] Kanada hat gar ein Gesetz gegen Ticketmasters fragwürdige Resale-Praktiken erlassen. Auf derartige gesetzliche Initiativen kann man hierzulande wohl noch eine Weile warten.

Die Logik der Marktwirtschaft. Es ist ein Relikt aus alten Zeiten, als das Konzertgeschäft noch kulturell geprägt war, daß die Tickets für Konzerte einen vorher

---

[66] Rafael Buschmann, Matthias Fiedler, Jörg Kramer, »Dreh an der Preisschraube«, Spiegel, 9/2013.
[67] Margaretha Löffler, »Wer ist für den Merger Live Nation + Ticketmaster?«, Musikmarkt, 8/2009.
[68] »Ticketmaster: Vergleich bei Bruce-Springsteen-Sammelklage«, Musikmarkt.de, 26. 10. 2011.

festgesetzten Preis kosten sollen – so ist es bei »klassischen« Konzerten üblich, und so ist es auch bei Konzerten der Live-Industrie mehrheitlich immer noch Brauch. Firmen, die nur wegen des Profits im Konzertgeschäft sind, sehen das natürlich anders. Dean Budnick und Josh Baron führen in ihrem Buch Ticket Masters auf, wie in den USA bei Lady Gagas »Monster Ball«-Tournee aus einem 20-Dollar-Ticket ein 50-Dollar-Ticket wurde: Es wurde von Ticketmaster eine »facility charge« in Höhe von 12 Dollar, eine »convenience charge« von 10,05 Dollar, eine »order processing fee« von 5,20 Dollar und, wenn es eilig war, eine »TicketFast Delivery«-Gebühr in Höhe von 2.50 Dollar erhoben. Macht 49,75 Dollar – ein Aufschlag von 150 Prozent![69]

In den USA gehören Live Nation Entertainment viele Stadien und Arenen, weswegen LNE über das hauseigene Ticketingunternehmen die Zusatzgebühren frei festlegen kann. Der Unterschied zwischen LNE in den USA und Eventim in Deutschland besteht hauptsächlich darin, daß Eventim noch nicht über die Arenen verfügt. Doch das hindert Eventim wie gesehen nicht im geringsten, bei Bedarf gerne über 40 Prozent Gebühren auf den eigentlichen Ticketpreis draufzuschlagen.

Ein Mißverständnis gilt es in diesem Zusammenhang noch auszuräumen. Denken Sie nicht, daß die Künstler in jedem Fall Ihre Freunde seien! Wenn die Künstler 80 oder 90 Prozent der Einnahmen »von der Tür«, also vom Ticketverkauf, erhalten, wovon sollen Konzertveranstalter dann leben? Genau: von den Zusatzgebühren und dem Sponsoring.

Ich erinnere mich noch sehr gut, wie Marek Lieberberg, der größte deutsche Tourveranstalter, in den neunziger Jahren verkündete, die Höchstgrenze bei den Ticketpreisen werde bei 100 DM erreicht sein. Niemand werde es wagen, diese Schwelle zu überschreiten. 100 D-Mark

---

[69] Budnick, Baron, a. a. O., S. IX.

entsprechen heute etwas mehr als 50 Euro, und es gibt kaum noch Konzertkarten, die weniger als 50 Euro kosten, selbst im mittleren Marktsegment, und Peter Schwenkow, Chef der DEAG, findet 2011 gar: »85 Euro für eine Konzertkarte ist zu günstig.«[70] Madonna verlangte für die Tickets ihrer Welttournee 2012 auch schon mal 300 Dollar. Sie nahm das auf die leichte Schulter und sagte gegenüber dem amerikanischen *Newsweek*-Magazin: »Die Leute geben ständig 300 Dollar für irgendwelchen Quatsch aus, für Handtaschen zum Beispiel. Arbeitet lieber das ganze Jahr über, kratzt das Geld zusammen und kommt zu meiner Show. Ich bin es wert.«[71] Man mag sich über soviel Arroganz aufregen oder nicht: Der Erfolg gab Madonna recht. Die Karten für ihre Tournee verkauften sich wie geschnitten Brot. Oder wie Design-Handtaschen.

Als die Rolling Stones Ende 2012 einige Jubiläumskonzerte anläßlich ihres fünfzigjährigen Bestehens gaben, blieben hingegen etliche Karten unverkauft. Noch Stunden vor dem Konzert in der Londoner O_2-Arena gab es online Tickets. Preis: bis zu 1300 Pfund. Ein Sprecher der Rolling Stones sagte dem Londoner *Daily Telegraph*, es sei »eine Schande, daß Fans davon abgehalten wurden, Tickets zum Originalpreis zu kaufen, und daß Secondary-Market-Agenturen versuchen, Profit zu machen. Die Band hat daran keinerlei Anteil.«[72] Der amerikanische Star-Blogger Bob Lefsetz sieht das anders. Für ihn steht fest, daß die Stones selbst ein erhebliches Kontingent an Karten den Zweitverwertern, den »skalpers«, überlassen haben. »The Stones could have gone paperless. (...) The

[70] Björn Finke und Hannah Wilhelm, »85 Euro für eine Konzertkarte ist zu günstig«, Interview mit Peter Schwenkow, Süddeutsche Zeitung, 25. 2. 2011.
[71] Siehe: New Musical Express, »My fans should work all year to come and see my show«, nme.com, 2. 2. 2012.
[72] Victoria Ward, »Rolling Stones tickets remain unsold after price hike«, Daily Telegraph, 25. 11. 2012.

scalpers just need to make their investment back. They don't care if the band plays to an empty arena.«[73] Dies lässt sich nicht beweisen, aber Tatsache ist, daß eine Band, die ihren Fans gerecht werden möchte, gewährleisten könnte, daß diese ihre Skalps behalten und Tickets ohne dreistellige Aufschläge bei seriösen Tickethändlern kaufen können. Den Schwarzmarkt, ob vor den Stadion-Toren oder im Internet, wird man nie ganz beseitigen können. Die gewerblichen Auswüchse allerdings kann man als Künstler, als Tourveranstalter und könnte darüber hinaus der Gesetzgeber sehr wohl unterbinden.

Vor allem aber die Künstler. Denn es waren ja letztlich die Künstler, die sich auf die neuen, von Cohl, Sillerman und Rapino agebotenen Geschäftsmodelle eingelassen haben. Und zwar, weil ihnen diese neuen Deals wesentlich höhere und vor allem *garantierte* höhere Gewinne einbrachten. Früher gab es eine Gage, und der Gewinn nach den Kosten wurde zwischen Künstler und Veranstalter aufgeteilt. Heute erhalten die Künstler Riesengagen, und die Veranstalter erzielen ihre Gewinne aus den Nebeneinnahmen wie Sponsoring oder aus den vielen Zusatzgebühren. Und wer die Phantasie-Gagen dankend akzeptiert hat, sollte nicht so tun, als ob er nicht wisse, wie diese finanziert wurden.

Dieser Tage geht in den USA der Künstler Kid Rock einen anderen Weg. Er gehört nicht zu den Künstlern, die immer mit dem Zeigefinger auf jemand anderen zeigen, wenn es darum geht, wer an zu hohen Ticketpreisen Schuld trägt. Kid Rock hat die Sache, *seine* Sache selbst in die Hand genommen und mit Live Nation einen nachgerade altmodischen Deal eingefädelt. Er hat auf eine Vorauszahlung verzichtet und die Ticketpreise für die Konzerte seiner US-Tournee (mit Uncle Kracker und ZZ Top) auf 20 Dollar festgelegt (und übrigens die Preise seiner T-Shirts am Merchandising-Tisch von 35 bis 40

---

[73] Bob Lefsetz, The Lefsetz Letter (Blog), »The Stones«, 27. 11. 2012.

auf 20 bis 25 Dollar reduziert). Und zwar *inklusive* aller Gebühren, von Parkplatz bis Vorverkauf (nur wer die Karten bei Ticketmaster kauft, muß 5 Dollar Extragebühr bezahlen). Wenn man den amerikanischen Berichten[74] trauen darf, kamen alle direkten und indirekten Einnahmen in einen Topf: die Ticketeinnahmen und die Getränkeverkäufe, die Merchandisingprofite und die Sponsoringeinnahmen. Und der Künstler und Live Nation haben sich auf eine Aufteilung der Gewinne aus all diesen Einnahmen geeinigt. Es gab keine im voraus ausgehandelte Garantie, man ist gemeinsam ein Risiko eingegangen. »Wir schmeißen die größte und beste Party aller Zeiten, mit vernünftigen und transpartenten Ticketpreisen. Keine versteckten Gebühren, keine Tricks.« (Kid Rock)[75]

Sounds like paradise? Sicher. Doch nicht nur für die Fans, sondern auch für Kid Rock, denn die Zuschauerzahlen sind explodiert. Wahrscheinlich wird Kid Rock bei dieser Tournee sogar mehr Geld verdienen als zuvor. Vor allem aber hat der Künstler etwas gewonnen, wovon man nie genug haben kann, nämlich die uneingeschränkte Sympathie seines Publikums, seiner Fans.

Den anderen Weg, den in Richtung Sackgasse, gehen in den USA übrigens zeitgleich die Rolling Stones, die bei ihrer von AEG Entertainment ausgerichteten Tour 170 Dollar für die billigsten Plätze, bis zu 635 Dollar für einen Top-Sitzplatz und bis zu 2000 Dollar für ein VIP-Ticket verlangen.[76] Und dann auf den Tickets sitzenbleiben und vor halbleeren Rängen spielen.

* * *

[74] Bob Lefsetz, The Lefsetz Letter (Blog), »The $20 Ticket«, 28. 4. 2013.
[75] Zitiert nach David Sands: »Kid Rock Summer Tour 2013 Offer Fans Special $20 Ticket Option«, The Huffington Post, 8. 4. 2013.
[76] »Hohe Ticketpreise schrecken viele Stones-Fans ab«, Musikwoche.de, 6. 5. 2013.

Doch es geht nicht nur um unsere Skalps, also das sehr konkrete Geld, auf das es die Ticketingunternehmen abgesehen haben. Es geht auch um ein sehr viel unscheinbareres Beutegut: unsere Daten. Was Facebook, Google und Amazon vorgemacht haben, wird auch von den Tikketverkäufern praktiziert. Sie sammeln gigantische Datenmengen, detaillierte Käuferdaten. Die Ticketingfirmen wissen, welcher Kunde sich wann welche Konzertkarten gekauft hat, ob der Kunde teure oder preiswerte Tickets bevorzugt und wie er sie bezahlt. Man verfügt über komplette Datensätze. Längst ist auch dies ein Riesenkapital, und das gilt besonders in Ländern wie Deutschland, wo die Regierung die aktuelle Entwicklung der digitalen Welt nach wie vor ignoriert und niemand die Rechte der Verbraucher vertritt und sichert. »Big Data« ist die neue Währung im Netz. Es geht den multinationalen Konzernen der Informationstechnologie und den damit zusammenhängenden Branchen um die Frage, wie sie »mehr Nutzen aus den Petabytes ihrer unendlichen Datenbestände ziehen können«.[77] Der deutsche Softwarehersteller SAP etwa mischt mit superschnellen Client-Sever-Systemen in diesem Geschäftszweig mit. Im Frühjahr hat SAP bekanntgegeben, daß man den Einstieg in den Markt für Kartenvertriebssysteme und im Bereich Customer-Relationship-Management für Sport und Entertainment plant. Als ersten Schritt will SAP die Ticket-Web GmbH übernehmen – einen Spezialisten für Online-Ticketing.[78]

Unternehmen wie Amazon oder Google können direkt bei Eingabe eines Suchbegriffs eine Verbesserung der Empfehlungen für die Suche oder das Bestellen von Medien bieten. Und das können im Grunde auch die Ticketingfirmen. Über 19 Millionen Tickets jährlich verkauft CTS Eventim bereits allein über das Internet; täglich be-

---

[77] Bernd Graff, »Wenn die Daten sprechen«, Süddeutsche Zeitung, 2. Januar 2013.
[78] »SAP übernimmt Ticket-Web«, Musikmarkt.de, 1. 2. 2013.

suchten im Jahr 2011 rund eine Million Besucher die Eventim-Onlineportale. Besucher und Käufer, über deren Daten die Tickethändler verfügen. Schon Ende der neunziger Jahre hatte SFX Entertainment in den USA die Spielregeln fundamental verändert und begonnen, die Künstler mit immer höheren Gagen an den Konzern zu binden. Diese überhöhten und durch Eintrittsgelder kaum zu finanzierenden Gagen wurden durch Einnahmen aus dem Verkauf von Snacks und Getränken, durch Parkgebühren, aber vor allem durch Werbung und Sponsoring finanziert. SFX hatte erkannt, daß es lukrativer ist, Kundendaten zu verkaufen statt Eintrittskarten. Innerhalb eines Jahres verdoppelten sich die Einnahmen des SFX-Konzerns nur aus den Bereichen Werbung und Sponsoring auf 60 Millionen Dollar im Jahr 1999, und »SFX verwandelte sich in eine globale Marketing-Firma«.[79]

Ganz so einfach ist die Sache hierzulande jedoch nicht. Schließlich legen die Tickethändler größten Wert darauf, nur Makler zwischen Kartenkäufer und Konzertveranstalter zu sein. Wenn das allerdings so ist, dann würden den Tickethändlern die jeweiligen Datensätze ihrer Kunden, der Ticketkäufer, gar nicht gehören. Die Daten würden denjenigen zustehen, die die Tickets anbieten, also den Tour- und Konzertveranstaltern. In Deutschland ist es bei Ticketingfirmen wie Ticketmaster, bei ReserviX oder ADticket Brauch, daß die Datensätze der Kartenkäufer nicht selbst verwendet werden, sondern den Konzertveranstaltern gehören und ihnen, im Rahmen der gesetzlichen Datenschutzbedingungen und wenn die Kunden explizit zugestimmt haben, zur Verfügung gestellt werden. Die einzige Ticketingfirma, die dies anders handhabt und die die hochsensiblen Kundendaten für sich behält, ist der Marktführer – CTS Eventim. Damit verschafft sich Eventim nicht nur einen weiteren ungeheuren Wettbewerbsvorteil zu Lasten seiner Mitbewerber, sondern auch

---

[79] Budnick, Baron, a. a. O., S. 197.

eine im Grunde nicht hinnehmbare Macht über die Daten. Es ist problematisch, daß die Ticket-Plattform, die geschätzte 80 Prozent aller Pop- und Rock-Tickets in Deutschland verkauft, sich unter einem Firmendach mit einigen der größten Konzert- und Tourveranstalter des Landes befindet. Selbstverständlich versichert jeder Offizielle bei Eventim, daß die Daten nicht nur der Verbraucher, sondern auch die Daten der Konzert- und Tourveranstalter, die nicht zur Eventim-Gruppe gehören, die aber dennoch gezwungen sind, ihre Tickets über die Vertriebskanäle des Marktführers zu verkaufen, bei der Firma sicher seien und den konzerneigenen Konzert- und Tourneefirmen keinesfalls zur Verfügung gestellt würden. Die Praxis sieht jedoch anders aus: »Die Kombination von Ticketing und Live-Entertainment bietet neben den attraktiven Margen aus dem Ticket-Geschäft auch die Möglichkeit der Auswertung der Kapazitätsauslastung vergangener Veranstaltungen«, bewirbt Eventim ihre Monopolstellung. »Diese Informationen können bei der Vorkalkulation einer Konzertveranstaltung von enormer Bedeutung sein. Da die Gagenforderungen international bekannter Künstler derart hoch sind, daß sich die Veranstaltung für den Promoter oftmals nur noch lohnt, wenn die Spielstätten nahezu ausverkauft sind, läßt sich durch die Ticketing-Analyse vergangener Konzerte (auch Konzerte, die nicht von CTS durchgeführt wurden), schnell feststellen, ob die notwendige Auslastung in einem bestimmten Venue, die zum Break-Even des Veranstalters führt, in der Vergangenheit jemals erzielt wurde.«[80] Ob das Bundeskartellamt dieses Eingeständnis, sich aus den »geliehenen« Daten seiner Kunden im Zweifel jederzeit Wettbewerbsvorteile zu gewinnen, gelesen hat?

[80] »Media & Entertainment«, eine Research-Publikation der DZ Bank AG über CTS Eventim, 12. 11. 2009, S. 49 f.

Tonträgerindustrie

Plattenfirmen, Indies, Streaming und neue Geschäftsmodelle

Wer die ganze Trostlosigkeit und Eindimensionalität der deutschen Musikindustrie kennenlernen möchte, der sollte sich die jährliche Selbstbeweihräucherungszeremonie namens »Echo« ansehen. Ich weiß, es ist hart, aber hinterher weiß man Bescheid, wie es um die deutsche Musikindustrie[1] steht. Es gibt außer dem »großen« Echo für Unterhaltungskünstler im weitesten Sinn auch noch solche im Bereich »Klassik« und »Jazz«. Für Letzteren hat der Bundesverband Musikindustrie, die Lobbyorganisation der deutschen Tonträgerindustrie, 75.000 Euro vom Staat als »Anschubfinanzierung« erhalten, was auch irgendwie delikat ist: Die oberste Musiklobby-Organisation des Landes erhält Staatszuschüsse zur Finanzierung ihrer Promo- und Lobby-Veranstaltung!

In einer gähnend langweiligen Veranstaltung wurden 2011 die Echos unter anderem an Unheilig, an Schmusegeiger David Garrett, an Phil Collins, Lena, Take That, Andrea Berg, die Amigos, an Rammstein und an Silbermond vergeben.

---

[1] Der Begriff »Musikindustrie« ist eigentlich ein Oberbegriff, der die Tonträgerindustrie, die Live-Industrie und alle übrige Bereiche der Branche zusammenfassen sollte. In der Praxis wird der Begriff jedoch in der Regel als Synonym für die Tonträgerindustrie verwendet, obwohl die längst den kleineren Teil der Musikindustrie ausmacht. Ich verwende den Begriff »Musikindustrie« in diesem Kapitel dennoch im landläufigen Sinne, also als Synonym für »Tonträgerindustrie«.

Die Medien reagierten auf die Fernsehshow verzweifelt: »Die Echo-Verleihung erwies sich als plumper Kommerz-Mischmasch, bei dem sich niemand irgend etwas gedacht hatte«, urteilte *Spiegel Online* und fuhr fort: »Welche Qualitäten muß Musik haben, um wirklich zu bewegen? Eigenständige Antworten auf solche Fragen kann man von jedem erwarten, der sich selbst als musikbegeistert bezeichnet – und noch viel mehr von Menschen, die von Musik leben. Aber beim Echo geht es nicht um die Kunst, sondern ums Geschäft, weshalb man auf einen begründeten Qualitätsanspruch weitgehend verzichtet. (...) Die Macher dieser zynischen, weil letztlich an Musik uninteressierten Veranstaltung werden im nächsten Jahr aber weitermachen wie bisher.«[2]

Selbst die Quote lag im Keller: In der Zielgruppe der Vierzehn- bis Neunundvierzigährigen war man bei 11,5 Prozent. Das war der schlechteste Wert des letzten Jahrzehnts. Und wie reagieren die Verantwortlichen?

Florian Drücke, Geschäftsführer des mitveranstaltenden Bundesverbands Musikindustrie: »Eine große Show mit hervorragender Stimmung und echten Emotionen.« Echten Emotionen!

Bernd Dopp, Warner: »Der Echo war großartig, einer der besten in den letzten Jahren.«

Frank Briegmann, Universal: »Für uns bei Universal Music war das – nicht nur wegen des Preisregens für unsere Künstler – der beste Echo seit Jahren.«

Leslie Mandoki, »Dschingis Khan« und Vorreiter des »Branded Entertainment«: »Der 20. Echo war extrem gut, wahrscheinlich der beste Echo in 20 Jahren.«

Und Dieter Gorny, Vorstandsvorsitzender des Bundesverbands Musikindustrie: »Das war der beste Echo seit Jahren und natürlich auch der beste Echo, seit die ARD überträgt. (...) Ich bin rundum zufrieden.«

---

[2] Hannah Pilarczyk: »ARD-Echo-Gala: Gier frißt Gehirn«, Spiegel Online, 25. 3. 2011.

Mich hat diese Verleihung ein wenig an den 40. Jahrestag der DDR erinnert: Die alte Garde um Erich Honecker winkt von der Tribüne dem vorbeiziehenden FDJ-Fußvolk zu. Daneben steht ein relativ konsternierter Gorbatschow und fragt sich, was ist denn hier los?

Auf der 20. Echo-Veranstaltung feierten alte bis mittelalte Funktionäre der Musikindustrie ihr ewig gestriges Geschäftsmodell mit Künstlern, die eher nicht im Mittelpunkt der kulturellen Diskussion stehen und wenig Neues bringen. Denken Sie an Erich Honecker: »Den Kommunismus in seinem Lauf hält weder Ochs noch Esel auf ...« Und einen Monat später war alles vorbei.

Wie Joseph A. Tainter in seiner Studie *The Collapse of Complex Societies*[3] nachweist, gelingt es komplexen Gesellschaften nie, ihrem Niedergang zu entgehen. Nach Tainter existieren Gesellschaften, um Probleme zu lösen. Je mehr Probleme Gesellschaften allerdings lösen, um so komplexer werden sie. Diese Komplexität führt zu ihrem Kollaps: zunehmende Kosten für Administration, Infrastruktur, im Falle erfolgreicher Staaten auch für eine Armee und für komplizierte Steuererhebungsmodelle entstehen; die benötigten Modelle zur Lösung der gesellschaftlichen Probleme werden immer komplizierter, und sobald die Gesellschaften mit neuen Problemen konfrontiert werden, werden zu ihrer Lösung noch komplexere Systeme erforderlich. Das geht so lang, bis die Gesellschaft schließlich kollabiert und sich in kleine, überschaubare, einfache, effektive Einheiten auflöst.

»Once a complex society enters the stage of declining marginal returns, collapse becomes a mathematical likelihood, requiring little more than sufficient passage of time to make probable an insurmountable calamity.«[4] Wäre das Römische Reich, schreibt Tainter, nicht von

---

[3] Joseph A. Tainter, The Collapse of Complex Societies, Cambridge University Press, 1988 (20. Auflage 2009).
[4] Tainter, a. a. O., S. 195.

germanischen Stämmen destabilisiert worden, dann wäre es später durch die Araber, Mongolen oder Türken passiert.

»Alles, was falsch ist, ist zu groß«, wußte der Nationalökonom und Träger des Alternativen Nobelpreises Leopold Kohr.

Die Tonträgerindustrie hat ein neues altes Problem. Laut Nielsen SoundScan, dem weltweit führenden Informationssystem, das Musikverkäufe an Kassen registriert, wurden im ersten Halbjahr 2012 in den USA erstmals in der Geschichte mehr alte als neue Alben verkauft: 76,6 Millionen »Katalog-Alben« (heißt: Alben, die vor mehr als 18 Monaten erschienen sind), im Vergleich zu 73,9 Millionen aktuellen Alben.

Die Tonträgerindustrie hat aber auch ein altes neues Problem. Universal Music, der weltgrößte Musikkonzern, hat EMI übernommen, den viertgrößten Musikkonzern der Welt. Und zwar wegen des legendären Backkatalogs von EMI Music, der durch die in den letzten Jahren weltweit drastisch verlängerten Copyright- und Leistungsschutzrechts-Laufzeiten immer wertvoller geworden ist. Es geht nicht darum, EMI als Label weiter zu betreiben. Es geht nicht um neue, sondern um alte Musik. Es geht um Besitzrechte, um Copyrights. Universal-Chef Lucian Grainge weiß, daß der Backkatalog von EMI mit all den Rechten ungleich wertvoller ist als jeder Euro und jeder Dollar, den die Plattenfirma noch in den Aufbau neuer Künstler investieren würde.

Lucian Grainge ist ideologisch den alten Tagen der Musikindustrie verpflichtet, dem sogenannten »Star-System«. Doch Grainge ist nicht nur mit Bands wie U2 oder Take That befreundet, er ist auch ein knallharter Geschäftsmann. Er beobachtete die Auktion um den Traditionskonzern EMI (»His Master's Voice«) und griff in dem Moment zu, als die beiden Hauptbieter BMG (Bertelsmann) und Warner Music mit der Citibank nicht handelseinig wurden. Die Branche spielt Monopoly. Wir befinden uns am Endpunkt eines gigantischen, mehr als zwei Jahrzehnte während Konzentrationsprozesses.

Jahrzehntelang gab die Commerzbank jährlich ein Nachschlagewerk unter dem Titel *Wer gehört zu wem* über die Beteiligungsverhältnisse großer Unternehmen in Deutschland heraus. Es wird so manches klarer, wenn man nachliest, welche Großkonzerne welche Beteiligungen erwerben und welche Interessen vertreten. Nun mag es dem Käufer von Waschmitteln egal sein, ob Produkte wie »Persil«, »Somat« oder »Spee« vom gleichen Hersteller, nämlich dem Branchenführer Henkel produziert werden (oder auch nicht: denn Marktkonzentration läßt die Preise steigen). Wie aber ist es, wenn es nicht um Waschmittel, Zahnpasta oder Unterwäsche geht, sondern um den Grundbestandteil einer aufgeklärten demokratischen Gesellschaft: die Kultur?

Ich habe den Fall des Traditionsunternehmens EMI in der Einleitung bereits skizziert, er ist symptomatisch für die gesamte Branche: 1979 von Thorn Electrical gekauft. 1996 ging es an die Börse. 2007 kaufte Private-Equity-Investor Guy Hands den Konzern. Die Banker der Citigroup, die Guy Hands die teure Übernahme von EMI mit Krediten finanziert hatte, hatten 2012 aber die Lust am Musikgeschäft verloren. Die Tonträgersparte des EMI-Konzerns wurde nun vom Universal-Konzern übernommen. Ende 2012 verfügt Universal Music weltweit über 38,9 Prozent Marktanteile am Tonträgergeschäft. Sony Music hat 23 Prozent Marktanteile, Warner Music 14,9 Prozent. Insgesamt verfügen nun also drei multinationale Konzerne über etwa 77 Prozent der Weltmarktanteile des Tonträgergeschäfts.

Nicht anders sieht es bei den Musikverlagen aus: Ende 2012 sind es drei multinationalen Konglomerate, die über knapp 70 Prozent der Weltmarktanteile verfügen: Sony/ATV (12,5 Prozent) und EMI Music Publishing (19,7

Prozent) sind nun mit zusammen über 32 Prozent der Weltmarktführer unter den Musikverlagen. Universal Music Publishing hält 22,6 Prozent, Warner/Chappell 13,9 Prozent.

2012 betrug der Anteil der Großkonzerne an den Album-Charts hierzulande 89,85 Prozent (Universal 41,12; Sony 20,56; Warner 17,75; EMI 10,42 Prozent), ihr Anteil an den Single-Charts gar 92,28 Prozent (Universal 40,40; Sony 25,88; Warner 18,87; EMI 7,13 Prozent).

An der Sony-Bietergruppe für EMI Music Publishing soll unter anderem der amerikanische Finanzinvestor Blackstone beteiligt gewesen sein. Blackstone wurde nach dem Kauf von 31 000 Wohnungen von der öffentlichen Hand 2004 scharf kritisiert (der damalige SPD-Vorsitzende Müntefering verwendete 2005 den unglücklichen Begriff »Heuschrecken« für die Finanzinvestoren). Blackstone gehört unter anderem die Hilton-Hotelkette und hält Beteiligungen an der Deutschen Telekom. Der Vorstandschef der Firma, Stephen A. Schwarzman, wurde in der Debatte um astronomische Managergehälter an vorderster Stelle genannt (im Jahr 2006 erhielt Schwarzman etwa 398,3 Millionen Dollar, in 2008 waren es 702 Millionen Dollar – und derartige Phantasiegehälter erhält Schwarzman natürlich nicht dafür, daß er Kultur betreibt, sondern dafür, daß er seiner Firma noch höhere Profite beschert). Die China Investment Corporation hält übrigens 9,3 Prozent der Anteile von Blackstone. Dem Konsortium, das unter Führung von Sony/ATV die EMI Music Publishing zunächst kaufte, gehören neben Blackstone auch der amerikanische Musik- und Kinomogul David Geffen sowie die in Abu Dhabi ansässige Mubadala Investmentbank an.

Doch dann bekam Grainge ein Problem: Die Übernahme von EMI durch Universal mußte von der Europäischen Kommission genehmigt werden. Die europäischen Kartellwächter überprüften lange die Auswirkungen des Zusammenschlusses. Es ging um das Kräfteverhältnis im physischen und digitalen Markt, um den Zugang zu Medienkanälen für Nachwuchskünstler oder um Wettbewerbsnachteile für unabhängige Unternehmen im Wettlauf um vielversprechende Talente. Möglicherweise hatte sich Grainge verzockt und die wettbewerbsrechtlichen Hindernisse unterschätzt. Um das gefährdete Milliardengeschäft zu retten, hat Grainge schließlich signalisiert, sich von einer Reihe von Plattenfirmen aus dem EMI-Konglomerat wieder trennen zu wollen. Damit ging Grainge scheinbar auf die Europäische Kommission zu. Sein Schachzug, den Indipendent-Labels Vorkaufsrechte und finanzielle Unterstützung für den Fall in Aussicht zu stellen, daß bei der Übernahme von EMI mehrere Labels und »Repertoiredivisionen« (also komplette Sparten eines Labels) auf den Markt kommen, konnte nicht nur die EU-Kartellbehörde milder stimmen, sondern zugleich manchen »unabhängigen« Unternehmer für seine Sache gewinnen. Die Indies hatte Grainge mit seiner Initiative jedenfalls erfolgreich gespalten – einer der Co-Präsidenten der europaweiten Indie-Vereinigung »Impala«, Patrick Zelnik (Naïve), etwa erklärte sich bereit, auf das schmutzige Geschäft des Universal-Chefs einzugehen, und zeigte sich am Kauf von Virgin (1992 von EMI erworben) ebenso interessiert wie Daniel Miller (Mute) am Rückkauf der bei EMI liegenden Mute-Rechte.[5] Zelnik behauptete gleichzeitig, der Großfusions-Deal würde den Interessen der Indies nicht schaden, und kritisierte gegenüber *Billboard* Impala – den Verband also, dessen Vizepräsident er war – als »bürokratische Organisation«.[6]

Die Europäische Kommission erstellte nach der Genehmigung der Übernahme von EMI Music durch Universal Music eine umfassende Liste der Labels und Re-

[5] »Major-Merger schlägt weiter Wellen in der Indie-Welt«, Musikwoche.de, 26. 7. 2012.
[6] Emmanuel Legrand, »Risse in der Indiewand«, Musikwoche.de, 2. 8. 2012.

pertoiredivisionen, die der fusionierte Supermajor verkaufen mußte. Dazu gehörte der Parlophone-Katalog, das Label, über das EMI Coldplay, Blur oder Radiohead veröffentlicht hatte. Die Beatles-Rechte allerdings verblieben bei Universal/EMI. Zudem kamen EMI-Labels wie Mute und Chrysalis auf den Markt, während wiederum die Aufnahmen von Robbie Williams vom Verkauf ausgenommen wurden. EMI Classics und Virgin Classics mußten ebenso verkauft werden wie zehn nationale Gesellschaften, nämlich die EMI-Niederlassungen unter anderem in Frankreich, Spanien, Belgien, Dänemark, Schweden und Norwegen sowie die Universal-Filiale in Griechenland. Außerdem wollen die Wettbewerbshüter den Verkaufsvorgang »im Auge behalten«, womit garantiert werden soll, daß in erster Linie Kandidaten aus dem Musikgeschäft zum Zug kommen statt irgendwelcher Beteiligungsgesellschaften. Außerdem ist es Universal verboten, in den kommenden zehn Jahren eine der nun verkauften Firmen zurückzukaufen oder deren Künstlern Verträge anzubieten.[7]

Was das in der Realität bedeutet, ist noch nicht abzusehen. Im Bieterwettstreit um die Verlagskataloge von Virgin und Famous, aber auch bei Mute hat sich letztlich Bertelmanns »BMG Rights Management« durchgesetzt und wurde damit zum großen Gewinner der jüngsten Runde des Pop-Monopoly. Das Joint Venture von Bertelsmann und der Beteiligungsgruppe Kohlberg, Kravis & Roberts (KKR) wird von Hartwig Masuch geleitet, den das amerikanische Musikbranchen-Magazin *Billboard* Anfang 2012 als einzigen Deutschen zu den hundert wichtigsten Machern des Musikgeschäfts gezählt hatte.[8] Die *New York Post* berichtete, daß sich BMG in einer

---

[7] Universal-EMI: EU präsentiert Liste der Zugeständnisse, Musikwoche.de, 21. 9. 2012.
[8] »Billboard's 2012 Power 100 Index«, 26. 1. 2012; Hartwig Masuch ist dort auf Platz 44 gelistet.

letzten Auktionsrunde gegen Warner Music durchgesetzt und damit die Rechte unter anderem an Hits von Take That, Kurt Cobain oder Iggy Pop erworben habe.[9] Ob es einen Unterschied für den Wettbewerb innerhalb des Musikgeschäfts bedeutet, ob diese von *Billboard* auf 90 Millionen Dollar taxierten Rechte von Universal, Warner oder Bertelsmann verwaltet werden, dürfte fraglich sein. Das BMG Rights Management hat jedenfalls in den letzten Jahren nach dem Ausstieg des Mutterkonzerns aus dem Tonträgergeschäft mit einer interessanten Strategie einen bemerkenswerten Aufstieg hingelegt (das Unternehmen nennt sich selbst das »wohl am schnellsten wachsende Start-up in der Geschichte der Musikindustrie«). BMG sieht sich im Ranking der weltgrößten Musikverlage nach nur wenigen Jahren auf Platz vier und betont, der einzige Verlagsmajor mit Stammsitz in Europa zu sein. Bereits im Mai 2012, also noch vor dem Kauf der EMI-Verlags-Divisionen, hatte BMG mehr als eine Million Titel im Portfolio. Allein das neu erworbene Virgin- und Famous-Rechtepaket soll laut *Musikwoche* auf ein jährliches Umsatzvolumen von zwischen 25 und 40 Millionen Dollar kommen, womit der Kaufpreis von angeblich 90 Millionen Dollar geradezu ein Schnäppchen gewesen wäre. BMG zeigt jedenfalls deutlich, daß man sich nicht mehr die Mühe des langfristigen Künstleraufbaus machen möchte, der mit finanziellen Risiken behaftet ist, sondern nur noch mit Rechten schachern wird. Und zwar mit Rechten von bereits bekannten Künstlern, bei denen der potentielle Profit einigermaßen vorausgesehen werden kann. Masuch betont, daß er den Künstlern, deren Rechte er verwaltet, alle Freiheiten gibt, wo und wie sie ihre Alben veröffentlichen. »Wir benötigen nicht mehr das alte System der Labels. Die Kreativen suchen nach neuen Systemen, um ihre Karriere selbst mitbe-

---

[9] »BMG bestätigt Kauf von Virgin und Famous«, Musikwoche.de, 21. 12. 2012.

stimmen zu können«, betont Masuch im Interview mit *musikpressedienst*.

Doch trotz dieses eindeutigen Trends, das eigentliche Geschäft mit dem Rechtekatalog zu machen, hält sich unverdrossen die alte Mär von den Plattenfirmen, die Künstleraufbau betreiben. Ohne Plattenfirmen keine neuen Künstler! Bernd Dopp, Chef von Warner Music Central & Eastern Europe, behauptet 2008 in einem Beitrag für den *KulturSpiegel*: »Wir stellen keine Platten her, wir produzieren Musik, wir bauen Stars auf, und wir kreieren Emotionen. (...) Die hiesige Musikwirtschaft investiert nach unserer Schätzung, nahezu ohne staatliche Förderung, pro Jahr weit mehr als 200 Millionen Euro in Newcomer-Produktionen aus Deutschland, ganz zu schweigen von den Investitionen in etablierte Künstlermarken.«[10]

Interessant an Dopps Beitrag ist nicht nur die verräterische Sprache, wenn der Manager von »Newcomer-Produktionen« und »Künstlermarken« spricht, in die die »hiesige Musikwirtschaft« investiert, um »Emotionen zu kreieren« (das Wort »Künstler« kommt hier nur in Zusammenhang mit »Marke« vor), nein, interessant ist vor allem die Aussage, daß die »hiesige Musikwirtschaft« »weit mehr« als 200 Millionen Euro in Newcomer-Produktionen investieren würde. Das liest sich gut, ist aber bei näherem Hinsehen eine kaum belegbare Behauptung. Im November 2012 erneuerte die Musikindustrie ihre Aussage, gefüttert durch eine »Studie«: »Musikunternehmen investieren Milliarden in die Nachwuchsförderung« titelte die *Musikwoche* vom 12. November 2012. Was war geschehen? Hatte die Tonträgerindustrie plötzlich ihr Herz für die Musik entdeckt? Mitnichten. Bei der sogenannten »Studie« handelte es sich um eine Schrift des internationalen Dachverbands der Tonträgerhersteller, der International Federation of the Phonographic Industry (IFPI). Man hat also nicht einmal

---

[10] Bernd Dopp, »Ölquellen und Tankstellen«, Kultur-Spiegel 9/2008.

so getan, als ob man ein unabhängiges Marktforschungsinstitut beauftragt, sondern hat die »Studie« gleich selbst gebastelt. »Für die Studie wurden die Investitionen von Musikfirmen zusammengetragen«, kann man im *Musikmarkt* lesen. Man hat also die eigenen Zahlen zusammengetragen, und diese Zahlen ergeben überraschenderweise genau das, was die Musikindustrie erwartet hatte und was die Musikindustrie dann selbst kommentieren darf. Dieter Gorny, Chef des Bundesverbands Musikindustrie: »Damit sind die Musikfirmen die wichtigsten Investoren beim Aufbau langfristiger Musikerkarrieren.« Bernd Dopp: »Deshalb brauchen die jungen, talentierten Künstler von heute mehr denn je Partner wie uns, die sie auf eigenes wirtschaftliches Risiko und mit Herzblut fördern und gemeinsam mit ihnen zu Marken aufbauen und etablieren.« Frank Briegmann, Chef von Universal: »Investing in Music ist ein Credo von Universal Music«.

Die durchschnittlichen Kosten dafür, einen neuen Künstler am Markt zu etablieren, beziffert die IFPI auf bis zu 1,4 Millionen Dollar. Es wäre interessant zu wissen, in welche »junge, talentierte Bands« Universal, Warner und Co. sagen wir in den letzten drei, vier Jahren »durchschnittlich« »bis zu 1,4 Millionen Dollar« investiert haben wollen ...

Hinzu kommt, daß die Investitionen, mit denen sich die Musikindustrie hier so brüstet, in den Künstlerverträgen zu großen Teilen »recoupable« sind, wie es in der Branche heißt. Bedeutet: Die Firma holt sich das Geld zurück. Denn wenn ein Album in die von der Plattenfirma definierte Gewinnzone kommt, erhält der Künstler nicht etwa irgendwelche anteiligen Gewinne aus ihren Plattenverkäufen, sondern muß erst mal die von der Plattenfirma getätigten Investitionen zurückbezahlen. Die Plattenfirmen *leihen* sich also sozusagen das Geld von den Künstlern, den Bands. Sie betreiben eine Art Bankgeschäft. Wenn heutzutage in der Musikindustrie noch langfristiger

Künstleraufbau betrieben wird, dann von den kleinen Plattenfirmen – und die haben alles andere als »durchschnittlich bis zu 1,4 Millionen« pro Band oder Künstler zur Verfügung.

Schon immer haben die großen Plattenfirmen hauptsächlich ihren eigenen Gewinn im Sinn gehabt. Harry Belafonte berichtet in seiner Autobiographie: »Der Vertrag mit RCA belief sich auf nur ein paar Singles und ein Album, einen nennenswerten Vorschuß gab es nicht. Bei den mir zugesicherten zweieinhalb Cent pro verkaufter Single mußte ich also hunderttausend Platten verkaufen, um auf 5000 Dollar zu kommen.«[11] Und er erzählt von der beginnenden Weltkarriere einer jungen Künstlerin namens Miriam Makeba: »Richtig los ging ihre Karriere mit Anfang zwanzig. Leider hatte sie einen langfristigen Plattenvertrag unterschrieben, in dem von Tantiemen offenbar keine Rede war.«[12]

Hans Söllner erzählt vom Beginn seiner Karriere: »Ich war mit meiner ersten Plattenfirma dermaßen auf die Schnauze gefallen. Die haben mich ja um eine Million Mark oder was betrogen. Ich hab von den ersten drei Platten, die ja sehr gut gelaufen sind, kein Geld gesehen. Nur von den paar, die ich selber auf Konzerten verkauft hab. Ich hab nicht eine einzige Abrechnung über Plattenverkäufe bekommen in der Zeit. (...) Ich hatte mein ganzes Leben nie Geld gehabt, meine Familie hat nie Geld gehabt. Und dann war da auf einmal Geld, das mir zugestanden hätte – und das mir dann einer nicht gegeben hat, der mich halt beschissen hat. (...) Ich hab mir dann später die Rechte an den Platten erklagt.«[13]

Daß die meisten Plattenfirmen ihre Künstler nur als Marionetten sehen, läßt sich in vielen Künstler-Autobio-

---

[11] Harry Belafonte, My Song, Köln 2012, S. 141.
[12] A. a. O., S. 280.
[13] Josef Winkler, »Nachgeben wär für mich keine Option gewesen«, Interview mit Hans Söllner, MUH 8, Winter 2012/13.

graphien nachlesen. Besonders übel wurde dabei seit jeher schwarzen Künstler mitgespielt. Harry Belafonte erzählt, wie seine Plattenfirma ihn auf dem Cover seines zweiten Albums »mit einem dicken Bündel Bananen auf dem Kopf« vermarkten wollte, »barfuß und mit dem breiten Grinsen einer Reklamefigur für Karibikreisen«. Das konnte der selbstbewußte Belafonte gegen den Widerstand der RCA-Leute noch abwenden, nicht aber, daß die Plattenfirma ihn »zu meiner Beschämung und gegen meine Einwände« als »König des Calypso« vermarktet hat.[14]

Wohlgemerkt, wir sprechen hier vom ersten Sänger, der von einer Schallplatte mehr als eine Million Exemplare verkaufte und dessen Album *Calypso* zu der Zeit, als ein gewisser Elvis Presley seine Karriere startete und gerade sein zweites Album veröffentlicht hatte, mit kurzen Unterbrechungen einunddreißig Wochen auf Platz 1 der US-Charts stand, was zuvor noch kein Album geschafft hatte. Und *Calypso* hielt sich insgesamt neunundneunzig Wochen in den Charts – ein Rekord, der erst von Michael Jacksons *Thriller* gebrochen werden sollte.

Ähnliches erlebte der Soulmusiker Bill Withers Ende der sechziger Jahre. Withers ging 1967 nach Los Angeles und hat »den verdammten Plattenfirmen« seine Songs vorgespielt, »endlos, jahrelang«. Sein Song »Ain't No Sunshine« wurde von der Plattenfirma auf der B-Seite seiner ersten Single versteckt, weil er »den weißen Radios zu schwarz, den schwarzen Radios zu weiß« war. Dennoch, es war dieser Song, der Withers eine erste Goldene Schallplatte und einen Grammy bescherte. Eine beeindruckende Karriere begann und ließ Withers in den siebziger Jahren zu einem der größten amerikanischen Songwriter werden. Doch mit welcher Idee kommt ein Mitarbeiter seines Labels ums Eck? Der weiße Mann bei CBS will den stolzen, schwarzen Superstar Bill Withers

---

[14] Belafonte, a. a. O., S. 227 f.

überreden, eine Coverversion von »In The Ghetto« zu singen, »ein Lied des schneeweißen Elvis Presley, das schneeweißen Amerikanern bis heute ein Galeerenfeeling verschafft wie kein Blues dieser Erde. Und wie erst, wenn es ein richtiger Neger singt, nicht wahr?« Withers löst das Problem auf seine Weise, er sagt dem Mann von CBS ins Gesicht: »Kiss my ass.«[15]

Keith Richards berichtet in seiner Autobiographie wie zuvor auch schon Bill Wyman, daß die Stones beim Besuch des Hauptquartiers von Chess Records den legendären Muddy Waters, der damals bei Chess unter Vertrag stand, mit Renovierungsarbeiten beschäftigt antrafen: »Als wir ins Chess-Studio kommen, steht da ein Typ in schwarzem Overall auf der Leiter, das Gesicht voll weißer Farbe und streicht die Decke. Es ist Muddy Waters.« Marshall Chess behauptet später, daß Muddy Waters nie die Decke habe streichen müssen, doch Keith Richards entgegnet: »Marshall war damals noch ein junger Bursche, er hat im Keller gearbeitet. Bill Wyman erinnert sich daran, daß Muddy Waters auch unsere Verstärker vom Auto ins Studio getragen hat. Ob Muddy nun einfach ein netter Kerl war oder damals gerade keine Platten verkaufte, jedenfalls weiß ich, wie die Chess-Brüder gestrickt waren – wenn du willst, daß wir dich weiter bezahlen, dann arbeite.« [16]

Ähnliche Probleme hatte auch Singer-Songwriter James Taylor, der mit seinem Anwalt seine Plattenfirma Warner Bros. Records verklagte. Auf DigitalMusicNews.com findet sich ein Artikel, in dem aufgeführt ist, was Taylor im einzelnen Warner vorwirft: »52 Ways to Screw an Artist, by Warner Bros. Records«. Um nur ein Beispiel zu nennen: James Taylor und seine Wirtschaftsprüfungsgesellschaft haben allein für den Zeitraum von 2004 bis

---

[15] Alle Zitate in diesem Absatz aus: Alexander Gorkow, »Paß auf dich auf. Begegnung mit Bill Withers«, Süddeutsche Zeitung, 15. 9. 2012.
[16] Keith Richards, Life, München 2010, S. 210.

2007 fehlende Royalties in Höhe von 1,69 Millionen Dollar errechnet. James Taylor und Warner Bros. Records einigten sich nach zähen Verhandlungen in einer Art Vergleich auf den Betrag von 764 056 Dollar. Warner Bros. zahlten aber nur 97 857 Dollar. Und so geht das in einem fort, 52 traurige Beispiele lang. Lieschen Müller mag sich zu Beginn ihrer Ausbildung als Kauffrau für audiovisuelle Medien fragen, wie so etwas geht, ob es denn nicht Verträge gebe. Klar, gibt es. Doch erstens ist fast jeder Vertrag anders (was eine Strategie der Plattenfirmen ist, einheitliche Verträge würden den Künstlern das Durchsetzen ihrer Rechte erleichten), und zweitens sind die Zahlungen vieler Plattenfirmen undurchschaubar. Wer keine guten Finanzberater und noch bessere Rechtsanwälte hat, zieht bei den Abrechnungen meistens den Kürzeren (mal abgesehen davon, daß viele Künstler darüber klagen, ihre Abrechnungen ständig zu spät oder erst nach mehrfacher Aufforderung zu erhalten). Ein zentrales Streitthema zwischen Taylor und Warner ist darüber hinaus Frage, wie die Einnahmen aus digitalen Downloads zu verrechnen sind. Tatsächlich werden im Internet von den Plattenfirmen längst Milliarden gescheffelt. Ohne große Investitionen, für einen Download muß man schließlich keine CD herstellen und braucht kaum Zwischenhändler. Und vor allem kommt digital der Rechtekatalog der Großkonzerne, siehe oben, wieder zum Tragen. Bei den Majors machen alte Musikaufnahmen mittlerweile 40 Prozent und mehr der Gesamterlöse aus, »und ein Hauptgrund dafür sind iTunes und andere digitale Vertriebskanäle«, sagt Andrew Daw, Marketing-Manager bei Universal Music in London.[17] (Dumm nur, daß man den Trend erst mal verschlafen hatte und zum Beispiel Apple für iTunes-Downloads deshalb hohe Anteile an den Erlösen einräumen muß – bis heute existieren jenseits von Amazon und Apple keine komfortablen und

---

[17] Marcus Theurer, »Herrscher der Töne«, FAZ, 20. 4. 2013.

brauchbaren Bezahlmodelle). Obwohl das so ist, stellt sich die Tonträgerindustrie auf den Standpunkt, daß die verkauften Downloads wie CDs abzurechnen sind – vom Verkaufspreis einer CD erhalten die Künstler in der Regel nur etwa 10 Prozent. Die Künstler und ihre Vertreter gehen dagegen davon aus, daß digitale Downloads wie Lizenzen abzurechnen seien, also mit wesentlich höheren Einnahmebeteiligungen für die Künstler.

Aus ebendiesem Grund ist auch die Sechziger-Jahre-Band The Temptations gegen ihre Plattenfirma Universal Music vorgegangen, weil sie statt der ihnen zustehenden 50 Prozent aus den Download-Einkünften nur zwischen 10 und 20 Prozent erhalten hat. Zuvor waren bereits zahlreiche andere Künstler und Bands gegen den Konzern vor Gericht gegangen, und Sony Music zahlte bereits 7,95 Millionen Dollar, um einen ähnlichen, bereits fünf Jahre anhaltenden Tantiemen-Streit mit Bands wie den Allman Brothers, Cheap Trick oder den Youngbloods zu beenden. Das Geschäftsmodell der großen Plattenfirmen ist laut Bob Lefsetz schlicht und ergreifend »Diebstahl an den Künstlern«.[18] Nur der deutsche Musiker Sven Regener (Elements of Crime) sieht das anders, er kann sich keine Welt ohne Plattenfirmen vorstellen: »Zu glauben, man könne auf Plattenfirmen verzichten, ist ein großer Irrtum«, stellt Regner fest.[19] Aber so ist das hierzulande, »Musikmenschen verbünden sich mit Konzernen, die ihnen vom Erlös ihrer Mühen bloß ein Taschengeld bezahlen« (Dietmar Dath)[20] und singen dann, Brechts Kälbern nicht unähnlich, das Hohelied derer, die die Almosen verteilen.

[18] Bob Lefsetz, The Lefsetz Letter (Blog), »James Taylor / Warner Brothers«, 23. 9. 2012.
[19] Sven Regener, »... es geht immer nur gegen die Künstler«, Bayerischer Rundfunk, 22. 3. 2012.
[20] Dietmar Dath, »Gemeinwissen gegen Geheimwissen«, FAZ, 28. 3. 2012.

Die Liste der Bands und Solokünstler, die über den Tisch gezogen wurden, ist endlos: Ich denke an Leonard Cohen, der in einer berührenden filmischen Dokumentation zu seiner Europatournee 1972 auf der Bühne im Intro zu »Suzanne«, einem seiner größten Hits, erzählt, daß ihm die Rechte an diesem Song gestohlen wurden. »*The rights on it were stolen from me. I'm happy for that ›friend‹ who put that piece of paper in front of me and said: ›Sign this!‹ So I said: ›But what is this?‹ He said: ›Oh, just a standard writer's contract.‹ So I signed it, and it was gone.*«[21]

Oder Michelle Shocked, die sich nur unter Berufung auf den 13. Zusatzartikel zur Verfassung der USA – der die Sklaverei verbietet – sowie ein kalifornisches Gesetz, das Verträge über »persönliche Dienstleistungen« auf sieben Jahre begrenzt, aus einem Vertrag mit ihrer Plattenfirma herausklagen konnte. Das Label wollte die stilistischen Wechsel der Musikerin nicht akzeptierten und weigerte sich sowohl, bereits produziertes Material zu veröffentlichen, als auch, die Künstlerin aus ihrem Vertrag zu entlassen. Ihr viertes Studio-Album, *Kind Hearted Woman*, spielte sie deshalb solo ein, unterstützt lediglich vom Produzenten Tony Berg, und bot es ausschließlich auf Konzerten im Selbstverkauf an. Ich habe selbst bei einer Deutschland-Tournee gesehen, wie Michelle Shocked im Hotel Hunderte dieser CDs eintütete und an ihre Fans verschickte, die ihr vorab das Geld gegeben hatten. Nach etlichen Jahren siegte die Künstlerin vor Gericht, sie wurde aus den »Sklaven«-Verträgen der Plattenfirma entlassen und erhielt auch die Verfügungsgewalt über ihren Backkatalog zurück.

Jazz-Legende Cecil Taylor erzählt in der Zeitschrift *Jazz Thing*: »Den Ärger mit all den Plattenfirmen mache

---

[21] In: Tony Palmer, »Leonard Cohen: Bird on a wire«, Dokumantarfilm, 2009.

ich schon lange nicht mehr mit. Sie haben nie zugelassen, daß ich meine Vorstellungen genau umsetzen konnte.«

Die Band Def Leppard sah sich gezwungen, Stücke wie ihren Hit »Pyromania« neu aufzunehmen. Def Leppard fühlen sich vom Universal-Konzern, auf den die Rechte des ursprünglichen Labels Phonogram übergegangen waren, »rechtlich und finanziell übervorteilt« und befinden sich in einem langwierigen Streit mit dem weltgrößten Musikkonzern. Dieser Streit »führte dazu, daß es einen beträchtlichen Teil des Def-Leppard-Schaffens nicht auf iTunes und anderen Bezahlportalen zu kaufen gibt. Schließlich sah die Band nur einen einzigen Weg, den Downloadmarkt nicht komplett Filehostern zu überlassen: Sie muß die Leistungsschutzrechte von Universal umgehen, indem sie die alten Stücke neu einspielt«.[22]

Simon Raymonde, seinerzeit Mitglied der Cocteau Twins und heute Chef seiner eigenen Plattenfirma »Bella Union«, erzählt: »Wir haßten Plattenfirmen! Unsere Musik wird auf immer und ewig dem alten Plattenlabel gehören. Der Vertrag, den wir damals unterschrieben, war, sagen wir mal, unfreundlich. Aber so waren damals alle Verträge.«[23] Raymonde hat daraus gelernt und bietet als Labelchef seinen Künstlern (von Fleet Foxes und Midlake bis John Grant und den Flaming Lips) korrekte Verträge an: »Ich will die Rechte an der Musik nicht besitzen, nur ausleihen. Ich lizensiere die Platten für eine bestimmte Zeit, und wenn die Band dann den Vertrag verlängern will, um so besser.«[24]

Joe Strummer berichtet in dem Dokumentarfilm *The Future Is Unwritten*,[25] wie seine Band The Clash fand,

---

[22] »Def Leppard fälscht eigene Stücke«, Telepolis, 15. 7. 2012.
[23] Hanspeter Künzler, »Interview mit Simon Raymonde (Cocteau Twins)«, Musikexpress, 2/2013.
[24] A. a. O.
[25] Julien Temple, The Future Is Unwritten, Dokumentarfilm, Irland/ Großbritannien 2007.

daß die Platten zu teuer seien, und ihr wegweisendes Album *Sandinista!* als Dreifachalbum zum Preis von einem herausbringen wollten, was am Widerstand der Plattenfirma scheiterte, die am liebsten ein normales, maximal ein Doppelalbum veröffentlichte wollte. Nur durch kleine Betrügereien gegenüber der Plattenfirma konnte *Sandinista!* so veröffentlicht werden, wie die Band es sich vorstellte (es gab zwei widersprüchliche Rechnungen, mit denen der tatsächliche Umfang des Projekts verschleiert werden sollte, und angeblich baten The Clash ihr Label, dem Doppelalbum eine Maxi-Single beilegen zu dürfen, schickten aber statt dessen kurzerhand drei komplette Platten mit normaler Länge ins Presswerk).

Nein, es geht den Plattenfirmen, der »verdammten Musikindustrie« (Alan McGee),[26] in aller Regel nicht um Musik und Kultur, sondern ums Geschäft und um Profit. Glaubt denn tatsächlich allen Ernstes irgendwer, daß Milliardär Leonard Blavatnik, dem mittlerweile Warner Music gehört, oder die Investorengruppe, die EMI gekauft hatte, oder der größte Musikkonzern der Welt, Universal Music, Philanthropen sind, die aus purer Nächstenliebe und aus kulturellem Interesse Künstler fördern? Die Beteiligungsgesellschaft Thorn-EMI, zu der der traditionsreiche Plattenkonzern seinerzeit gehörte, war es jedenfalls nicht: 2003 kam heraus, daß Margaret Thatchers konservative Regierung in den achtziger Jahren britische Waffenexporte an den irakischen Diktator Saddam Hussein gefördert hat, zu den Profiteuren des Milliardengeschäfts gehörte unter anderem Thorn-EMI.[27] Ende der achtziger Jahre sah sich die Plattenfirma EMI starker Kritik ausgesetzt, weil sie letztlich Teil eines Rüstungskonzerns war, der unter anderem auch die später

---

[26] Alan McGee war Chef des von ihm gegründeten Labels »Creation Records«, das u. a. Oasis herausbrachte, die McGee auch managte.
[27] »Eine Milliarde Pfund für Rüstungsgeschäfte mit Saddam«, Spiegel Online, 28. 2. 2003.

von der UN geächteten Landminen gebaut haben soll. Einige Künstler brachten eine Compilation mit dem Titel *Fuck EMI* heraus, darunter auch EMI-Künstler (Chumbawamba etwa). Die Anti-EMI-Protest-Platte enthielt unautorisierte Cover-Versionen von populären Stücken wie »Bohemian Rhapsody«, »Piggies« oder »Heartbreak Hotel«:

> EMI product is more than wax
> Warheads scratching each others backs (...)
> Profits from the single going into warfare
> Turning little bits of plastic into very big bucks
> So don't buy the product – 'cos EMI sucks![28]

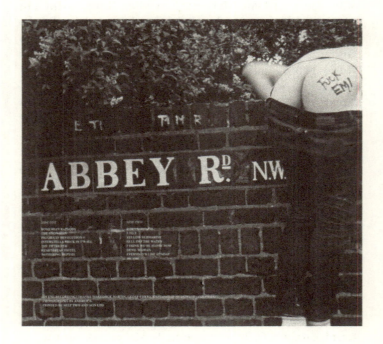

[28] »Fuck EMI«, A Desperado Press Production, 1989.

Der weltgrößte Musikkonzern, Universal Music, stand zu Beginn des 21. Jahrhunderts ebenfalls massiv in der Kritik. Der Konzern gehörte damals Seagram, einem Konzern, zu dem neben den Universal Studios und Universal Music auch eine Spirituosenfirma gehörte, und wurde im Jahr 2000 mit dem französischen Konzern Vivendi fusioniert. Vivendi seinerseits war aus einem traditionsreichen, 1853 gegründeten französischen Wasserversorger, der Compagnie Générale des Eaux (CGE) hervorgegangen, aus dem innerhalb von wenig mehr als einem Jahrzehnt, von 1987 bis 1998, durch Beteiligungen an Mobilfunk- und Filmproduktionsfirmen sowie 1997 dem Zukauf der Werbeagentur Havas (dem Mutterkonzern von Canal+) ein veritabler Medienkonzern entstanden war. 1998 wurde der französische Konzern in Vivendi umgetauft, und im Jahr 2000 wurde die Fusion mit Seagram beschlossen, und der neue Konzern wurde in Vivendi Universal umbenannt. Unter diesem Dach gab es sechs Unternehmensbereiche, darunter Vivendi Environment, die sich unter anderem weltweit um Wasserrechte bemühten, einem globalen Zukunftsgeschäft, das ebenfalls sehr umstritten ist.[29] Künstler, Organisationen und die Öffentlichkeit fordern eine funktionierende öffentliche Trinkwasserversorgung und wenden sich massiv gegen den Verkauf von Quellen- und Grundwasserrechten.

Vivendi Universal machte dank all der Fusionen und Zukäufe 2001 den höchsten Verlust, den es jemals in der französischen Wirtschaftsgeschichte gegeben hatte: 13,6 Milliarden Euro, ein Betrag, der im Folgejahr mit sage

---

[29] Siehe auch den mehrfach preisgekrönten Dokumentarfilm *Bottled Life* von Urs Schnell, der sich kritisch mit Nestlés weltweiten Geschäften mit dem Wasser auseinandersetzt, www.bottledlifefilm.com. 1999 wurden 49,9 Prozent der »Berliner Wasserbetriebe« durch ein »Public Private Partnership« an RWE und Veolia verkauft. Der Berliner Senat garantierte den Konzernen hohe Gewinne. Die Offenlegung der geheimen Verträge erstritt 2011 der »Berliner Wassertisch« in einem Volksentscheid.

und schreibe 23,3 Milliarden Euro noch mal übertroffen wurde. Der Aufsichtsrat zog die Notbremse, entließ den Vorstandschef und brachte den Konzern auf einen harten Sanierungskurs. Etliche Unternehmensbereiche, darunter die Getränkesparte, fast alle Anteile an der Umweltsparte und die Kinokette UCI, wurden abgestoßen. Heute gehören zur mittlerweile in Vivendi S.A. umbenannten Firma (dem weltweit neuntgrößten Medienkonzern) zu jeweils 100 Prozent die Universal Music Group und die TV-Gruppe Canal+ sowie zu 60 Prozent Activision Blizzard, der Weltmarktführer im Bereich Spieleentwicklung. Der Jahresumsatz des Mutterkonzerns betrug 2011 28 Milliarden Euro, wozu die Universal Music Group 4 Milliarden Euro beiträgt. Zum Aufsichtsrat des Mutterkonzerns, der über 58.000 Beschäftigte hat, zählen die Spitzen der französischen Wirtschaft, etwa Unternehmensführer von Rémy Cointreau, Total, Chanel, AXA.[30]

Doch zurück zu den Plattenfirmen und ihrem Konzept der »Künstlerförderung«. Ein bezeichnendes Licht auf die gegenwärtige Situation wirft folgendes Beispiel: Einer der Künstler 2011 war das R&B-Projekt des Kanadiers Abel Berihun Tesfaye, das sich The Weeknd nennt. Während die Musikindustrie sich über Copyright-Verletzungen erregte, verschenkte The Weeknd seine Musik. Und zwar nicht nur mal hier und mal da einen Song, sondern komplette Kurz-Alben (die er Mixtapes nannte) konnten monatelang von seiner Website kostenlos heruntergeladen werden. Und was passierte? The Weeknd wurde einer der angesagtesten Acts in den USA, und die Konzerte waren ausverkauft. Ein Newcomer ohne Albumveröffentlichung, der von keinem Label »gesignt«

---

[30] Die Unternehmenszahlen der Vivendi S. A. zitiert nach: Institut für Medien- und Kommunikationspolitik, Mediendatenbank mediadb.eu, Stand 4. 1. 2013.

war, verschenkte seine Musik auf der eigenen Website, und paar Wochen später erhielt er Gagen von 25.000 Dollar und mehr, verkaufte seine Konzerte aus, spielte auf den wichtigsten amerikanischen Festivals, verschenkte immer noch Musik auf seiner Website, hatte 365.000 Freunde auf Facebook und eine halbe Million Twitter-Follower. The Weeknd trat in wichtigen amerikanischen Fernsehshows auf, die Konzertgagen stiegen weiter, und der Künstler verdiente weit mehr, als wenn er sich auf die Herren Gorny, Dopp oder Briegmann eingelassen hätte. Alles per Mundpropaganda, das heißt vor allem über soziale Netzwerke, und durch Verschenken seiner Musik. Natürlich – The Weeknd macht auch gute Musik. Das ist das Geheimnis. Aber früher wäre er mit seiner guten Musik auf die Gnade von Labels angewiesen. Heute veröffentlicht er seine Musik selbst und macht sich selbst zum Star. Willkommen im 21. Jahrhundert! (Hübsche Wendung: Mittlerweile hat The Weeknd seine ersten drei Mixtapes für wahrscheinlich ziemlich viel Geld an Universal verkauft, die diese mit ein paar zusätzlichen Tracks als *Trilogy* auf den CD-Markt gebracht haben – so können auch die Musikkäufer der alten Schule sich die Alben ins Regal stellen). Wie in dem Ricola-Werbespot möchte man da doch gern einen Herrn Briegmann von der Firma Universal fragen: »Und? Wer hat The Weeknd erfunden?« Genau, es war nicht die Musikindustrie, sondern das war der Künstler selbst!

»Musiker, die über die Nutzung und Auswertung ihrer Urheberrechte selbst entscheiden, haben im Web-2.0-Zeitalter die besseren Chancen«, faßt die *FAS* die erstaunliche Geschichte des Kanadiers zusammen. Nicht zuletzt, weil dank der Digitalisierung die Produktionsmittel in die Hand der Künstler geraten sind. Es bedarf eben keiner großen Investition mehr, um ein Album aufzunehmen und als CD herauszugeben.

Daß so etwas auch hierzulande funktioniert, hat der deutsche Rapper Cro bewiesen, der es mit seinem Song

»Easy«, einem der Sommerhits des Jahres 2012, in die deutschen Top 10 schaffte. Der Song wurde zuerst auf YouTube als Video veröffentlicht, eine Woche später konnte man den Song als Teil eines Mixtapes kostenlos von der Website des Labels von Cro herunterladen. Wenig später ist das Video sage und schreibe 17 Millionen mal auf YouTube angesehen worden und galt als das meistgesehene deutsche Musikvideo aller Zeiten. Wie gesagt, bis zum Release der »Easy«-Single gab es von Cro gar keine Musik zu kaufen, »Easy« war sechzehn Wochen lang kostenlos im Internet runterzuladen. Alle Tracks von Cro gab es zum Gratis-Download oder im Stream als Geschenk für seine Fans. Das Album erschien erst später, bis dahin war die komplette Tour von Cro längst ausverkauft, und der Künstler spielte im Frühjahr und Sommer auf allen wichtigen Festivals der Republik. Klar ist, daß das Geschäftsmodell der Zukunft für die Künstler ohne Plattenfirmen auskommt – oder doch zumindest ohne deren Knebel-Verträge.

Wenn Plattenfirmen sich als Service-Dienstleister verstehen, die bestimmte Dinge wie die Veröffentlichung eines Albums auf einer Download-Plattform erledigen und dabei gute Arbeit zu einem fairen Preis abliefern, werden sie auch weiterhin gebraucht werden. Plattenfirmen jedoch, wie wir sie aus der Vergangenheit kennen, werden verschwinden. Die klügeren Plattenfirmen werden neue Geschäftsmodelle kreieren. Denn: »Künstler werden immer Leute brauchen, die ihren Kram organisieren«, wie es Amanda Palmer von den Dresden Dolls nonchalant ausdrückte.

An die Stelle von großen Plattenfirmen werden kleinere Marketing- und Managementfirmen treten, die die Künstler unterstützen. Amanda Palmer sagt: »Mein Management tut ja genau das, was früher eine Plattenfirma für mich getan hat. Der Unterschied ist nur: ich habe die Kontrolle, ich treffe die Entscheidungen. Früher habe ich für eine Plattenfirma gearbeitet, jetzt arbeitet eine Plattenfirma, die ich geschaffen habe, für mich. Das ist die Zukunft.«[31]

* * *

Wie aber sieht es mit den »Unabhängigen«, den sogenannten »Independents« unter den Plattenfirmen aus? Die »Indies« behaupten von sich ja gerne, andere Geschäftspraktiken zu pflegen, sich in erster Linie für die Musik zu interessieren und die Künstler fair zu behandeln. Daß viele der sich zu den »Indies« zählenden Plattenfirmen von Musikverrückten gegründet wurden, ist unbestritten. Da gibt es die »Maniacs«, Musikfans, die aus Lust und Leidenschaft einer bestimmten Musik, an die sie glauben, zum Durchbruch verhelfen wollen. Christof Ellinghaus etwa erzählt gerne die Geschichte, wie es zur Gründung seiner Plattenfirma »City Slang« kam: daß die Flaming Lips ihm eine Kassette gegeben und ihn gebeten haben, für das neue Album ein Label für Europa zu finden. Ellinghaus war so begeistert von der Musik, daß der Student und damalige Tourveranstalter eben sein eigenes Label gründete. Und wer ihn kennt, weiß, daß er sich die Leidenschaft für die Musik, die er auf seinem Label veröffentlicht, bis heute bewahrt hat. Andere Labels, ob größer oder kleiner, stehen für ähnliche Geschichten: etwa das wohl älteste »Independent«-Label Deutschlands, »Trikont«, wo seit über vier Jahrzehnten anspruchsvolle Musik veröffentlicht wird, oder »Mute« um den legendären Daniel Miller oder das spannende Berliner Label »Staatsakt«, um nur einige zu nennen.

Doch was verbindet all die »Independent«-Labels? Gibt es eine gemeinsame Ideologie, oder zumindest eine erklärte Geschäftspolitik als Alternative zu den großen Plattenfirmen, den Majors? Eher nicht, was schon die

---

[31] Thomas Winkler, »Plattenfirmen werden verschwinden«, Interview mit Amanda Palmer, taz, 7. 9. 2012.

Durchlässigkeit beweist, die zwischen Indies und Majors herrscht. So kommt es immer wieder vor, daß ein Indie für viel Geld an einen Major verkauft wird (wie Mute an EMI), oder man geht eine vertriebliche Zusammenarbeit ein, um sich die Vertriebsvorteile eines multinationalen Großkonzerns zunutze zu machen, was nicht selten ist. Oder es kommt zu personellen Rochaden. City Slang ist auch hier ein gutes Beispiel für die vielfältigen Möglichkeiten, wie ein »Indie« auf die Probleme des Musikmarkts reagieren kann: Christof Ellinghaus war auch schon einmal EMI-Manager, bevor er sich wieder mit City Slang selbständig gemacht hat, und die Alben seines Labels werden mal von einem alternativen Vertrieb, mal vom weltgrößten Musikkonzern Universal vertrieben. Und Mark Chung, der langjährige Vorstandsvorsitzende des »Verbandes unabhängiger Musikunternehmen« (VUT), war Bassist bei den Einstürzenden Neubauten, gründete 1984 einen unabhängigen Musikverlag, »Freibank Music Publishing«, ging 1996 als Senior Vice President von Sony Music Entertainment International nach London. 2005, nach neun Jahren beim Major Sony, kehrte Chung nach Deutschland in die Geschäftsführung von Freibank zurück und wurde ein Jahr später Chef des deutschen Indie-Verbandes VUT. Daß man in der heutigen Musikindustrie so leicht die Fronten »Indie« und »Major« wechseln kann, zeigt nur, daß es eben keine Fronten mehr sind. Es nimmt daher auch kaum Wunder, daß der Lobbyverband der Indies, der VUT, etwa zum Thema Urheberrecht identische Erklärungen abgibt wie der Lobbyverband der Großkonzerne, der Bundesverband Musikindustrie (BVMI), obwohl das Gros der im VUT zusammengeschlossenen Plattenfirmen ganz andere Interessen als die Großkonzerne der Kulturindustrie haben dürfte.

2011 hat der VUT den Mediendienstleister »Media Control« mit der Erhebung einer eigenen Hitliste beauftragt, der sogenannten »Top 20 Independent«. Ein Blick auf die ersten deutschen »Independent-Charts« macht klar, was das für ein nutzloser Schmarrn ist: Auf Platz 1 fand sich Adele, die auch die offiziellen Charts anführte. Auf Platz 2 stand Xavier Naidoo – genau. Auf Platz 3 finden wir »Schandmaul«, auf Platz 5 »Prinz Pi«, auf weiteren Plätzen David Garrett, »Der W«, Loreena McKennitt, Massiv (»Blut gegen Blut 2«), den Techno-Star Fritz Kalkbrenner und eine Band namens »Stratovarius«. Kein Zufall, einige Monate später das gleiche Bild bei den Top-20-Independent-Charts des VUT: Im November 2011 stand Adele auf Platz 1 und 3, der Rapper Kool Savas, dessen Songs »Lutsch meinen Schwanz« oder »Pimplegionär« heißen, auf Platz 2, die Toten Hosen auf Platz 4, dann geht es weiter unter anderem mit Boy, nochmals Adele, »Luxuslärm«, Paul Kalkbrenner, Deep Purple, Slash, Motörhead, Noel Gallagher und den »30 besten Weihnachts- und Winterliedern«. Alles sehr »independent«. Charts, die die Welt dringend braucht. VUT-Vorstandsmitglied Stephan Benn gibt als Kriterium an, daß ein Indie-Unternehmen »inhabergeführt und nicht durch ein Fremdunternehmen beherrscht« sein soll. Nun, das gilt im Zweifelsfall auch für eine Neonazi-Label. Als Kriterium für »Independent« scheint es doch sehr mager, zumal sogar ein branchenbeherrschender Großkonzern wie die Deutsche Entertainment AG (DEAG) dem VUT angehört und dort als Indie durchgeht.

Was also bedeutet heute noch »Indie«? Ehrenwerte »Indie«-Manager wie Stefan Vogelmann vom Vertrieb »Broken Silence« halten an den alten Idealen fest: »Independent heute? Haltung. Ich verstehe unter Indie: sich für Kulturgut einsetzen ...«[32] Thorsten Seif vom Label »Buback« äußert sich kritischer: »Independent ist zu einem schier endlos interpretierbaren Claim verkommen. Jungsbands, die professionell ihre Befindlichkeiten besingen,

---

[32] »Durchdrehen, bis wir pleite sind« – Umfrage zum Selbstverständnis der unabhängigen Musikwirtschaft, Musikwoche, 8/2011.

sind genauso Indie wie Punks, Rockabillys, Major-Plattenfirmen-Abteilungen, Kaiser Chiefs und und und. Independent-Kultur, wie ich sie verstehe, läßt sich nicht in Charts und Verkaufszahlen abbilden. Wir bieten abwegigsten und sperrigsten Musikarten, die im besten Fall noch an einem Diskurs teilnehmen, eine Plattform.«[33]

»Indie« ist vielleicht eine Haltung, was die Inhalte der Musik angeht, aber im Geschäftsmodell den großen Musikkonzernen durchaus ähnlich. Vertragsbrüche, fehlende oder verspätete Honorarabrechnungen und verschleppte Zahlungen gibt es hier wie da. Mitunter sind »Indie«-Verträge sogar noch brutaler als die der Majors. Ein amerikanischer Musiker erzählte mir, daß sein US-Indie-Label den Toursupport für eine US-Tournee nicht nur mit dem aktuellen, sondern gleich mit allen Veröffentlichungen des Künstlers verrechnete. Wie gesagt: Ausgaben der Plattenfirmen für ihre Künstler sind »recoupable«, also verrechenbar, was sich aber üblicherweise nur auf das jeweils aktuelle Album bezieht. Dieser Künstler jedenfalls erhielt fünf lange Jahre keinen einzigen Scheck seines US-Labels mehr: So lange mußte er seine Tourneekosten, die ihm das Label vorgeschossen hatte, abbezahlen.

»Unabhängig« – wovon also genau? Natürlich kann sich keine Plattenfirma vom »Markt« abkoppeln und ein Eigenleben führen. Jede noch so kleine Klitsche muß letztlich CDs oder LPs verkaufen, um zu bestehen, muß die veröffentlichten Alben promoten, muß Pressearbeit machen, sich einen Vertrieb suchen, eben all das tun, was jede andere Plattenfirma auch tut. Die Möglichkeiten, »anders« zu sein, sind beschränkt, und die wenigsten Indies definieren sich auch in ihrer eigentlichen Geschäftspolitik anders als die Majors.

David Thomas, seit den siebziger Jahren Kopf der einflußreichen Band Pere Ubu, sagte in einer Titelgeschichte

---

[33] »Durchdrehen, bis wir pleite sind«, a. a. O.

des *Wire*-Magazins unmißverständlich, was er von dem ganzen Indie-Gerede hält:»Ich glaube nicht an diese Indie-Spirit-Kameraderie und das ganze Blabla, und ich will nicht bei einem Label sein, das keine Platten verkaufen will. Ich will nicht dein Kumpel sein, ich will, daß du versuchst, dieses verdammte Ding zu verkaufen.«[34]

Natürlich interpretieren die Indies die Beziehungen mit ihren Künstlern anders als die Majors, was aber auch aus der Not geboren ist. Bei den Indies geht es meistens um den langfristigen Aufbau des Künstlers. Für große und teure Marketingkampagnen fehlt einfach das Geld in der chronisch unterfinanzierten Branche. Niklas Luhmann bemerkte sehr treffend:»Sie können sich in kleinen und großen Dingen Alternativen ausdenken und sie zur Wahl stellen; aber das ist nichts Besonderes, das tut das *System* sowieso.«[35]

»Indie« ist also kaum mehr als ein vom »System« sowieso schon vorgesehenes Geschäftsmodell: Man tut so, als ob man irgendwie »anders« sei, was einen beim Kunden, beim Käufer der Musik sympathischer machen soll. Patrick Wagner, der sowohl sein eigenes Label (Kitty-Yo) besaß als auch bei Universal gearbeitet hat, erklärt, worum es eigentlich geht:»Letztlich bin ich total gerne Kapitalistenschwein, wenn ich für die richtige Band, wenn ich für gute Musik arbeiten darf.«[36] Von fast allen erfolgreichen oder erfolglosen »Indie«-Plattenfirmengründern hört man dieses Argument: Es geht um den eigenen Musikgeschmack und darum, für diesen persönlichen Geschmack möglichst viele Menschen zu interessie-

---

[34] Phil Freeman, »Lost Highways«, Titelgeschichte über David Thomas, Wire, 10/2006 (deutsch von mir).
[35] Niklas Luhmann, Alternative ohne Alternative, in: Ders., Protest. Systemtheorie und soziale Bewegungen, Frankfurt a. M., S. 76.
[36] Thomas Winkler, »Superstar«, Interview mit Patrick Wagner, Der Freitag, 12. 5. 2010.

ren, möglichst viele Alben der eigenen Lieblingsband zu verkaufen.

Alternative Geschäftsmodelle oder wenigsten ein ideologischer Überbau sind bei Indie-Plattenfirmen so selten wie das Biosiegel auf niedersächsischen Hühnerfarmen. Es geht darum, daß man »inhaltlich total berührt« wird (Wagner). Und auch Christof Ellinghaus sagt ausdrücklich, daß es kein weitergehendes Konzept gibt: »Das würde ja bedeuten, daß wir da einen philosophischen Hintergedanken hätten. Es war tatsächlich einfach nur so, daß das meine Lieblingsplatten sind.«[37]

Das Geschäftsmodell lautet also, eine Verbindung von Connaisseur und Entrepreneur hinzubekommen. Der Gründer und Inhaber einer Plattenfirma als Kenner im künstlerischen Bereich, der aber auch unternehmerische Risiken eingeht. Eben ziemlich genau derjenige, den sich David Thomas vorstellt: Jemand, der das verdammte Zeugs verkauft. Weil er es gut findet. Fair enough.

Auch wenn die »Unabhängigen« den Begriff »Independent« gerne als Kampfbegriff für eine vage »alternativ« zu nennende Musikwirtschaft verwenden, begründet wurde er vor mehr als einem Jahrhundert in den USA, und zwar beim Radio und in der Filmwirtschaft. Es gab in der frühen Radiogeschichte etliche Amateure, die als Pioniere des Hörfunks gelten. Tim Wu beschreibt diese Amateure so: »Sie betrieben rudimentäre Funkstationen, hörten die Funksignale der Schiffe auf See ab und plauderten mit anderen Amateuren. Sie verwendeten das Wort *Broadcast*, was so viel heißt wie *breitwürfig säen* und in zeitgenössischen Wörterbüchern eine Aussaattechnik bezeichnete. Die Amateurfunker stellten sich vor, daß das Radio, das in erster Linie als ein Zweiwege-

[37] Michael Döringer, »City Slang: 20 Jahre Kraut & Rüben«, De:Bug, 10/2010.

Kommunikationsmedium existierte, für eine sozialere Form des Netzwerkens eingesetzt werden könnte.«[38] Die Anzahl der kleinen, unabhängigen Sendestationen stieg rasant. Laut Wu ist »das frühe Radio vor dem Internet das größte offene Medium des 20. Jahrhunderts und vielleicht seit den Anfängen der Zeitung das wichtigste Beispiel dafür, wie eine offene, uneingeschränkte Kommunikationswirtschaft aussieht«.[39]

Noch deutlicher allerdings bezeichneten sich Kaufleute in der Filmbranche Anfang des 20. Jahrhunderts ausdrücklich als »Unabhängige«. 1908 war in New York ein Filmkartell entstanden, dem die größten Filmproduzenten ihrer Zeit ebenso angehörten wie der führende Hersteller von Filmmaterialien, Eastman Kodak. Wu erzählt in seinem Buch auch diese Geschichte: »Angeblich um einen *ruinösen* Wettbewerb zu vermeiden, bündelte dieses Filmkartell sechzehn Schlüsselpatente, blockierte die meisten Filmimporte und legte die Preise für jeden Schritt bei der Filmproduktion sowie der Vorführung fest.«[40] Nur die Mitglieder des Kartells durften Filme drehen oder diese in die USA importieren, meistens aus Paris, dem damals führenden Ort der weltweiten Filmwirtschaft. Dem deutschstämmigen Filmpionier Carl Laemmle, der 1906 in das Kinogeschäft eingestiegen war, paßte das Monopol des Filmkartells nicht. Laemmle war am 24. April 1909 der Erste, »der offen und öffentlich das Filmkartell herausforderte, indem er sich als *ein Unabhängiger* bezeichnete.«[41] Hier haben wir das erste Mal in der Geschichte der Medien den Begriff »Independent«, von jemandem gewählt, der sich offen gegen ein Kartell stellt. In seiner Unabhängigkeitserklärung ermahnte Laemmle seine »Mitstreiter«, die »Filmkrake«

---

[38] Tim Wu, Der Master Switch, Heidelberg 2012, S. 52 f.
[39] A. a. O., S. 54.
[40] A. a. O., S. 86 f.
[41] A. a. O., S. 88.

anzuprangern. »Mutig und zugleich sehr nachvollziehbar argumentierte er, daß der Untergang des Filmkartells unvermeidbar sei. Die *Unabhängigen werden, so sicher, wie das Wasser den Berg hinabfließt, diesen Kampf mit wehenden Fahnen gewinnen.*«[42] Es ist hier kein Platz, die Geschichte im Detail zu erzählen – das Filmkartell antwortete mit einer Vielzahl von Patentrechtsklagen (auch das also ein alter Hut), kaufte systematisch die Filmverleihagenturen auf und besaß 1910 von den 120 größten Verleihagenturen alle bis auf eine: Der einzige Inhaber einer Verleihagentur, der den Verkauf an das Kartell verweigert hatte, war ein gewisser Wilhelm Fuchs (später William Fox), der zu Laemmles wichtigstem Verbündeten wurde. Fox war laut Wu »ein wütender Rebell mit sozialistischen Tendenzen, der sich nicht unterkriegen läßt«. Der dritte wichtige Akteur gegen das New Yorker Filmkartell war William W. Hodgkinson aus dem Westen der USA, auch er ein Idealist. Sein Motto lautete: »Bessere Filme, höhere Eintrittsgelder, längere Spielzeiten für ein besseres Publikum« – ziemlich nahe an der Selbstdarstellung der »Indie«-Plattenfirmen-Protagonisten unserer Tage, würde ich sagen.

Laemmle gründete ein Filmstudio, aus dem später die »Universal Studios« wurden. Fox folgte ihm mit »Fox Features«. Hodgkinson gründete die »Paramount Pictures«. Das Filmkartell verklagte alleine Laemmle im Jahr 1910 insgesamt 289 mal. Zum ersten Mal in der Geschichte diente das Urheberrecht zur Aufrechterhaltung eines Medienmonopols und damit der Einschränkung der Meinungsfreiheit. Mit seiner wirtschaftlichen Stärke versuchte das Filmkartell, die »Unabhängigen« und deren neue Art von Filmen zu zerstören. Die Unabhängigen flohen, wie der Historiker Lewis Jacobs schreibt, »aus New York, dem Zentrum der Produktion, nach Kuba,

---

[42] »Laemmle erklärt seine Filmgesellschaft für ›unabhängig‹« titelte die Sunday Telegramm am 18. 4. 1909; siehe Wu, a. a. O., S. 88.

Florida, San Francisco und Los Angeles. (...) Die sicherste Zuflucht war Los Angeles, von wo aus es nur einen Katzensprung zur mexikanischen Grenze war und man einstweiligen Verfügungen und Vorladungen entkam«.[43]

Hollywood entstand also als Zufluchtsort für die Ausgestoßenen, die »Independents« der Filmbranche, die sich vor dem New Yorker Filmkartell in Sicherheit bringen mußten. Daß sie das erfolgreich taten, ist allgemein bekannt, ebenso wie die Tatsache, daß Laemmle und Fox jüdische Einwanderer waren, während das Kartell hauptsächlich aus angloamerikanischen, protestantischen Geschäftsleuten bestand, unter ihnen kein geringerer als Thomas Edison. Die »Unabhängigen« jedenfalls konnten sich durchsetzen, nicht zuletzt, weil, wie Neal Gabler schreibt, die jüdischen Einwanderer näher an dem »jungen, urbanen Publikum unterschiedlicher ethnischer Herkunft waren als die immer älter werdenden *White Anglo-Saxon Protestants*, die immer mehr den Kontakt zum Publikum verloren«.[44] Die ehemaligen »Unabhängigen«, die Laemmle, Fox und Hodgkinson, prägen bis heute die Filmwirtschaft und andere Zweige der Kulturindustrie unter ihren Firmennamen Universal, Twentieth Century-Fox, Warner Bros. und Paramount. Der Name von Wilhelm Fuchs/William Fox findet sich bis heute u.a. in »Fox News« oder »Fox Broadcasting«, und die genannten Firmen sind längst alles andere als »Independents«, sondern Majors, die die Märkte der Kulturindustrie seit Jahrzehnten dominieren. Die damaligen »Unabhängigen« hatten keine Ideologie. Sie wollten die Filmindustrie aus eigennützigen und kommerziellen Gründen aufbrechen, was ihnen gelang. Ansonsten ging es ihnen darum, ihr »verdammtes Zeug« bestmöglich zu verkaufen.

---

[43] Lewis Jacobs, The Rise of the American Film: A Critical History, New York 1947, S. 85
[44] Neal Gabler, An Empire of Their Own: How the Jews Invented Hollywood, zitiert nach: Wu, a. a. O., S. 94 f.

* * *

Der Schriftsteller Franz Kafka empfand schon die Tatsache, daß Grammophone »in der Welt sind, als Drohung«, wie er 1912 in einem Brief an Felice Bauer schreibt. »Nur in Paris haben sie mir gefallen« fährt Kafka im selben Brief fort, »dort hat die Firma Pathé auf irgendeinem Boulevard einen Salon mit Pathephons, wo man für kleine Münze ein unendliches Programm (nach Wahl an der Hand eines dicken Programmbuches) sich vorspielen lassen kann. Das solltet ihr auch in Berlin machen, wenn es das nicht schon gibt. Verkauft ihr auch Platten?«[45] Die Medienlandschaft ist in Bewegung, und das »unendliche Programm«, das man sich vorspielen lassen kann, ist wie ein Vorgriff auf aktuelle Geschäftsmodelle. Reden wir also von »Streaming«, reden wir von »Spotify«.

Die neuen Geschäftsmodelle in der Musikbranche haben nichts mit Piraterie zu tun. Sie werden geprägt von einer neuen Technologie und einer neuen Hörkultur. Die Technologie hat die Aufnahme und den Vertrieb eines Albums oder eines Songs verbilligt. Der Besitz der Produktionsmittel ist nicht mehr die Voraussetzung zur Herstellung eines Albums. Jeder kann heutzutage in ein Studio gehen und ein Album aufnehmen oder es gar zu Hause einspielen als »Home-Recording«. Jeder kann seine Songs selbst vertreiben, man braucht nur eine Website.

Musik ist heutzutage preiswert – billig herzustellen, aber eben auch, zum Leidwesen vieler: ein Billigprodukt. Für eine Flatrate von knapp 10 Euro monatlich ist praktisch die gesamte Pop- und Rock-Musikgeschichte, aber auch Klassik und Jazz ständig verfügbar, als Streaming auf mehreren Geräten parallel und ohne Werbung. Wer sich an Werbung nach jedem fünften Track wie bei Spotify nicht stört, kann Streaming auch umsonst bekommen, was aber wohl nur eine Variante ist für Leute, die auch

[45] Franz Kafka, Briefe an Felice, Frankfurt a. M., 1976, S. 134.

Gammelfleisch zu sich nehmen würden, solange es am billigsten ist.

Die veränderten Hörgewohnheiten haben viel mit dem Preis, zu dem man Musik heutzutage kaufen kann, zu tun. Während man früher für viel Geld eine Langspielplatte oder eine CD gekauft hat und diese wieder und wieder gespielt hat, muß man heutzutage nicht notwendigerweise viel Zeit mit ein und demselben Album verbringen – für weniger Geld als für eine CD kann man zu Hunderttausenden von Songs wechseln, die ständig verfügbar sind – Kafkas »unendliches Programm«. Und »Streaming« sind nicht nur die Streaming-Dienste, die man bezahlen muß. Auch YouTube ist ja gewissermaßen ein Streamingkanal, nur eben sogar ein kostenloser. In den USA ist laut einem Bericht von US-Marktforscher Nielsen YouTube bereits das Tool, mit dem Teenager am häufigsten Musik hören. Aber natürlich ist YouTube auch für ältere Semester mit Hang zur Retrospektive ein absolut faszinierendes Medium: Da ist plötzlich das komplette Flaming-Lips-Konzert von 1996 in Köln zu sehen, und zwar in guter Qualität und aus Mischpult-Perspektive, man darf also vermuten, daß die Band das selbst eingestellt hat. Allein den Drummer Steven Drozd bei dieser Show zu betrachten, ist großartiger als praktisch die ganze Jahresproduktion deutscher Popmusik. Dann entdeckt man das Gitarrensolo von Prince, aus dem er das berühmte Riff von Purple Rain entwickelte. Man kann das tolle Badewannen-Video von Erykah Badu mit den Flaming Lips sehen, zur Toscanini-Version der »Internationalen« weiterdriften, bei Leonard Bernstein vorbeischauen und immer so fort. Jüngster Clou zum Zeitpunkt, da ich dieses Kapitel schreibe: komplette Festivalauftritte. Hank Neuberger ist mit seiner Produktionsfirma »Springboard Productions« der Kopf dieser Idee. Neuberger hat als Produzent und Toningenieur eine beachtliche Karriere hinter sich, er hat mehrere Grammys gewonnen und die ersten herunterladbaren Videos aller Zeiten bei iTunes veröffentlicht (sie waren zusammen mit den Alben von Coldplay und Black Eyed Peas erhältlich). Die Liste der von Hank Neuberger produzierten Künstler liest sich wie ein Who-is-Who der Popgeschichte der letzten zwei Jahrzehnte und reicht von Pete Townsend und Sting bis zu Feist und Jay-Z, von den Smashing Pumpkins und Black Eyed Peas bis zu den Flaming Lips und Brian Wilson. Für die wichtigsten amerikanischen Musikfestivals hat Neuberger die kompletten Shows aller Künstler gefilmt und produziert – also nicht ausgewählte Künstler, nicht ausgewählte Tracks oder Ausschnitte, nein, das ganze Festival! Das »Coachella«-Festival, »Lollapalooza«, »Knotfest«. Und die kompletten Auftritte sind live, also in Echtzeit, und kostenlos (!) bei YouTube im Stream zu sehen, und zwar in außerordentlicher Qualität. Vergessen Sie das, was sie vom deutschen Fernsehen von den hiesigen Festivals zu sehen gewohnt sind. Neuberger dreht die Konzerte in höherer Auflösung als im Fernsehen, vierundzwanzig Megabites pro Sekunde statt der üblichen acht. Sie können unter drei verschiedenen Kanälen auswählen, womit fast gesichert ist, daß Sie keine Band auf den verschiedenen Bühnen verpassen.

Natürlich, ohne Sponsoring ist der kostenlose Live-Stream von Festivals nicht möglich. Die Kosten für ein Wochenende betragen geschätzt etwas mehr als eine halbe Million Dollar. Wrigley oder YouTube haben das bei Coachella in den letzten Jahren finanziert. Den Radiohead-Auftritt vom 14. April 2012 kann man sich knappe zwei Stunden lang auf YouTube ansehen. Bis Ende des Jahres hatten dies bereits weit über 600.000 Menschen getan. Haben Radiohead dadurch Käufer ihrer Konzerttickets oder ihrer Alben verloren? Natürlich nicht, ganz im Gegenteil, sie dürften Fans gewonnen haben. Hat Coachella dadurch Käufer von Festivaltickets verloren, daß man das Festival komplett am heimischen Computer im Live-Stream verfolgen kann? Natürlich nicht. 2013 war das Festival noch früher ausverkauft als in den Vorjahren. Der Live-Stream macht die Betrachter zu Fans und bindet sie enger an Künstler und Event.

Das neue Album von Rihanna belegte im August 2012 den ersten Platz der britischen Album-Charts mit gerade einmal 9578 verkauften Exemplaren. Die niedrigsten Verkäufe für ein Top-1-Album in der Geschichte der britischen Charts. Doch warum sollten Teenager und Twens für zirka 15 Euro ein Album kaufen, auf dem sie wahrscheinlich nur zwei, drei Songs wirklich hören wollen? Das Geschäftsmodell, Alben für teures Geld zu verkaufen, ist ein Geschäftsmodell der Tonträgerindustrie. Ihr geht es um Mainstream. Ihr geht es darum, größtmögliche Profite zu generieren. Bedauert irgendwer, wenn dieses Geschäftsmodell zum Sterben verurteilt ist, weil es sich überlebt hat?

Wohlgemerkt, das ist keine Absage an das Konzept des *Albums*. Alben wird es weiter geben, und sie werden weiter gekauft werden, in der Nische kleiner Plattenfirmen und anspruchsvoller Musikliebhaber. Doch nicht auf der Autobahn des Mainstream, einer Autobahn, mit der die großen Plattenfirmen längst alle zarten Pflänzchen und Maulwurfhügel plattgemacht haben. Doch jetzt stellen sie fest, daß die Konsumenten nicht auf der Autobahn fahren wollen. Die Konsumenten winken aus dem vorbeifahrenden ICE, und die Plattenfirmenbosse sitzen traurig auf der leeren Autobahn und schreien nach dem Gesetzgeber, der die Menschen zwangsverpflichten soll, weiter auf ihren Betonpisten zu fahren.

Plattenfirmen bevorzugen Tonträger, weil sie damit mehr Geld verdienen können. Doch selbst das ändert sich gerade (und übrigens nicht nur im Musikgeschäft): Man zahlt heutzutage für Nutzung, nicht mehr für Besitz. Ein Vorteil für diejenigen, deren Songs häufiger gespielt werden. Ein Nachteil für die, die dem alten Geschäftsmodell anhängen, das auf Besitz ausgerichtet ist.

Im Januar 2013 hat eine der größten Musikladenketten Europas Insolvenz angemeldet, HMV, kurz für His Master's Voice, deren Flaggschiff-Geschäft in London jeder Tourist kennen dürfte. 230 Geschäfte in Großbritannien und Irland sowie 4000 Mitarbeiter sind betroffen. In Frankreich ist die zweitgrößte Handelskette, Virgin, ebenfalls seit Januar 2013 insolvent, und die größte französische Handelskette für Bücher, Unterhaltungselektronik und Tonträger, FNAC, kämpft seit Jahren ums nackte Überleben. Was bedeutet das alles? Zunächst einmal nichts Gutes: Die »Indies«, die unabhängigen Plattenfirmen und ihre Vertriebe, werden massive Finanzprobleme bekommen. Martin Elbourne (über zwei Jahrzehnte künstlerischer Leiter des Glastonbury-Festivals und heute Chef des »Great Escape«-Festivals) berichtet im Frühjahr 2013, daß PIAS, der Vertrieb von Adele, seit September 2012 kein Geld mehr von HMV erhalten habe. Und ein Vertrieb, der mit der bestverkaufenden Künstlerin der Welt ins Weihnachtsgeschäft geht, hat wahrlich eine starke Position auf dem Markt. Wenn selbst dieser Vertrieb seit vier Monaten kein Geld mehr von HMV erhalten hat, kann man sich vorstellen, wie es für kleinere Labels und Vertriebe aussieht. Elbourne: »Jeder Künstler in Europa, der vom Verkauf seiner Musik lebt und heute noch 70-Minuten-CDs aufnimmt, ist ein Trottel. Die Zeiten sind vorbei ...«[46]

Abgesehen von diesen direkten und unangenehmen Folgen geht es hier um einen endgültigen Paradigmenwechsel: Die CD ist tot. Das ist die einfache Wahrheit. Alben haben kaum noch Relevanz: In den USA wurden im Jahr 2010 gerade einmal noch von 1215 Alben mehr als 10 000 Stück verkauft (von zirka 98 000 registrierten Alben, die in den USA erschienen sind und mindestens ein Exemplar verkaufen konnten). Jedes Jahr sind es etwa

---

[46] Zitiert nach: Bob Lefsetz, The Lefsetz Letter (Blog), »A Winter Day in L. A.«, 17. 1. 2013.

10 Prozent weniger Alben, die noch 10 000 Menschen in den USA zum Kauf animieren können (2008: 1515 Exemplare, 2009: 1319).[47] Niemand kauft mehr eine CD. Genauer gesagt: Nur ein paar Traditionalisten, der Autor dieser Zeilen eingeschlossen, kaufen noch »physische Produkte«, also Tonträger im eigentlichen Sinn. Es wird ein Nischengeschäft werden, so wie heute schon Vinyl. Ist dies schlimm? Ich glaube nein. Im Gegenteil, es ist die Chance für kleine und mittlere unabhängige Labels und für Künstler, endlich eine Art Waffengleichheit mit den Majors herzustellen. Allerdings nur, wenn sie begreifen, was die Stunde geschlagen hat, und wenn sie klug agieren.

Bisher war das Hauptproblem kleiner Plattenlabels die Herstellung und der Vertrieb ihrer Produkte. Wer ein paar tausend LPs oder CDs herstellen läßt, muß beträchtliche Vorleistung erbringen: Das Preßwerk, die Hersteller der Booklets, sogar die GEMA müssen für jede CD oder LP vorab bezahlt werden, egal, ob sie je verkauft wird. Zigtausende Euro sind vorzufinanzieren – während die Plattenläden von ihrem Retourenrecht eifrig Gebrauch machen und nicht verkaufte Ware nach wenigen Monaten zurücksenden. Dann bleibt der Plattenfirma nur noch das Verramschen bei den einschlägigen Billighändlern. Doch nicht nur die Herstellungskosten und die hohen Retouren machen den Nicht-Majors zu schaffen, sondern auch der eigentliche Vertrieb. Die großen Ketten wie Saturn oder Media Markt (die eine gemeinsame Firma sind, was viele nicht wissen: die Media-Saturn-Holding, MSH, ist die größte Elektronik-Fachmarktkette Europas und gehört zur Metro-Gruppe, wie zum Beispiel Kaufhof und Real) haben eine irrsinnige Marktmacht und können den Preis, den sie für CDs an die Vertriebe und die Plattenfirmen bezahlen, weitgehend selbst bestimmen. Und nicht nur die Preise: Als City Slang beim Lambchop-Album »OH

---

[47] Zahlen laut Digital Music News, 2/2011, und SoundScan.

(ohio)« 2008 die schöne Idee hatte, das komplette Album der aktuellen Ausgabe des *Rolling Stone* beizulegen, drohte MSH damit, künftig keine Lambchop-Alben mehr zu verkaufen, was sie auch einige Wochen lang umsetzten, ehe sie den Boykott dann doch wieder aufhoben.

Wenn sich der Tonträgermarkt weitgehend vom Vertrieb physischer Produkte löst und statt dessen digitale Vertriebswege nutzt, sind die Plattenfirmen nicht mehr auf die Großkonzerne wie MSH angewiesen, sondern können ihre Musik direkt an die Fans vertreiben. Keine Lagerprobleme mehr, wesentlich weniger Vorleistungen, keine Abrechnungsprobleme, kein Verkaufszwang, kein Lizensierungs-Kopfweh und Angst vor ausbleibender Zahlung – die Musik steht online, die Fans können downloaden oder die Musik streamen. Und es gibt einen weiteren Vorteil: Die Musik wird nicht mehr nur für heute produziert, sondern auch und vor allem für morgen. Im Internet bleibt die Musik beliebig verfügbar. Man muß Musik nicht sofort hören, kaufen und verkaufen. Es zählt nicht mehr der sofortige, meist von den Marketingstrategen der Musikindustrie am Reißbrett entworfene (und mit hohen Marketingausgaben verbundene) schnelle Erfolg, sondern es geht um die langfristige Karriere. Womit sich dann auch das Augenmerk wieder auf die Qualität der Musik richten kann. Viele anspruchsvolle Alben sind sogenannte »slow burner« und finden erst spät ihre Fans. Für die auf rasche Megaumsätze gepolten Großunternehmen der Kulturindustrie, die vornehmlich ihre »Top-40-Ware« absetzen wollen, dauert dies zu lange. Deren Zyklen sind von den Quartalsbilanzen geprägt (die nationalen Unternehmen müssen ihre Bilanzen quartalsweise an die internationalen Konzernzentralen melden). Das ging in der Vergangenheit nicht selten nach dem Prinzip: »Wir liefern noch kurz vor Quartalsende mal eben 250.000 CDs von XY in den Handel aus« – was sich positiv in den Quartalsbilanzen niederschlug, die die nationalen Konzernmanager an ihre Firmenzentralen durchgaben. Daß man mit den CDs, die dann ein paar Monate später als »Retouren« von den Plattenläden zurück in die Lager der Majors geschickt wurden, die Autobahn von Kiel nach Frankfurt hätte pflastern können, interessierte die Musikmanager nicht. Es gab ja bereits ein neues Produkt, das man auf den Markt warf und mit dem man die Bilanzen schönen konnte.

Trotz aller Probleme im Detail: Wir sollten es begrüßen, daß wir uns von diesen absurden Vermarktungsmodellen verabschieden können, daß eine Entschleunigung des Verwertungszyklus möglich ist. Nichts wird sich daran ändern, daß diejenigen, die sich um den Vertrieb und Verkauf anspruchsvoller Musik bemühen, eine Sisyphos-Arbeit leisten. Aber in der modernen digitalen Welt dürfen wir uns Sisyphos vielleicht endlich als glücklichen Menschen vorstellen.

Die großen Plattenfirmen hingegen trauern den achtziger Jahren nach. Ende der Siebziger, Anfang der Achtziger herrschten für sie paradiesische Zustände. Es war eine Zeit, in der die Tonträgerindustrie so große Umsätze machte wie selten zuvor und nie mehr danach. Wir reden von der Erfindung der CD. Den Konzernen gelang es, den Kunden ihren kompletten LP-Backkatalog als CD ein zweites Mal zu verkaufen. Diese Doppelverwertungen von Platten, für deren Produktion sie nichts mehr bezahlen mußten, ließ Geld regnen. Zudem war die CD wesentlich billiger in Herstellung und Vertrieb als die LP, und etliche Jahre lang konnte die Tonträgerindustrie ihren Käufern weismachen, daß die CD ein besseres Produkt sei als die Schallplatte, und es daher deutlich teurer verkaufen, was die Gewinne pro verkaufter CD noch weiter ansteigen ließ. Sicher, Neil Young hat von Anfang an darauf hingewiesen, daß die CD eine Mogelpackung ist, daß sie schlechter klingt, weil die Datenmenge, die am Ende auf dem Rohling landet, im Vergleich zum analogen Klang drastisch reduziert war. Aber wer hört schon auf einen Musiker? Die CD verschaffte der Musikindustrie einen Boom. Der Gedanke, daß ihre Zeit abgelaufen ist, ist den Major Labels unerträglich, deswegen versuchen sie alles, die CD und ihre Vertriebswege künstlich am Leben zu erhalten. Die CD ist aber nur ein Mediensystem. Läden wie HMV sind nur Händler. Die Methoden der Reproduktion und des Vertriebs verändern sich, und »in der allgemeinen Digitalisierung von Nachrichten und Kanälen verschwinden die Unterschiede zwischen einzelnen Medien«, wie der Medientheoretiker Friedrich Kittler bereits 1986 festhielt.[48] Die Kunst aber, die Musik bleibt bestehen, unabhängig vom jeweiligen Vertriebssystem. Wer das versteht und wer bereit ist, sich auf die Moderne einzulassen, wird überleben.

»Die digitale Krise schlägt voll auf die Musikwirtschaft durch. Viele Unternehmen können es sich wegen des Diebstahls im Internet nicht mehr leisten, an der Popkomm teilzunehmen« – mit dieser dumpfen Propaganda begründete Dieter Gorny 2009 die Absage der Berliner »Popkomm«.[49] Keine Rede davon, daß die Branche, was den digitalen Vertrieb angeht, alles verschlafen hat, was man nur verschlafen konnte. Keine Rede davon, daß ausgerechnet der Verband, dessen Vorsitzender Dieter Gorny ist, des Bundesverbands Musikindustrie (BVMI), in seinem Jahreswirtschaftsbericht 2008 darauf hinweist, daß schon seit fünf Jahren die Anzahl der illegal heruntergeladenen Titel und ebenso der Absatz der zum Brennen benötigten CD-Rohlinge rückläufig ist: »Von 2003 bis 2007 hat sich die Zahl der illegalen Downloads von 602 Millionen auf 312 Millionen nahezu halbiert, obwohl sich seit 2004 die Zahl der Personen mit einem schnellen Internetzugang (DSL) mehr als verdreifacht hat«, hieß es beim BVMI. Die großen Tonträgerkonzerne erwirtschaften längst mehr als jeden fünften Euro im Internet, mit

---

[48] Friedrich Kittler, Grammophon, Film, Typewriter, Berlin 1986, S. 7
[49] »Musikindustrie in der Krise: Popkomm für 2009 abgesagt«, Spiegel Online, 19. 6. 2009.

drastisch steigender Tendenz. Im Jahr 2012 nahmen die deutschen Tonträgerfirmen erstmals mehr Geld über den internetbasierten Vertrieb ein als in den großen Handelsketten und in den kleinen Plattenläden. Der Digitalhandel hat den stationären Verkauf als wichtigsten Vertriebskanal abgelöst. Allein beim Marktführer Universal haben die Einnahmen aus legalen Downloads längst die Milliardengrenze überschritten. Es gehört schon eine gehörige Portion Chuzpe dazu, anläßlich der überfälligen Einstellung einer überflüssigen Veranstaltung wie der »Popkomm« von der Politik protektionistische Gesetze zu verlangen, wenn sogar die selbstzusammengestellten Fakten eine andere Sprache sprechen. (Und mal abgesehen davon, daß die vom BVMI veröffentlichten Zahlen durchaus fragwürdig sind – wie und woher etwa will der Verband denn die genaue Zahl illegaler Downloads wissen?)

Das eigentliche Problem der Musikindustrie ist aber ein ganz anderes: Die Menschen kaufen kaum noch Musik. Sage und schreibe 63 Prozent der Deutschen kaufen generell keine Musik, während die mit 3,4 Prozent sehr kleine Gruppe der »Intensivkäufer«, das heißt diejenigen, die mehr als 9 Tonträger pro Jahr erwerben (hauptsächlich über vierzigjährige Männer) für 43 Prozent des Branchenumsatzes sorgen. Acht Prozent der Deutschen sind »Durchschnittskäufer« mit 4 bis 9 Tonträgern pro Jahr, auf sie entfallen immerhin rund 27 Prozent der Jahresumsätze. Nur etwas mehr als 11 Prozent der Deutschen sorgen für 70 Prozent des Jahresumsatzes der Tonträgerfirmen, während fast zwei Drittel der Bevölkerung für die Musikindustrie gar nicht erreichbar sind.[50] Wenn gleichzeitig 84 Prozent der Deutschen angeben, in ihrer Freizeit »gerne« beziehungsweise »sehr gerne« Musik zu hören, kann man eigentlich nur einen Schluß ziehen: Die

---

[50] Alle Zahlen laut BVMI, Musikindustrie in Zahlen 2012 (Jahrbuch), März 2013.

deutsche Musikindustrie produziert praktisch komplett an den Interessen und Bedürfnissen der BürgerInnen vorbei, oder/und ihre Angebote sind unattraktiv.

Gern wird von den Gegnern der Streaming-Dienste ins Feld geführt, daß es beim Streaming nur »Krümeltantiemen« zu verdienen gebe. Auf *Vulture*, dem Online-Blog des *New York*-Magazins, war ein Gespräch mit der Band Grizzly Bear erschienen, deren Statements auch von hiesigen Medien von der *Süddeutschen Zeitung* bis *Visions* eifrig nachgeplappert wurde. Da habe die Band innerhalb weniger Monate 220 000 Exemplare ihres neuen Albums verkauft, spiele vor ausverkauften Hallen, verdiene aber nur »genauso viel wie ihre Zahnärzte«.

Offensichtlich ist den Medienleuten nicht nur der Verstand, sondern auch der Maßstab abhanden gekommen. Ich weiß nicht, wieviel mein Zahnarzt genau verdient, ich weiß allerdings, daß Zahnärzte über ein nicht gerade kleines Einkommen verfügen und eher zu den Besserverdienenden in den westlichen Gesellschaften gehören. Wenn Musiker also ähnlich viel verdienen wie ihre Zahnärzte und damit deutlich mehr als die meisten ihrer Fans, sollte man meinen, daß sie nicht rumjammern, sondern sehr zufrieden sein können.

Es ist ein Mythos, daß man in der Musikbranche, wenn man Erfolg hat, automatisch reich wird. Wenn man die Geschichte vieler erfolgreicher Bands näher betrachtet, wird man leicht feststellen, daß in der Mehrzahl der Fälle nur die Verwerter, nicht die Künstler reich geworden sind.

Doch in den deutschen Medien müssen ausgerechnet die erfolgreichen und gut verdienenden Grizzly Bears als Beispiel herhalten für die verzweifelte Lage der Musiker im Zeitalter des Downloads. Bernd Graff behauptet in seinem Artikel in der *Süddeutschen*, daß »man heute 39.000 verkaufte Tonträger benötigt, um auf Platz sieben« der Album-Charts zu kommen,[51] was leider Quatsch ist. Jede Verkaufswoche ist anders. Im Februar 2011 konnte Amos Lee mit einer Verkaufszahl von knapp weniger als 40.000 Alben pro Woche sogar Platz 1 der US-Charts erobern. Rihanna war im August 2011 schon mit 9578 verkauften Alben auf Platz 1 der britischen Charts, Taylor Swift jüngst mit beachtlichen 1,2 Millionen auf Platz 1 der US-Charts. Man sieht: Charts-Plazierungen als solche haben wenig Aussagekraft. Deswegen werden in den USA und in Großbritannien die realen Verkaufszahlen pro Woche veröffentlicht – die deutsche Musikindustrie wird ihre Gründe haben, darauf zu verzichten.

Und wie steht es nun wirklich um den neuesten Schrecken der Musikindustrie, die Streaming-Dienste? Von »Krümeltantiemen« war die Rede, und durch die Diskussion geistern Beträge in Höhe von 0,005 Dollar, die pro gestreamtem Track in der Kasse der Künstler landen. Furchtbar wenig fürwahr. Ein unbekannter Künstler kommt damit nicht voran – so wenig übrigens wie mit den Almosen aus dem CD-Verkauf (dazu mehr in Kapitel 7). Andersherum muß man konstatieren, daß für erfolgreiche Künstler Streaming-Angebote durchaus verlokkend sind: Ein echter Hit wird viele hundert-, mitunter tausendmal gespielt, und beim Künstler und seiner Plattenfirma klingelt beim Streaming-Dienst jedes Mal die Kasse – bei einer CD oder beim iTunes-Download dagegen nur einmal. Kein Wunder, daß Martin Mills, der Gründer des größten und vermutlich einflußreichsten Indie-Labels Beggars Group (Adele, The Fall, Pixies, Iron & Wine), ein Propagandist von Streaming-Diensten ist: »Einige unserer Künstler – gerade die, die wir im Katalog führen – stellen bei der Honorarabrechnung fest, daß sie bei einigen Tracks via Streaming mehr verdienen als durch andere Quellen. Für Beggars zahlt sich das um ein

---

[51] »Für eine Handvoll Dollar: Musiker-Einkünfte im Internet-Zeitalter«, Süddeutsche Zeitung, 24. 10. 2012.

vielfaches mehr aus als Radio-Airplay. Deshalb sind wir große Streaming-Unterstützer.«[52] (Bernd Graff behauptet in seinem Artikel im übrigen, daß Adele »ihr letztes Album nicht bei Spotify platziert haben wollte.« Auch das ist Quatsch. Das genaue Gegenteil ist der Fall.) Ganze 22 Prozent der digitalen Beggars-Einnahmen sind im Jahr 2012 bereits auf Musik-Abos und werbefinanzierte Angebote wie Spotify oder YouTube zurückzuführen, wobei die Einnahmen pro Stream bei Plattformen wie Spotify wesentlich höher liegen als bei YouTube, wo dagegen wesentlich mehr Abrufe erfolgen.[53]

Selbst eine Band wie Metallica, die ebenso wie ihr langjähriger, mit allen Wassern gewaschener Manager Cliff Burnstein Skeptiker neuer Bezahl- und Vertriebsmodelle sind und zum Beispiel Napster seinerzeit noch kritisch gegenüberstanden, stellen ihre Alben längst auf Spotify zur Verfügung. Wenn eine der erfolgreichsten Bands der Welt, die zudem von einem Manager vertreten wird, für den der Begriff »old school« noch eine verniedlichende Zuschreibung wäre, wenn Metallica sich also an Spotify binden – bedeutet das, daß Spotify, daß Streaming ein schlechtes, gar ein Künstler-feindliches Geschäftsmodell ist? Wohl kaum.

Das schwedische Musikgeschäft verbuchte im Jahr 2012 zweistellige Umsatzzuwächse, vor allem wegen der Einnahmen aus dem Streaming-Markt, die im Spotify-Heimatland um gut 55 Prozent gegenüber dem Vorjahr anstiegen: »Schweden streamt sich zum Wachstum«, titelte die Musikwoche.[54] Und zwei Tage zuvor hatte bereits Norwegen ein Umsatzplus von mehr als 200 Prozent im Streaming-Markt berichtet, was zu einem Umsatzplus

---

[52] »Beggars: Streaming via Spotify rentabler als Radio-Airplay«, Musikmarkt.de, 6. 8. 2012.
[53] »Beggars Group analysiert Digitalumsätze«, Musikwoche.de, 8. 1. 2013
[54] Musikwoche.de, 18. 1. 2013.

von sieben Prozent im gesamten Tonträgermarkt Norwegens führte – der ersten Steigerung des Jahresumsatzes seit 2004 überhaupt.[55]

Streaming-Dienste schütten nicht nur in den USA, wo mittlerweile jeder zweite Online-Nutzer regelmäßig auf Online-Radio und Streaming-Dienste zurückgreift, längst mehr Geld an Labels und Künstler aus als das terrestrische Radio. David Touve, Lehrbeauftragter für Betriebswirtschaftslehre an der Washington and Lee University in Virginia, hat errechnet, daß das terrestrische Radio nur einen Bruchteil von dem zahlt, was Spotify und Co. an Label und Künstler abgeben. Da die Labels in den USA überhaupt kein Geld von terrestrischen Radiostationen erhalten (mit einer Begründung, die man auch in Deutschland immer häufiger hört: die Ausstrahlungen im Rundfunk, die sogenannten »Air-Plays«, seien schließlich kostenlose Werbung), untersuchte der Wissenschaftler den Wert eines Air-Plays im terrestrischen Radio in Großbritannien und beziffert ihn mit 0,00012 US-Dollar pro Hörer. Dies sei nur ein 36-stel von dem, was Spotify zahlt (0,0042 Dollar pro Play) und ein Zehntel von dem, was ein Webradio wie Pandora zahle (0,0011 Dollar).[56] Und Christian Hufgard hat anhand von Zahlen der *Medien-Analyse Radio* und der Verwertungsgesellschaften GEMA und GVL errechnet, daß die deutschen Radiosender auf einzelne Hörvorgänge umgerechnet den Betrag von 0,000193644 Euro (0,0194 Cent!) zahlen, nicht einmal ein Siebtel dessen, was etwa Spotify pro Abspielvorgang zahlt.[57]

---

[55] »Streaming sorgt für Trendwende in Norwegen«, Musikwoche.de, 16. 1. 2013.
[56] Gideon Gottfried, »Streaming: Zahlen Spotify und Co. zu viel an Labels und Künstler?«, Musikmarkt.de, 11. 12. 2012.
[57] Peter Mühlbauer, »Auf Hörer umgerechnet: Radio zahlt deutlich weniger als Spotify«, Telepolis, 29. 5. 2013.

Im August 2012 hat die Deutsche Telekom mit dem Musik-Plattformanbieter Spotify eine exklusive Marketing-Kooperation geschlossen. Wer einen bestimmten Telekom-Tarif kauft, bekommt Spotify Premium für denselben Preis kostenlos dazu.

Interessant an der Kooperation von Telekom und Spotify ist zweierlei:

Erstens findet die Telekom, wie ihr Chef mehrfach betont hat, die sogenannte »Netzneutralität« »überflüssig«. In dem neuen Tarif werden die Musik-Daten von Spotify interessanterweise nicht auf die Datenmenge des gebuchten Tarifs aufgeschlagen. Während der deutsche Netz-Konsument sich in der Regel eine extrem beschränkte Datenrate (je nach Vertrag von 300 MB bis 2 GB) als »Datenflatrate« andrehen läßt, besteht das Ziel der Deutschen Telekom darin, unterschiedliche Datenarten zu schaffen, die unterschiedlich abgerechnet werden können. Konsens im Internet ist eigentlich, daß es die Provider nichts angeht, welche Daten über das Netz transportiert werden – der Begriff »Netzneutralität« meint ja ausdrücklich, daß es die Sache des Nutzers ist, ob er Texte, Musik oder Videos mit einer Plattform oder mit Freunden austauscht. Eben: die »diskriminierungsfreie Übertragung aller Datenpakete, unabhängig von Herkunft oder Ziel, Form oder Inhalt« (Jens Best).[58]

Die Telekom hat jedoch ein massives Interesse daran, bei der Datenübertragung eine Unterscheidung in Qualitätsklassen zu erzielen, um langfristig die unterschiedlichen Datenübertragungsklassen unterschiedlich abrechnen zu können. Die Telekom verletzt mit ihrem Spotify-Deal die »vertikale Netzneutralität«, weil »nun Musik-Daten anders behandelt und abgerechnet werden als der restliche Internet-Verkehr« (Best).

---

[58] Jens Best, Anders (Blog), »Telekom verteilt Gleitcreme auf Ifa«, 31. 8. 2012.

Zweitens: Ein interessanter Aspekt ist natürlich die Rolle von Spotify. Im Grunde verletzt Spotify die »horizontale Netzneutralität«, weil die Firma durch die Kooperation mit der Deutschen Telekom, einem der hiesigen Marktführer, eine wettbewerbsschädigende Bevorzugung erhält, denn »die Ungleichbehandlung der Musikdateien anderer Musik-Plattformen, monetär wie technisch, ist ein Bruch der innovationsschützenden Netzneutralität« (Best). Es lohnt sich, an dieser Stelle Spotify genauer unter die Lupe zu nehmen. An dem schwedischen Streaming-Dienstleister sind mittlerweile ja auch große Musikkonzerne beteiligt, die nach dem Niedergang ihrer Plattenverkäufe und nach ihrem Versagen im ersten digitalen Geschäftsmodell »Download« (Apple kontrolliert laut *FAZ* mit iTunes rund zwei Drittel des digitalen Musikmarkts)[59] verzweifelt daran arbeiten, wenigstens einen Teil der Vertriebswege wieder unter ihre Kontrolle zu bringen, denn historisch betrachtet war laut Beggars-Chef Martin Mills »die Kontrolle über die Vertriebskanäle das, was ein Major-Label ausgemacht hat«.[60] Und die Konzerne des Weltmusikmarkts haben kein Interesse an Netzneutralität, sondern daran, daß die Musikdateien im Internet bevorzugt vertrieben werden können, damit das Monopol der Musikkonzerne nicht Schaden nimmt. Zur Erinnerung: Die drei größten Musikkonzerne bestimmen knapp 80 Prozent des Weltmusikmarkts. Und der Eigner von Warner-Music, Leonard Blavatnik, hat Anteile am französischen Streaming-Dienst Deezer übernommen und beteiligt sich zusammen mit Apple am Aufbau eines Streaming-Dienstes unter dem Projektnamen Daisy. Und auch andere Medienkonzerne wittern das große Geschäft mit dem Streaming: Der ProSiebenSat.1-Konzern, der zwei Private-Equity-Gesellschaften gehört, plant im Frühjahr 2013 den Start eines eigenen Online-Musik-

[59] »Die Musikindustrie schafft die Wende«, FAZ, 27. 2. 2013.
[60] in: Marcus Theurer, »Herrscher der Töne«, FAZ, 20. 4. 2013.

dienstes namens Ampya (sprich: »Empire«).[61] Die Musikkonzerne, die Beteiligungen an den verschiedenen Diensten halten, freuen sich aus naheliegenden Gründen über jede Möglichkeit, den Austausch von Musikdateien auf allen Ebenen vorantreiben zu können. In Europa ist Spotify inzwischen die zweitgrößte digitale Einnahmequelle der Musikindustrie, Streaming-Plattformen wie Spotify oder Deezer haben ihre Nutzerzahlen laut IFPI binnen zwei Jahren von 8 Millionen auf 20 Millionen zahlende Kunden gesteigert.

* * *

Betrachten wir abschließend einmal näher, wie sich die Einnahmen aus dem Verkauf einer CD verteilen, auch wenn dies nur annäherungsweise möglich ist. Natürlich sind sehr unterschiedliche Faktoren zu berücksichtigen: Handelt es sich um ein neues Album eines »Mainstream«-Künstlers, bei dem die Plattenfirma Unsummen für Marketing ausgibt? Oder geht es um die CD einer renommierten Band, die aber nur, sagen wir, im unteren fünfstelligen Bereich CDs verkauft? Oder geht es gar um eine Newcomer-Band? Ebenfalls ist zu berücksichtigen, ob das Album bei einer der drei Firmen der Musikkonglomerate, die über eigene Vertriebswege verfügen und den Markt auf allen Ebenen dominieren können, oder bei einer kleinen Firma erscheint, die also Kompromisse schließen muß, um ihre CD überhaupt in die Läden zu bringen. Nach einer Rechnung der beiden Lobbyverbände der Musikindustrie, des BVMI und des VUT, erhält der Künstler im Schnitt weniger als 10 Prozent vom Ladenpreis einer CD (sollte der Künstler auch Autor der Stücke sein, erhöht sich dieser Betrag geringfügig). Nach dieser Beispielsrechnung erhalten der Einzelhandel 22 Prozent,

[61] »ProSiebenSat.1 will Streamingdienst ans Netz bringen«, Musikwoche.de, 23. 4. 2013.

das Label 20,1 Prozent und der Vertrieb 18,6 Prozent vom Bruttopreis der CD. Den viertgrößten Posten machen übrigens die 19 Prozent Mehrwertsteuer aus. Dem Künstler bleiben also bei einer CD, die, sagen wir, im Laden 15,90 Euro gekostet hat, nach dieser Rechnung 1,58 Euro (vor Steuern, sozusagen). Wir werden im Kapitel über die Einkünfte der Musiker genauer auf dieses Thema eingehen (und die Zahlen der Lobbyvereinigungen korrigieren). Wenn man sich jedoch diese ernüchternden Zahlen betrachtet, fragt man sich, warum die Künstler in Zeiten, da ihnen die Produktionsmittel quasi selbst gehören und die CD-Herstellung so viel billiger ist als früher die Herstellung einer LP, nicht auf den digitalen Eigenvertrieb ihrer Alben im Internet setzen. Radiohead hat dies bereits getan. Die britische Erfolgsband konnte es sich sogar leisten, ihr 2007 erschienenes Album *In Rainbows* im Netz quasi zu verschenken: Sie bot ihre Musik zum Download an, und die Fans konnten entscheiden, was ihnen der Download des kompletten Albums wert war. Im weltweiten Schnitt zahlten die Konsumenten 4,21 Euro. Ihr nächstes Album, *The King of Limbs* (2011), boten Radiohead dann im Internet für 7 Euro zum Download an. Gehen wir einmal von sehr hohen Kosten für Konstruktion und Bereitstellung der Internetpräsenz aus und nehmen wir an, daß von den 7 Euro etwa 5 Euro in der Bandkasse bleiben, dann ist das immer noch mehr als das Doppelte von dem, was die Band von einer Plattenfirma erhalten hätte – während der Kunde weniger als die Hälfte des Ladenpreises bezahlt. Eine klassische »Win-Win-Situation« also. Wie gesagt, dies ist eine Beispielrechnung, die betriebswirtschaftliche Realität sieht immer etwas anders aus, aber das Prinzip ist klar, und man kann unschwer verstehen, warum die Musikindustrie kein Interesse daran hat, das für sie sehr profitable herkömmliche Geschäft zu ändern, und statt dessen lieber an einem altmodischen, profitablen Produkt wie der Compact Disc festhält.

Aber nicht nur die Plattenfirmen halten eisern am alten Geschäftsmodell fest, das ihnen die höchsten Profite beschert. Bob Lefsetz stellt in seinem Blog fest, daß auch »die Künstler dumm sind. Sie sind die altmodischsten Leute, die ich kenne. Sie sind zu doof zu erkennen, daß wir in einer mobilen Welt mit mobilen Geräten leben. Spotify (...) ist die Zukunft.«[62] Allerdings sieht Lefsetz Hoffnung, denn er verweist darauf, daß mittlerweile vor allem Musiker am oberen und am unteren Bereich der Einkommenspyramide das Geschäftsmodell ändern, weil sie die Major-Labels »und das Fehlen transparenter Abrechnungen satt haben. Was auch immer dein Deal ist, sie bezahlen dich nicht anständig. Sie sind Ganoven in Armani-Anzügen.« Dies sei der Grund, warum die Superstars sich immer weniger auf Major-Labels einlassen würden, und die Newcomer sich ebenfalls mit anderen Geschäftsmodellen auseinandersetzen. Ein Großteil der Künstler ignoriert allerdings immer noch die Realität, und die Kulturindustrie wird nicht müde zu betonen, daß immer noch etwa achtzig Prozent der Künstler sich einen Plattenvertrag mit einer herkömmlichen Plattenfirma wünschen. Es sind eben hauptsächlich Mittelstands-Kids, die von der modernen Welt wenig verstanden haben, aber unbedingt Mami und Papi mit einem echten Plattenvertrag beweisen wollen, daß sie es »geschafft« haben.

Van Dyke Parks, der Musiker, Komponist, Texter, Arrangeur und Produzent (von den Beach Boys, den Byrds, den Everly Brothers oder Bruce Springsteen bis zu Fiona Apple, Joanna Newsom und Rufus Wainwright), der auch als Direktor des Audio-Video-Services für Warner Bros. gearbeitet hat, sagt in einem Interview: »Das alltägliche Geschäft in Plattenfirmen ist Sklavenarbeit. Die abscheulichen Vertragspraktiken haben sich überhaupt nicht verändert, seit ich aus diesem Abzockergeschäft ausgestie-

---

[62] Bob Lefsetz, The Lefsetz Letter (Blog), »Spotify Transparency«, 31. 5. 2012 (deutsch von mir).

gen bin. Die Vorstände und ihre Anwälte halten an ihrem Credo der kompromißlosen Habgier fest, während die Branche nach und nach zusammenbricht.«[63]

Keith Richards beschreibt die Niederungen der Musikindustrie ähnlich: »Der Musikindustrie geht es nur um ein Verkaufsargument, um dich leichter an den Mann zu bringen. Sie wollen dich in ein Raster pressen, das es ihnen erleichtert rauszufinden, wer sich verkauft und wer nicht. (...) Gram (Parsons) und John (Lennon) waren ausschließlich Musiker, sie liebten nur die Musik. Dann wurden sie ins große Haifischbecken der Musikindustrie geworfen. Wenn das passiert, macht man das Spiel entweder mit, oder man kämpft dagegen an.«[64] Und Richards gibt folgenden Ratschlag: »Meine Theorie über den Umgang mit Leuten von Plattenfirmen lautet: außer bei gesellschaftlichen Anlässen nie persönlich mit ihnen reden, nie warm werden mit ihnen, sich nie in das tägliche Gelaber hineinziehen lassen. Dafür läßt man seine Leute für sich arbeiten.«[65]

Gab es in den früheren Jahrzehnten für Musiker nur die Alternative, das Spiel mitzuspielen oder dagegen anzukämpfen, gibt es dank der Digitalisierung heute eine bessere Möglichkeit: Wenn man möchte, kann man auf »die Gangster in den Armani-Anzügen« verzichten und als Musiker sein eigener Unternehmer werden. Nicht jeder wird daran Spaß haben, aber wie wir sehen werden, hatten es auch Mozart und Beethoven nicht immer leicht, waren auch diese großen Komponisten immer wieder gezwungen, eigene Geschäftsmodelle zu entwickeln, um ihr Überleben zu sichern.

---

[63] Detlef Kinsler, »Amerikanische Verblödung auf globaler Ebene«, Interview mit Van Dyke Parks, Pflasterstrand, 10. November 2009.
[64] Keith Richards, Life, München 2010, S. 331.
[65] A. a. .O., S. 606

Copy? Right!

Urheber, Verwerter und Nutzer im chinesischen Jahrhundert

> »Es gibt kein geistiges Eigentum. Autoren
> haben keine Rechte, nur Pflichten.«
> Jean-Luc Godard[1]

*»Die Auswirkungen für die Freizeitkultur, für Musikpro-
duktion und Musikgeschäft sind noch unübersehbar.
Denn erstmals in der Geschichte ist der Klangkonsument
von der Handelsware relativ unabhängig. Leichter war
das Mitschneiden noch nie. Branchenkenner schätzen,
daß in der Bundesrepublik rund 10 000 gewerbsmäßige
Schwarzkopierer den Tonträgermarkt unterlaufen. Vor
allem aber Piraten haben mit Billigangeboten in Millio-
nenauflage im letzten Jahr die deutschen Tonträger-
Firmen um ihre Rendite gebracht. Mehr als eine Milliarde ging der deutschen Musikbranche im vergangenen
Jahr durch Leerkassetten und Piraterie verloren. (...) Das
hat für die Musik-Szene fatale Folgen. Die Musikindustrie steht vor ihrer gefährlichsten Krise. (...) die Plattenfirmen (...) werden qualifizierte Mitarbeiter entlassen
und ihr Repertoireangebot drastisch einschränken müssen. (...) Keine Aussicht, die Krise zu meistern: Die Lob-
by der Musikindustrie bemüht sich gegenwärtig um eine
Novellierung des Urheberrechtsgesetzes.«*

---

[1] »Es kommt mir obszön vor«, Interview mit Jean-Luc Godard, Die
Zeit, 6. 10. 2011.

Die Klagen kommen Ihnen bekannt vor? Richtig. Und doch stammen sie nicht aus dem Internet-Zeitalter. Dies ist ein Zitat aus dem *Spiegel* vom 18. April 1977. Unter dem Titel »Klang-Supermarkt zum Nulltarif« beklagt die Tonträgerindustrie wortreich die Einführung der *Leerkassette* – sie führe die Branche unweigerlich »in eine Existenzkrise«, und nur die Verschärfung des Urheberrechts könne das Überleben der Musikfirmen noch sichern.

Nun, wie wir alle wissen, hat die Musikindustrie trotz Leerkassette und trotz kostenloser Überspielungen von LP auf »MC« überlebt und sich trotz aller Unkenrufe prächtige Profite gesichert. Es ist gut, sich das in der aktuellen Debatte um das Urheberrecht vor Augen zu halten. Wann immer eine technische Neuerung die Welt erobert, klagt die Musikindustrie und fordert Schutzrechte für ihr Geschäftsmodell, egal, ob es die bespielbare MC ist oder – knapp fünfzig Jahr früher – der Tonfilm:

»Intellectual property is the oil of the 21st century«,
sagte Mark Getty, Vorsitzender von »Getty Images«, einer Firma, die zu den weltgrößten Besitzern von »intellectual property«, von Urheberrechten, gehört. Und in der
Tat ist der weltweite Streit um Urheberrechte eine Auseinandersetzung um Besitzrechte, und »wie wir wissen,
steht der Dienst an den Gütern im Dienst derer, die Güter
besitzen« (Alain Badiou).[2] Es lohnt sich also, die Bestre-
bungen der Konzerne, die im großen Stil Verwertungsrechte besitzen, und ihrer politischen und medialen Hel-
fershelfer, das Urheberrecht zu ihren Gunsten zu manipulieren, genauer zu betrachten, auch wenn das Thema
hier nur angerissen werden kann – es umfassend zu diskutieren, würde ein eigenes Buch benötigen.

Das Urheberrecht soll eigentlich die Leistungen von
Kreativschaffenden schützen. Den Autoren, Komponisten, Filmemachern oder Journalisten soll die ausschließ-
liche Befugnis darüber zustehen, ob und wie ihre Werke
genutzt werden, und sie sollen an jeder wirtschaftlich relevanten Nutzung ihrer Werke finanziell beteiligt werden.
Soweit das Ideal. In der Praxis lassen sich Verwerter wie
Plattenfirmen oder Verlage meist sehr weitgehende, aus-
schließliche Nutzungsrechte übertragen. Solche Rechts-
übertragungen gehen oft so weit, daß der Urheber danach
gehindert ist, sein eigenes Werk zu nutzen. Der Verwerter ist längst an die Stelle des Urhebers getreten und ge-
nießt praktisch den gleichen Schutz für die von ihm erworbenen Nutzungsrechte wie der Schöpfer des Werkes,
für den das Urheberrecht eigentlich eingerichtet wurde.
Deswegen sollte man eher von *Verwerter*rechten sprechen, um die tatsächlichen Gegebenheiten zu reflektieren
– das sogenannte Urheberrecht dient nämlich keineswegs,
wie es uns die Lobbyisten der Verwertungsindustrie
weismachen wollen, den Kreativen, sondern es dient als

---

[2] Alain Badiou, Wofür steht der Name Sarkozy? Zürich / Berlin 2008,
S. 45.

Schutzrecht der Entertainment- und Verlagswirtschaft fast ausschließlich den Interessen der Kulturindustrie. Kein Wunder, daß das Urheberrecht zwar in Festschriften und Sonntagsreden eine große Rolle spielt, die internationalen Abkommen zum Urheberrecht sich jedoch konsequent auf die verwertungsrechtlichen Aspekte des Urheberrechts beschränken.

Das Urheberrecht, wie wir es heute kennen, ist ein Konstrukt aus dem ausgehenden 19. Jahrhundert, das im 20. Jahrhundert in der westlichen Welt perfektioniert wurde. Von Anfang an war es weniger ein Gesetz zugunsten der eigentlichen »Urheber«, sondern schon immer ein Gesetz zum Schutz der industriellen Verwerter gegen ihre Konkurrenten. Das frühe deutsche Urheberrecht schützte beispielsweise in der Regel nur »die Musikverlage gegen den Nachdruck der von ihnen publizierten Noten, aber jeder, der damals Noten kaufte, durfte mit ihnen beliebig viele Aufführungen bestreiten, ohne einen Pfennig Tantiemen zu zahlen« (Helms).[3] Der Eigentumsanspruch des Komponisten an seinen Werken erlosch mit ihrer Publikation.

In der modernen digitalen Welt allerdings ist ein kapitalistisches Rechteverwertungssystem aus dem Ende des 19. Jahrhunderts nur noch mit den Waffen reaktionärer Politik, mit der steinzeitlichen Keule des Law-&-Order-Staates durchzusetzen. Das System ist in jeder Hinsicht überholt: Es bedient sich einerseits immer noch der romantischen Vorstellung vom genialen Autor, der einsam in seiner Künstlerkammer Literatur oder Musik herstellt, andererseits tradiert es eine Geisteshaltung, die bürgerliche Souveränität stets an Tauschwert und Besitz bindet. Die Wirklichkeit ist, wie wir alle wissen, längst eine andere, es wird gesampelt und montiert, was das Zeug hält, und wenn Roland Barthes bereits 1968 den »Tod des

---

[3] Hans G Helms, »Musik nach dem Gesetz der Ware«, Musik-Konzepte 111, München 2001, S. 105.

Autors« verkündet hat, so gilt dies erst recht für den Komponisten und den Musiker in der heutigen Zeit zunehmend gemeinschaftlich-kollektiver kreativer Produktion. Heutzutage ist jeder Song, jede Songzeile nach dem Tod des Autors siebzig Jahre lang urheberrechtlich geschützt, »somit zum Besitz deklariert und daher nicht jedermann/frau frei verfügbar« (Raimar Stange).[4] Das Urheberrecht der prä-digitalen Welt ist nicht nur ein Abrechnungsmodell für die Verwertungsindustrie, sondern erschwert und verunmöglicht Kreativität. Finden wir es richtig, wünschens- und erstrebenswert, daß Rechteinhaber, also Verlage und Plattenfirmen, darüber entscheiden, welche Samples in der modernen Musik verwendet werden dürfen? Finden wir es richtig, daß die Erben eines vor fast sechs Jahrzehnten verstorbenen Dichters wie die Erben ausgerechnet Bertolt Brechts darüber entscheiden dürfen, wie die Inszenierungen seiner Stücke auszusehen haben, oder sogar, wer Brechts Stücke überhaupt aufführen darf? Wollen wir die Einschränkung der Kreativität, wie sie in Europa gang und gäbe ist, dergestalt, daß etwa ein Künstler bei jeder Kopie eines Stückes in sein eigenes, neues Werk den Urheber jenes Stückes um Einverständnis bitten muß? Oder: wenn heutzutage Jugendliche sich die technischen Möglichkeiten unserer Zeit zunutze machen und Songs nehmen, sie remixen oder neu zusammensetzen, dann konsumieren sie nicht nur, sondern sie teilen ihre Kreativität mit anderen. Finden wir das gut und unterstützenswert, oder wollen wir sie kriminalisieren, wie es bei der derzeitige Gesetzeslage der Fall ist?

Wenn Politiker vom »Schutz des geistigen Eigentums«, vom »Schutz der Kreativen« schwadronieren, ist Vorsicht geboten. In Wahrheit geht es um das Schaffen von günstigen Rahmenbedingungen für die Zukunftsindustrien, also um das Aufrechterhalten ihrer ökonomischen Vorherrschaft. Es geht, wie es in einer Mitteilung der EU-

---

[4] Raimar Stange, Cover Me, Wien 2008.

Kommission »zum strategischen Konzept für die Rechte des geistigen Eigentums in Europa« vom 24. Mai 2011 in dankenswerter Offenheit heißt, um »Marktkapitalisierung«, um »Wettbewerbsvorteile der europäischen Unternehmen«, um »geistiges Eigentum« als »Kapital, durch das die künftige Wirtschaft genährt wird«. Von »Urhebern«, von Kunst und Kultur ist da nicht die Rede, und so nimmt es nicht wunder, wenn die »neuen Künstler«, wie Georg Seeßlen feststellt, »insofern sie ihren Auftrag politisch verstehen, Gegner einer Verwertungsindustrie sind, die die Rechte nicht im Sinne der Künstler, sondern vor allem im Sinne ihrer selbst ›verwaltet‹«.[5]

Es lohnt sich also, genauer hinzuschauen und die beliebtesten Märchen, die uns die Kulturindustrie mithilfe ihrer finanziell üppig ausgestatteten Lobbyorganisationen in der Auseinandersetzung um das Urheberrecht auftischt, zu hinterfragen:

Die Mär von der *Umsonstkultur* im Internet etwa, die entweder ideologischen Scheuklappen oder kompletter Ahnungslosigkeit geschuldet ist. Bezahlt wird im Internet ja immer, entweder direkt oder indirekt, entweder mit den Daten der Nutzer oder gleich bei Spotify oder Kim Dotcom. Oder glaubt irgend jemand im Ernst, die angeblich 180 Millionen Gewinn von kino.to seien dank irgendwelcher eingeblendeter Werbebanner zusammengekommen? Nein, »sie sind den *Optimierungszugängen* geschuldet, die man für 14,99 Euro im Monat abonnieren sollte, damit der Stream mit den neuen Kinofilmen schneller kam und nicht abbrach« (Tim Renner).[6] Proprietäre Systeme etwa auf Smartphones oder iPads gaukeln eine »Gated Community« (Christian von Borries) vor, die Nutzer zahlen gern und viel für »Benutzerfreundlichkeit«, diese Schimäre der digitalen Welt.

---

[5] Georg Seeßlen, Das Kunstwerk im Zeitalter seiner Verschleuderbarkeit, Getidan (Autorenblog), 30. 7. 2011.
[6] Tim.Renners Blog, »Der große Umsonst-Irrtum«, 16. 4. 2012.

Oder die Mär von der *Raubkopie* – diese mächtige Metapher, die die Urheberrechtsindustrie so gerne nutzt, um einen angeblichen Rechtsverstoß zu geißeln. Nur, das Bild ist eben eine Lüge. »Ein Raub ist im Grundsatz das gewaltsame Wegnehmen fremder Sachen. Es läßt sich schon darüber streiten, ob beim ungenehmigten Kopieren jemandem tatsächlich eine Sache weggenommen wird. Ganz sicher aber läßt sich feststellen, daß ihm dabei keine Gewalt angetan wird«, stellt Stefan Niggemeier klar[7] und findet: »Das ganze Elend der Urheberrechts-Diskussion steckt in diesem einen Wort.« Einem Wort mit Tradition, schließlich klagte schon Goethe 1775 über den »Raub« durch einen »unverschämten Nachdrucker« seiner Werke. Doch: eine Digitalkopie schadet dem Besitzer nicht, weil sich an seinem digitalen Original-Produkt nichts ändert, der Besitzer wird ja gerade nicht seines Besitzes »beraubt«. Man denke an Thomas Jefferson, der 1813 an Isaac McPherson schrieb: »Wer eine Idee von mir erhält, mehrt dadurch sein Wissen, ohne das meinige zu mindern, wie jemand, der eine Kerze an der meinigen entzündet, Licht empfängt, ohne mich ins Dunkel zu stürzen. Daß Ideen sich von einem Menschen zum anderen frei über die ganze Erde ausbreiten sollten, zur moralischen und wechselseitigen Belehrung des Menschen und zur Verbesserung seiner Lage, scheint die Natur eigens und in wohltätiger Absicht bestimmt zu haben, als sie dafür sorgte, daß sie sich wie das Feuer über den ganzen Raum auszubreiten vermögen, ohne sich deshalb an irgendeinem Ort zu verdünnen, und daß sie wie die Luft, die wir atmen, in der wir leben und uns bewegen, weder eingeschlossen noch mit Anspruch auf Ausschließlichkeit angeeignet werden können.«[8] Ideen als »Feuer« des Geistes, die wie »die Luft, die wir atmen«, nicht gehandelt

---

[7] Stefan Niggemeier, »Raubkopie«, Spiegel, 11/2012.
[8] A. A. Lipcomb, A. E. Berg (ed.), The Writings of Thomas Jefferson, vol. 13, Washington D. C, 1904 (Brief vom 13. August 1813).

werden können, weil sie uns allen gehören. »Werke des Geistes sind nicht von Natur aus knapp und besitzen daher nicht von sich aus einen wirtschaftlichen Wert«, sagt der Physiker und Nobelpreisträger Robert Laughlin.[9] Im Gegenteil: Anders als fast jede andere Ware wird eine Information, eine Idee, ja, auch ein Musikstück immer wertvoller, je häufiger sie verwendet, je häufiger das Stück gespielt wird. Die Vervielfältigung, die Kopie macht ein Musikstück erst zu einer Art Vermögenswert.

Henning Ritter hat im übrigen darauf hingewiesen, daß Thomas Jefferson beim Abfassen der Präambel der amerikanischen Unabhängigkeitserklärung in der Trias von »Life, Liberty and Property« den ursprünglich gewählten Begriff des Eigentums durch das »Streben nach Glück« ersetzt hat, das »Eigentum« also ausdrücklich überwunden sehen wollte, und so nennt die Declaration of Independence« denn als unveräußerliche Menschrechte: »Life, Liberty, and the pursuit of Happiness.«[10]

Nah am Kampfbegriff der »Raubkopie« ist der Terminus des *illegalen Downloads*. Auf die Legende, daß durch illegale Downloads Plattenfirmen und Künstlern ein in die Milliarden gehender Schaden entstehen würde, bin ich bereits im vorherigen Kapitel eingegangen. Hinzuweisen ist aber vielleicht noch auf eine Studie der Gesellschaft für Konsumforschung (GfK) über das Verhalten von Nutzern sogenannter »Download-Börsen« im Internet. Das Ergebnis ist, vereinfacht gesagt: »Wer Filme herunterlädt, geht öfter ins Kino« (so die *Frankfurter Allgemeine*)[11] und kauft mehr DVDs als durchschnittliche

---

[9] Robert B. Laughlin, Das Verbrechen der Vernunft. Betrug an der Wissensgesellschaft, Frankfurt a.M. 2008, S. 51.
[10] Henning Ritter, »Die dunkle Seite der Moral«, FAS, 17. 2. 2013.
[11] Ausgabe vom 28. 7. 2011. Da das Ergebnis der GfK-Studie den Auftraggebern nicht gefiel, wurde die Studie nicht veröffentlicht. Der FAZ lag sie aber vor.

Konsumenten. Das Feindbild »Internet-Piraterie« fällt in sich zusammen.

Die Erlöse im Tonträgermarkt haben sich hierzulande mittlerweile stabilisiert, und im digitalen Bereich konnten in den letzten Jahren gar zweistellige Zuwachsraten verzeichnet werden, nachdem die Musikindustrie quasi beim Nachsitzen endlich kapiert hat, daß das Internet nicht per se eine Gefahr darstellt, sondern daß man im Internet auch Geld verdienen kann. Denn die Musikindustrie hat etwa ein Jahrzehnt lang die aktuelle technische Entwicklung der Digitalisierung schlicht verschlafen und hat gleichzeitig ihre Kunden kriminalisiert und als potentielle Feinde stigmatisiert. Auf die ersten Peer-to-Peer-Tauschbörsen etwa reagierte die Tonträgerindustrie mit dem verstärkten Einsatz von unzulänglichen Kopierschutztechniken, die eine neue Art von Problemen verursachten: Die Kunden konnten die gekauften CDs nicht anhören und brachten sie verärgert zum Händler zurück. Meldungen über das Versagen von Kopierschutztechniken waren in den ersten Jahren des neuen Jahrtausends an der Tagesordnung. 2005 brachte Sony/BMG gar eine Software auf ihren Musik-CDs in Umlauf, die sich wie ein Computervirus verhielt und die Sicherheit der betroffenen Systeme beeinträchtigte. Der Konzern wurde deshalb von mehreren US-Bundesstaaten verklagt.[12]

Eine weitere Studie der GfK und des Internetdienstleisters OpSec-Security (dem weltweiten Marktführer in Sachen Anti-Fälschungstechnologien), unterstützt unter anderem von der Filmförderanstalt, kommt laut *Frankfurter Allgemeine* zu dem Schluß: »Mehr als neunzig Prozent der Nutzung von Sharehostern ist illegal.« Vor allem aber: Die Internetnutzer laden illegal hauptsächlich

---

[12] Später stellte sich heraus, daß der Kopierschutz von Sony/BMG ausgerechnet Codes aus freier Software enthielt, deren Lizenzbedingungen der Konzern nicht zugestimmt hatte. Ein Urheberrechtsverstoß also.

Kinofilme und Fernsehproduktionen herunter: »Mehr als die Hälfte der illegalen Klicks landeten bei diesen Inhalten.« An dritter Stelle rangieren Pornofilme. »Für den kostenlosen Download urheberrechtlich geschützter Musik (...) interessierte sich nur ein knappes Zehntel der User.«[13] Diese Erkenntnis geht Hand in Hand mit dem Kauf von Tonträgern: die Deutschen interessieren sich einfach kaum mehr für die Produkte der Musikindustrie, nicht einmal dann, wenn man kostenlos an sie herankommen kann.

Spätestens nach Sven Regeners Wutrede gewinnt auch der Mythos *Plattenfirma* wieder Zuspruch. Man könne auf Plattenfirmen nicht verzichten, hatte Regener dem Reporter des *Bayerischen Rundfunks* ins Mikrofon dekretiert: »Wir machen keine Verträge mit Plattenfirmen, weil wir doof sind, sondern weil wir sonst unsere Musik nicht machen können«,[14] so Regener, dessen Alben beim weltgrößten Musikkonzern »Universal« erscheinen. Die Schriftsteller Juli Zeh und Ilija Trojanow müssen ihren Kollegen Regener aufklären, daß es absurd ist, den »klassischen Interessengegensatz ›Autor-Verlag‹ auf die Beziehung ›Autor-Leser‹ zu verlagern. In der Logik des Arbeitskampfes wäre das so, als wollte ein Fließbandarbeiter bei Opel sein Recht auf Bezahlung gegen die Autokäufer verteidigen«.[15] In einem Positionspapier des Berufsverbands freier Journalistinnen und Journalisten »Freischreiber e. V.« heißt es: »Durch den Versuch der Verwerter, sich in die Rolle der eigentlichen Urheber hineinzudrängen, ist es in der Debatte über einen vernünftigen Interessenausgleich zwischen Urhebern, Verwertern und Nutzern zu einem eklatanten Mißverständnis

---

[13] Ursula Scheer, »Komm auf meine Festplatte«, FAZ.net, 15. 3. 2013.
[14] Sven Regener, »Mir steht es bis hier!«, Der Tagesspiegel, 24. 3. 2012.
[15] Juli Zeh und Ilija Trojanow, »Urheberausheblung?«, Frankfurter Allgemeine Sonntagszeitung, 3. 6. 2012.

gekommen. Denn die von den Verwertern behauptete Interessen-Identität von Urhebern und Verwertern gibt es nicht. Im Gegenteil, die Kluft zwischen Urheber- und Verwerter-Interessen ist gerade in den vergangenen Jahren immer größer geworden.«[16] Sagen wohlgemerkt die Urheber!

Aber Sven Regener meint, für die Verwerter in die Bresche springen zu müssen. Sein US-Kollege Henry Rollins sieht das anders. Er erklärt in einem Interview auf die Frage, welchen Vertriebsweg für Musik er am besten findet: »Der direkteste Weg scheint mir der richtige Weg zu sein. Von der Website des Künstlers direkt zum Fan. Oder Albumverkäufe am Konzert. Ich mag die großen Labels nicht, höre auch kaum Musik, die auf großen Labels herauskommt. (...) Grundsätzlich gilt es, den Mittelsmann auszuschalten.«[17]

In diese Zusammenhang ist eine Äußerung des als Kim Dotcom bekanntgewordenen deutsch-finnischen Internetunternehmers Kim Schmitz von Interesse. Schmitz hatte 2005 den Sharehoster »Megauploader« entwickelt und wurde 2012 aufgrund eines Haftbefehls aus den USA in Neuseeland verhaftet, kurze Zeit später aber wieder freigelassen. Mittlerweile hat sich der neuseeländische Premierminister bei Kim Schmitz dafür entschuldigt, daß Schmitz nicht den ihm in Neuseeland zustehenden Schutz vor unrechtmäßiger Strafverfolgung erhalten habe. Schmitz sagte:

»Wie man Piraterie stoppt: 1. großartige Inhalte schaffen, 2. den Kauf so einfach wie möglich machen, 3. weltweite Veröffentlichung am gleichen Tag, 4. fairer

---

[16] »Der ›dritte Korb‹ darf kein Maulkorb für Urheber werden: Das Positionspapier der Freischreiber zur geplanten Urheberrechts-Reform«, freischreiber.de, 29. 1. 2012.
[17] Philippe Zweifel, »Salam alaikum, Fanatics«, Interview mit Henry Rollins, Tagesanzeiger, 29. 1. 2013.

Preis, 5. auf jedem Gerät abspielbar.«[18] So simpel erklärt Kim Dotkom der Inhalteindustrie das Geschäftsprinzip im digitalen Zeitalter. Statt jedoch den potentiellen Käufern attraktive Angebote zu machen, versucht die Kulturindustrie, ihre Kunden in ein von der Industrie vorgegebenes Modell zu zwingen. Und ist der Kunde nicht willig, greift die Verwerterindustrie zur (staatlichen) Gewalt. Denn schon der Urheber Richard Wagner wußte: die einzige Funktion von »Macht, Herrschaft« sei »der Schutz des Besitzes«.[19]

Und die *Gema*? Ob der *taz*-Redakteur, der als Student mal in einer Band gespielt hat, oder die sich erfolgreich selbstvermarktende Künstlerin, oder der Betreiber einer sympathischen Indie-Plattenfirma – neuerdings geht die Legende so: Die Gema sei zwar ein Moloch und nicht transparent und nicht flexibel und verlange zu viel Geld von den kleinen Konzertveranstaltern – aber von den Gema-Schecks könne man immerhin seine Miete bezahlen, was sei daran verkehrt? Als ob man Hartz IV gut finden müßte, bloß weil viele Menschen davon (mehr schlecht als recht) leben. Doch die Gema (ich werde darauf zurückkommen) ist kein Hilfsverein auf Gegenseitigkeit, sondern eine bürokratische Krake (allein 120 Millionen Euro jährlich verschlingt die Gema-Verwaltung), die mit aufwendig konstruierten Abrechnungsverfahren dafür sorgt, daß Großkünstler, die ohnedies bereits hohe Einnahmen erzielen, bevorteilt und kleinere Künstler und Bands benachteiligt werden.

An dieser Stelle ein paar Worte zum Thema »Kulturflatrate«, die derzeit von vielen propagiert wird, also eine Pauschalabgabe, die an alle Rechteinhaber digitaler In-

---

[18] Kim Dotcom auf Twitter: »1 Create great stuff 2 Make it easy to buy 3 Same day worldwide release 4 Fair price 5 Works on any device«, 7. 1. 2013.
[19] zitiert nach Manfred Frank, »Das böse liebe Geld«, Die Zeit, 16. 5. 2013.

halte zu verteilen wäre. Mal abgesehen davon, daß man sich fragen muß, was in den Köpfen von Leuten los ist, die derartige Begriffe erfinden und verwenden und sich das Leben offensichtlich nur in »Flatrates« vorstellen können. Aber wollen wir denn wirklich ausgerechnet nach den negativen Erfahrungen mit der Gema einen weiteren Moloch kreieren, der Riesenbeträge vereinnahmt und nach undurchschaubaren Kriterien und komplizierten Verteilungsschlüsseln ungerecht an die Künstler aufteilt? Es gibt ja längst die verschiedensten »Kulturflatrates« hierzulande: Man bezahlt Pauschalen zur Finanzierung des öffentlich-rechtlichen Rundfunks und Fernsehens, man bezahlt Leermedienabgaben für Kassetten oder beschreibbare CDs, und man zahlt etwa 36 Euro Pauschalabgabe beim Kauf eines Smartphones. Ist durch derartige Pauschalen, durch derartige »Flatrates« eine größere Verteilungsgerechtigkeit entstanden? Keine Spur. Wird öffentlich über die Aufteilung der eingenommenen Gelder berichtet, und was davon bei den Urhebern landet, und wieviel bei den Verwertern? Mitnichten.

Tatsache ist: Weder die bestehenden (Gema, Urheberrecht, Pauschalabgaben) noch die vorgeschlagenen Bezahlsysteme (Kulturflatrate) sorgen dafür, daß die Künstler von ihrer Arbeit leben können, vielmehr sorgen all diese Systeme hauptsächlich dafür, daß die Verwertungsindustrie kräftig Profit macht. Während Dieter Bohlen, DJ Ötzi oder Andrea Berg immer reicher werden und der Gema-Vorstandsvorsitzende ein Jahresgehalt von 484.000 Euro erhält, betrug das durchschnittliche Jahreseinkommen von Musikern in Deutschland im Jahr 2012 laut Künstlersozialkasse 12 326 Euro, das der unter dreißigjährigen Musiker sogar nur 9576 Euro.[20] Wer angesichts solcher Zahlen behauptet, daß das bestehende Urheberrecht »die Kreativen« schützt und finanziert, ist ein

---

[20] Künstlersozialkasse, »Durchschnittseinkommen Versicherte«, kuenstlersozialkasse.de (Stand 1. 1. 2013).

Scharlatan. Nein, es bleibt dabei: Das sogenannte »Urheberrecht« ist in seiner jetzigen Form ein »Verwerterrecht«, zum Nutzen der Verwertungsindustrie, also der multinationalen Konzerne. Es geht, wie es Marcel Weiß formuliert, »um gesetzlich abgesicherte Monopole auf Verwertungsrechte. Wenn wir anfangen, von Monopolrechtsverletzungen zu sprechen, dann dürfte vielen aufgehen, daß es nicht um Moral, Eigentum und Enteignung geht, sondern um gesetzlich geregelte Geschäftsmodelle«.[21] (Rufen wir uns immer wieder in Erinnerung: Die Tonträgerindustrie ist in der Hand dreier weltweit operierender Konzerne, die knapp 80 Prozent des Weltmarktes bestimmen.)

Der chinesische Literaturwissenschaftler und Philosoph Wang Hui, 1989 Demonstrant auf dem Tiananmen-Platz und heute, je nachdem, wie sich der Wind in Beijing gerade dreht, Systemkritiker oder Regierungsberater, hat 2011 auf einer Veranstaltung in Hamburg festgestellt, daß im Westen Urheberrechte einen höheren Schutz genießen als Arbeitsrechte – aber: »There is no property rights without labor rights!«[22]

Dabei gilt: »Wo nur Formen von Arbeit vergütet werden, die für irgendwen (traditionell: diejenigen, denen die Erzeugungs- und Kopiermittel gehören) profitabel sind, bleiben die interessantesten Arbeiten außerhalb der etablierten Tauschregeln« (Dietmar Dath).[23] Statt also vor allem die Interessen der Verwertungsindustrie im Augen zu behalten, wie es in der gegenwärtigen Urheberrechtsdebatte geschieht, wäre es geboten, endlich die Verbesserung der Arbeitsbedingungen von Künstler in den Mittel-

---

[21] Marcel Weiß, »Kleine Antwort an die Befürworter des geistigen Eigentums«, Carta (Autorenblog), 7. 3. 2012.
[22] Wang Hui bei »Gobal Design«, einer Diskussionsveranstaltung von Christian von Borries auf dem Stückgutfrachter »MS Bleichen«, Hamburg, 9./10. 4. 2011.
[23] FAZ.net, 28. 3. 2012.

punkt der Diskussion zu stellen. Ein bedingungsloses Grundeinkommen etwa würde, wie Bernadette La Hengst schreibt, »gerade jungen und noch wenig erfolgreichen Künstlern eine Existenzgrundlage bieten, die auch den Wert von künstlerischer Arbeit in der Gesellschaft neu definiert«.[24]

Bleibt also fürs Erste ein pragmatischer Vorschlag, nämlich: das bestehende Urheberrecht zu modernisieren und an die Realitäten des 21. Jahrhunderts anzupassen. Grundgedanke sollte die Förderung der Künstler, der »Urheber«, bei gleichzeitiger Berücksichtigung der berechtigten Interessen der Nutzer, der »User«, sein. Der Rechtswissenschaftler Karl-Nikolaus Peifer weist darauf hin, daß »juristisch gesehen die Rechteinhaber, insbesondere die industriellen Vermittler der urheberrechtlich geschützten Werke, sehr viele Rechte haben, und die Nutzer haben sehr wenige«.[25] Da muß endlich ein Ausgleich vorgenommen werden. Und es müssen die Absurditäten der geltenden Rechtssprechung aufgehoben und endlich die Realitäten des Internets anerkannt werden: Das Internet besteht im Kern aus Kopieroperationen – »das Internet *ist* Filesharing« (Michael Seemann).[26] »Man kann eben im Internet nicht filtern, ich kann einem Bit nicht ansehen, was es beinhaltet, ich kann nicht die Millionen von YouTube-Videos, die da sind, auf urheberrechtliche Lagen hin durchprüfen«, erklärt der Rechtswissenschaftler Thomas Hoeren.[27] Nur mit einem gigantischen Kontroll- und Überwachungsapparat könnte man das Internet verwertungsindustriekonform umgestalten. Wünschens-

---

[24] Bernadette La Hengst, »Kopier! Mich!«, Der Tagesspiegel, 24. 4. 2012.
[25] Oliver Link, »Das digitale Urheberrecht steht am Abgrund«, Interview mit Karl-Nikolaus Peifer, Brand eins, 12/2011.
[26] Michael Seemann, »Urheberrecht im Internet: Lieber frei als gerecht«, Spiegel Online, 21. 4. 2012.
[27] »Schwarze Flächen bei YouTube ›werden auf jeden Fall bleiben‹« (Gespräch mit Thomas Hoeren), Deutschlandradio, 24. 4. 2012.

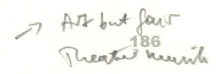

wert wäre etwas anderes: etwa eine klare Unterscheidung zwischen Privatpersonen und Urhebern mit kommerziellen Interessen; nichtkommerzielles Filesharing muß legalisiert werden, und es gilt, die Rechte der Künstler gegenüber den Verwertungsgesellschaften zu stärken. Auch der Verbraucherschutz im Netz muß dingend verbessert, allem voran das unselige Abmahnunwesen gestoppt werden: Der Rechtsanwalt Christian Solmecke schätzt, daß »die durchschnittliche Facebook-Pinnwand eines Sechzehnjährigen 10 000 Euro Abmahnkosten wert ist, wenn jede Urheberrechtsverletzung abgemahnt werden würde.«[28] Eine Armada von Abmahnanwälten ist da unterwegs und macht mit der Unkenntnis von Internet-Nutzern Geschäfte.

Um es konkret zu machen – in einer modernen demokratischen Gesellschaft sollte man sich eigentlich auf folgende Punkte einigen können:

1. Die Schutzfristen für das Urheberrecht und angrenzende Rechte (Leistungsschutzrecht) sind viel zu lang. Die Dauer des Urheberrechts muß drastisch verkürzt werden. Realistisch erscheinen 15 oder 20 Jahre statt der bisher geltenden 70. Das ist nicht nur die Frist, die etliche internationale Studien für optimal halten, es ist auch die Frist, nach der in der Regel der Patentschutz ausläuft (und zwar nach der »Publikation«, also nicht erst nach dem Tod des Urhebers, des Erfinders). Mit welcher Logik verlangt die Kulturindustrie eine Rechteeinräumung bis zu 70 Jahren nach dem Tod des Urhebers? Es ist nicht einzusehen, daß wir eine technische Erfindung so viel niedriger bewerten als eine künstlerische Leistung.

---

[28] Zitiert nach: Ole Reißmann, »Pinterest, Facebook und Co.: Ein Klick – zack, Hunderte Euro weg«, Spiegel Online, 7. 2. 2012.

2. Das Urheberrecht sollte, wie es Marcel Weiß fordert, von »Opt-out« zu »Opt-in« geändert werden: »Opt-in bedeutet in diesem Zusammenhang: Wenn ich mein Werk geschützt sehen will, weil ich damit Geld verdienen möchte, muß ich mich direkt dafür entscheiden. Ich muß mein Werk an einer zentralen Instanz dafür registrieren. Dadurch wird sichergestellt, daß nur die Werke geschützt sind, an denen ein direktes kommerzielles Interesse gekoppelt ist. Alle anderen Werke sind gemeinfrei und können demnach von der Gesellschaft nach Belieben genutzt werden«.[29] Wer dagegen ein Foto auf Flickr hochlädt, erhält nicht automatisch ein allumfassendes Urheberrecht an diesem Foto. Man erhält keine Verwertungsrechte, wenn man dies nicht ausdrücklich will.

Die Registrierung der Werke sollte kostenpflichtig sein. Weiß schlägt vor, dies für die ersten zwei Jahre günstig vorzunehmen, um möglichst vielen Personen die Registrierung ihrer Werke zu ermöglichen. Das ist sowieso der Zeitraum, in dem das meiste Geld mit einem neuen Werk verdient wird. Ich könnte mir hier auch einen etwas längeren Zeitraum, sagen wir von fünf Jahren, vorstellen, um die Bürokratie zu minimieren. Wer sein Werk darüber hinaus schützen möchte, muß den Urheberrechtsschutz für jeweils zwei (oder fünf) weitere Jahre für eine höhere Gebühr erneuern (was nur dann sinnvoll ist, wenn weiter mit diesem Werk Geld verdient werden kann). Erfreulicher Nebeneffekt: Die künstlerischen Werke sind zentral registriert (wie Patente), es ist einfach zu recherchieren, ob ein Werk frei ist oder nicht, wer der Urheber ist usw.

---

[29] Marcel Weiß, »Wie ein modernes Urheberrecht aussehen könnte«, Neunetz.com, 13. 2. 2012.

3. Der Urheber, der sein Werk angemeldet hat, kann die Rechte an diesem Werk an einen Verwerter verkaufen, etwa an eine Plattenfirma, an einen Verlag oder eine Zeitung. Allerdings: Die Rechte an dem Werk fallen zum Ende jeder vereinbarten Schutzfrist (sagen wir nach fünf Jahren) automatisch *an den Urheber* zurück – der es dann, eine Erneuerung seines Urheberrechts vorausgesetzt, natürlich erneut verkaufen kann. Ziel: eine deutliche Stärkung des Urhebers gegenüber dem Verwerter. Für erfolgreiche Künstler ändert sich wenig. Ausgeschlossen sind allerdings hiermit die häufigen Fälle von Übervorteilung von Künstlern durch die Verwertungsindustrie, die Künstler erhalten eine bessere Verhandlungsposition, die bei den Verwertern so beliebten Buy-out-Verträge (die lebenslängliche Abtretung sämtlicher Nutzungsrechte, oft für ein besseres Taschengeld) gehören der Vergangenheit an. Da die Verwertungsindustrie stets vorgibt, die Interessen der »Kreativen« im Auge zu haben, dürfte es ihr leicht fallen, dieser Forderung zuzustimmen. Zwischen Urheber und Verwerter würde eine gerechtere Beziehung entstehen – es lohnt sich für die Verwertungsindustrie nicht länger, einen Urheber über den Tisch zu ziehen, denn wenn die Rechte an seinem Werk nach einem bestimmten Zeitraum an ihn zurückfallen, würde er sie, einmal schlecht behandelt, anderweitig vergeben. Bei den unabhängigen Musikfirmen sind Verträge mit einer geringeren Laufzeit – oft über acht Jahre – längst gang und gäbe und scheinen keine wirtschaftlichen Nachteile zu bringen.

4. Das Urheberrecht darf nicht zur Zensur von Kunst mißbraucht werden. Ob Hip-Hop-Künstler, denen Plattenfirmen nicht die Rechte an Samples anderer Künstler einräumen, ob die Brecht-Erben, denen nach eigenen Aussagen »besonders an Werktreue« der

Stücke gelegen ist und die noch im sechsten Jahrzehnt nach Brechts Tod festlegen, wer die Werke des Meisters und wie aufführen darf (was besonders kurios ist bei Brecht, der sich selbst eine »grundsätzliche Laxheit in Fragen geistigen Eigentums«[30] bescheinigt hat): Wir benötigen ein Urheberrecht, das Kunst ermöglicht, statt sie zu verhindern. Ein Urheberrecht, das die kulturgeschichtlich seit Jahrhunderten gängige Praxis der Weiterverwendung und Weiterverarbeitung von Kunstwerken ermöglicht. »Sampeln« zum Beispiel sollte unbeschränkt einer »Fair Use«-Doktrin unterliegen, wie sie im US-amerikanischen »Copyright Act« kodifiziert ist, wonach die Nutzung von urheberrechtlich geschütztem Material erlaubt ist, wenn es der »Anregung geistiger Produktion« dient.

5. Das bestehende System, nach dem die Verwertungs- und Kulturindustrie heute arbeitet, ist auf Menge tariert. Je häufiger ein Song im Radio gespielt wird, desto höher die Gema-Ausschüttung. Auch modernere Abrechnungssysteme funktionieren so, seien es Streaming-Dienste, seien es die etwas hilflosen Modelle einer sogenannten »Kulturflatrate«. Kultur wird nach Quote, nach Erfolg abgerechnet. Wie phantasielos! Dabei stellt sich doch gerade in Bezug auf die kulturellen Ressourcen die Frage: »Welche Diversität wird es morgen geben?« (François Jullien)[31] Und wer bringt in dieser Hinsicht die Welt weiter: Dieter Bohlen oder Frederic Rzewski? Wen

---

[30] Bertolt Brecht, Erklärung zum Plagiatsvorwurf (1928), zitiert nach: Marianne Kesting, Bertolt Brecht, Hamburg 1959, S. 25. Siehe auch Bertolt Brecht, Über Plagiate, in Schriften 1, Frankfurt a. M. 1992, S. 174.
[31] François Jullien, Die Affenbrücke. Kulturelle Fruchtbarkeit statt nationaler Identität: Über künftige Diversität, Wien 2011, S. 24.

sollte unsere Gesellschaft also fördern – diejenigen, die Tanz- und Unterhaltungsmusik treiben, die dazu beiträgt, »die ganze Gesellschaftsordnung mit ihrer Warenwirtschaft, ihrem Markt und ihrem Profit, mit ihrer Not und ihrem Elend, mit ihren Krisen und Kriegen, mit ihrer Oberflächlichkeit und Seichtheit zu festigen« (Knepler), oder diejenigen, die etwas Neues wagen, die eine Kunst produzieren, die uns wach macht und verändert?

Wie wäre es also, wenn man das bestehende Abrechnungssystem der Kulturindustrie dergestalt ändern würde, daß man das Neue ungleich stärker fördert als die auf Masse ausgerichtete Produktion? Einer jungen Band, die monatelang ein neues Stück erarbeitet hat, wäre mehr geholfen, wenn die *Erst*ausstrahlung dieses Stücks im Radio deutlich höher honoriert würde als die häufige Wiederholung des Stücks. Eine Komposition, die das erste Mal öffentlich aufgeführt wird, sollte hoch bezahlt werden, für die unzähligen Wiederholungen von Musikstücken im Formatradio dagegen sollte es wesentlich weniger Geld geben. Der zu verteilende Kuchen kann gleich bleiben, nur erhalten alle Künstler für die Erstveröffentlichung ihres Werkes einen hohen Betrag (sagen wir im Fall eines neu komponierten Musikstücks, das im Radio erstmals gespielt wird: 1000 Euro?), während sie für die Wiederverwertung einen deutlich niedrigeren Obolus als bisher erhalten. Die Gema-Großkünstler werden es kaum spüren, den innovativen kleineren und jüngeren Künstlern würde es sehr helfen.

Der Streit um Urheberrechte ist eine Auseinandersetzung um Besitzrechte. Das Urheberrechtsgesetz des Deutschen Bundes vom 11. Juni 1870 gewährte erstmals allgemeinen deutschen Rechtsschutz für die Produkte künstlerischer Urheber. Mit Hilfe des Begriffs des »geistigen Eigentums« stellte es künstlerische Produkte juristisch den Produkten von Industrie und Handwerk gleich. So erschloß dieses Urheberrecht die künstlerischen Produkte zugleich als Waren der Verwertung: Aus »Kunst« werden frei konvertierbare Konsumgüter für den allgemeinen bürgerlichen Markt.[32]

Im 21. Jahrhundert, das sollte klar sein, gilt ein anderer Begriff und ein anderes Rechtsverständnis für das sogenannte »geistige Eigentum«. Immaterielle Güter zeichnen sich laut Marcel Weiß im Gegensatz zu materiellen Gütern durch zwei Besonderheiten aus: »1. Sie sind ohne weitere Kosten vervielfältigbar. 2. Sie sind zugleich Input als auch Output ihres Produktionsprozesses. Beides trifft in der Regel nicht auf physische Güter zu.«[33] Und wenn man den Kerngedanken der Theorie von Jean-Jacques Rousseau ernst nimmt, nämlich daß »kein Bürger so wohlhabend sein darf, daß er einen anderen kaufen könnte, und keiner so arm, daß er sich verkaufen müßte«[34] (also den Skandal der Ungleichheit, die laut Rousseau erst durch das Eigentum geschaffen wird),[35] dann dreht sich das geradezu zwanghafte Festhalten der Vertreter und Lobbyisten der Verwertungsindustrie am Begriff des »geistigen Eigentums« in ihr Gegenteil, also gegen sie.

Wir leben in einer Kultur des Remixens. Die Rechteinhaber bekämpfen diese Kultur, doch ihr Kampf ist vergebens. Das Beste, was Rechteinhaber tun könnten, wäre, ihr »Eigentum« der Öffentlichkeit zur Verfügung zu stellen, es zu »vergesellschaften«. Daraus entstehen letztlich wieder Werte. »Die Reproduktionstechnik löst das Re-

[32] Siehe: Helms, Musik nach dem Gesetz der Ware, a. a. O., S. 101.

[33] Marcel Weiß, »Kleine Antwort an die Befürworter des geistigen Eigentums«, Carta (Autorenblog), 7. 3. 2012.

[34] Jean-Jacques Rousseau, Vom Gesellschaftsvertrag oder Prinzipien des Staatsrechtes, Amsterdam 1762, 2. Buch, 1. Kap.

[35] Jean-Jacques Rousseau, Abhandlung über den Ursprung und die Grundlagen der Ungleichheit unter den Menschen, Amsterdam 1755.

produzierte aus dem Bereich der Tradition ab. Sie setzt an die Stelle seines einmaligen Vorkommens sein massenweises«, schreibt Walter Benjamin in *Das Kunstwerk im Zeitalter seiner technischen Reproduzierbarkeit.* »Und indem sie der Reproduktion erlaubt, dem Aufnehmenden in seiner jeweiligen Situation entgegenzukommen, aktualisiert sie das Reproduzierte.«[36]

Hier sind wir mitten in einer grundsätzlichen philosophischen Debatte: Diejenigen, die aus durchschaubaren Gründen das Hohelied auf den genialen Schöpfer, den originären Urheber eines Kunstwerks singen, tun so, als ob ein Kunstwerk gleichsam aus dem Nichts entsteht, ohne jede Voraussetzung. Doch Kunst entsteht aus den vielfältigsten Einflüssen, nicht zuletzt aus der Kunst, die bereits vorhanden ist. »Originalität wird in unserer Gesellschaft überbewertet. Originalität ist meistens nur Gehabe«, sagt der Musiker und Maler Billy Childish[37] – und man möchte hinzufügen: und ein Geschäftsmodell.

Johann Sebastian Bach fragte jedenfalls nicht bei Vivaldi in Italien nach, als er sich ein Thema des italienischen Komponisten für sein Orgelkonzert d-Moll »auslieh«. Beethoven verwandte ein Thema aus Mozarts Don Giovanni. Franz Schubert freute sich, als die Leute auf Wiens Straßen »Am Brunnen vor dem Tore« sangen und sein Lied ein »Volkslied« wurde, also eine »public domain«, und schrieb nicht seinem Verleger, um Rechte an seinem »geistigen Eigentum« einzufordern. Ein Werk wie Shakespeares *King Lear* wäre im heutigen Copyright-Rahmen ebenso undenkbar wie Brecht/Weills *Dreigroschenoper.* Und ohne die spektakulären Abba-Samples wäre »Hung Up« von Madonna sicher kein derartiger Hit geworden.

---

[36] Walter Benjamin, Das Kunstwerk im Zeitalter seiner technischen Reproduzierbarkeit. Drei Studien zur Kunstsoziologie, Frankfurt a. M. 1963, S. 13.
[37] Zitiert nach: Simon Reynolds, Retromania, Mainz 2012, S. 250.

Nam June Paiks Erkenntnis, »daß es in der bildenden Kunst nichts an Material gibt, das man nicht benutzen kann«, gilt uneingeschränkt auch für die Musik. Die Beatles (deren Songkatalog für die Verwertungsindustrie heute einer der profitabelsten Verwertungspools aller Zeiten darstellt) haben das musikalische Material ihrer Zeit in einem Maße benutzt, daß der Autor Edgar O. Cruz ihren »Plagiaten« gar ein ganzes Buch widmet. Nehmen wir den meist-gecoverten aller Beatles-Songs, »Yesterday«. Die Legende besagt, daß Paul McCartney die Melodie zu diesem Song im Schlaf in einem Pariser Luxushotel einfiel. Edgar O. Cruz erzählt in seinem spannenden Buch eine etwas andere Geschichte, er weist nach, daß die Melodie ein Destillat aus Ray Charles' Version von Hoagy Carmichaels »Georgia on my mind« und Nat King Coles' »Answer me my love« ist. Selbst die Lyrics weisen eine erstaunliche Ähnlichkeit auf (»You were mine yesterday / I believed that love was here to stay«). »Hätten die Beatles den Song im digitalen Zeitalter veröffentlicht, wäre McCartney rasch erwischt und sicher nicht als Genie gepriesen worden«, schreibt Cruz.[38] Ähnliches gilt für etliche andere Beatles-Songs, von »You've Got to Hide Your Love Away« (laut McCartney eine bewußte Adaption von Dylans »The Lonesome Ballad of Hattie Carroll«) bis Harrisons »Something« (dessen erste zwei Zeilen auf James Taylors »Something in the Way She Moves« abheben). Cruz ist wohlgemerkt Beatles-Fan, es geht ihm nicht darum, die Bedeutung der Band zu schmälern. Ihm geht es darum, vor allem die afroamerikanischen Quellen, aus denen die Beatles sich bedienten, angemessen zu würden und deutlich zu machen, daß die Kulturtechnik des Plagiierens, des Nachmachens, eine der wesentlichen Quellen der »unerbittlichen Kreati-

[38] Edgar O. Cruz, The Beatles – Extraordinary Plagiarists, Manila 2009, S. 60 ff.

vität« der Fab Four darstellt.[39] Paul McCartney hat 1982 in einem berühmten Interview mit dem *Playboy* zugegeben: »Oh, yeah. We were the biggest nickers in town. Plagiarists extraordinaires.«[40]

Doch wenn man bei einer der berühmtesten und wichtigsten Bands der Popgeschichte die Unverwechselbarkeit gleichlautender Tonfolgen nur noch mit Hilfe der Gema, nicht aber in der Realität behaupten und schützen kann, was bedeutet dies dann letztlich für die Originalitätsthese der Verfechter des Urheberrechts? Oder denken wir an das Motiv aus dem ersten Satz von Bruckners fünfter Sinfonie in B-dur, diese Folge von sechs Tönen, die mittlerweile Fußballfans in aller Welt in den Stadien singen und dabei denken, sie stamme von den White Stripes und ihrem Song »Seven Nation Army«:[41]

Jede kulturelle Leistung baut auf einer vorhergegangenen Leistung auf, alle Kultur entsteht aus vorhergegangener Kultur der Gesellschaft (und nicht nur der eigenen Gesellschaft). Aber die Parameter haben sich in der digitalen Realität des 21. Jahrhunderts verändert. Sample-Techniken sind die Regel, neue Werke entstehen direkt aus alten Werken, Künstler sampeln, mixen, remixen – es entstehen sogenannte »Mashups«, eine wesentliche

---

[39] Wer diese Spur musikalisch weiter verfolgen möchte, der sei auf das Album The Influences Behind The Beatles hingewiesen. Das Booklet erklärt die musikalischen Einflüsse und macht deutlich, daß die Beatles sich ihrer »Mashups« durchaus bewußt waren.
[40] Zitiert nach: Cruz, a. a. O., S. 157.
[41] Notenschrift mit freundlicher Genehmigung von Jan Reichow.

Kunstform unserer Zeit. Und auch sie ist natürlich nicht
ohne Vorläufer. Bereits Komponisten wie Gustav Mahler, Charles Ives oder Erik Satie haben in ihre Werke bewußt »Fremdes« eingebaut, Versatzstücke nicht zuletzt
aus der Unterhaltungsmusik »gesampelt«. In diesem Sinne kann Hans G Helms konstatieren: »Saties Musik ver-
stößt gegen das Urheberrecht: sie nimmt das gesetzlich
verbriefte Recht am geistigen Eigentum nicht ernst, sie
bedient sich im musikalischen Warensortiment nach frei-
em Belieben und enthebt sich tendenziell auch selbst des
Rechtsschutzes«.[42] Saties Verleger allerdings bot dann
alle greifbaren Rechtsmittel auf, um aus Saties anti-
kommerzieller Musik maximalen Profit zu schlagen.

Nur am Rande kann hier vermerkt werden, daß zur Legende vom genialischen Autor als Gegenstück die Mär
vom individuellen Geschmack als Kriterium bürgerlichen
Kunstempfindens gehört. Schon Charles Ives, der bei seinen frühen Kompositionen ganz bewußt auf das Copyright verzichtet hat, oder auch Erik Satie wandten sich
ausdrücklich gegen den individuellen Geschmack – jene
»geschickte Adaption an konventionelle Klangmuster«
(Helms).[43] »Schönheit in der Musik wird nur allzu oft mit
jener Eigenschaft verwechselt, die bewirkt, daß sich die
Ohren gemütlich im Sessel zurücklehnen«, schrieb Ives.
»Viele Klänge, an die wir uns gewöhnt haben, beunruhi-
gen uns nicht mehr, und aus diesem Grund sind wir dann
geneigt, sie als schön zu bezeichnen. Eine analytische
oder unpersönliche Betrachtung dürfte (...) zeigen, daß
oft (möglicherweise fast immer), wenn ein neues oder
unbekanntes Werk bei der ersten Aufführung als schön
empfunden wird, seine Haupteigenschaft darin besteht,
daß es den Geist mehr oder weniger einschläfert.«[44]

[42] Helms, a. a. O., S. 118.
[43] Helms, S. 113.
[44] Charles Ives, Essays Before a Sonata, in: Ausgewählte Texte, Zürich 1985, S. 126.

Es geht nicht darum, dem Künstler keine angemessene Kompensation für sein Werk zu gewähren. »Aber«, so der amerikanische Rechtswissenschaftler Lawrence Lessig, »wir sollten kein Copyright-System aufbauen, das zugunsten eines speziellen Geschäftsmodells, das im 20. Jahrhundert zufällig dominant war, eine viel wertvollere Form des kulturellen Ausdrucks opfert«.[45] Der Rechtswissenschaftler Karl-Nikolaus Peifer weist darauf hin, daß »ein Recht, das sich vom Bewußtsein der Menschen löst, größte Probleme bekommt. Das Recht ist für die Menschen da und nicht die Menschen für das Recht. Das mag naiv klingen, aber es hat eine sehr grundlegende Bedeutung für das, was man Rechtsempfinden nennt, auf dessen Grundlage unsere Rechtsordnung basiert, auf die wir als Rechtswissenschaftler achten müssen«.[46] Peifer stellt fest, daß »das Urheberrecht einige Kollateralschäden angerichtet«. Die Abmahnpolitik der Musikindustrie, verbunden mit irrsinnigen Gebühren für den einmaligen Download von Dateien, oder das auftrumpfende Gebaren der Musikindustrie, die im Zweifelsfall die Einschränkung des Grundrechts auf Informationsfreiheit durch Sperren des Internetzugangs verlangt, tragen dazu bei, daß die Menschen das, was Recht ist, zunehmend als »nicht richtig«, als »nicht gerecht« empfinden. Es gibt laut Peifer zwei Auswüchse: »Einerseits schützen wir zu viele Werke, die per se nicht schutzwürdig sind, und andererseits erleben wir eine exzessive Verfolgung durch die Rechteinhaber.«

Wenn es nach der deutschen Kulturindustrie ginge, gäbe es auch hierzulande ein Internetsperrgesetz nach französischem Vorbild: Das sogenannte »Hadopi«-Gesetz (benannt nach der eigens gebildeten Urheberrechtsbehör-

---

[45] »Es geht nicht darum, Madonnas Musik zu stehlen«, Interview mit Lawrence Lessig, Süddeutsche.de, 17. 5. 2010.
[46] Oliver Link, »Das digitale Urheberrecht steht am Abgrund«, Interview mit Nikolaus Peifer, Brand eins, 12/2011.

de »Haute Autorité pour la diffusion des œuvres et la protection des droits sur l'Internet«), von Nicolas Sarkozy durchgesetzt, sieht vor, daß bei illegalem Datentausch der Internetzugang nach zweimaliger »Warnung« geschlossen wird. Ein Richter muß in einem vereinfachten Verfahren über die Sperre entscheiden, außerdem drohen Geld- und Gefängnisstrafen – ein Gesetz, das hierzulande eindeutig grundgesetzwidrig wäre. Silvio Berlusconi wollte in Italien sogar eine verschärfte Version der Internetsperren einführen. Ansonsten hat nur die Hamas ein ähnliches Gesetz kodifiziert.

Mit Forderungen nach einem Internetsperrgesetz machte sich in Deutschland besonders der CDU-Politiker Siegfried Kauder bei der Kulturindustrie lieb Kind, bis ihm Urheberrechtsverletzungen auf seiner eigenen Homepage nachgewiesen werden konnten: Kauder, der vor den Vertretern der Verwertungsindustrie den feurigen Kämpfer für das Urheberrecht im Internet gibt, hatte urheberrechtlich geschützte Fotos vom Google-Dienst Panoramio verwendet.

In diesem Zusammenhang muß das Stichwort »Datenvorratsspeicherung« genannt werden. Das Sammeln von personenbezogen Daten wird für gewöhnlich als probates Mittel gepriesen, um islamistischen und sonstigen Terror wirkungsvoll zu bekämpfen. Doch auch zur Durchsetzung des Urheberrechts ist diese Form der Telekommunikationsüberwachung, nach Meinung einiger konservativer Politiker, unverzichtbar, um Urheberrechtsverletzung im Netz verfolgen zu können. Eine *Vergleichende Studie über Modelle zur Versendung von Warnhinweisen durch Internet-Zugangsanbieter an Nutzer bei Urheberrechtsverletzungen* vom Januar 2012, die von Wissenschaftlern des Max-Planck-Instituts (MPI) für ausländisches und internationales Strafrecht im Auftrag des Bundesministeriums für Wirtschaft und Technologie erstellt wurde, läßt indes kein gutes Haar an der Behauptungen über die Wirksamkeit und Notwendigkeit von Datenspeicherung. Laut dieser Studie bleibt die Aufklärungsquote für die relevanten Delikte unverändert, egal ob mit oder ohne Vorratsdatenspeicherung. In der Studie heißt es: »Durch Piraterie verursachte Umsatzrückgänge der betroffenen Branchen lassen sich bei einer Betrachtung eines gesamten Industriezweiges kaum feststellen. (...) Die Urheberrechtsverletzungen wirken sich volkswirtschaftlich insgesamt kaum aus.«[47] Doch wie reagierten Politik und Lobbyisten auf diese unabhängige wissenschaftliche Studie? Für Bundesinnenminister Hans-Peter Friedrich (CSU) ist die Studie »irrelevant«. Und Kulturstaatsminister Bernd Neumann (CDU) spricht sich unbeirrt »für hohe Geldbußen als probates Mittel gegen Online-Piraterie« aus. »Nur spürbare Sanktionen haben einen abschreckenden Effekt für die Nutzer.«[48] Die Praktiker der Tonträgerindustrie, sofern sie nicht ideologisch verblendet oder betriebsblind sind, sagen das Gegenteil: Martin Mills zum Beispiel, Gründer und Eigentümer des Labels Beggars Group, dem mit den Alben von Adele der größte Erfolg der Musikindustrie im letzten Jahrzehnt gelang, ist ein strikter Gegner von wie auch immer gearteten »Sanktionen«: »Es hat noch nie etwas gebracht, die Musikfans anzugreifen, um das Urheberrecht zu verteidigen.«[49] Doch selbst das drastische französische »Warnmodell« à la Hadopi (zwei Verwarnungen, dann ist Schluß), die »Verwandlung eines Staatsbürgers in einen Kriminellen« also, wie Marx ähnliche Versuche zu seiner Zeit genannt hat, funktioniert in der Praxis nicht. Zwar konnte in Frankreich tatsächlich ein geringfügiger Rückgang des Filesharings festgestellt werden, gleichzeitig war aber ein

---

[47] Auf S. 328 der Langfassung der Studie (Downloadmöglichkeit im Internet).
[48] »Bernd Neumann fordert höhere Bußgelder und Warnhinweise«, Musikwoche.de, 2. 1. 2012.
[49] In: Marcus Theurer, »Es bringt nichts, die Fans anzugreifen«, FAZ, 23. 4. 2012.

»ebenso großer Rückgang bei den verkauften Inhalten durch einen schleichenden, aber umfangreichen Boykott kommerziell vertriebener Werke« zu konstatieren.[50] Das »Warnmodell« stellt einen »Plan zur Privatisierung der Rechtsdurchsetzung« (Kurz) dar, weil die Provider gezwungen werden, ihre Kunden flächendeckend zu überwachen.

Werfen wir einen kurzen Blick auf das bereits erwähnte Leistungsschutzrecht für Presseverleger. Es geht um die Schaffung eines neuen Monopols, denn dieses »Anti-Google-Gesetz« sah ursprünglich vor, die Verwendung und Verbreitung auch kleinster Textzeilen lizenzpflichtig zu machen. Im Februar wurde dieser Punkt modifiziert: Suchmaschinen sollen zukünftig »einzelne Worte und kleinste Textausschnitte« verwenden dürfen.[51] Der Axel-Springer-Verlag (*Bild*, *Welt*, *Rolling Stone*, *Musikexpress*) gilt als Hauptinteressent an dem neuen Monopol und hat entsprechend jahrelang Lobbyarbeit geleistet. Praktisch alle namhaften Rechtswissenschaftler, die sich mit dem Springer-hörigen Gesetzentwurf befaßt haben, haben festgestellt, daß die Nachteile des neuen »Leistungsschutzrechts« die Vorteile bei weitem übertreffen. Das Münchner Max-Planck-Institut für Immaterialgüter- und Wettbewerbsrecht nannte den Gesetzentwurf in einer Stellungnahme »nicht durchdacht« und »durch kein sachliches Argument zu rechtfertigen«.[52] Eine Ohrfeige für die Bundesregierung.

Das umstrittene Gesetz gilt weltweit als einzigartig, es macht das Internet zu einer »Episode der Freiheit«

---

[50] Constanze Kurz, »Die neuen Hilfssheriffs des Internets«, FAZ, 11. 5. 2012.
[51] Siehe Wikipedia, »Leistungsschutzrecht für Presseverleger«, Stand 9. 4. 2013.
[52] Max-Planck-Institut für Immaterialgüter- und Wettbewerbsrecht, Stellungnahme zum Gesetzesentwurf für eine Ergänzung des Urheberrechtsgesetzes durch ein Leistungsschutzrecht der Verleger, 27. 11. 2012 (Downloadmöglichkeit im Internet).

(Thierry Chervel).[53] Das digitale Urheberrecht steht am Abgrund. Es in an der Zeit, die Ziele für eine Modernisierung des Urheberrechts neu zu formulieren und auf dieser Grundlage ein zeitgemäßes Rechtssystem zu entwickeln, das endlich die Rechte der Künstler stärkt und der Gesellschaft dient. Es muß Schluß sein mit der »gleichzeitigen Entrechtung der Urheber und der Konsumenten« (Georg Seeßlen) zugunsten der Kulturindustrie.

Doch verlassen wir zum Abschluß dieses Kapitels einmal das gewohnte Terrain der aktuellen politischen Debatte und begeben uns auf eine gedankliche Reise. Das 21. Jahrhundert ist das chinesische Jahrhundert. Lassen Sie uns also über China reden oder, um dieses schöne Wort Friedrich Kittlers zu paraphrasieren, »vom China«. Denn es kann sehr erhellend sein, unser Thema einmal aus einer fremden Perspektive zu betrachten. Wenn Sie mit Menschen in China (und übrigens auch der ehemaligen Sowjetunion) über das Thema »Copyright« oder »Kopie«, über »Plagiat« sprechen, stoßen Sie schlicht auf Verständnislosigkeit. »Urheberrecht« ist eine Kategorie ausschließlich des abendländischen Denkens und der westlichen Welt. Weder Privatpersonen noch staatlichen Institutionen in China ist dieser Begriff, ist diese Denkfigur präsent.

Pascal hat in seinen *Pensées*, den Gedanken – Mitte des 17. Jahrhunderts – gefragt: »Wem von beiden kann man mehr glauben, Moses oder China?«[54] Natürlich geht es Pascal hier um eine Alternative zwischen zwei Optionen des Denkens, und signifikant ist, daß er einer Einzelperson, Moses, nicht eine andere Einzelperson, etwa Konfuzius oder Laotse, gegenüberstellt, sondern »China«, also

---

[53] Perlentaucher.de, 30. 8. 2012.
[54] Blaise Pascal, Gedanken, übersetzt von Ulrich Kunzmann, Stuttgart 1997.

den »Raum des Denkens«.[55] Es geht aber auch um den Unterschied zwischen einer abendländischen Narration, die, wenn sie vom Christentum spricht, eine »Gründer«-Persönlichkeit nennt, und einer chinesischen Narration, die eben nicht von der einzelnen Persönlichkeit, auf die es ankomme, spricht, sondern von einem kulturellen Raum an sich. Pascal schreibt an dieser Stelle übrigens weiter: »China schafft wohl Unklarheiten.« Das wußte man also auch schon im 17. Jahrhundert.[56]

Ein knappes Jahrhundert später, 1748, veröffentlicht Montesquieu seine Schrift *Vom Geist der Gesetze*. Auch Montesquieu hat sich mit China befaßt und kommt zu dem Schluß: »Im Grunde scheint das, was ich über China erfahre, alles zu Boden zu werfen, was ich errichtet habe.«[57]

Beiden Denkern war also sehr bewußt, daß das chinesische Denken dem eigenen Denken, der westlichen Weltsicht, diametral entgegensetzt war und *alles, was sie errichtet hatten*, erschüttern konnte.

»Das chinesische Denken ist von Anfang an dekonstruktivistisch, als es mit dem Sein und Wesen radikal bricht. Auch der *Tao* (wörtlich: Weg) stellt die Gegenfigur zum *Sein* oder *Wesen* dar. Er schmiegt sich Veränderungen an, während das Wesen dem Wandel widersteht«, schreibt Byung-Chul Han in seinem Essay *Shanzhai: Dekonstruktion auf Chinesisch*.[58] Der Prozeß mit seinen »unablässigen Wandlungen« beherrscht demnach auch »das chinesische Bewußtsein von der Zeit und der Geschichte. So vollzieht sich der Wandel nicht ereignishaft

---

[55] François Jullien, Vortrag vor Managern über Wirksamkeit und Effizienz in China und im Westen, Berlin 2006.

[56] Ich will an dieser Stelle nicht verschweigen, daß Pascal den Satz von »Moses oder China« wieder gestrichen hat. Pascal bringt den Gedanken vor und zieht ihn wieder zurück. Denn diese Frage im 17. Jahrhundert zu stellen, »war zweifellos gefährlich« (Jullien).

[57] Montesquieu, Vom Geist der Gesetze, Erstes Buch, 1748.

[58] Berlin 2011, S. 9 f.

oder eruptiv, sondern diskret, unmerklich und kontinuierlich. Undenkbar wäre jene Schöpfung, die sich an einem absoluten, einmaligen Punkt ereignete«, heißt es bei Han weiter. »Undenkbar« ist demnach auch eine Schöpfung, die von einem einzelnen, genialischen Urheber und dessen vermeintlichem »Geistesblitz« herrührt, undenkbar in China ein Paul McCartney, dem angeblich eine Melodie im Schlaf einfällt.

Und so, wie dem chinesischen Denken Brüche oder Revolutionen fremd sind, so hat das chinesische Denken auch keinen Zugang zu den Ruinen. »Es kennt jene Identität nicht, die auf einem einmaligen Ereignis beruht. Schon in diesem Sinne läßt es die Idee des Originals nicht zu, denn die Originalität setzt den Anfang im emphatischen Sinne voraus.«[59]

Ein Chinese wundert sich, wenn er vorm Kölner Dom steht. Er wird sagen: »Ein großes Gebäude«, vielleicht auch: »Ein schönes Gebäude«, aber er wird mit unserer Narration vom Kölner Dom als geschichtlichem oder kulturellem Symbol, als »Original«, nichts anfangen können. Wenn den Chinesen danach ist, werden sie eine identische Kathedrale in Shanghai, Chongqing oder Guangzhou bauen, und sie werden keinen Unterschied zu der Kathedrale sehen, die in Köln steht und die wir »Kölner Dom« nennen. Aber seien wir ehrlich: Könnten wir den Unterschied erklären zwischen dem Kölner Dom in Köln und einer, wenn es denn möglich wäre: absolut detailgetreuen Kopie in Guangzhou? Eben! Das, was den Kölner Dom für uns Europäer zu so etwas Besonderem macht, ist ja nicht das Gebäude als solches, sondern die kulturelle und historische Narration, mit der wir gewissermaßen das Gebäude füllen. Mit welchem Recht aber wollen wir verlangen, daß diese unsere Narration »besser« oder »gültiger« sei als die chinesische? Der Grund, warum wir unsere Narration für allgemein verbindlich halten, hat

---

[59] Han, a. a. O., S. 10.

nichts mit Philosophie, nichts mit Denken zu tun, sondern einzig und allein mit Macht. »Wir« sind es, »der Westen«, »das Abendland«, die im 19. und 20. Jahrhundert die Narration definiert haben. Mit dem Verschwinden dieser Macht, mit dem politischen und moralischen Niedergang des Kapitalismus westlicher Prägung aber verschwindet auch die vermeintliche Legitimation der herrschenden westlichen Narration.

Und wenn Sie diese Vorstellung von zwei Kölner Domen für abwegig oder konstruiert halten – vielleicht haben Sie in den Medien die Geschichte vom Örtchen Hallstadt im Salzkammergut gelesen. Hallstadt im Salzkammergut hat den Chinesen so gut gefallen, daß sie in der Volksrepublik China, in der südchinesischen Provinz Guangdong einen detailgetreuen Nachbau aufbauen, sogar inklusive des Hallstädter Sees. Eine Kopie des Originals also. Laut des Internationalen Rats für Denkmalpflege/Österreichisches Nationalkomitee (ICOMOS Austria) ist dies prinzipiell legal: »Alles, was außen ist, ist öffentlich zugänglich«.[60] Lediglich der katholische Pfarrer fand das Kopieren seines Gotteshauses als Attraktion »bedenklich«. Doch in China werden nicht nur fremde, sondern auch eigene Städte nachgebaut: »Die chinesische Stadt Kaifeng, die im 12. Jahrhundert als die größte und bedeutendste Metropole der Welt galt, will (...) ihre bisherige City abreißen und an ihrer Stelle eine historisierende Replik ihrer selbst errichten«, berichtet die *Frankfurter Allgemeine*.[61] Die nachgebaute Stadt soll sich »an der Architektur der Nördlichen Song-Dynastie orientieren, als Kaifeng zeitweise die Hauptstadt Chinas war.«

»Nothing is original«, sagt der Filmemacher Jim Jarmusch.

---

[60] Heimlicher Nachbau: Dorf-Plagiat in China verblüfft Österreicher, Spiegel Online, 16. 6. 2011.
[61] »Kaifeng-Kopie: Eine Stadt wird nachgebaut«, FAZ, 14. 8. 2012.

Immer wieder kommt es zu kuriosen Mißverständnissen zwischen China und dem Westen, wenn es um das Thema »Kopie« geht. Man erinnert sich vielleicht: 2007 ließ das Hamburger Museum für Völkerkunde acht lebensgroße chinesische Terrakotta-Krieger für eine Ausstellung einfliegen. Als bekannt wurde, daß es sich bei den Figuren nicht um die 2200 Jahre alten Originale handelte, sondern um Kopien, entschied das Museum, die Ausstellung zu schließen, und bot den Ausstellungsbesuchern sogar an, die Eintrittsgelder zurückzuerstatten – »um den guten Ruf des Museums zu wahren«, wie der Museumsdirektor mitteilte. Der Sprecher des Leipziger Center of Chinese Arts and Culture (CCAC), das für die Organisation zuständig war, sagte: »Wir haben niemals den Begriff Originale benutzt.« Der Sprecher betont, daß man »authentische Scherbenfiguren aus Originalmaterial« angeboten habe. Die Kopien waren in Xi'an hergestellt worden. »Authentisch heißt für uns Scherbenfiguren, lebensgroß, vergleichbar mit den Originalen.« Für Museumsdirektor Wulf Köpke zählte das Argument hingegen nicht. Der *Stern* zitiert ihn mit den Worten: »Ich habe im Wörterbuch nachgeschlagen: echt, authentisch und original sind identische Wörter.«[62] Köpke bewies zudem wenig Verständnis für die historischen Gegebenheiten – denn die »Originale« der Terrakotta-Krieger waren selbst ja Teil einer Serien- und Massenproduktion mit Modulen und Versatzstücken, und bereits zu Beginn der Ausgrabungen wurde an die Ausgrabungsstätte eine Reproduktionswerkstatt angeschlossen – die nach unserer Ideologie »Fälschungen«, nach Dafürhalten der Chinesen aber hochwertige Kopien herstellte.

Han: »Die Chinesen haben zwei unterschiedliche Begriffe für die Kopie. *Fangzhipin* sind Nachbildungen, bei denen der Unterschied zum Original offensichtlich ist. (...) Der zweite Begriff für die Kopie heißt *fuzhipin*. Hier

---

[62] »Ton-Armee ist billige Kopie«, stern.de, 12. 12. 2007.

handelt es sich um eine exakte Reproduktion des Originals, die für die Chinesen mit dem Original gleichwertig ist. Sie ist überhaupt nicht negativ konnotiert.«[63]

Dies ist übrigens eine generelle asiatische und nicht nur eine chinesische Sichtweise. Es geht nicht zuletzt um unterschiedliche Begriffe von Identität. Denken Sie an den berühmten japanischen Ise-Schrein, das höchste Heiligtum des shintoistischen Japan, zu dem jährlich Millionen Japaner pilgern. Für die Japaner ist der Ise-Schrein 1300 Jahre alt. Aber in Wirklichkeit wird die gesamte Tempelanlage alle zwanzig Jahre komplett neu erbaut. Diese religiöse Praxis ist den westlichen Kunsthistorikern so fremd, daß die Unesco diesen Shinto-Tempel aus der Liste des Weltkulturerbes strich – für die Unesco ist der Schrein eben nur zwanzig Jahre alt.

Was ist Original, was ist Kopie? Gibt es überhaupt einen wesentlichen Unterschied? Oder ist die Kopie nicht sogar »besser« als das Original (denn je älter ein Gebäude wird, desto mehr entfernt es sich ja durch seinen Verfall von seinem originalen Zustand, während dieser durch eine Kopie ja wiederhergestellt würde).

Kopien herzustellen, ist in China eine gängige kulturelle Praxis, jahrhundertelang geübt und ideologisch verankert. Das Leben ist geprägt von den sogenannten »Shanzhai«-Produkten – wir würden sagen: Fakes. So gibt es etwa Shanzhai-Mobiltelefone, die in Bezug auf Design und Funktion den Originalen von Nokia oder Samsung kaum nachstehen (kein Wunder, schließlich werden die meisten Teile fast aller weltweit produzierten Mobiltelefone ohnehin in China hergestellt), deren Einfallsreichtum aber oft den Originalen überlegen ist: Es gibt zum Beispiel ein Shanzhai-Handy mit der zusätzlichen Funktion, Falschgeld zu erkennen. Ästhetische Modifikationen verleihen ihnen eine eigene, modische »Identität«. Oder: Ist in Chinas Literaturbetrieb ein Ro-

---

[63] Han, a. a. O., S. 62 f.

man erfolgreich, so erscheinen prompt Shanzhai-Versionen, Fakes, regelrechte Imitationen, aber auch Adaptionen, die das Original transformieren, indem sie es in einen neuen Kontext einbetten.

Um wieder auf unser eigentliches Thema zurückzukommen: Ist das Shanzhai-Prinzip wirklich so weit entfernt von den Praktiken der westlichen Tonträgerindustrie? Ist es nicht gängige Praxis, erfolgreiche Bands und Künstler umgehend zu imitieren, zu kopieren? Man denke etwa an die Band »Wir sind Helden«. Kaum wurde sie erfolgreich, ruhten die anderen großen Plattenfirmen nicht eher, bis jede einen entsprechenden Klon nach dem Konzept »unabhängige, selbstbewußte Frontfrau singt freche Texte und wird von Jungs begleitet« ihr eigen nannte – von Juli bis Silbermond.

Die Geschichte zeigt, daß die kapitalistische Wirtschaft gar nicht anders kann als zu kopieren. Deutschland war im 19. Jahrhundert das China Europas. Man kopierte damals vor allem die Stahlprodukte Englands, das ungleich erfolgreicher und entwickelter war, etwa Messer, Scheren oder Feilen aus Sheffield. Um sich die Konkurrenz der deutschen Copyright-Verletzer vom Leib zu halten, erfand die englische Industrie den Kampfbegriff »Made in Germany«, der 1887 im Rahmen eines »Merchandise Marks Act« sogar vom britischen Parlament verabschiedet wurde und mit dem alle importierten deutschen Produkte belegt wurden, um potentielle Käufer vor den Nachahmungsprodukten, den billigen Kopien aus Deutschland, zu warnen. Erst nach dem Zweiten Weltkrieg wurde das »Made in Germany« zu einem Qualitätssiegel, das für deutsche Industrieprodukte warb. Die deutsche Industrie, die deutsche Wirtschaft wurde groß durch genau das, was sie heute China vorwirft: durch das ungehemmte Kopieren fremder Leistungen unter Umgehung jeglichen Urheber- und Patentrechts.

Doch heute, im 21.Jahrhundert, geht es im Grunde nicht um das Copyright, denn die wahren Probleme unserer Zeit sind andere. Wir erinnern uns an die Äußerung von Wang Hui: »There is no property rights without labor rights!« Es geht um Arbeitsrechte, nicht um Besitzrechte. Das »Abendland«, das doch angeblich für Menschenrechte steht, wozu zweifelsohne auch Reisefreiheit zählt, Europa also läßt heutzutage von einer Grenzschutztruppe namens »Frontex« Einwanderer aus Afrika im Mittelmeer abwehren, was jedes Jahr tausenden Menschen an unseren europäischen Grenzen das Leben kostet – weit mehr, als in achtundzwanzig Jahren an der Berliner Mauer starben. In China gibt es etwa 200 Millionen Arbeitsmigranten, über deren Rechte auch wir, die wir unsere iPhones, unsere Apple-Laptops oder unsere Turnschuhe billig in China produzieren lassen, mitentscheiden. Warum interessieren mich die Rechte und die soziale Lage der chinesischen Arbeitsmigranten mehr als die Probleme der hiesigen Verwertungsindustrie mit ihrem auslaufenden Geschäftsmodell? Der Filmemacher Jean-Luc Godard, für sein Lebenswerk mit einem Ehren-Oscar ausgezeichnet, stellt in einem Interview in der *Neuen Zürcher Zeitung* fest: »Ich finde, man sollte für seine Arbeit bezahlt werden, nicht für die Verwertung seines Produktes. Dann wird es nämlich kompliziert: Wenn Ihre Zeitung ehrlich wäre, müßte sie mir für dieses Gespräch ein Honorar bezahlen, weil ich hier die hauptsächliche Arbeit leiste. Sie wird es nicht tun. Sie sehen also: Das Urheberrecht ist eine Fiktion.«[64] Robert Laughlin beschreibt in

[64] »Ich werde nicht gern mit Picasso verglichen – er malte mir zu viele Teller«, Interview mit Jean-Luc Godard, NZZ am Sonntag, 7. 11. 2011. Im selben Interview äußerte Godard: »Heute nimmt man den ›auteur' viel zu wichtig. Ich bin beispielsweise gegen Urheberrechte und für das freie Zitieren und Kopieren. Ich lebe zwar von den Tantiemen, die man mir bezahlt, wenn meine Filme im Fernsehen laufen. Aber wenn das Urheberrecht abgeschafft wird, bin ich nicht unglücklich.«

seinem Buch *Das Verbrechen der Vernunft: Betrug an der Wissensgesellschaft* die »zunehmenden Bemühungen von Staaten, Unternehmen und Individuen, Konkurrenten um jeden Preis davon abzuhalten, bestimmte Dinge in Erfahrung zu bringen, die sie selbst wissen«, was laut Laughlin »zu einer erstaunlichen Ausweitung des Schutzes geistigen Eigentums im Urheberrecht und zu einer beträchtlichen Ausweitung staatlicher Geheimhaltungsmöglichkeiten geführt« hat. Laughlin kommt zu dem Schluß: »Unsere Gesellschaft schottet Wissen in solchem Umfang, so schnell und so sorgfältig ab wie noch keine andere Gesellschaft in der Geschichte. Tatsächlich sollten wir das Informationszeitalter wohl besser als das Zeitalter der Amnesie bezeichnen.«[65]

Der amerikanische Soziologe Richard Sennett hat auf eine weitere chinesische Eigenheit hingewiesen: »Guanxi«, worunter ein »Kodex für sozialen Zusammenhalt« verstanden wird. Laut Sennett ist dieser Kodex informell und basiert auf einem Netz wechselseitiger Hilfe. »Es beruht nicht auf dem Wechselspiel von Leistung und Gegenleistung, sondern auf Vertrauen und langfristiger Verpflichtung«. Guanxi hat die chinesische Gesellschaft zusammengehalten, bevor die großen Wirtschaftsreformen kamen.

Das »chinesische Jahrhundert«, in dem wir leben, wird den Zustand der Amnesie, der systematischen Abschottung von Wissen begrenzen und vermutlich beenden. Wann dies geschieht, kann niemand sagen. Die Geschichte lehrt, daß der Kollaps komplexer Systeme sich sehr lang hinziehen kann, wie Edward Gibbon in seinem klassischen Geschichtswerk *Verfall und Untergang des römischen Imperiums* zeigt, mitunter gar dreizehn Jahrhunderte lang. Nun, mit dem Copyright wird es gewiß schneller gehen.

---

[65] Robert B. Laughlin, a. a. O., S. 9 f.

Noch ein französischer Denker, Michel de Montaigne nämlich, hat sich – bereits im 16. Jahrhundert – seine Gedanken gemacht zum Reich der Mitte, zu China also, das »ungeacht es keine Gemeinschaft mit uns gehabt und nichts von uns gewußt hat, uns in Ansehung der Polizey und der Künste in vielen Stücken übertrifft, und dessen Geschichte mich lehrt, daß die Welt ungleich größer und verschieden ist, als die Alten eingesehen haben und wir selbst einsehen.«[66]

China, das uns lehrt, »daß die Welt ungleich größer und verschieden ist«! Dies sollte wir als Chance begreifen, auch in unserer kleinen Welt der Musikindustrie über Grenzen hinwegzudenken, »verschieden« zu denken, Neues zu denken und veraltete Normen hinter uns zu lassen.

[66] Michel de Montaigne, Essais, Bd. 3, übersetzt von Johann Daniel Tietz, Zürich 1992.

Gema

Afma, Stagma, Inka und Hadopi

Die GEMA, die »Gesellschaft für musikalische Aufführungs- und mechanische Vervielfältigungsrechte«, steht seit einigen Jahren gehörig unter Druck. Nach einer Pressekonferenz im Juli 2009, auf der die Verwertungsgesellschaft ihre umfassende Tarifreform für das Jahr 2013 vorstellte, warf Marek Lieberberg, der größte deutsche Tourveranstalter, ihr »Toilettenparolen« vor. Eine Protestaktion des Irish-Folk-Festivals im gleichen Jahr stand unter dem Motto »Musiker und Veranstalter – Sklaven der Gema«. 2010 unterzeichneten 106 575 Wahlberechtigte eine Petition gegen die Gema, die im Mai des Jahres im Petitionsausschuß des Bundestages öffentlich behandelt wurde (wo unter anderem die Frage gestellt wurde, warum die Handlungsempfehlung einer Enquête-Kommission aus dem Jahr 2007 noch nicht umgesetzt worden sei, wonach die Gema zu mehr Transparenz aufgefordert werden sollte). Kurz darauf kam ein Betrugsfall ans Licht (»Abgekartetes Spiel zwischen Mitarbeitern der Gema und Künstlern« titelte die *FAZ*).[1] Deichkind kritisierte die Gema öffentlich: »Ihr seid Evolutionsbremsen und nervt uns alle gewaltig!« Der Popmusiker Dero von der Gruppe Oomph! sprach von einem »aufgeblasenen Apparat«, der Berliner Hip-Hop-Künstler Tapete kritisierte: »Die Gema schränkt meine Freiheit ein.«[2] Berliner

---

[1] Ausgabe vom 29. 5. 2010.
[2] Taz, 6. 9. 2012.

Club-Betreiber kritisieren die neuen Gema-Tarife als »Wucherei« und die Gema als »Raubritter«. Am 6. September 2012 gingen bundesweit mehrere tausend Bürgerinnen und Bürger auf die Straße, um gegen die Gema zu protestieren. Der Brandenburger Landtag hat die Landesregierung dazu aufgefordert, sich mit der Schiedsstelle der Gema zu verständigen, »die Interessen der Brandenburger Kulturszene angemessen zu gewichten« und darauf hinzuwirken, daß die sogenannte Gema-Reform »bis zur Klärung der Situation ausgesetzt« wird.[3] Der damalige Ministerpräsident Niedersachsens David McAllister forderte von der Gema Zugeständnisse im Tarifstreit und drohte damit, daß die Politik eine neue Aufsichtsbehörde installieren könnte. Die FDP-Jugendorganisation fordert, den »Machtmißbrauch« der Gema zu brechen, und findet, das Gema-Monopol sei »ordnungspolitisch nicht weiter tragbar«. Bundeskanzlerin Angela Merkel kritisierte die Gema in einer Rede, die EU-Kommission will die Gema künftig härter regulieren, und selbst die Führungsriege der deutschen Musikindustrie kritisiert die Gema scharf: BVMI-Chef Dieter Gorny fordert die Gema auf, sich zu bewegen und von ihren Maximalforderungen Abstand zu nehmen, und die Chefs von Universal Music und Sony Music, Frank Briegmann und Edgar Berger, attestieren, »alles muß durch ein Nadelöhr, den Gema-Aufsichtsrat. Einige Mitglieder scheinen noch nicht im digitalen Zeitalter angekommen zu sein.«[4]

Die Gema gerierte sich unterdessen unverdrossen als verfolgte Unschuld und geht auch schon mal gerichtlich gegen Kritiker vor, wie gegen Rechtswissenschaftler Thomas Hoeren, der in einem Interview mit dem Magazin *Brand eins* von »mafiösen Strukturen« der Gema ge-

---

[3] »GEMA-Tarife: SPD und Die Linke wollen Reform vorerst stoppen«, Musikmarkt.de, 30. 8. 2012.
[4] »Streit mit der Gema: Plattenbosse rebellieren gegen YouTube-Blockade«, Spiegel Online, 16. 6. 2011.

sprochen hatte. Die Gema also als »ehrenwerte Gesellschaft für musikalische Aufführungs- und Vervielfältigungsrechte«?[5] Es lohnt sich, die umstrittene Institution
näher unter die Lupe zu nehmen.

Jeder, der hierzulande Musik hört, und natürlich jeder,
der Musik macht, ist direkt oder indirekt von der Gema
betroffen. Aber auch, wer nur einen USB-Stick, eine
Speicherkarte oder einen CD-Rohling kauft, zahlt an die
Gema, egal ob man damit Musik kopiert oder nicht. Ob
DVD-Rekorder, MP3-Player, PCs, Laptops, Telefone
oder Festplatten: die »Zentralstelle für private Überspie-
lungsrechte«, die 1963 von der Gema, der GVL (der Gesellschaft zur Verwertung von Leistungsschutzrechten)
sowie der VG Wort gegründet wurde, verlangt von allen
Geräte- und Speichermedienherstellern eine Pauschalabgabe, die diese in der Regel an den Endverbraucher wei-
terreichen. Den größten Teil erhält die Gema.
   Das heute gültige Urheber- und Verlagsrecht fußt auf
einem Gesetz von 1901, wonach die Komponisten an den
Einkünften aus den Aufführungen ihrer Werke beteiligt
werden müssen. Zu Kaisers Wilhelms Zeiten ließ sich der
Erfolg oder Mißerfolg eines Musikstücks eben noch im
Verkauf von Noten des Stücks beziehungsweise an öf-
fentlichen Aufführungen bei Konzerten ablesen. Der
Brauereierbe und Komponist Richard Strauss war sowohl
an dieser Gesetzesnovelle als auch 1903 an der Gründung
der beiden ersten deutschen Musikverwertungsorganisa-
tionen, der »Genossenschaft Deutscher Tonsetzer« und
der »Anstalt für musikalisches Aufführungsrecht« (AF-
MA), maßgeblich beteiligt. Dies ist noch heute Teil der
Selbstlegitimation der Gema, daß es schließlich ein
Komponist gewesen sei, der im Interesse der Musiker die
Gema beziehungsweise ihre Vorgängerin gegründet habe.

[5] Markus Kompa in Telepolis, 8. 8. 2012.

Allerdings entstanden in den Folgejahrzehnten einige konkurrierende Verwertungsgesellschaften, die sich erst 1930 unter dem Druck der Weltwirtschaftskrise zur Kooperation entschlossen. Es war der Reichsminister für Volksaufklärung und Propaganda, Joseph Goebbels, der 1933 die Umwandlung der freiwilligen Kooperation in ein staatlich sanktioniertes und kontrolliertes Musikverwertungsmonopol vornahm. Es entstand die STAGMA (kurz für »Staatlich genehmigte Gesellschaft zur Verwertung musikalischer Aufführungsrechte«). Das im Juli 1933 erlassene Stagma-Gesetz und eine weitere Verordnung vom Februar 1934 sind bis heute die Rechtsgrundlage der Stagma-Nachfolgeorganisation Gema. Der Allierte Kontrollrat hatte 1947 lediglich die Namensänderung von Stagma in Gema verlangt, und ein späteres Urteil des Bundesgerichtshofs hat »die exklusive Rechtsstellung der GEMA nach der Vorgabe des Goebbelschen STAGMA-Gesetzes bestätigt (...). Die in den Jahren 1933/34 verfügte monopolistische Ausschließlichkeit der Wahrnehmung der Musikverwertungsrechte ist erhalten geblieben« (Helms).[6]

Die Gema verwaltet heute etwa 1,6 Millionen Titel, darunter Nazi-Soldaten- und Propagandalieder wie »Bomben auf Engeland«, das der »Lili Marleen«-Komponist und bis 1996 Gema-Aufsichtsrat Norbert Schultze auf Wunsch von Goebbels, dem das Lied nicht martialisch genug war, mit daruntergemischten Bombeneinschlägen aufgemotzt hat, oder das Lied »Von Finnland bis zum schwarzen Meer« (mit der Textzeile »Führer befiehl, wir folgen dir« im Refrain), das NSDAP-Mitglied Norbert Schultze im Auftrag des Propagandaministers vertonte. Da die genannten Lieder nach dem Dritten Reich weiterhin der Gema-Gebührenordnung unterlagen, hatte Schultze irgendwann verfügt, daß sämtliche Tantiemen seiner von 1933 bis 1945 entstandenen Komposi-

[6] Hans G Helms, Musik nach dem Gesetz der Ware, a. a. O., S. 107.

tionen dem Deutschen Roten Kreuz zufließen – Nazilieder grölen als Spende fürs Rote Kreuz.

Die Einnahmen der Gema haben im Jahr 2010 863 Millionen Euro betragen. Von diesen 863 Millionen Euro verschlingt die Verwaltung mehr als 127 Millionen Euro. Die Gema ist, so der *Spiegel*, »in ihren mehr als hundert Lebensjahren zu einem bürokratischen Kraken herangewachsen«.[7] Laut Tourveranstalter Lieberberg erhalten Urheber, bei denen die Gema die Möglichkeit der Direktverrechnung zuläßt, gerade noch etwa 70 Prozent der durch die Gema von den Veranstaltern einkassierten Vergütungsbeiträge, Urheber, die die Direktverrechnungsvariante nicht nutzen können, kommen noch weit schlechter weg und erhalten zum Teil lediglich 20 bis 25 Prozent der von den Konzertveranstaltern gezahlten Gema-Gebühren. »Grund für diesen Skandal sind die exorbitanten Verwaltungskosten des Monopolisten«, stellt Lieberberg fest, der die »maßlosen Tariferhöhungen« der Gema scharf kritisiert.[8]

Dabei könnte alles so schön sein. Im Idealfall würde das System wie folgt funktionieren: Die Gema erhebt von den Konzertveranstaltern eine Gebühr (die letztlich in den Preis des Tickets eingeht), und die Einnahmen zahlt sie abzüglich einer, wie bereits erklärt, »Verwaltungsgebühr« an die »Urheber« aus. Doch so einfach läuft es nicht: So sind die Gema-Gebühren speziell für kleine und mittlere Veranstalter viel zu hoch und hängen absurderweise von der Saalgröße und den Ticketpreisen ab anstatt von den tatsächlich verkauften Tickets. Gerade Kleinveranstalter werden seit Jahren über Gebühr zur Kasse gebeten, weswegen Musikverleger und Gema-Vollmitglied Walter Holzbaur vorschlägt, die Gema-Einnahmen aus

---

[7] Ausgabe 7/2010.
[8] »Gema am Ende?«, Interview mit Marek Lieberberg, Oxmox, 8/2012.

dem Clubbereich komplett zur Förderung der Clubland-
schaft zu verwenden.

Das derzeit gültige Gema-Abrechnungsmodell wurde
2009 nach langen Verhandlungen und Streitigkeiten zwischen den Verbänden der Konzertbranche und der Gema
verabschiedet. Neben einer drastischen Gebührenerhö-
hung sorgte für zusätzlichen Streit, daß nicht mehr nur
die eigentlichen Einnahmen der Konzertveranstalter,
nämlich die Erlöse aus dem Verkauf von Eintrittsgeldern,
sondern auch zusätzliche Einnahmen, etwa aus dem
Sponsoring, Gema-pflichtig wurden. In Zeiten drastisch
steigender Künstlergagen suchen Konzertveranstalter,
wie wir bereits gesehen haben, seit längerem nach zusätzlichen Einnahmemöglichkeiten, um Konzerte überhaupt noch finanzieren zu können. Eine der zusätzlichen
Einnahmequellen ist das Sponsoring von Konzerten. Die
2010 durch den Schiedsspruch des Patentamts verab-
schiedeten Gema-Tarife für Konzerte bedeuten Lizenz-
sätze des sogenannten U-K-Tarifs (»Tarif für Unterhal-
tungs- und Tanzmusik mit Musikern«) in Höhe von 7,2
Prozent der Bruttoeinnahmen bei Konzerten mit bis zu
15 000 Besuchern. darauf gibt es in Einzelfällen noch ein
paar Nachlässe, etwa für Veranstalter mit häufigeren
Konzerten. Der Mindestlizenzsatz nach allen Nachlässen
beträgt 5,76 Prozent – bis 2009 war der vergleichbare
Satz 1,87 Prozent, die Gema-Sätze wurden also schon
2009 um 300 Prozent und mehr angehoben. Das ist es,
was seriöse Konzertveranstalter mit »Raubrittertum«
meinen. »Die Konzertwirtschaft mußte Steigerungen von
mehr als 400 Prozent verkraften«, stellte Michael Russ,
Präsident des Verbands der deutschen Konzertdirektionen
(VDKD), in einem dpa-Interview fest. Steigerungen, die
die Konzertveranstalter über Erhöhungen der Ticketpreise an das Publikum weitergeben mußten. Seit dem
Schiedsspruch 2010 hat die Gema die Tarife noch weiter
angehoben – im Jahr 2012 etwa um fast 25 Prozent. Diese Anhebung für ein Konzert vor 3000 Zuschauern be-

zeichnet der Nürnberger Bezirkskirektor der Gema, Jürgen Baier, als »absolut gesehen (...) unerheblich«. Ob Baier eine knapp 25-prozentige Gehaltskürzung auch als »unerheblich« akzeptieren würde? »Ein Verlierer steht jedenfalls fest«, betont Jens Michow, Präsident des Bundesverbands der Veranstaltungswirtschaft (IDKV), »nämlich der Konzertbesucher, der zukünftig noch mehr Geld für ein Konzerterlebnis investieren muß«. Marek Lieberberg kritisiert den »Anachronismus«, daß die Gema »ohne Rücksicht auf Profitabilität, ohne selbst einen Pfennig zu investieren«, zehn Prozent der Bruttoeinnahmen im Live-Musikgeschäft für sich reklamiere. »Die GEMA-Strafzölle mindern die Einnahmen erheblich, wodurch der Verteilungskampf im Musikgeschäft unnötig verschärft wird. Denn die GEMA schöpft als Trittbrettfahrer die Sahne von oben ab, während alle anderen Beteiligten nur das erhalten, was unter dem Strich übrig bleibt«, so Marek Lieberberg.[9]

Daß es auch ganz anders geht, zeigen die USA, immerhin der größte Musikmarkt der Welt. Dort gibt es nicht einen als Verein organisierten Monopolisten, sondern verschiedene private Gesellschaften, die miteinander konkurrieren. Ergebnis: die pauschalen Aufführungstantiemen sind moderat, wovon eine blühende Musikszene profitiert. Noch einmal Marek Lieberberg: »Ich veranstalte regelmäßig Konzerte in Hawaii. Die Gebühren für eine Show in der bis zu 9000 Besucher fassenden Blaisdell-Arena von Honolulu kosten bei ASCAP oder BMI, den beiden Organisationen, 500 Dollar, während ich in Deutschland bei einer ähnlichen Größenordnung 30.000 bis 40.000 Euro berappen müßte.«[10]

Zuletzt sind die drastischen Gebührensteigerungen der Gema für »die Lizenzierung von Veranstaltungen mit Live-Musik oder Tonträgerwiedergaben« (letzteres also

---

[9] »Lieberberg wettert gegen GEMA«, Musikwoche, 24. 8. 2012.
[10] A. a. O.

für Veranstaltungen ohne Musiker) in das Blickfeld der Öffentlichkeit gelangt. Wie immer behauptet die Gema, es komme ihr auf Vereinfachung an, und überhaupt werde durch die neuen Tarife alles besser. Es gehe um die »Ausgewogenheit der Tarifstruktur«. Doch in Wirklichkeit wird kaum etwas besser, das meiste allerdings deutlich schlechter. Galten bislang für die meisten Musikclubs und Diskotheken Monatspauschalen, sollen ab 2013 alle Veranstaltungen einzeln abgerechnet werden. Die Gema hat es sich zum Ziel gesetzt, daß die Clubs eine Beteiligung in Höhe von 10 Prozent vom Eintrittsgeld an die Gema abführen. Für das Gros der Veranstaltungen ergibt sich so eine Vervielfachung der Gema-Gebühren. Der Betreiber des »Watergate«, einem der führenden Traditionsclubs Berlins, erwartet eine Steigerung der Gema-Gebühren zwischen 500 und 1500 Prozent. In konkreten Zahlen: 140.000 Euro wird die Gema zukünftig vom Watergate jährlich einfordern, gegenüber rund 8000 Euro 2004 und aktuell zirka 10.000 Euro. »Das ist Wucherei und sittenwidrig«, so Watergate-Betreiber Steffen Hack.[11] Dimitri Hegemann vom Berliner Technoclub »Tresor« muß seit 2013 über 100.000 Euro an die Gema bezahlen, eine Erhöhung um bis zu 1000 Prozent. Für das »Berghain«, Berlins Aushängeschild in der weltweiten Clubs-Szene, erhöht sich der an die Gema zu entrichtende Betrag nach vorsichtigen Schätzungen um 1000 bis 1400 Prozent. Die Erhöhung fällt unter anderem deswegen so drastisch aus, weil Veranstaltungen, die länger als fünf Stunden dauern, noch einmal 50 Prozent Zuschlag zahlen müssen – und welche Clubnacht dauert heutzutage weniger als fünf Stunden?

Besonders absurd ist die Auseinandersetzung um die Club-Tarife, wenn man sich vor Augen führt, daß ein großer Teil der von DJs gespielten Musik – etwa unveröf-

---

[11] Jakob Buhre, »Demo: Berliner Clubs gegen die Gema«, Berliner Zeitung, 22. 6. 2012.

fentlichte Stücke oder Bootlegs – gar nicht Gema-
pflichtig ist. Darüber hinaus gibt es im Clubbereich keine
Playlists, denn viele DJ-Sets entstehen spontan, sind im-
provisiert. Obwohl die Technik längst vorhanden wäre
(jedes Stück, das heute digital abgespielt wird, verfügt
über eine eigene Audio-ID, damit wäre ein genaues Mo-
nitoring möglich – jede Veranstaltung könnte per Sound-
erkennung genau ausgewertet und die Tracks entsprechend den Urhebern zugeordnet werden), bevorzugt die
Gema ein entschieden untransparentes Verfahren. Sie
verwendet die sogenannte »Blackbox«, die sie laut eigenen Angaben bundesweit in 120 Clubs installiert hat.
Steffen Hack vom Watergate sagt, daß er nur von einem
einzigen Technoclub gehört habe, in dem es so eine Box
gibt.[12] Jedes dieser Gerät schneidet wöchentlich eine
Stunde (!) des Clubprogramms mit; die gespielten Tracks
werden von der Firma Media Control analysiert und für
die Ausschüttung aufs Jahr hochgerechnet. »Ein Verfahren, dem kaum einer in der Branche traut und zu dem
Media Control keinerlei Auskunft gibt«.[13] Der Nummer-
1-Hit in den Gema-Disco-Charts 2010 war »Memories«
von David Guetta. Ein Song, der in den angesagten und
erfolgreichen Berliner Clubs wie Berghain oder Watergate niemals gespielt würde. Daß die Gema sich der
Transparenz bei der Ausschüttung und der modernen
Technik verweigert, ist systemisch. Wenn sie nicht detailliert die gespielten Stücke abrechnen muß, fließen um
so mehr Euro in den Topf der »unverteilbaren Gelder«,
die der innere Kreis der Gema unter Ausschluß der Öffentlichkeit unter sich aufteilen kann.

Die Künstlertantiemen werden nach dem Hochrech-
nungsverfahren »PRO« berechnet. Die Ausschüttung der
Tantiemen erfolgt nach einem für Normalsterbliche un-

---

[12] Jochen-Martin Gutsch und Wiebke Hollersen, »Tonstörung«, Spiegel, 33/2012.
[13] Jakob Buhre, a. a. O.

durchschaubaren Punktesystem, das zwischen U- und E-Musik unterscheidet: Ein einzelner Popsong etwa wird mit 12 Punkten bewertet, ein mit großem Orchester instrumentiertes Werk von mehr als 60 Minuten dagegen mit 1200 Punkten. So weit, so gut. De facto bevorzugt das PRO-Verfahren neben den erfolgreichen »Großkünstlern« und Hitfabrikanten vor allem die zahlreichen Schlager- und Gassenhauerkomponisten und ihre Verlage, und es benachteiligt kleinere Künstler und Kleinverlage. Hier greift eine andere Absurdität des PRO-Verfahrens, denn das Gema-Deutschland ist in zwölf Bezirke aufgeteilt – ein Künstler, der jedes Jahr in *jedem* dieser zwölf Bezirke (und im Idealfall jeden Monat) auftritt, erhält eine hohe Multiplikations-Matrix-Kennzahl und entsprechend eine deutlich höhere Gema-Ausschüttung als etwa eine Popband, die erfolgreich ist, aber »nur« in den fünf oder sechs »Medienstädten« auftritt und dort ihre Songs spielt. Der ehemalige Aufsichtsratsvorsitzende der Gema, Jörg Evers, kritisierte das PRO-Verfahren bereits 2001 (vor seiner Zeit als Aufsichtsratschef), wie folgt: »Das neue PRO-Verfahren führt in den meisten Bereichen zu noch größeren Verzerrungen und Ungerechtigkeiten als das alte Verfahren, das aber ebenfalls unbefriedigend ist!« Dieses Abrechnungsverfahren wurde 1998 ohne Beschluß der Mitgliederversammlung vom Gema-Vorstand installiert. Jetzt wird es endlich abgeschafft. 2014 kommt zum ersten Mal ein Inkasso-bezogenes System zur Anwendung und heißt auch so: »InkA«. Eine »Delegierte der Gema« namens »SarahMarie« postet dazu auf der Website der *Berliner Zeitung*: »Das Pro-Verfahren wurde letzte Woche in der Mitglieder-Versammlung abgeschafft. Abgerechnet wird nun nach InkA, einem sehr viel gerechteren System, das – wie der Name schon sagt – inkasso-bezogen abrechnet.« Was die Gema nicht daran hindert, noch anderthalb Jahre nach Beschlußfassung nach dem alten System abzurechnen.

Gleichzeitig ist es so, daß die Gema nicht etwa die vereinnahmten Gelder einer Veranstaltung an die jeweiligen Urheber aufteilt, sondern daß es dafür eben den Verteilerschlüssel des PRO-Verfahrens gibt. Wenn zum Beispiel »Get Well Soon«-Sänger und Songwriter Konstantin Gropper ein Konzert mit seinen eigenen Songs und ein paar Cover-Versionen spielt, dann verdient daran ein erfolgreicher Schlagerkomponist durch die Gema-Ausschüttung mit. Wenn Gropper seine Songs spielt, verdient also auch Dieter Bohlen. Wenn aber ein Konzertveranstalter an die Gema 500 Euro Gebühr für das Konzert einer Newcomer-Band entrichtet, kommen vielleicht 50 Euro davon bei der Band an. Schuld ist ihr niedriger PRO-Faktor. »Die übrigen 450 Euro versickern im großen Topf der *unverteilbaren Gelder*«, schreibt Guido Möbius in der *Berliner Zeitung,* »oder werden aufgewendet für die üppige Bezahlung aufgeführter Hits und Gassenhauer mit hohem Pro-Faktor«.[14]

Und: ein nicht geringer Anteil der hierzulande in Konzerten gespielten Songs kommt aus dem Ausland und wird von ausländischen Bands aufgeführt. Die ausländischen Künstler haben jedoch große Probleme, an die für ihre Konzerte gezahlten Gema-Gebühren zu kommen. Die Gema wird in der Regel nicht selbst aktiv, um Geld an ausländische Künstler auszuzahlen. Die ausländischen Künstler, die hierzulande nicht von einem Musikverlag vertreten werden oder zumindest Mitglied einer der schlagkräftigen US-Verwertungsgesellschaften sind, warten oft vergeblich auf die Gema-Ausschüttungen.

Doch selbst die großen Künstler, die auf ein funktionierendes System von Musikverlagen, Managern und Rechtsanwälten zurückgreifen können, werden von der Gema übervorteilt und geschädigt. Lassen wir noch einmal Marek Lieberberg zu Wort kommen: Ein Bruce Springsteen werde laut Lieberberg für die Aufführung

---

[14] »Der Club der oberen 3400«, Berliner Zeitung, 26. 6. 2012 (3400 ordentliche Mitglieder zählte die Gema 2012).

seiner eigenen Musik durchschnittlich mit 150 000 Euro »zwangsvereinnahmt«. »Die GEMA leistet hierfür gar nichts. Sie nimmt die Anmeldung entgegen, schreibt eine Rechnung und parkt die Einnahmen erst einmal. Nach der besagten Karenzzeit, die durchaus bis zu einem Jahr dauern kann, werden die um den happigen Verwaltungsaufwand verminderten Beträge endlich an den Autor weitergeleitet.«[15] Dieses Verfahren schadet den Künstlern, es schadet den Konsumenten, also den Konzertbesuchern, es schadet den Konzertveranstaltern, und es zwingt Konzertveranstalter letztlich, die Anzahl der Konzerte zu reduzieren. Die Gema benachteiligt Künstler und Konzertbesucher und verhindert durch ihre dubiosen Geschäftspraktiken Kultur.

Gerne zieht sich die Gema darauf zurück, daß der als ungerecht kritisierte Verteilerschlüssel von den Gema-Mitgliedern im Rahmen der Mitgliederversammlung beschlossen werde und somit Ausdruck des Willens der Gema-Mitglieder sei. Allerdings: tatsächlich sind nur etwa fünf Prozent der Gema-Mitglieder direkt stimmberechtigt. Etwa 3400 ordentlichen Mitgliedern mit umfassenden Rechten standen (im Jahr 2012) etwa 60.000 sogenannte angeschlossene und außerordentliche Mitglieder gegenüber, die insgesamt nur 64 Delegierte für die Gema-Mitgliederversammlung wählen können. Bezogen auf die Erträge, die zu über einem Drittel mit Werken von außerordentlichen und angeschlossenen Mitgliedern erwirtschaftet werden, müßte deren Anteil an der Mitgliederversammlung statt einem Prozent ein Drittel betragen. Laut MdB Gitta Connemann (CDU) (der Vorsitzenden der Enquête-Kommission »Kultur in Deutschland« des Bundestags von 2003 bis 2007), »eine Frage der demokratischen Legitimation«. Die ordentlichen Gema-Mitglieder (der »Club der 3400«) beziehen knapp 65 Prozent aller Ausschüttungen und haben zudem Anspruch auf

---

[15] »Gema am Ende?«, Oxmox, 8/2012.

Bezüge durch die Sozialkasse der Gema. »Spricht ein Gema-Oberer von *den Urhebern*, deren Rechte in diesen schwierigen Zeiten gewahrt werden müssen, so meint er die exklusive Kaste der 3400 ordentlichen Mitglieder. Im Gema-Aufsichtsrat sitzen ausschließlich erfolgreiche Komponisten, Textdichter und Verleger. (...) Das vornehmliche Interesse der Gema-Oberen, also den ordentlichen Mitgliedern, ist das der Besitzstandswahrung« (Möbius).[16] »Alle sind Teil eines gewinnbringenden Systems, von dem sie profitieren« (Lieberberg).[17] Besitzstandwahrer, die das für sie vorteilhafte Privilegiensystem mit Verve verteidigen.

Im Aufsichtsrat der Gema sitzen oder saßen Musiker wie Tobias Künzel von den Prinzen, die Schlagersängerin Jule Neigel, Jörg Evers (Altrocker unter anderem bei Amon Düül II, Embryo und der Peter-Maffay-Band sowie Filmkomponist, unter anderen *Herzblatt* und *Werner: Beinhart*), Stefan Waggershausen (»Der alte Wolf wird langsam grau«), Ralf Weigand (unter anderem Produzent von »Sportsfreunde Stiller«), Hans-Ulrich Weigel (Musikverleger und Schlagertexter, unter anderem für Rex Gildo und Jürgen Drews), der Filmkomponist Enjott Schneider (von *Herbstmilch* bis *Stalingrad*), Dagmar Sikorski-Großmann (Musikverlegerin und Ehefrau von RWE-Chef Jürgen Großmann), Konstantin Wecker und Frank Dostal, der den Text schrieb für das »Lied der Schlümpfe«. Über Frank Dostal äußerte Marek Lieberberg: »Frank Dostal hat zwei Gesichter. Das eine ist der liebenswürdige, ehemalige Star der Beat-Generation, ein Hamburger Urgestein. Die andere Seite des Janus-Kopfes zeigt einen der härtesten Verfechter einer expansiven GEMA-Politik.« Auch von Dostal getätigte Äußerungen, daß mit dem neuen Tarifmodell 60 Prozent »der Kleinen« entlastet würden, bezeichnet Lieberberg als »reine Propa-

---

[16] Gudio Möbius, »Der Club der oberen 3400«, a. a. O.
[17] Lieberberg, a. a. O.

ganda. In den beiden Konzertverbänden kenne ich keinen, der entlastet worden wäre. Frank spielt hier den unschuldigen GEMA-Wolf im Schafspelz.«[18]

Wer aber kontrolliert die Gema? Die Gema selbst ist ja keine Behörde, auch wenn oft der Anschein erweckt wird und sie gerne, wie im Streit mit YouTube, auch so auftritt. Die Gema ist ein privater Verein, wie jeder Kaninchenzüchterverein. Nur eben ein Verein mit über 850 Millionen Euro Jahresumsatz. Als Verwertungsgesellschaft im Sinne des Urheberrechtswahrnehmungsgesetzes unterliegt die Gema nur der Aufsicht des Deutschen Patent- und Markenamtes. Die erwähnte Enquête-Kommission des Bundestags hatte empfohlen, die Aufsicht über die Gema zu verstärken und vor allem erheblich auszuweiten. MdB Connemann: »Und damit allein ist es nicht getan. Wir glauben, daß die Aufsicht sich nicht auf eine Evidenzkontrolle beschränken sollte, sondern im Einzelfall gehalten ist zu kontrollieren, ob die Verwertungsgesellschaften ihren gesetzlichen Verpflichtungen nachkommen«.[19] Der niedersächsische Ministerpräsident David MacAllister stellte das Deutsche Patent- und Markenamt (DPMA), das durch seine Gema-Freundlichkeit seit langem unangenehm auffällt, als Aufsichtsbehörde der Gema infrage. Laut *Spiegel* gab es in der Vergangenheit schon »Vorwürfe gegen einen Mitarbeiter des Patentamtes, der sich für einen Artikel im Gema-Jahrbuch bezahlen ließ«. Gema-Prüfer, die sich von ihrem Prüfling honorieren lassen!

David McAllister forderte endlich eine härtere Aufsicht über die Gema und ihre selbstgefällige Geschäftspolitik: »Ziel sollte es sein, im Verfahren vor der Schiedsstelle beim DPMA, aber auch in den parallelen Verhandlungen mit weiteren Verbänden zu ausgewogenen Einigungen zu

[18] Oxmox, 8/2012.
[19] »Gitta Connemann kündigt öffentliche GEMA-Anhörung an«, Musikwoche, 30. 11. 2009.

kommen. Eine gesetzgeberische Überprüfung, ob das Aufsichtsinstrumentarium nach dem Urheberrechtswahrnehmungsgesetz ausreicht, würde damit entbehrlich«[20]. Im Klartext: Bleibt es bei der geplanten Tarifreform, dann wird die Politik, die keinen direkten Einfluß auf die Gema ausüben kann, tätig. Das Patentamt könnte durch eine neue Institution, etwa durch eine von der Politik geprägte und dem Verbraucherschutz verpflichtete Behörde, ersetzt werden, damit endlich eine tatsächliche Kontrolle der Gema stattfindet. Vor allem könnte endlich Transparenz in die Geschäftspolitik der Gema einkehren, die sich in der Praxis in »geschlossener Gesellschaft« verhält: Bei den Mitgliedsversammlungen ist die Öffentlichkeit natürlich ausgeschlossen. Wobei man sich keine Illusionen machen sollte: Die genannten Äußerungen der Politiker waren dem Wahlkampf geschuldet und der Tatsache, daß die Gema vor allem im Jahr 2010 ein Thema wurde, das den Menschen, die ja fast alle Musiknutzer sind, unter den Nägeln brannte. Wenn es zum Schwur kommt, sind die Politiker, die sich so engagiert geäußert haben, meist zahnlose Tiger, die sich nur als Bettvorleger fürs Gema-Bett eignen. Die Bundesregierung jedenfalls hat Ende 2012 klar gemacht, daß sie »keine Veränderungen im Gema-Recht plant«. Es soll also alles beim alten bleiben.[21]

Von den 863 Millionen Euro Einnahmen hat die Gema im Jahr 2010, wie gesagt, etwa 127 Millionen selbst verbraucht, unter anderem für ihre mehr als 1000 Mitarbeiter, für den Unterhalt der beiden Generaldirektionen in Berlin und München sowie der sieben Bezirksdirektionen. Die Vorstandsgehälter sind üppig: Der Gema-Vor-

---

[20] David McAllister in einem Brief an den Vorstandsvorsitzenden der Gema, Harald Heker, zitiert nach: »McAllister droht Gema mit politischer Kontrolle«, Die Welt, 31. 7. 2012.
[21] Peter Mühlbauer, »Bundesregierung plant keine Veränderungen im GEMA-Recht«, Telepolis, 5. 11. 2012.

standsvorsitzende Harald Heker verdiente im Jahr 2012 484.000 Euro,[22] die Vorstandsmitglieder Rainer Hilpert und Georg Oeller 332.000 Euro beziehungsweise 264.000 Euro. Die pensionsvertraglichen Bezüge der früheren Vorstände betrugen 2010 insgesamt 554.000 Euro.[23] Da wundert es wenig, daß frühere Vorstandsmitglieder gerne bis ins hohe Alter auf ihren Stühlen sitzen geblieben sind. Laut Marek Lieberberg »zittern auf der regionalen Ebene alle vor dem allmächtigen Vorstand, der Kadavergehorsam verlangt. So ist die GEMA ein Ministerium der Angst und in der Tat verbreitet ihre Politik in der Kreativwirtschaft Angst und Schrecken.«[24]

Doch wir wollen nicht so tun, als seien derartige Verhältnisse einmalig in der Welt. Nein, in der Schweiz etwa sieht es nicht viel anders aus. Dort erhalten die Funktionäre der SUISA, wie sich die Schweizer Verwertungsgesellschaft nennt, ebenso exorbitante Gehälter. Der SUISA-Direktor etwa erhält pro Jahr mehr als 357.000 Franken. Und der Chef von »ProLitteris«, der Schweizer »VG Wort«, hat 2008 laut *Weltwoche* über 308.000 Franken und in den Jahren darauf inklusive Sonderzulagen noch deutlich mehr eingestrichen. Als die Einkommenszahlen erstmals veröffentlicht wurden, äußerten Erfolgsautoren wie Alex Capus ihren Unmut über die Verteilung der Einnahmen zwischen Funktionären und den Autoren, und Politiker verschiedenster Fraktionen kündigten eine parlamentarische Initiative an, die die Gehälter auf das in der Staatsverwaltung übliche Niveau senken sollte. Die Funktionäre jedoch sahen, dort wie hier, keinerlei Handlungsbedarf. Ernst Hefti, der Direktor von ProLitteris, meinte, auf das Mißverhältnis zwischen den Einkommen vieler Urheber und dem seinigen angesprochen, im *Tagesanzeiger* lapidar, daß schließlich »jeder

---

[22] Im Jahr 2010 waren es laut Spiegel noch 380.000 Euro.
[23] Alle Zahlen laut Möbius, a. a. O.
[24] Oxmox, 8/2012.

seinen Beruf selber wählt«.[25] So was nennt man wohl Chuzpe.

Auch in den Niederlanden kennt man das Problem: Das niederländische Parlament hat nach einem Skandal um die dortige Verwertungsgesellschaft Buma/Stemra immerhin eine Begrenzung der Vorstandsgehälter auf maximal 130 Prozent der Bezüge des Ministerpräsidenten ins Gespräch gebracht. Zum Vergleich: ein Ministerpräsident verdient hierzulande pro Jahr je nach Bundesland zwischen etwa 120.000 und 240.000 Euro, die Bundeskanzlerin kommt auf 226.000 Euro. Mit welcher Logik verdient der Gema-Chef mehr als doppelt so viel wie die Bundeskanzlerin?

Gar nicht erst erwähnen wollen wir, daß die Gema die Sozialklausel im Urheberrechtswahrnehmungsgesetz laut Enquête-Kommission in der Praxis kaum umsetzt, oder daß sie sich üppige Bürogebäude in besten Innenstadtlagen der Metropolen leistet (in Berlin zum Beispiel gegenüber dem KaDeWe).

Aber die Gema hat nicht nur fragwürdige Ansichten darüber, wie sie das Geld ausgibt, das sie auf ebenso fragwürdige Weise einnimmt – sie hat auch ihre eigenen Rechtspraktiken. Berühmt ist die sogenannte »Gema-Vermutung«: Laut §13c Urheberrechtswahrnehmungsgesetz geht die Gema davon aus, daß jeder Komponist einen Wahrnehmungs- beziehungsweise Berechtigungsvertrag mit der Gema geschlossen hat. Natürlich kann ein Komponist dieses Recht auch selbständig, also ohne Gema, wahrnehmen und mit dem Nutzer direkt verhandeln. Oder ein Komponist könnte mit einer anderen Verwertungsgesellschaft einen Vertrag abschließen. (Die gibt es derzeit noch nicht. Eine Initiative zur Gründung einer solchen unter dem Namen »Cultural Commons Collecting Society«, kurz: C3S, ist auf dem Weg.) Aber nach

---

[25] Peter Mühlbauer, »Die Angelegenheit wird im Parlament diskutiert«, Telepolis, 4. 10. 2012.

EU-Recht könnte sich ein deutscher Urheber auch von einer britischen oder polnischen Verwertungsgesellschaft vertreten lassen, wenn er sich dort besser aufgehoben fühlt. Allerdings muß, wer sozusagen »Gema-freie« Musik aufführt oder nutzt, beweisen, daß er dies tut – nämlich die »Gema-Vermutung« widerlegen, daß die genutzten Werke automatisch Gema-pflichtig sind. Diese Beweislastumkehr ist den meisten Menschen unbekannt. Sie wird allerdings von der Gema munter zu ihren Gunsten genutzt. Zum Beispiel verklagte die Gema den im Umfeld der Piratenpartei entstandenen gemeinnützigen Verein »Musikpiraten« vor dem Amtsgericht Frankfurt. Der Verein veranstaltet jährlich einen »Free! Music!«-Contest, dessen Siegerstücke auf einer CD unter Creative-Commons-Lizenz veröffentlicht werden. Weil zwei der Gewinner 2011 unter Pseudonym veröffentlichen wollten, verlangte die Gema Geld für die Produktion der CD. Das Absurde ist, daß die Gema nicht einmal bestreitet, daß weder das auf der CD veröffentlichte Stück noch die Pseudonyme bei der Gema gemeldet sind. Ihren Anspruch begründet die Gema allein damit, daß es ja sein *könnte*, daß einer der beiden Musiker mit bürgerlichem Namen bei der Gema Mitglied ist. Denn wer einmal den Gema-Vertrag unterzeichnet hat, der ist der Gema mit Haut und Haar ausgeliefert, schließlich will die Gema alle Rechte an den Werken des Urhebers wahrnehmen, egal, ob der Künstler das will oder nicht.[26] Wer aus der Gema austritt, bleibt ja auch noch bis zu drei weiteren Jahren Zwangsmitglied des Vereins.

Der Musiker, Politiker und *FAZ*-Kolumnist Bruno Kramm weist darauf hin, daß die Gema mit ihrer realen Politik »wesentlich für die verspätete Einführung neuer digitaler Geschäftsmodelle verantwortlich« ist, da sie jahrelang für den Handel mit MP3-Dateien Tarife aufrief,

---

[26] Peter Mühlbauer, »Gema will Geld für Creative-Commons-Stück«, Telepolis 26. 6. 2012.

die denen von physischen Tonträgern entsprachen. »Für die Preisgestaltung digitaler Angebote unrentabel, wurde somit der Einzug eines revolutionären Musikangebots in den Neunzigern verhindert und dem Monopolisten Apple danach der Markt überlassen.«[27] Die Gema kann eben als Monopolist schalten und walten, wie sie will, zum Nachteil auch der Künstler und der Kulturindustrie, für die sich die letztlich von der Gema zu verantwortenden Einnahmeausfälle zu gigantischen Summen addieren.

Besonders absurd ist die Position der Gema in der Auseinandersetzung mit der Videoplattform YouTube. In praktisch allen europäischen Ländern gibt es längst eine Einigung zwischen YouTube und den jeweiligen Verwertungsgesellschaften. Nur nicht in Deutschland. Warum? Weil es in Deutschland die Gema gibt. Mehr als die Hälfte aller YouTube-Klicks ist in Deutschland gesperrt, der Gema sei Dank. Von den 1000 weltweit angesagtesten YouTube-Filmen konnten (im Januar 2013) nur 385 auch in Deutschland abgerufen werden, bei den anderen 615 bekamen Nutzer in den meisten Fällen die bekannte Nachricht angezeigt: »... *in Deutschland nicht verfügbar, weil es möglicherweise Musik enthält, für die die erforderlichen Musikrechte von der Gema nicht eingeräumt wurden.*« Die Zensurquote bei den täglich von OpenDataCity weltweit ermittelten Zahlen der gesperrten Videos lag im Frühjahr 2013 in Deutschland also bei 61,5 Prozent. Zum Vergleich: In Afghanistan waren zur gleichen Zeit nur 4,4 Prozent der 1000 populärsten Videos auf YouTube nicht zu sehen, in den USA 0,9 Prozent, in Österreich und der Schweiz 1,1 beziehungsweise 1,2 Prozent, im Südsudan 15,2 Prozent, und selbst der Vatikan ist mit 5,1 Prozent Zensurquote vergleichsweise liberal.[28]

---

[27] Bruno Kramm, »Wehrt euch endlich!«, Frankfurter Allgemeine, 13. 9. 2012.
[28] »YouTube sperrt jedes zweite angesagte Video«, Spiegel Online, 28. 1. 2013.

Der komplizierte Rechtsstreit zwischen Gema und YouTube kann hier nicht im Detail beschrieben werden. Vereinfacht gesagt geht es darum, daß die Gema möchte, daß YouTube vom Gericht als Inhalteanbieter für die von Nutzern hochgeladenen Inhalte haftbar gemacht wird. Das Landgericht Hamburg ist der Gema nicht gefolgt. Für das Gericht haftet YouTube nur als »Störer«, wie es im Juristendeutsch heißt, für die von Nutzern hochgeladenen Clips, die Rechte von Gema-Mitgliedern verletzen. »Störerhaftung« bedeutet: Der Betreiber der Plattform kann erst dann zur Rechenschaft gezogen werden, wenn ihn jemand im konkreten Fall auf eine Rechteverletzung der Nutzer hinweist.

Allerdings wurde YouTube vom Gericht auferlegt, strengere Prüfpflichten zu erfüllen: Alle neuen Uploads müssen von YouTube gescannt und mit Wortfiltern die Begleittexte geprüft werden. Das ist wohl der Teilerfolg, den die Gema vor Gericht erstritten hat. In der Hauptsache allerdings hat die Gema vor Gericht verloren: Die von ihr erhoffte Grundsatzentscheidung zur Frage, wie mit dem Urheberrecht beim Umgang mit Musik und Filmen im Internet künftig zu verfahren sei, blieb aus. Damit nicht genug: YouTube darf laut dem Hamburger Urteil weiterhin einige der zwölf in Frage stehenden Musiktitel in seinem Angebot bereitstellen – anders, als die Gema in ihrer Klage gefordert hatte. Anders als von der Gema erhofft, sind auch keine Schadensersatzzahlungen für Urheberrechtsverletzungen der Vergangenheit geltend zu machen.

Letztlich geht es Gema und YouTube natürlich nur ums Geld: »YouTube soll einen festen Betrag je Abruf eines Werks bezahlen (die sogenannte Mindestvergütung). Zudem soll YouTube einen festen Anteil des auf die Musiknutzung zurückzuführenden Nettoumsatzes an die Gema bezahlen (die sogenannte Regelvergütung). Was bei der Mindestvergütung anfällt, wird mit der Regelvergütung verrechnet. Wenn also die Mindestvergütung höher ist,

muß YouTube nur diese Summe bezahlen. Wenn die Regelvergütung höher ist, wird nur diese Summe fällig.«[29]
Die Gema verlangt von YouTube 0,006 Euro pro Abruf. Hört sich wenig an. Wenn man aber weiß, daß deutsche Internetnutzer zum Beispiel im April 2011 über 3,8 Milliarden Videos abriefen (und die Tendenz ist steigend), dann weiß man, daß es da um einen deutlich zweistelligen Millionenbetrag monatlich geht. Diese Summe muß man erst mal mit Online-Werbung verdienen.

Kein Wunder, daß es die Gema nicht schafft, sich mit YouTube zu verständigen, so daß weiterhin Hunderttausende YouTube-Videos in Deutschland gesperrt bleiben, kein Wunder, daß die Gema Krieg mit den Club-Betreibern führt und die Clubkultur gefährdet. Aber mit dem »Bund Deutscher Karneval« konnte die Gema einen Gesamtvertrag abschließen! Jecke unter sich.

Es würde den Rahmen dieses Buches sprengen, auf alle Absurditäten rund um die Gema einzugehen. Etwa, daß die Gema findet, daß auch die Hintergrundmusik in Arztpraxen vergütungspflichtig ist, obwohl laut einem Urteil des Europäischen Gerichtshofs (EuGH) dies ausdrücklich anders geregelt ist.[30] Doch die Gema ist eben ein eigener Verein mit eigenen Gesetzen und Regeln und fühlt sich dem geltenden Recht Europas nicht verpflichtet. Denn wann immer Ärzte unter Berufung auf die höchstrichterliche Entscheidung des EuGH ihren Gema-Vertrag kündigen, ist die Gema der Ansicht, daß der Arzt weiterhin schadensersatzpflichtig sei. Der EuGH hat eindeutig festgestellt, daß ein paar Patienten im Warteraum einer Arztpraxis keine »Öffentlichkeit« darstellen (und nur dann fallen Gema-Gebühren an), und schon gar nicht, wenn sich ein einzelner Patient etwa beim Zahnarzt in der

---

[29] Konrad Lischka, »YouTube und Gema: Warum Deutschland schwarz sieht«, Spiegel Online, 16. 2. 2012.
[30] Lambert Grosskopf, »Hintergrundmusik in Arztpraxen ist nicht vergütungspflichtig«, Telepolis, 7. 12. 2012.

Behandlung befindet. Außerdem komme es, so der EuGH, auf die Rolle des Arztes an. »Aufgabe eines Arztes ist es, die Behandlung seiner Patienten zu gewährleisten und nicht, diese mit Musik zu unterhalten«, mußten sich die Verwertungsgesellschaften die Welt erklären lassen. Lambert Grosskopf, Fachanwalt für IT-Recht und Professor für Urheber- und Medienrecht, weist darauf hin, daß die Gema »nicht eigene Rechte wahrnimmt, sondern treuhänderisch Rechte ihrer Mitglieder«. Um tätig werden zu dürfen, bedürfe die Gema daher einer Erlaubnis, die vom Deutschen Patent- und Markenamt erteilt wird. »Diese Aufsicht erstreckt sich auch auf die Überwachung der Einhaltung von Entscheidungen der Gerichte, also auch des Europäischen Gerichtshofes. Das Amt wird aber nicht tätig, obwohl Ärzte das Amt bereits aufgefordert haben, aufsichtsrechtliche Maßnahmen gegenüber der Gema zu ergreifen.«[31]

Wir lernen: Der Verein Gema mit seinen zirka 3400 Vollmitgliedern bittet nach eigenen Regeln zur Kasse, wo immer sich die Gelegenheit bietet. Ob Sie auf dem Zahnarztstuhl liegen, oder ob Ihre Kinder sich am Sankt-Martins-Zug mit dem Lied »Laterne, Laterne ...« beteiligen – die Gema greift Ihnen in die Tasche! Und die staatliche Aufsichtsbehörde schaut zu, oder besser gesagt: verschließt die Augen.

Was ist also zu tun? Man kann, wie das einige fordern, die Gema zu einer staatlichen Behörde machen, die nicht mehr nur einer kleinen Schar von Profiteuren gehorcht, sondern klaren gesetzlichen Regelungen, die von der Gesellschaft getragen werden. Doch ist eine weitere staatliche Behörden wirklich erstrebenswert? Man denke an die Gebühreneinzugszentrale oder an die vielen anderen, behäbigen Behörden mit wirklichkeitsfremden Strukturen.

[31] Grosskopf, a. a. O.

Sicher ist die Gründung einer neuen Verwertungsge-sellschaft wie die geplante »C3S« sinnvoll, die als Non-Profit-Organisation in der Struktur einer »Europäischen Genossenschaft« funktionieren soll. Die C3S präsentiert sich zum jetzigen Zeitpunkt in so ziemlich allen Berei-chen als das genaue Gegenteil der Gema: Man fühlt sich Künstlern wie Konsumenten verpflichtet und setzt auf »Transparenz« und »Abrechnungsfairneß«. An den Auf-bau eines großen Mitarbeiterstabs ist nicht gedacht, man will statt dessen (wozu lebt man im 21.Jahrhundert?) mit neuen technischen Lösungen arbeiten, zum Beispiel mit einer automatischen Playlist-Auswertung.

Die Gema-Petition von 2010 hat gefordert, der Bun-destag möge die Vereinbarkeit der Verwertungsorganisa-tion mit dem Grundgesetz prüfen. »Die Gema wird zu-nehmend vom Kultur-Schützer zum Kultur-Vernichter«, schreiben die Initiatoren. Freilich – wer denkt, daß man nur die Gema ein bißchen ändern, nur hier und dort ein wenig reformieren müsse, und schon seien die Probleme vom Tisch, der macht sich etwas vor. Denn die Gema ist ein Instrument, um Musik nach dem Gesetz der Ware zu behandeln. Ohne eine grundsätzliche Diskussion des Ur-heberrechts in modernen Zeiten, ohne eine tiefgehende Infragestellung des Copyrights wird die Gema als Mono-polinstitution auch weiterhin gegen die Interessen der Verbraucher und der meisten Künstler agieren und den amerikanischen Komponisten Frederic Rzewski bestäti-gen, dessen monumentales Klavierwerk *The People Uni-ted Will Never Be Defeated* zu den wichtigsten Komposi-tionen des 20. Jahrhunderts zählt, und der lapidar und wahrscheinlich aus eigener Erfahrung feststellte: »Alle Verwertungsgesellschaften sind Diebe.«

Sponsoring

Bands und Brands

> »Warum willst du diese Sorte Geld? Es ist
> Geld, das dich zum Sperma macht, mit
> dem das Ei der Industrie befruchtet wird!«
> *Tom Waits*[1]

»Festival of Happiness« ist ein Konzert von »Coke
Sound up« auf einer ganzseitigen roten Anzeige in einer
Stadtzeitschrift überschrieben. Und in einem anderen
Magazin heißt es gar: »Der Tag der Deutschen Bandein-
heit – das Coca-Cola Soundwave Finale 2009«: Mando
Diao, Culcha Candela, Sunrise Avenue, Jennifer Rostock
und zwei andere Bands gaben sich für ein großes Konzert
vor dem Brandenburger Tor die Ehre – an dem Ort, an
dem im Jahr zuvor der damalige US-Präsidentschafts-
kandidat Obama nicht sprechen durfte (er mußte sich mit
der Siegessäule begnügen). Aber für Coca-Cola war es
natürlich kein Problem, an dieser Stelle eine Parade, äh:
ein Konzert abzuhalten. Das Sponsoring des Limonade-
Herstellers hat in Berlin schließlich eine lange Tradition.
An den Mauern des Berliner Sportpalastes, in dem die
Nazis ihre Massenkundgebungen abhielten, prangte die
Aufforderung, »Coca-Cola eiskalt« zu trinken, und bei

---

[1] Du (Zeitschrift), 9/1997, Themenheft »Tom Waits: Die Ballade vom
anderen Amerika«, S. 75.

den Treffen der Hitler-Jugend wurden eifrig Cola-Gratis-proben verteilt, so daß der Absatz der braunen Limonade in Nazi-Deutschland von 1933 bis 1939 von 100.000 auf 4,5 Millionen Kästen im Jahr erhöht werden konnte.[2]

Heutzutage bespielt Coca-Cola alljährlich das oberste Nationalsymbol Deutschlands anläßlich des Tages der deutschen Einheit.

»Wolfgang Niedecken ist SKODA Kulturkopf und fährt Superb Combi«, erfahren wir aus der unvermeidlichen Pressemitteilung des Autobauers. Doch das ist selbstverständlich noch nicht alles: *»Denn BAP-Frontmann Niedecken bereichert seit Jahresbeginn den Kreis der SKODA Fahrer und ist begeisterter Fahrer eines Superb Combi ... Er schätzt das Business-Class-Gefühl seines neuen Autos ... ›Meine Musik soll berühren‹, sagt er ... Der ›Bob Dylan vom Rhein‹, der privat eher schweigsam sein soll, bringt in seinen Liedern den Kölner Dialekt zum Funkeln und verbindet politische Wachsamkeit mit humanitärem Engagement. ›Gerade deshalb freuen wir uns, Wolfgang Niedecken zu den SKODA Kulturköpfen zählen zu dürfen‹, sagt Hermann Schmitt, Geschäftsführer von Skoda Auto Deutschland«*, und läßt sich in seiner Freude zu einem etwas gewagten Bild hinreißen: *»›Unsere Kulturköpfe stellen zuweilen die Kulturszene auf den Kopf, zerbrechen sich auch mal den Kopf und lassen den Kopf dabei nicht gleich hängen.‹«*

Skoda läßt aber nicht nur Wolfgang Niedecken für sich durch die Welt fahren, sondern trägt auch seit Jahren zur Finanzierung des Kunstfests Weimar bei, das von Nike Wagner geleitet wird.

»Beck's Gold« ist laut Wiglaf Droste »der Name einer Industriebrühe, die nichts mit Bier zu tun hat und statt dessen nach Chemiebaukasten für Anfänger schmeckt.«[3]

---

[2] Hans-Jörg und Gisela Wohlfromm, Und morgen gibt es Hitlerwetter!, Frankfurt a. M., 2006.

[3] »Pipi-Bier und Fanta vier«, junge Welt, 17. 3. 2011.

Auf den Plakaten für das »Pipi-Bier« (Droste) steht: »*The beer for a fresh generation.*« Und »*für Vorreiter, nicht für Mitläufer*«. Und »*sei dabei*« – also doch eher ein Mitläufer-Bier. Dazu passen als Werbeträger sehr gut die »allzeit bereiten Jungs vom Verkaufsförderungspop« (Droste): »*Gemeinsam mit den Fantastischen Vier erfindet Beck's Gold deine Welt neu.*«

Übrigens lassen Bierkonzerne in einer globalisierten Welt selbst in Afrika ihre Marktanteile durch Popmusik steigern. David Van Reybrouck erzählt in seinem Buch *Kongo*, wie der »junge, unaufhaltsam dynamische« Niederländer Dolf van den Brink nach einem Studium der Philosophie und der Betriebswirtschaftslehre Kaufmännischer Direktor von Heineken in Kinshasa wurde und innerhalb von nur wenigen Jahren, von 2005 bis 2009, den Marktanteil des Heineken-Biers »Bralima« im Kongo von 30 auf 75 Prozent steigert. Und zwar hauptsächlich dadurch, daß er den musikalischen Superstar des Kongo (und im Kongo ist Musik wichtiger als Fußball in Italien!), Werrason, vom einstmaligen Marktführer Bracongo abwarb und zu Bralima lockte. »Glaub mir, die Popmusik kostet uns viele hunderttausend Dollar pro Jahr. Zwei Drittel unseres Markenetats gehen dafür drauf. Wir haben in eine Konzertbühne für dreihunderttausend Dollar investiert, die größte des Landes. Wir haben LKW, Generatoren und *event stewards*. Wir haben ein Veranstaltungsbüro mit dreißig Mitarbeitern, damit wir in der Stadt Gratiskonzerte geben können. Einmal im Jahr schreiben die Musiker ein Primus-Stück für uns«, läßt Van Reybrouck den Heineken-Chef des Kongo erzählen.[4] Der Marketing-Etat Heinekens im Kongo übersteigt den Etat des Ministeriums für Bildung oder Information um ein Vielfaches. Mit dieser Ökonomisierung der Popkultur und viel Freibier ist der Kongo – eines der seit über hun-

---

[4] David Van Reybrouck, Kongo. Eine Geschichte, Berlin 2012, S. 561ff.

dert Jahren am meisten gebeutelten Länder der Erde – im 21. Jahrhundert eine Art Avantgarde. »Kinshasa tanzt zu Promo-Platten« (Van Reybrouck) eines niederländischen Bierkonzerns, gut hundert Jahre, nachdem der belgische König Leopold II., der den Kongo von 1885 bis 1908 regierte und ausbeutete, mit Kautschuk aus dem Kongo ein Vermögen verdiente.

Der Musikjournalist Hagen Liebing fragt sich und uns eher rhetorisch: »Was war bei den Fantastischen Vier diesmal wohl zuerst da? Das Album, die Tournee-Verträge oder doch eher ein lukrativer Kampagnen-Sponsor? Es gibt wohl kaum eine Band in Deutschland, die in den letzten Jahren so viel Geschick und Eifer dabei bewiesen hat, neben der eigenen Musik auch gleich noch zahllose Konsumprodukte, Technikinnovationen und Sender zu bewerben. (...) Die Schwaben sind sich für keinen Werbedeal zu schade.«[5] Medien-Profi Oliver Ihrens stellt in der *Musikwoche* fest: »Es gibt in Deutschland nur wenige Künstler, die eine vergleichbare Strahlkraft haben und zudem in der Lage sind, ihre Ideen mit dem Markentransfer in Einklang zu bringen.« Das muß man sich auf der Zunge zergehen lassen ... und dann nachspülen, um den schlechten Geschmack im Mund loszuwerden: »Sogar das Bier / heißt Fanta hier«, witzelt Wiglaf Droste.[6]

Doch nicht nur deutsche Mainstream-Bands geben sich für die Bremer Biermarke her, auch die mal als Hoffnungsträger des Indie-Rock angetretene französische Band Phoenix spielen, zusammen mit Paul Smith von Maxïmo Park, auf der »Beck's Music Experience« und gestalten ein eigenes Bierflaschen-Etikett, ein »Art-Label für die Marke Beck's«, wie zuletzt auch Seeed, Mia und Bloc Party. 2010 hat die Brauerei laut Eigenaussage »mit dem ganzjährigen Musikengagement auf europäischer Ebene einen weiteren Höhepunkt« der Entwicklung er-

---

[5] Hagen Liebing, »Markenartikler«, Tip Berlin, 24/2010.
[6] A. a. O.

reicht. »Wir laden die Marke Beck's vor allem mit Werten wie Freiheit und Internationalität auf, zudem steht sie für das Entdecken neuer Dinge«, behauptet Oliver Bartelt, »Manager Communications« bei dem internationalen Getränke-Multi Anheuser Busch InBev, zu der Beck's gehört.[7]

Die französische House-Band Daft Punk ließ wiederum für Coca-Cola eigene kleine Flaschen designen – dazu wurde sogar eine eigene Homepage kreiert – »Daftcoke.com«.

Letztes Jahr zog David Guetta mit einer eigenen Flasche brauner Brause nach.

Oder die texanische Rockband Spoon – hierzulande eine nicht völlig erfolglose Indie-Band, in den USA längst Stars: 2007 war das Jahr ihres Durchbruchs, sie haben in den USA 250.000 Alben verkauft. In schwierigen Zeiten

---

[7] »Einen Mehrwert bieten, um wahrgenommen zu werden«, Interview mit Oliver Bartelt, Musikmarkt, 10/2013

wahrlich nicht schlecht. Den größeren Teil ihrer Einkünfte generieren Spoon, die sich auf allen Ebenen selber vermarkten, allerdings über Lizenzen für Film, Fernsehen, vor allem aber mit Werbespots – der Spot für die Automarke Jaguar hat Spoon nicht nur Geld in die Kassen gespült, sondern auch ihre Bekanntheit enorm gesteigert.[8] Neuerdings wirbt Lana Del Rey für Jaguar, die Künstlerin, die bereits von H&M zum »Kampagnengesicht« auserkoren worden war. »*Der Reiz der Jaguar-Modelle hängt in großem Maße von dem Glanz der Authentizität und Modernität ab. Das sind zwei Attribute, die auch von Lana Del Rey getragen und durch ihre Erfolge ausgedrückt werden*«, so Adrian Hallmark, »Global Brand Director« bei Jaguar.[9]

Die deutsche Band Rammstein hält es dagegen eher mit dem Volkswagen und schreibt bei einem Auftritt für die Autobauer in Wolfsburg den eigenen Song um: »*VW Passat und Autobahn / Alleine in das Ausland fahren / Reise, Reise, Fahrvergnügen*« singen sie dem Autokonzern zuliebe, während im Original ein Mercedes besungen wird. Die Kreativdirektorin der Autostadt, Maria Schneider, würdigt Rammstein für ihre »deutsche Wertarbeit«: »Hier zeigt sich der Gestaltungswillen in seiner furchtlosesten und furiosesten Form, irgendwo zwischen Wagner und Wernher von Braun.«[10] Vor dem Auftritt von Rammstein in Wolfsburg legt ein DJ auf, es laufen unter anderem Bilder aus Leni Riefenstahls Film über die Olympiade von 1936 – wie passend, wurde doch Volkswagen 1937 von der NS-Organisation »Kraft durch Freude« gegründet.

---

[8] »Nichts ist unmöglich«, Rolling Stone, 6/2008.
[9] Zitiert nach: »Lana Del Rey wirbt auch für Jaguar«, Musikwoche, 24. 8. 2012.
[10] Alle Zitate nach: Michael Pilz, »Rammstein oder der Triumph des Brüllens«, Die Welt, 5. 5. 2013.

Und US-Rapper will.i.am, der Frontmann der Black Eyed Peas, erzählt von seinem Schlüsselerlebnis, einem Werbespot, den die Band 2002 für die in den USA populäre Getränkemarke »Dr Pepper« aufgenommen hat: »Ich merkte, daß ich mit dreißig Sekunden Musik mehr Geld verdienen konnte als mit zwei Stunden Konzerten.« Der Rapper und Multimillionär rechtfertigt sich nonchalant: »Was soll einem daran nicht gefallen? Die Leute kriegen die Musik sowieso gratis, also was soll's? Im Gegenzug wurde ein Produkt verkauft. Damit habe ich dann nichts zu tun.«[11]

Als dagegen 1988 die Firma »Salsa Rio Doritos« für ihre Mais-Chips mit einer Figur wirbt, die Tom Waits zum Verwechseln ähnlich sieht, reicht der Künstler eine 2-Millionen-Dollar-Klage gegen den Konzern ein. Die Firma habe »unrechtmäßig und ohne Erlaubnis« seinen Gesangsstil und seine »Präsentationsweise« verwendet. Doch Tom Waits geht es nicht ums Geld, es geht ihm um die Resorption der Kunst durch die Kommerzgesellschaft: »Ich habe nur Haß für diejenigen, die so was machen. Ich hab schon für alles mögliche Werbeverträge angeboten bekommen, von Unterwäsche bis zu Zigaretten. Ich hab sie alle abgelehnt. Die drehen dich doch in Nullkommanichts durch den Fleischwolf! Viele Leute gehen ja nach Japan, um dort Werbung zu machen, so als ob man in die Wüste scheißen kann, und keiner wird's mitkriegen! Die Grenzen sind gezogen, und das ist auch nötig, weil die Werbung auf neue Gegenkulturen sofort reagiert. Sie drücken deiner gesamten Arbeit ihren Stempel auf.«[12]

Doch nicht nur die Künstler machen Verträge mit Getränkekonzernen. Mitunter gehen Tourveranstalter gleich selbst entsprechende Kooperationen mit Markenartiklern

---

[11] Matthew Garrahan, »Hier spielt die Musik«, Financial Times Deutschland, 14. 9. 2012.
[12] Waits, a. a. O., S. 75.

ein: Der Veranstaltungsriese Live Nation hat mit Coca-Cola eine mehrjährige »Sponsoring- und Marketingkooperation« abgeschlossen. Coca-Cola firmiert als »offizieller Softdrink« von Live Nation.

Als Neil Young 1988 im Titeltrack seines Albums *This Note's For You* sang: »Ain't singing for Pepsi, ain't singing for Coke. I don't sing for nobody, makes me look like a joke« – da reagierte er konkret auf die aggressive Werbung von Pepsi-Cola mit Popstars wie Michael Jackson, der für Pepsi einen eigenen Spot drehte und dessen Tourneen von 1984 bis 1993 von Pepsi gesponsert wurden, wie kurz darauf die von Lionel Richie und Madonna. Der Anfang des Musik-Sponsorings als Teil eines gezielten Marketing-Mix.

Nach dem »Anything Goes« der Postmoderne und in Zeiten des Post-Neoliberalismus wird den Nachwuchsmusikern heutzutage auf den Stadtmarketing-Veranstaltungen namens »Musikmessen« hauptsächlich die Selbstvermarktung beigebracht. Die etablierten Künstler dagegen wissen, wie es geht, und geben ihren mehr oder weniger guten Namen für jede Marketingaktion und für jeden beliebigen Markenartikel her, und sie merken nicht, daß damit nicht nur ihr Name, sondern auch ihre Musik beliebig wird: Ob Brian Ferry als Kleiderständer für H&M-Billigklamotten fungiert und seine Konzerte für das Kundenmagazin eines deutschen Telekommunikationskonzerns spielt, oder die Herren Morrissey und Marr ihren Smiths-Klassiker »Please, Please, Please, Let Me Get What I Want« (Geld ganz offensichtlich) dem englischen Bekleidungsgroßhändler John Lewis für einen Weihnachts-Werbespot überlassen, ob Bob Dylan seinen Song »Love sick« dem Reizwäsche-Hersteller »Victoria's Secret« überläßt (der zuletzt auch wegen Vorwürfen unter Druck geriet, Teile seine als »fair« gehandelten Dessous seien in Afrika mit Hilfe von Kinderarbeit hergestellt worden), ob sich Helene Fischer als »Testimonial« für die Molkerei Meggle, als »Kräuterbutter-Gour-

meggle« gewissermaßen, hergibt, oder ob Justice einen
Soundtrack zu einer Adidas-Werbung beisteuern oder auf
der ganzseitigen Werbung für Tournee und Album von
»Modeselektor« der Name des Sponsors »Carhartt« fetter
prangt als der Bandname, oder ob der allbekannte öster-
reichische Brausehersteller nicht nur einen Formel-1-Bo-
liden, sondern auch das Projekt »Flying Bach« (Break-
dancer tanzen zu Bachs *Wohltemperiertem Klavier*) finanziert ... – der Ausverkauf hat Dimensionen angenommen, die man sich vor wenigen Jahren kaum hätte alb-
träumen lassen. Peter Maffay spielt Konzerte zusammen
mit dem »Philharmonic Volkswagen Orchestra« und
macht nebenher Werbung für die Blödzeitung. Opel »übt
sich mit Katie Melua im Umweltbewußtsein«,[13] eine
weitere Bierfirma, Köstritzer, geht eine »umfangreiche
Tourkooperation« mit Selig ein, auch die Prinzen lassen
sich ihre Tournee von einer Brauerei sponsern, und Sebastian Krumbiegel stellt fest: »Wir sind alt genug, Bier zu
trinken und Werbung auch dafür zu machen.« Ah ja.

»*Glasperlenspiel tanzen mit Volvic im Regen*«. Die renommierte Musikmesse »c/o pop« »*trägt Herr von
Eden*« und läßt das komplette Team während des dazu-
gehörigen Festivals vom Herrenausstatter einkleiden und
(man ist sich für nichts zu schade) empfiehlt den Besuch
des Kölner Ladens des Klamottenherstellers und wünscht
»happy shopping«. Beyoncé Knowles bekommt von Pepsi 50 Millionen Dollar und ist die aktuelle Werbe-Queen,
während Streamingdienst Spotify eine Partnerschaft mit
der Automarke Ford knüpft. Und die Softrocker Iron &
Wine, von denen ein Song auch schon zur Hochzeitssze-
ne im *Twilight*-Film genutzt wurde, sangen eine Coverversion von »Such Great Heights« für M&M's ein und
haben damit Werbung für deren Erdnüsse im bunten
Schokomantel gemacht[14], während der Entertainer Chilly

---

[13] Musikwoche, 17. 11. 2010.
[14] Michael Pilz, »Rhythm & Softrock«, Musikexpress, 5/2013.

Gonzales sein Liedchen »Never Stop« für Apples iPad klimpert und nichts dabei findet, Sperma für den Großkonzern zu sein: *»Das Geld war gut. Ich bin ein Entertainer, Kunst ist mein Geschäft!«*[15]

Der sogenannte »Panda-Rapper« Cro stellt seinerseits eine eigene Modelinie bei H&M vor. Die »limitierte Kollektion« aus T-Shirts, Tanktops, Leggins und Stoffbeuteln unter anderem mit *»Writings, die Cro selbst entworfen hat«*, soll in rund zweihundert Filialen der skandinavischen Modekette zu finden sein. Ob Cro für sein selbst entworfenes »Writing« bei H&M mehr verdient als die Textilarbeiter, die den Krempel zum Beispiel in Kambodscha oder Bangladesch unter in aller Regel menschenfeindlichen, ausbeuterischen Bedingungen herstellen müssen? Nach Recherchen des Journalisten Wolfgang Uchatius betrug der Lohn der Textilarbeiter, die in Fabriken in Bangladesch die H&M-T-Shirts herstellen (im Jahr 2010): 1,18 Euro. Pro Tag. Inklusive aller Überstunden.[16] Aber irgendwer in der Welt muß halt dafür bezahlen, daß sich eine Plattenfirma in Deutschland mit ihrem Panda-Rapper wie verrückt darüber freuen kann, von H&M Kohle für sogenanntes Mode-Design zu erhalten. Alles Panda, oder was?

Und dann war da noch die nicht völlig unbekannte und nicht völlig unerfolgreiche Berliner Rockband, deren Sängerin bei einem Konzert in Niederösterreich nicht auftreten wollte, weil sie im Saal die Werbung eines der Sponsoren des Kulturzentrums, »Bank Austria«, sah. Als man den Musikern erklärte, daß sie doch am Tag zuvor in Wien schon in einer »Bank Austria-Arena« gespielt hatten, hatte sich der heldenhafte Vorstoß schnell wieder erledigt …

Die einundzwanzigjährige Vanessa ist ein »typisches

---

[15] Katja Schwemmers, Im Bett mit Apple, Melodie & Rhythmus, 5/2013.
[16] Wolfgang Uchatius, »Das Welthemd«, Zeit Online, 17. 12. 2010.

Indie-Girl, mit Sternen-Tattoos auf dem Unterarm und einer ausrasierten Schläfe, über die das schwarz gefärbte, strähnige Haar fällt«.[17] Die junge Frau wirbt für den Allianz-Versicherungskonzern, sie zupft im Werbespot ein harmloses, selbstgeschriebenes Indie-Liedchen und erklärt, warum man eine Instrumentenversicherung braucht. Die Codes einer ehemaligen Subkultur sind längst von der Konsumindustrie abgegriffen worden. So weit, so schlecht. Doch der Fall der jungen Vanessa aus dem Allianz-Werbespot geht ein paar Umdrehungen weiter: Vanessa ist keine Kunstfigur, sondern identisch mit der politischen Aktivistin »Nessi«, einer Figur aus der Veganer- und »Animal Liberation«-Szene. Wenn diese »Nessi« via Facebook aufruft: *»Nicht vergessen! Morgen ab 15.30 h backe ich zusammen mit den Punkrockern von ANTI FLAG vegane Waffeln«*, dann ist eine Einheit zwischen vermeintlicher Subkultur und Versicherungskonzern, also Großkapital und deren Konsumwerbung hergestellt, die sich der pessimistischste Kulturpessimist nicht perfider hätte ausdenken können. Man kann nicht so viele vegane, von der sogenannten »Aktivistin« Nessi gebackene Waffeln essen, wie man kotzen möchte.

Und so, wie im Sport kaum ein Stadion, kaum ein Sportclub noch einen akzeptablen Namen trägt (»Berlin Recycling Volleys«, »Glücksgas-Stadion«, »PokerStars. de-Stadion an der Lohmühle« oder das ehemalige »Playmobil-Stadion«, jetzt »Trolli-Arena«, benannt nach einer Fruchtgummi-Marke), so haben auch viele Konzerthallen heute einen Sponsor, nach dem sie sich benennen – etwa die triste Mehrzweckhalle am Berliner Ostbahnhof, deren Name Berlinern nur schwer über die Lippen kommt. Die Anschutz Entertainment Group (AEG) hat die Namensrechte der von ihr gebauten Berliner Mehrzweckhalle an einen spanischen Telefonkonzern vermietet.

---

[17] Andreas Bernard, »Seit wann sind Versicherungen Punk?«, Süddeutsche Zeitung Magazin, 48/2010.

Soulsänger Aloe Blacc wurde mit seinem Song »I Need A Dollar« erhört und bekam einen Berlin-Auftritt von einer bekannten Schnapsfirma bezahlt. Das Pariser »We Love Green Festival« (Peter Doherty, Metronomy, of Montreal, Kruder & Dorfmeister u.a.) wird »en association avec Timberland« veranstaltet, wie man überhaupt den Eindruck hat, daß es kein Musikfestival mehr gibt ohne einen oder mehrere große Sponsoren: Das unvermeidliche Beck's Bier sponsort unter anderem: »Highfield«, »Area 4«, »Hurricane«, »Southside« und das »Juicy Beats Festival«. Diesel bietet bei »Rock am Ring« die Möglichkeit zur Hochzeit an (»Don't miss your chance to get married at the Diesel Island Wedding Chapel Rock am Ring 3.-5. 6. 2011«). Warsteiner ist bei »Rock am Ring« und »Big Day Out« zugange, Axe geht auf »Festival Shower Tour« und bietet acht exklusive Duschkabinen an (»Je sauberer du bist, desto schmutziger wird's«, lächelt ganzseitig eine Blonde im Bikini von der Anzeige, das Oberteil bereits geöffnet und nur noch mit den Händen vor den Brüsten haltend), das »Melt!«-Festival führt den Bekleidungskonzern Bench mittlerweile gleich im Titel ...

Die Reihe ließe sich endlos fortsetzen. Der Unterschied zwischen Werbung und Unterhaltung ist aufgehoben, ob in Brandenburg oder im Kongo, es geht um Markeninteressen. Allüberall von Künstlern angepriesene »Produkte, die auf den Konsum durch Massen zugeschnitten sind und in weitem Maß diesen Konsum von sich aus bestimmen« (Adorno).[18] Jochen Diestelmeyer singt »Hinter der Musik steht das Kapital!« umrahmt von Werbebannern. Popmusiker dienen der Konsumindustrie, den sogenannten »Markenartiklern« nur noch als Vehikel der Konsumförderung. Ihre Identität als Künstler geben diese Musiker an der Garderobe der Konzerne ab. Dabei geht es heute mehr denn je um »Credibility«. Neben der Musik

---

[18] Adorno, Résumé über Kulturindustrie, a. a. O., S. 60.

ist die Glaubwürdigkeit, die Integrität, die wirklich harte Währung im Geschäft mit der Kunst. Ein Manager oder eine Plattenfirma kann sich jederzeit einen neuen Künstler suchen; ein Tourveranstalter veranstaltet viele Gastspielreisen, ein Konzertveranstalter noch mehr Konzerte, aber der Künstler bleibt immer er selber, ist immer auf sich selbst angewiesen. Ist das Image einmal zerstört, läßt sich das in der Regel nie mehr reparieren. Wer das schnelle Geld nimmt, zerstört sein eigentliches Geschäft: die Kunst. »Build a good name! Keep your name clean. Don't make compromises, don't worry about making a bunch of money or being successful. Be concerned about doing good work and make the right choices«, empfiehlt die Punkrock-Ikone Patti Smith jungen Künstlern.[19]

Manche Sponsoren kaufen sich gar Leute, die sich für Journalisten halten, und lassen die eine ganze Zeitschrift machen – so die Telekom, die ein Magazin namens *Electronic Beats* herausgibt und sich dafür jüngst den ehemaligen Chefredakteur der *Spex* an Land gezogen hat (keine Sorge, der Mann ist billig). Im Impressum der Zeitschrift, die als normales Musikmagazin daherkommt, heißt es verschämt, unterhalb von »*... is printed on recycled paper*«: »*Electronic Beats Magazine is a division of the Telekom Electronic Beats Music Sponsoring Program.*« Aha. Noch ein wenig darunter war eine Weile »*Freedom for Ai Weiwei*« zu lesen, und entsprechend lieferten die Marketingprofis der Telekom zum mehrseitigen Interview mit dem chinesischen Künstler ein ganzseitiges Foto, das Ai Weiwei mit dem Smartphone einer kalifornischen Firma zeigt – einem AiPhone gewissermaßen.

Einige Markenartikler veranstalten die Tourneen gleich selber: Für das »Hilfiger Denim Live«-Package mit Uf-

---

[19] Patti Smith, »Advise to the young«, Interview auf Louisiana Channel, Louisiana Museum of Modern Art, 24. 8. 2012; Streaming im Internet.

fie, of Montreal, Beatsteaks-Musikern und Sascha gibt es die Karten gleich nur noch in den Hilfiger Stores. Calvin Klein veranstaltet eine »CK ONE Klubtour« (»*powered by Musikexpress*«) mit unter anderem: Grandmaster Flash, Shout Out Louds und Seeed-DJ's. G-Shock präsentiert: »A Night of Blissful Battles in Sound, Art & Style«, und als ein anerkannter deutscher Indie-Pop-Star an der Jägermeister-Rock-Liga teilnahm, entschuldigte er das achselzuckend: »Manche Leute ruinieren ihre Familien mit Jägermeister, wir ernähren sie damit.« Das Ganze ist ein »komplexer Handel mit gegenseitigen Gefälligkeiten zwischen Marke, Band und Musikpresse« (Ted Gaier).[20] Wenn das Label »Grand Hotel van Cleef« im Rahmen des »Reeperbahn Festivals« ein Konzert auf dem Dach eines ehemaligen Hochbunkers veranstaltet, dann läßt man sich das von der neuen braunen Brause bezahlen (»*als Partner mit dabei ist die Getränkemarke Red Bull*«). Renommierte deutsche Tourveranstalter haben bereits etwas eingerichtet, was sie eine »visionäre Abteilung« nennen: Eine Kreativabteilung, die sich dem »Ausbau von Netzwerken und Crossmarketing-Effekten« widmet. Es geht um »imagekonforme Brands«, an die junge Künstler und Bands »früh gekoppelt werden« sollen.[21] Man bucht folglich nicht mehr Bands, man bucht »Brands«.

Was man bei all den genannten Beispielen konstatieren kann, ist die *defensive* Haltung, die die Künstler zum Sponsoring, zum reinen Business einnehmen. Die Popmusiker und Künstler haben ganz offensichtlich nichts dagegen, zum Anhängsel der Konsumindustrie zu werden, zu ausführenden Organen. Den Spieß umgedreht hat der Künstler Jay-Z, einer der reichsten Musiker der Erde, der jedoch längst nicht mehr nur von seiner Musik lebt.

---

[20] »Logisch ist das völlig Panne«, Die Zeit, 13. 5. 2007.
[21] »KBK und Brand Booking richten visionäre Abteilung ein«, Musikwoche, 13. 8. 2012.

Allein im Jahr 2010 verdiente Jay-Z mit seinen verschiedenen Geschäften 63 Millionen Dollar.[22] Er hat sich selbst in einen Lifestyle verwandelt. »Du kannst zu einer Radiostation aufwachen, die Jay-Z's jüngsten Hit spielt, dich mit seinem 9IX-Rocawear-Parfüm bespritzen, in ein Paar seiner Rocawear-Jeans schlüpfen, deine ›Reebok S. Carter‹-Sneaker schnüren, nachmittags zu einem Basketballspiel der Nets gehen, dann Abendessen gehen bei ›The Spotted Pig‹ (Jay-Z gehören an beiden Anteile), bevor du zum von Jay-Z entworfenen Broadway-Musical ›Fela!‹ gehst und zum Abhotten in seinen 40/40 Club«,[23] beschreibt Zack Greenburg den hypothetischen Tag eines New Yorkers in den Fängen des Hip-Hop-Moguls. Jay-Z hat sein ganzes Leben zu einem Geschäftsmodell gemacht, getreu seinem Motto »Wir sollten es anderen Leuten nicht erlauben, Geld mit uns zu machen, und wir sollten ihnen keine kostenlose Werbung ermöglichen mit unserem Lifestyle«.[24] Für den Selfmademan Shawn Corey Knowles-Carter, wie Jay-Z bürgerlich heißt, geht es darum, die Vermarktung all seiner Lebensbereiche nicht nur zu kontrollieren, sondern auch selbst zu gestalten. Das Gegenmodell zu all den Musikerinnen und Musikern, die sich für ein paar Dollar den Usancen des Sponosring unterwerfen. Jay-Z, der kommerziell erfolgreichste afroamerikanische Musiker unserer Zeit, sagt selbstbewußt: »I'm not a businessman – I'm a business, man.«[25]

Besonders anschaulich war die enge Verzahnung zwischen Markenartikler, Musiker und Medien bei der »Levi's Curve Attack Tour«, die 2010 stattfand. Ein deutscher Tourveranstalter hatte die Tournee für die Jeans-

---

[22] Zack O'Malley Greenburg, Empire State of Mind: How Jay-Z Went from Street Corner to Corner Office, Kindle Edition, 2012, Pos. 67.
[23] Greenburg, a. a. O., Pos. 73.
[24] A. a. O., Pos. 565.
[25] A. a. O., Pos. 78.

marke gebucht und produziert. »Kelis tourt mit Levi's: Die Modemarke will mit der Konzertserie die Aufmerksamkeit auf ihr neues Modell ›Curve ID‹ lenken«, meldete die *Musikwoche* am 2. September. Präsentiert wurde die Tournee von der Musikzeitschrift *Spex*. Vorne in der Zeitschrift: eine ganzseitige Anzeige von Levi's. Die Hälfte der Seite nimmt der Schriftzug »Levis's Curve Attack Tour« ein, in der unteren Hälfte steht dann der Künstlername »Kelis«. Weiter hinten in der *Spex* dann: ein ebenfalls ganzseitiger redaktioneller Beitrag unter dem Titel »Spex präsentiert Levi's Curve Attack Tour mit Kelis«. Im redaktionellen Beitrag tut die gekaufte Zeitschrift dann so, als ginge es ihr um die Musik und nicht um die Kohle vom Jeanshersteller. Im letzten Absatz ihres Artikels kommt die *Spex*-Redaktion auf den Punkt: »Spex präsentiert nun die von Levi's Jeans organisierte Curve Attack Tour ...« Statt es bei den traurigen Tatsachen bewenden zu lassen, verkauft sie uns dann aber vollends für doof: »Das Motto der kommenden Tour in Deutschland – Curve Attack – ist als postfeministische Position gemeint, denn Levi's verbindet noch eine ganz andere Herzensangelegenheit mit den Veranstaltungen. Für die neue Hosenreihe des Herstellers namens Curve ID wird zum ersten Mal in der Geschichte der Jeans die tatsächliche Form ein eigener Parameter, eine bestimmbare Dimension. Zusätzlich zu Länge und Breite werden die Proportionen von Bein zu Gesäß mit angegeben. So wird dank Levi's der amerikanische Exportschlager Blue Jeans ein wenig von seiner Diktatur der straighten männlichen Beinform befreit.« Kleingedruckt: Text: Fabian Kästner. Foto: Universal Music. Geldgeber: Levi's ...

Wer wissen will, wie tief ein einstmals renommiertes Musikblatt sinken kann, der betrachte eine *Spex*-Ausgabe der, sagen wir, späten neunziger Jahre und eine Ausgabe von 2010 oder 2011. Hier sind sie voll mit postfeministischen Hosen, mit exakt angegebenen Proportionen von Bein zu Gesäß, damit die *Spex*-Redaktion auch problemlos den Hintern des Markenartiklers finden kann, in den sie so bereitwillig kriecht.

Sicher, für Geld tun unsere Popstars nahezu alles. Neil Tennant von den Pet Shop Boys trat in Beijing bei der Eröffnung eines Prada-Geschäfts auf. Nelly Furtado, Beyoncé und Mariah Carey spielten für Muammar Gaddafi auf dessen Partys, Hilary Swank, Vanessa-Mae und das MDR-Fernsehballett für den tschetschenischen Machthaber Rasam Kadyrow. Wo beginnt der Ausverkauf? Büßt ein Song, büßen Musiker ihre Integrität ein, wenn sie ihre Musik Werbeartiklern oder Potentaten zur Verfügung stellen? Oder läuft der Kapitalismus einfach so? Ist die Idee von Integrität, Glaubwürdigkeit der Popmusik also nur ein schlechter Scherz? Ist Neil Young naiv? Ist das nur der Unterschied zwischen einem wirklichen Künstler und all denen, die »only in it for the money« (Frank Zappa) sind? Geht es heutzutage vor allem darum, »reich« zu werden?

Bob Lefsetz hat in seinem Blog gefragt: Kann man sich heutzutage noch vorstellen, daß jemand einen Song wie »Let's Get Together« schreiben würde? Mit Zeilen wie »Come on people now, smile on your brother, everybody get together and love one another right now ...«? Ein Song, der unter anderem vom Kingston Trio, von Jefferson Airplane, Joni Mitchell, Nick Drake oder den Youngbloods gespielt wurde und auf den sich Nirvana zu Beginn ihres »Territorial Pissings« vom *Nevermind*-Album beziehen, wo Krist Novoselic den Chorus zu Beginn des Stücks schreit. Mensch, ist das old-school! Paßt so gar nicht in unsere Zeit, klar. Aber es gab mal Zeiten, und die sind nicht allzu lange her, da hätte kein Musiker mit Selbstachtung sich vor dem Druck einer Marke verbogen und es zugelassen, daß seine Songs benutzt worden wären, um irgendwelche Produkte zu bewerben.

Doch nicht nur »altmodische« Künstler wie Neil Young oder David Thomas lehnen Werbung und Sponsoring ab. Björk etwa erzählt: »Ich habe Steve Jobs einige Male getroffen, weil er mich immer wieder überreden wollte, Werbung für seine Firma zu machen. Das mußte ich aber leider jedes Mal dankend ablehnen. Ich bin eben ein alter Punk. Ich lasse mir ja nicht einmal meine Tourneen von Sponsoren finanzieren. (...) Mir geht es um Integrität. Da bin ich ganz altmodisch. Ich finde es irgendwie beschämend, wenn ich Musiker, die ich bewundere, in Werbeclips sehe.«[26]

Der viel zu früh verstorbene Beastie Boy Adam Yauch verfolgte ebenfalls eine eiserne Linie. Er rappte nicht nur »...but I won't sell my songs for no TV add« (im Song »Putting Shame in Your Game«), sondern verfügte auch in seinem Testament, daß »in keinem Fall mein Bild, mein Name sowie irgendeine Musik oder ein künstlerisches Eigentum, das ich geschaffen habe, für Werbezwecke verwendet werden darf«. Der eine zeigt Haltung, der andere macht eben alles mit und läßt alles mit sich machen.

Björk weist auch auf einen anderen Aspekt der Werbung hin, den die Künstler gerne unterschätzen: »Von mir aus sollen alle Werbung machen, aber das nächste Mal, wenn ich ihre Musik höre, habe ich ein Problem. Wer sich für Werbung hergibt, dem glaube ich nie wieder, was er singt.« Künstler, die aus der Werbung bekannt geworden sind, bleiben eben »die mit diesem Apple-Song« und schaffen es in den seltensten Fällen, eine eigene künstlerische Identität zu gewinnen. Mal abgesehen davon, daß ich mich immer wundere, warum niemand die Frage andersherum stellt: Was bedeutet es denn für die künstlerische Qualität und die Aussagekraft eines Stückes Musik oder eines Songs, wenn sie sich ohne anzuecken, ohne zu stören, als Werbung für Bier, Unterwäsche oder eine Telefonfirma eignen? Die französische Musikerin Keren Ann ist anscheinend fest davon über-

---

[26] Christoph Dallach, »Ich gehe ans Meer und summe eine Melodie«, Interview mit Björk, Zeit Online, 13. 10. 2011.

zeugt, sie könne milliardenschwere Riesenkonzerne vor ihren kleinen Künstlerkarren spanne. Auf die Frage des *Musikmarkt* »Wann sagst du einer Werbe-Anfrage zu« antwortete sie allen Ernstes: »Die Kampagne sollte auch meine Karriere weiterbringen und als Extra-Promotion für meine Musik fungieren.«[27]

Mittlerweile gehen führende Markenartikler auch andere Wege. Coca-Cola etwa hat 2009 Londoner Straßenmusikern aufgefordert, den konzerneigenen Weihnachts-Jingle in ihr Repertoire aufzunehmen. Dafür bot der Brausekonzern an, daß die Straßenmusiker-Version des Jingles Teil des Coca-Cola-Sponsoring-Systems der Londoner U-Bahn werden würde, und die Musiker wurden in TV-Spots und Anzeigen sowie auf Cola-Dosen präsentiert. Das ist keine Ausnahme: Der Unilever-Konzern suchte zur Einführung seines neuen, angeblich nach Leder duftenden Deos »Axe Instinct« in den USA über soziale Netzwerke zwanzig Straßenmusiker und Collegebands, die für je 1000 Dollar bei ihren Auftritten Schilder des Deos aufstellten, Gratisproben an Passanten und Konzertbesucher verteilten und in ihren Auftritt den Axe-Jingle »Look Good in Leather« einfließen ließen.

Die Zeit der klassischen Werbung ist sowieso vorbei. Ein zunehmend wichtiger Faktor wird Produktplazierung. Darum kümmern sich Profis wie Ruben Igielko-Herrlich, der Chef von »Propaganda Global Entertainment Marketing« (GEM), der »das Nokia-Handy in *The Matrix* plazierte, Bang&Olufsen-Bildschirme in Madonnas ›Rain‹, Bulgari-Uhren in Britneys ›Circus‹ und die Tuborg-Flasche in ›Use Somebody‹ von den Kings of Leon. Die Band macht so etwas eigentlich nicht.«[28] Eigentlich? Alle sind sie käuflich, letzten Endes. Igielko-Herrlich, Ex-

---

[27] »Werbung kann auch eine Kunstform sein«, Interview mit Keren Ann, Musikmarkt, 9/2011.
[28] »Die Zukunft der Musik: Der Marketing-Typ«, Rolling Stone, 2/2011.

Investmentbanker, hat eine einfache Philosophie: Es gehe darum, »die Herrschaft über alle Kanäle zu gewinnen.« Allerdings: zu viele Product Placements wie ganze elf bei Lady Gagas »Telephone«-Clip findet der Experte kontraproduktiv.

Die Fans – oder sagen wir besser »Konsumenten« – finden Sponsoring in aller Regel nicht so schlimm. In einer Studie der Agentur »Sponsor People« zur Festival-Saison 2009 erklärten 72 Prozent der Festivalbesucher, daß Sponsoring »grundsätzlich sympathischer sei als normale Werbung«. 82 Prozent waren sich sogar »sicher, daß die Unterstützung der Sponsoren diese Events überhaupt erst ermöglicht«.[29] So denkt eine Generation, die in der neoliberalen Ära aufgewachsen ist. »Musik erzeugt und vermittelt Emotionen, sie baut Erlebniswelten auf und sorgt bei den Konzertbesuchern für Aufgeschlossenheit gegenüber neuen Reizen und Produkten«, schreibt Ivana Dragila im *Musikmarkt*.[30] Die Einnahmen im Tour- und Festivalsponsoring in Deutschland beliefen sich 2011 auf 18 Millionen Euro. Die wichtigsten Sponsoren waren Unternehmen der Getränkeindustrie (32 Prozent) und Telekommunikationsunternehmen. Die Sponsoring-Einnahmen der wichtigsten europäischen Festivals wie Roskilde, »Rock Werchter« oder »Open Air St. Gallen« belaufen sich auf etwa 80 Millionen Euro pro Jahr.[31]

Wie wohltuend, daß nach dem ohnehin sehr speziellen ostdeutschen »Fusion Festival«, das generell keine Sponsoren erlaubt, auch das neugegründete »Greenville Festival« bei Berlin prinzipiell nicht nur auf ökologische Umsicht setzt, sondern auch auf Sponsoring und Branding komplett verzichtet.

---

[29] Ivana Dragila, »Musik und Marken: Money for Nothing?«, Musikmarkt, 9/2011.
[30] Dragila, a. a. O.
[31] »Tour und Festival-Sponsoring 2011«, Musikmarkt.de, 2. 12. 2011.

Aber abgesehen von solchen Ausnahmen ist Sponsoring allgegenwärtig, und zwar in allen Sparten des Kunstbetriebs. Seinen Ausgang nahm das Prinzip in den USA, wo es praktisch keine öffentliche Kulturförderung gibt und selbst Museen und Opernhäuser auf Zuwendungen von Mäzenen und Sponsoren angewiesen sind. Bei uns werden seit etlichen Jahren besondere Kunstausstellungen von Atomkonzernen wie RWE mitfinanziert. Die Berliner Philharmoniker, die bereits direkte und indirekte Subventionen in Höhe von über 16,3 Millionen Euro jährlich sowie über 1,1 Millionen aus Lottomitteln erhalten, werden zusätzlich noch von der Deutschen Bank kofinanziert. 2010 frohlockte der damalige Deutsche-Bank-Chef Josef Ackermann: »*Die Berliner Philharmoniker und die Deutsche Bank teilen die Leidenschaft für Spitzenleistungen, Gestaltungswillen sowie gesellschaftliche Verantwortung. Uns verbindet die ›passion for music‹.*«[32]

Daß es mit der gesellschaftlichen Verantwortung der Konzerne nie weit her ist, zeigt der Fall der Daimler AG, die ihre Unterstützung der Stuttgarter Staatsgalerie und der Ludwigsburger Schloßfestspiele zu Beginn des Jahres 2013 mit sofortiger Wirkung eingestellt hat. Die Schloßfestspiele müssen nun auf eine halbe Million Euro Sponsorengelder verzichten. Naiv ist die Verlautbarung des Deutschen Kulturrats, der den Sponsoringverzicht des Auto- und Rüstungskonzerns als »Verantwortungslosigkeit gegenüber der Allgemeinheit« kritisiert hat. Verantwortungslos ist da schon eher eine Politik zu nennen, die nicht die Unternehmensgewinne höher besteuert (Daimler hat 2012 einen Gewinn in Höhe von 6,5 Milliarden Euro gemacht) und mit den entsprechenden Einnahmen unter anderem umfassende, öffentliche Kulturarbeit finanziert, statt die Kultur den Feudalgebaren und der Willkür von Konzernen zu überlassen.

---

[32] Werbebroschüre »Deutsche Bank: Gesellschaftliche Verantwortung« (2010).

In Berlin kann man einen Kunstraum besuchen, der zeigt, wo die Reise hingehen wird: Das »Made« gibt sich als »*kreativer Kunstraum*«, der sich den »*visions of visionaires*« verschrieben hat. Ich habe dort im November 2011 die Ausstellung »Scratch'n'Cut – All Remix Everything« besucht, deren Eintritt frei war und zu deren Eröffnung kein Geringerer als der legendäre, damals sechsundsiebzigjährige Lee »Scratch« Perry aufgespielt hat. Und wer bezahlt das alles – den teuren Kunstraum in einem Hochhaus in bester Berlin-Lage direkt am Alexanderplatz? Die bunte Ausstellungswelt? Die Werbung? Den Internetauftritt? Das »Made – Department of Free Thinking«, wie es auf der Homepage des Projektraums heißt? Die Wodkamarke »Absolut«, die laut Eigendarstellung auch schon mit Künstlern wie Andy Warhol oder Damien Hirst, mit Lenny Kravitz oder Jean Paul Gaultier zusammengearbeitet hat. Nach außen hin tritt die Wodkafirma nur diskret in Erscheinung, der Trend heißt »minimal branding«. »*A creative spot where ideas come to life in an outstanding fashion, MADE allows artists to step out of their artistic routines. The space, inspired in part by Andy Warhol's Factory, was conceptualized by German contemporary pop artist* tadiROCK, *together with* Nico Zeh *and the team in early 2010, and functions as a platform for artists from various different fields – from contemporary art, to film, to music, to design – offering them the physical location and positive vibes that cultivate creation at its finest*«, verspricht die Homepage. Es geht eben einfach nur darum, Ideen zu realisieren, »*to make things happen: a place where they have absolute freedom and ownership of their projects*«.

Der Kurator der Ausstellung, Lukas Feireiss, plappert die auf der »Made«-Website vorgegebenen Kriterien brav nach: »Das Wichtige ist doch, daß man die Projekte realisieren kann, die einem wichtig sind. Und dabei hatte ich die absolute Freiheit.« Ja, die Absolut-e Freiheit.

Merkwürdig, daß heutzutage Künstler gleich welchen

Genres kaum mehr über ihre Rolle in der Kulturindustrie nachzudenken scheinen. Abhängigkeiten, Geschäftsmodelle – völlig wurscht. Egal, woher das Geld kommt, Hauptsache, ich kann meine Projekte realisieren. Als freiwilliger Botschafter eines Markenartiklers. Anscheinend reicht es jungen Musikern, eine der »*besten Coke Newcomerbands*« zu sein. Anscheinend wollen etablierte Künstler nur noch mehr Geld machen. Es stört die Band nicht, wenn sie angekündigt werden mit den Worten: »Ladies and Gentlemen, begrüßen Sie mit mir – die beste Coke Newcomerband«, oder: »Applaus für den Sieger der Jägermeister-Rock-Liga«, oder: »Hier ist der Gewinner des Kilbeggan Irish Whiskey Unplugged Band Contest«.

Nehmen wir ein exemplarisches Beispiel: Die Pet Shop Boys sind eine überaus erfolgreiche Popband. Das Electropop-Duo gehört mit mehr als 100 Millionen verkauften Tonträgern zu den erfolgreichsten Künstlern der Musikgeschichte. »Electronic Beats« ist, siehe oben, das internationale »Music Sponsoring Program« der Deutschen Telekom. *Electronic Beats* ist auch der Name des bei Burda (*Bunte*) erscheinenden Kundenmagazins der Deutschen Telekom. Das »HAU« ist das 2003 aus dem Hebbel-Theater, dem Theater am Halleschen Ufer und dem kleinen Theater am Ufer gebildete Kombinat »Hebbel am Ufer«, das unter der Intendanz von Matthias Lilienthal zu einem der bedeutendsten Berliner Veranstaltungsorte wurde. Das HAU erhielt unter anderem die Auszeichnung »Theater des Jahres«. Das Theater zeichnet sich nicht zuletzt durch einen ausgeprägten politischen und avantgardistischen Anspruch aus (»Theater als soziale Attacke«, so Lilienthal im Interview mit der *Neuen Zürcher Zeitung*).

Nun jubeln die Vertreter des Telekom-Sponsoring-Programms: Am 5. September 2012 stellen die Pet Shop Boys ihr neues Album »im kleinen, exklusiven Rahmen im Hebbel am Ufer« vor, veranstaltet von »Electronic

Beats«, also mit dem Geld der Deutschen Telekom, dem Konzern, der von 1995 bis 2006 Werbung mit einem Bonner Radprofi-Team gemacht hat, in dem systematisch gedopt wurde. Seither ist der Telefonkonzern auf der Suche nach neuen Werbe-Ideen mit weniger schlechtem Image.

Es soll an dieser Stelle nicht um die verquaste Inszenierung von »Electronic Beats« gehen, wonach sich »die Pet Shop Boys ganz bewußt für diesen Auftrittsort entschieden haben, denn das Theater zählt zu den angesagtesten Berliner Veranstaltungsorten für junge, internationale, experimentelle und darstellende Kunst«, wie die Telekom-Handlanger verkünden. Das sind die üblichen Sprachblasen der Kulturindustrie: Es wird so getan, als ob sich Neil Tennant und Chris Lowe monatelang in Berlin in den verschiedensten Theatern und Off-Bühnen umgetan hätten, bevor ihre Wahl des Veranstaltungsorts schließlich auf das HAU fiel. Die Wahrheit dürfte prosaischer sein: Es wird einfach der Chefredakteur des Telekom-Sponsoring-Magazins, der bis vor kurzem Chefredakteur der *Spex* war, den Musik-Kurator des HAU, der ebenfalls einmal ein paar Jahre Chefredakteur der *Spex* war, angerufen haben. Man kennt sich. Und fürs doofe Publikum textet man die kultige Legende, die alle hören wollen.

Nein, das eigentliche Ärgernis ist die Tatsache, daß sich hier ein mit öffentlichen Mitteln, also vom Steuerzahler finanziertes Haus als Abspielort für eine kommerzielle Veranstaltung an den Hals eines Telefonkonzerns wirft (beziehungsweise geworfen wird). Das HAU wird mit etwa vier Millionen Euro jährlich vom Land Berlin subventioniert und erhält zusätzliche Projektförderungen etwa vom Hauptstadtkulturfonds oder der Bundeskulturstiftung. Mit welcher Begründung wird dieses öffentliche Haus einem Telefonkonzern für eine nichtöffentliche Werbeveranstaltung zur Verfügung gestellt? Man sage jetzt nicht, das HAU erhalte ja eine Miete von der Telekom-Firma – als ob der Imagevorteil, den der Telekom-Ableger für seine Marke aus der Nutzung eines etablierten Theaters ziehen kann, durch eine vergleichsweise geringfügige Miete kompensiert würde. Die Karten gab es übrigens nicht zu kaufen, sondern nur über die Website von »Electronic Beats« zu gewinnen – eine geschlossene Veranstaltung eben, eine »gated community«. »Kultur«, wie sie die Markenartikler verstehen.

Besonders in öffentlich finanzierten Räumen entstehen immer »Interessenkonflikte zwischen den inhaltlichen Aussagen eines Projekts und dem kommerziellen Rahmen, der über die Sponsoren hinzugefügt wird«, sagt der Musiker Schorsch Kamerun, der mittlerweile regelmäßig als Regisseur in Theatern arbeitet. Und Kamerun ergänzt: »Überspitzt ausgedrückt ist das so, als würdest du ein Brecht-Stück inszenieren und von einer Bank promotet werden.«[33] Überspitzt ausgedrückt? Schorsch Kamerun hat da wohl etwas verpaßt: Als im August 2006 der Berliner Admiralspalast wiedereröffnet wurde, inszenierte Klaus Maria Brandauer Brechts *Dreigroschenoper* mit Andreas Frege in der Hauptrolle, dem Sänger, der sich im Pop-Alltagsleben nach einem Fruchtbonbon benannt hat. Die Deutsche Bank war Hauptsponsor des Projekts, und der damalige Deutsche-Bank-Chef Josef Ackermann saß im Publikum und lauschte den Worten des Mackie: »Was ist ein Einbruch in eine Bank gegen die Gründung einer Bank?« Bei der Premierenfeier sang der 102jährige Johannes Heesters wie an gleicher Stelle schon von 1939 bis 1941 »Da geh ich zu Maxim« aus Hitlers Lieblings-Operette *Die lustige Witwe* – »charmant wie eh und je« (*Stern*),[34] nur der Führer konnte diesmal leider nicht dabei sein.

[33] Till Briegler, »Das fühlt sich fast an wie Zensur«, Interview mit Schorsch Kamerun, taz, 4. 9. 2010.
[34] Elke Vogel, »Buh-Rufe für Brandauer, Beifall für Campino«, stern.de, 12. 8. 2006.

Es ist alles wie immer, nur schlimmer.

Früher haben die Feudalherren die Kunst bezahlt, dann gab es den Staat. Jetzt zahlen die Konzerne die Kultur, wie es in den USA schon lange üblich ist. Kamerun merkt zu Recht an: »Steuern sind ein demokratischer Vorgang, und wenn die Regierung mit meinem Geld nicht in meinem Sinn umgeht, kann ich sie theoretisch abwählen. Aber mit welchem Auftrag ziehen die Kulturverantwortlichen der staatlichen Institute los und angeln sich Industriesponsoring, ohne Rechenschaft darüber abzugeben, welchen Einfluß diejenigen erhalten, die das Geld geben?«[35]

Das dürfte in der Tat der Kern des Problem sein. Ein Konzern ist kein mildtätiger Maecenas, der sich für Kunst interessiert, sondern eine unpersönliche Verwertungs- und Konformierungsmaschinerie. Oder in den Worten Adornos: »Die Kulturwaren der Industrie richten sich (...) nach dem Prinzip ihrer Verwertung, nicht nach dem eigenen Gehalt und seiner stimmigen Gestaltung. Die gesamte Praxis der Kulturindustrie überträgt das Profitmotiv blank auf die geistigen Gebilde. (...) An den Mann gebracht wird allgemein unkritisches Einverständnis, Reklame gemacht für die Welt, so wie ein jedes kulturindustrielles Produkt seine eigene Reklame ist.«[36]

[35] Schorsch Kamerun, a. a. O.
[36] Theodor W. Adorno, a. a. O., S. 61.

Die soziale Situation

Fame, Fun, Cash im Prekariat

Wenn man dem Schriftsteller, Komponisten und Sozial- und Wirtschaftshistoriker Hans G Helms folgt, gibt es bei den Beschäftigten im Bereich der musikalischen Produktion »vier Gruppen mit voneinander erheblich verschiedenartigen ökonomischen Interessen«:[1] Als erste Gruppe nennt Helms die sehr kleine Gruppe der *Komponisten* oder *»primären Urheber«*. Die zweite Gruppe, zahlenmäßig wohl stärker, ist die der *Interpreten*. Als dritte Gruppe nennt Helms die nach Zahlen heute wohl umfangreichste Gruppe der *»Arbeiter in der Musikindustrie«*. »Die vierte Gruppe ist die kleinste, kraft ihres Kapitals jedoch politökonomisch weitaus am mächtigsten. Es sind die bourgeoisen *Eigentümer der Produktionsmittel* für musikalische Massenartikel und die *Manager«*, seien es Manager der öffentlich-rechtlichen Rundfunk- und Fernsehanstalten, die also »anonymes Kapital verwalten«, oder, wie hinzuzufügen wäre, die Manager der multinationalen Tonträgerkonzerne.

Helms' Text ist fast vierzig Jahre alt. Das macht sich allenfalls daran bemerkbar, daß es zu der Zeit noch »bourgeoise Eigentümer« gab, während wir es heute kaum noch mit einem Unternehmer zu tun haben, dem ein eigener Betrieb gehört, sondern es ist ein Manager, in der Regel angeheuert von einem multinationalen Kon-

---

[1] Hans G Helms, Musik nach dem Gesetz der Ware (1973/1975), in: Ders., Musik zwischen Geschäft und Unwahrheit, Berlin 2001, S. 105.

zern, der »ein Unternehmen führt, das den Banken gehört (die auch von Managern betrieben werden, denen die Bank nicht selbst gehört) oder verstreuten Investoren«, wie es Slavoj Žižek formuliert.[2] Insofern wird in diesem aktuell gängigen Modell des Kapitalismus die alte, obsolet gewordene Klasse der Bourgeoisie »wieder nutzbar gemacht als Klasse lohnabhängiger Manager« (Žižek).

Doch abgesehen davon hat sich an Helms Einteilung nichts geändert, noch immer gilt, daß der bei weitem größte Teil der in der Musikindustrie arbeitenden Menschen – von Komponisten bis zu den Kulturarbeitern – eigentlich Teil des »Proletariats« ist, wenn man diesen aus der Mode gekommenen Begriff verwenden möchte: Die Interpreten fallen soziologisch gesehen unter die Facharbeiter, sie sind Produktionsarbeiter, die die Musikware für den Markt herstellen. Und die »Kulturarbeiter« sind die eigentlichen Proleten in diesem Schema: ob Aufnahmeleiter oder Arbeiterin im Presswerk oder die sogenannten »Produktmanager« in einer Plattenfirma, die doch nur Verkäufer eines von der Industrie hergestellten Produktes sind; oder die abhängig Beschäftigten in Plattenfirmen und Veranstaltungsfirmen sowie die Kulturvermittler. Die Komponisten schließlich, die »primären Urheber«, sind sozusagen »privilegierte produzierende Facharbeiter im Sektor Dienstleistungen«, wenn man sie soziologisch einordnen möchte. Letztlich produzieren die meisten von ihnen musikalische Industriewaren. Man könnte die Komponisten und urhebenden Musiker mit Marx »konzeptive Ideologen«[3] nennen: Sie »dienen der

---

[2] Slavoj Žižek, Das Jahr der gefährlichen Träume, Frankfurt 2013, Kindle Edition, Pos. 145 f.

[3] Zur Definition von Begriff und Funktion des »konzeptiven Ideologen« in der bürgerlichen kapitalistischen Gesellschaft siehe: Karl Marx, Friedrich Engels, Die deutsche Ideologie, MEW Bd. 3, Berlin/DDR 1958, S. 46 ff.: »(...) aktive konzeptive Ideologen, welche die Ausbildung der Illusion dieser Klasse über sich selbst zu ihrem Hauptnahrungszweige machen.«

herrschenden Klasse als das, wofür sie von dieser mit sehr bescheidenen Rechtsprivilegien ausgestattet worden sind«, sie wirken im musikalischen Sektor der Bewußtseinsindustrie »an der Zementierung der kapitalistischen Klassengesellschaft mit« (Helms).[4] Den Komponisten wurde ein ökonomischer und ein status-definierter Anreiz gewährt, damit sie der Kulturindustrie treu blieben: Die Komponisten wurden ab 1901[5] an den Einkünften aus den Aufführungen ihrer Werke sowie später an den Tonträgerverkäufen prozentual beteiligt, was ihnen ein gewisses, oft allerdings marginales Auskommen bescherte. Gleichzeitig behandelte die bürgerliche Gesellschaft die Komponisten nun als eine Art »Miniaturkapitalisten«, als ob sie Unternehmer ihrer selbst seien. Und diese Zuschreibung der »primären Urheber« als »Selbstständige«, als »Unternehmer« war bis heute sehr erfolgreich: Ich kenne in Deutschland nur sehr wenige Künstler, die sich als Kultur*arbeiter*, also als Proletarier, verstehen. Der Schriftsteller Franz Dobler etwa, der einem Kunstverein, der einen Beitrag für umme haben wollte, beschied: »Es ist mir jedoch, wie den meisten Mitgliedern der Arbeiterklasse, nicht möglich, für umsonst zu arbeiten.«[6] Oder Daniel Kahn, der Berliner aus der Industriestadt Detroit, der Künstler, die für Minigagen spielen, als »Streikbrecher« bezeichnet.

Natürlich ist die Situation besonders der unabhängigen und kleineren Musikfirmen schwierig in diesen Zeiten. Eine renommierte Plattenfirma wie »Tapete Records« mit einem Künstlerstamm von fast fünfzig Musikern und Bands (Tele, Bernd Begemann, Superpunk u. a.) machte

---

[4] Helms, a. a. O., S. 106.

[5] Durch das geänderte Urheberrechtsgesetz von 1901, das auch die Aufführung eines Werkes unter Rechtsschutz stellte; bis dahin war nur das im Urheberrechtsgesetz von 1870 definierte Notenwerk oder Druckerzeugnis geschützt.

[6] Franz Dobler Blog, »Mehr tolle Geschenke«, 10. 1. 2013.

im Jahr 2009 einen Umsatz von 600 000 Euro und einen Verlust von 8000 Euro.[7] »Tapete Records« beschäftigte in den ersten Jahren zwei Auszubildende, die neben den beiden Besitzern die Arbeit machten. Heute arbeitet die Firma mit drei festen und zwei freien Mitarbeitern sowie »stets zwei Praktikanten«. Die beiden Inhaber der Firma zahlen sich mittlerweile ein monatliches Gehalt von 500 Euro (!) aus.

Im Berliner Bezirk Pankow gab es im Jahr 2011 an den Musikschulen noch 26 festangestellte Musiklehrer, das waren ganze 23 Prozent der Lehrer – der Rest waren Honorarkräfte. Die Subventionen, die der Berliner Senat an die sogenannte »freie Szene« verteilt, sind verglichen mit den Zuschüssen für die Repräsentationskultur geradezu lächerlich gering. Allein die drei Berliner Opern verbrauchen im Jahr 120 Millionen Euro öffentliches Geld, und darin ist etwa die Sanierung der Staatsoper mit 240 Millionen Euro, die Sanierung des Hauses der Berliner Festspiele mit 17,3 Millionen oder die Sanierung der Volksbühne mit 12 Millionen nicht einmal enthalten. Die Freie Szene in Pankow dagegen hatte in 2009 plötzlich gar keine Zuschüsse mehr erhalten. Die veranschlagten 150.000 Euro Fördermittel, ohnehin ein Tropfen auf dem heißen Stein, wurden gestrichen. Und selbst den Kulturbetreibern der Freien Szene, die noch Fördermittel erhalten, sind die Zuschüsse zum Leben zu wenig, zum Sterben zu viel. Freie Schauspieler oder Tänzer etwa oder Regisseure in Studiobühnen kommen in Berlin auf Stundenlöhne von wenig mehr als 3 Euro. Es ist ein Skandal, daß die offiziellen Förderbescheide für Schauspieler, Tänzer, Musiker oder Regisseure oft nur drei bis fünf Euro Stundenlohn ausweisen. Der Senat, der diese Stundenlöhne festsetzt, wurde übrigens zehn Jahre lang von SPD und Linken geführt, zwei Parteien, die in ihren Programmen

---

[7] Jan Hauser, »Mit eigenem Label durchs wilde Plattengeschäft«, Frankfurter Allgemeine Zeitung, 17. 9. 2010.

Mindestlöhne von 8 bzw. 10 Euro fordern. Wie wäre es, wenn SPD und »Linke« dort, wo sie regieren, mal beginnen würden, ihre eigenen Programme umzusetzen?

Knapp 78 Prozent der GeisteswissenschaftlerInnen finden laut einer Studie des Hochschul-Informations-System (HIS) nach dem Abschluß nicht sofort eine feste Stelle. Von den AbsolventInnen des zuletzt von HIS befragten Abschlußjahrgangs 2005 hatten ein Jahr nach dem Examen nur rund 40 Prozent aller GeisteswissenschaftlerInnen eine feste Stelle (dagegen 85 Prozent aller WirtschaftswissenschaftlerInnen). Die meisten der GeisteswissenschaftlerInnen haben dabei keine »typische« Erwerbsarbeit. Die meisten sind in Werks- oder Honorarverträgen beschäftigt. Von den bundesweiten AbsolventInnen des Jahrgangs 2005 waren 2012 nur 12 Prozent in unbefristeter und 19 Prozent in befristeter Vollzeit tätig. 42 Prozent befanden sich in sonstigen Beschäftigungsverhältnissen. Dabei sind laut HIS die meisten GeschichtsabsolventInnen im Bereich »Kunst und Kultur« prekär beschäftigt, die meisten GermanistInnen im Bereich »Medien«.[8]

Nur etwa 50 Prozent der Beschäftigten in der deutschen Kulturbranche haben überhaupt noch einen festen Arbeitsplatz – und der liegt anders als bei den Spitzenverdienern in den Opernorchestern oft genug knapp über Hartz-IV-Niveau. Das Tarifgehalt für einen Gesangs- oder Schauspiel*solisten* am Theater oder an der Oper beträgt 1600 Euro brutto. Kleindarsteller, an die zum Beispiel an Opernhäusern oft hohe Anforderungen gestellt werden, die vielseitig sein, singen, tanzen und performen können müssen, diese Kleindarsteller sind meist gut ausgebildet und erhalten trotzdem oft nur 25 oder 35 Euro am Abend. An der Komischen Oper Berlin kommen diese Kleindarsteller laut Gewerkschaft Verdi auf einen Stundensatz von 6 Euro, also 4,80 Euro netto (während

---

[8] »(Über)Leben in Berlin«, Folge 9, taz, 29. 9. 2012.

das Berliner Vergabegesetz einen Mindestlohn von 7,50 Euro vorschreibt).[9]

Und von den anderen 50 Prozent, den Freiberuflern, leben zwei Drittel in prekären Verhältnissen, wie gerade eine Studie über die Lage darstellender Künstler zutageförderte. Im Filmgeschäft sind nicht nur bei Low-Budget-Produktionen sogenannte »Rückstellungsverträge« die Regel: Das Team inklusive die Schauspieler wird erst bezahlt, wenn wirklich Geld reinkommt, wenn der Film an der Kinokasse funktioniert oder ans Fernsehen verkauft werden konnte. (Ein Geschäftsprinzip, dessen sich in ähnlicher Form auch Sven Regener bedient, wenn er nicht Urheber, sondern Unternehmer ist, zum Beipiel als Produzent des Spielfilms *Hai-Alarm am Müggelsee*.)[10]

Das Einkommen freier Künstler hat laut Künstlersozialkasse 2012 durchschnittlich 14 142 Euro betragen.[11] Bildende Künstler kamen auf 13 743, darstellende Künstler auf 13 253, Musiker gar nur auf 12 005 Euro – gerade einmal 1000 Euro im Monat (Musikerinnen verfügen sogar nur über durchschnittlich 10 228 Euro)! Das durchschnittliche Jahreseinkommen aller unter dreißigjährigen Musiker betrug 2012 gar nur 9430 Euro (dies ist eines der

---

[9] »Kein Beleuchter läßt sich das bieten«, Interview von Birgit Walter mit Sabine Schöneburg von der Gewerkschaft Verdi, Berliner Zeitung 24. 8. 2012.

[10] Die Hauptdarsteller verzichteten laut *Berliner Zeitung* vom 28. 8. 2012 auf ihr Honorar »und hoffen, daß der Film ein Erfolg wird, weil es dann doch noch eine Überweisung geben kann«. Sie sind also Co-Produzenten des Films.

[11] Die leicht steigende Tendenz in den von der Künstlersozialkasse (KSK) ermittelten Durchschnittseinkommen von Künstlern dürfte auch dem rigoroseren Auswahlverfahren geschuldet sein, mit dem der Kreis der Zugangsberechtigten eingeschränkt wurde: Die Zahl der Ausschlüsse von Mitgliedern aus der KSK, weil sie das jährliche Mindesteinkommen von 3900 Euro z. B. durch Kunstverkäufe nicht mehr erreichen konnten, ist in den letzten Jahren gestiegen. Und wer Geringverdiener in der Statistik nicht mehr berücksichtigt, hebt natürlich das Durchschnittseinkommen der verbleibenden Künstler.

wenigen noch weiter sinkenden Einkommen, zuvor waren es noch 9525 Euro).[12] Geht man davon aus, daß in der Künstlersozialkasse auch gut verdienende Künstler Mitglied sind, die den Durchschnitt anheben, weiß man, daß die Realität noch finsterer aussehen dürfte. Zur Erinnerung: 484 000 Euro beträgt das Jahresgehalt von Gema-Chef Harald Heker. Das macht deutlich, wer von den sogenannten Autorenrechten profitiert. Es gibt in der Musikwirtschaft ein klar definiertes Oben und Unten. Unten sind die Künstler (mit Ausnahme von ein paar Großverdienern), oben sind die Manager und Funktionäre mit ihren sechs- bis achtstelligen Gehältern: Der CEO von Live Nation, Michael Rapino, kam 2011 auf ein Jahresgehalt von 11,9 Millionen Dollar, der CEO von Ticketmaster, Nathan Hubbard auf 4,1 Millionen Dollar, der CEO des Internetradios »Pandora«, Joseph Kennedy, kam auf 732.425 Dollar, und der Vorstandsvorsitzende von CTS Eventim, Klaus-Peter Schulenberg, kommt 2012 inklusive seiner Tantiemen auf Bezüge in Höhe von 2,3 Millionen Euro. Im Juni 2013 wurde Schulenberg, der über 24 Millionen Aktien seines Konzerns, also 50,2 Prozent aller Aktien hält, im »Bloomberg Billionaires Index« erstmals als Dollar-Milliardär aufgeführt.[13]

Und während die zehn höchstbezahlten DJs weltweit 2011 über 125 Millionen Dollar an Honoraren erzielten,[14]

---

[12] Alle Einkommenszahlen laut Künstlersozialkasse, Durchschnittseinkommen der aktiv Versicherten auf Bundesebene nach Berufsgruppen, Geschlecht und Alter zum 1. 1. 2012, Website der KSK (Stand 10. 2. 2013). Wobei darauf hinzuweisen ist, daß die KSK nur die Durchschnittseinkommen der bei ihr aktiv Versicherten erhebt.
[13] Zahlen laut Musikmarkt, 27. 4. 2012, sowie Website der CTS Eventim AG, Geschäftsbericht 2012, und Musikwoche.de, 27.6.2013. Der Aktienkurs von CTS Eventim betrug Ende 2012 26,65 Euro.
[14] DJ Tiësto führt die Liste mit 22 Mio. Dollar an. Er erhält pro Nacht laut *Pollstar* durchschnittlich 250 000 Dollar; Skrillex verdiente 2011 15 Mio. Dollar, David Guetta 13,5 Mio.; alle Zahlen laut Zack O'Malley Greenburg, »The World's Highest-Paid DJs 2012«, Forbes, 2. 8. 2012.

steht gleichzeitig fest, daß die wenigsten MusikerInnen heutzutage von ihrer eigentlichen musikalischen Tätigkeit leben können. Die meisten haben einen Zweitjob, im Bereich Musik (von Instrumentalunterricht bis Studiomusiker), oder sie kellnern.

Interessant ist, daß über die soziale Situation der Künstler und vieler Beschäftigten in der Kulturindustrie kaum ein Wort verloren wird. Doch die prekäre Situation von Künstlern und Kulturarbeitern existiert nicht erst seit heute. Die Entwicklung nahm ihren Ausgang in England unter Margaret Thatcher. Das staatliche Wohlfahrtssystem wurde aufgegeben, die Gewerkschaften zerschlagen, zahlreiche öffentliche Aufgaben privatisiert (von Eisenbahn bis Gesundheitssystem), die Opposition marginalisiert – es entstanden neue Klassenhierarchien. Felix Klopotek hat in einem erhellenden Aufsatz[15] auf Mark Fishers Analyse hingewiesen, der zum einen vorschlägt, nicht länger von Postmoderne, sondern von »kapitalistischem Realismus« zu reden, und zum anderen belegt, daß England erneut eine Avantgarderolle in der neoliberalen Katastrophenpolitik einnimmt.[16] Auf die Thatcher-Katastrophe folgte die von »New Labour«. Während Thatcher sich noch gewissermaßen »mit der Zementierung der ohnehin besonders rigiden britischen Klassenstruktur begnügte« (Klopotek) und bekanntlich jeden emphatischen Begriff von Gesellschaft leugnete (»There's no such thing as society«), versprach New Labour der Unterschicht wieder Teilhabe – allerdings nur durch »Selbstaktivierung« nach dem Motto: Selbst Schuld, wenn ihr arm seid! Klar könnt ihr am kulturell aufgeschlossenen neuen England Tony Blairs teilhaben, aber ihr müßt euch anstrengen.

[15] Felix Klopotek, Klasse ohne Plan, Konkret, 8/2012.
[16] Mark Fisher, Kapitalistischer Realismus ohne Alternative?: Symptome unserer kulturellen Malaise, Hamburg 2013.

Ähnlich wie Tony Blairs New Labour argumentierte hierzulande die rot-grüne Regierung von Schröder/ Fischer. Man zauberte eine »neue Mitte« aus dem Hut und übernahm die Ideologie der Selbstaktivierung. Bei uns lautete das Motto: »Fördern und fordern!« Entsprechend etablierte sich hierzulande die Kreativwirtschaft »erst in der New-Economy-Phase um das Jahr 2000, bezeichnenderweise zur gleichen Zeit, in der die Hartz-Gesetze verabschiedet wurden«, wie Ulrich Bröckling in einem *Zeit*-Interview betont.[17] Und es scheint kein Zufall zu sein, daß die eigentliche Ideengeberin dieser Gesetze, die ja angeblich von Peter Hartz ausgedacht wurden, eine wirtschaftsliberale Denkfabrik namens Bertelsmann-Stiftung beziehungsweise der von ihr initiierte »Arbeitskreis Sozialhilfe/Arbeitslosenhilfe« ist.[18] Die Bertelsmann-Stiftung wurde 1977 von Reinhard Mohn gegründet und hält heute mittelbar 77,6 Prozent des Aktienkapitals der Bertelsmann AG, eines der weltgrößten Medienunternehmen. Der Bertelsmann AG gehören entweder komplett oder zu großen Teilen unter anderem: RTL, Gruner+Jahr, Vox und das Verlagskonsortium Random House (u.a. DVA, Goldmann, Heyne, Knaus, Luchterhand, Manesse, Siedler). Auch am *Spiegel* ist Bertelsmann beteiligt. Bis 2008 war Bertelsmann hälftig am Joint Venture »Sony BMG Music Entertainment« beteiligt. Nach dem Verkauf des Bertelsmann-Anteils an Sony wurde die »Bertelsmann Music Group« (BMG) neu ausgerichtet und kümmert sich heute, wie bereits beschrieben, als »BMG Rights Department« vornehmlich um das Management von Musik- und Verlagsrechten.

Die Bertelsmann-Stiftung hat nicht nur Kanzler Gerhard Schröder beraten, sondern berät auch die jetzige Bundeskanzlerin Angela Merkel, deren erste Amtshand-

---

[17] »Kreativ? Das Wort ist vergiftet«, Zeit Online, 4. 11. 2010.
[18] Siehe auch Peter Nowak, »Stolz auf die Reform der Bertelsmann-Stiftung«, Telepolis, 17. 8. 2012.

lung nach der Wahl zur Bundeskanzlerin angeblich eine Reise nach Gütersloh war. Die Bertelsmann-Stiftung betreibt, wie Kritiker ihr vorwerfen, eine »Privatisierung der Politik«[19] – Beamte und Politiker werden kostenlos und exklusiv »informiert«, während die Stiftung sich dafür den Zugang zu den Projekten sichert, die sie beeinflussen will. Es ist gleich, wer regiert, irgendwie regiert die Bertelsmann-Stiftung immer mit.[20] Der ehemalige SPD-Politiker Albrecht Müller nannte die Bertelsmann-Stiftung kurz »eine antidemokratische Einrichtung«.[21]

In einem Bericht der Bertelsmann-Stiftung heißt es zur Hartz-IV-Gesetzgebung: »Die Arbeitsgruppe Arbeitslosenhilfe/Sozialhilfe richtete ihren Fokus auf die effizientere Gestaltung der steuerfinanzierten Transfersysteme für Erwerbstätige. Vorrangiges Ziel war es, die öffentlichen Haushalte durch eine schnellere und paßgenauere Eingliederung in den Arbeitsmarkt zu entlasten (...) Die Bundesregierung folgte in ihrem Gesetzesvorhaben dem Vorschlag der Arbeitsgruppe.«

Es leuchtet durchaus ein, daß ein Konzern wie Bertelsmann – einer der weltgrößten Medienkonzerne, der neben Fernsehfirmen auch eine der weltgrößten Musikfirmen betreibt – ein Interesse an der Schaffung eines Arbeitsmarktes hat, in dem prekäre Beschäftigungsverhältnisse an der Tagesordnung sind, wo die Beschäftigten selbst für schlecht bezahlte und unterqualifizierte Jobs noch dankbar sind. Denn von diesen von der Bertelsmann-Stiftung mitverantworteten prekären Beschäftigungsverhältnissen profitiert am Ende – genau, nicht zuletzt der Bertelsmann-Konzern. Zum Beispiel durch seinen Out-

---

[19] So etwa Franz Böckelmann in einem Interview mit Florian Rötzer: »Ohne Bertelsmann geht nichts mehr«, Telepolis, 9. 11. 2004.
[20] Harald Schumann, »Macht ohne Mandat«, Tagesspiegel, 24. 9. 2006.
[21] In einem Gespräch im Deutschlandfunk, Sendung »Zwischentöne«, 25. 3. 2007.

sorcing-Dienstleister Arvato, der unter anderem Callcenter betreibt, die von Vodafone, O_2, E-Plus oder der Deutschen Telekom genutzt werden und in denen ein neuer »Agent« 1050 Euro brutto verdient, wenn er 42 Stunden wöchentlich in dem strapaziösen Job arbeitet.[22]

Kreativwirtschaft heißt das neoliberale Zauberwort, das noch 2011 auf der Homepage des Bundeswirtschaftsministeriums prangte. »Die Kreativwirtschaft ist das Leitbild für die Industrie von morgen«, hieß es da. »Mit 137 Milliarden Euro jährlich produzieren die deutschen Unternehmen der Kreativwirtschaft heute mehr Wertschöpfung als die Chemieindustrie«, berichtet Katja Kullmann.[23] Welche Rolle die Kreativwirtschaft, »die kreative Klasse« (Richard Florida), bei der Zurichtung einer postfordischen Gesellschaft mit permanenter Selbstausbeutung und einem künstlerischen Prekariat spielt, zeigt sich vielleicht nirgendwo besser als in der Bundeshauptstadt. Klaus Wowereits Berlin-Slogan »arm, aber sexy« war ja nicht zynisch gemeint, sondern als Imageproduktion gedacht: Berlin wird als »hippster aller hippsten Orte«[24] inszeniert. Die Kreativwirtschaft als Türöffner der flexiblen Arbeitsmodelle des Neoliberalismus: Die Künstler und Kulturarbeiter stehen als »flexible« und »selbstverantwortliche« Subjekte Modell für eine Neuorganisation der Gesellschaft. Gefordert ist – mit Richard Sennett zu reden – ein »Idealmensch«, der »mit kurzfristigen Beziehungen (...) zu Rande kommt, während er von einer Aufgabe zur anderen, von einem Job zum nächsten, von einem Ort zum anderen wandert. Wenn Institutionen keinen langfristig stabilen Rahmen mehr bereitstellen, muß der Einzelne möglicherweise seine Bio-

---

[22] Malte Welding, »Was kann ich nicht für Sie tun?«, Berliner Zeitung, 16. 2. 2013.

[23] Katja Kullmann, »Was nun, Dicki Hoppenstedt?«, taz, 25. 5. 2013.

[24] Barbara Vinken, »Leute, wollt ihr ewig frühstücken?«, Monopol, 16. 9. 2010.

graphie improvisieren«.[25] Die Horrorvision vom flexiblen und entfremdeten Menschen, von dem permanent eigenverantwortliche Selbstverwirklichung erwartet wird.

Nun kann man sich fragen, wer sich dies wirklich antun mag. Es geht um eine vergleichsweise kleine, aber kontinuierlich wachsende Schicht, die sich zum Beispiel über Alter (Anfang Zwanzig bis Ende Dreißig) und sozialen Status definiert: Hauptsächlich handelt es sich natürlich um die Spößlinge der gutsituierten Mittelschicht, die »irgendwas mit Kultur«, »irgendwas mit Medien« oder »irgendwas mit Musik« machen wollen, und für die der Staat eine ganze Reihe neuer und sehr modischer Ausbildungszweige zur Verfügung stellt, vom Studium des Kulturmanagements bis hin zum Ausbildungsberuf als Veranstaltungskaufleute oder als Kaufleute »für audiovisuelle Medien«. Möglich wird eine derartige Ausbildung allerdings nur, wenn der oder die Auszubildende von den Mittelschichts-Eltern finanziert und subventioniert wird, oft weit über die Ausbildung hinaus.

Gemeinsam ist all diesen Ausbildungsgängen zweierlei: Zum einen ist die Ausbildung oft mangelhaft. Ich erinnere mich noch gut, wie die Abteilungsleiterin der Industrie- und Handelskammer in meinem Berliner Büro auftauchte, um zu überprüfen, ob meine Konzertagentur als Ausbildungsbetrieb zugelassen werden könne. Es war ein kurzes, oberflächliches Gespräch, in dem weder die Qualifikation der Ausbilder geprüft noch der Arbeitsplatz als solcher begutachtet wurde. Statt dessen wurde ich darauf hingewiesen, daß ich, da meine Firma damals im Ostteil Berlins, in Friedrichshain, angesiedelt war, nur den Ostttarif an die Auszubildenden zahlen müsse. Und als kleine Firma dürfe ich den Standardtarif sowieso um bis zu 20 Prozent unterschreiten! Im weiteren Verlauf des Gesprächs ging es dann um das Leben ihrer Tochter in

---

[25] Richard Sennett, Die Kultur des neuen Kapitalismus, Berlin 2007, S. 9.

Frankreich. Und schon war die Konzertagentur Berthold Seliger ein Ausbildungsbetrieb. Nun kann man davon ausgehen, daß meine Firma korrekt und kompetent ausbildet, alle Ausbilder haben die Ausbilderprüfung abgelegt, und ich habe auch immer mindestens den Standardtarif bezahlt – aber ein bezeichnendes Licht wirft dies auf die duale Ausbildung schon. Meine Auszubildenden erzählten dann, daß ein Großteil der Mitschüler im Ausbildungsberuf »Veranstaltungskauffrau« an der Berufsschule aus Cateringbetrieben oder von Hotels komme. Die »Ausbildung« bei den Cateringfirmen bestand zu weiten Teilen aus Broteschmieren, weswegen viele dieser Auszubildenden die Ausbildung auch vorzeitig abbrachen. Es geht dem Staat vornehmlich darum, möglichst viele Ausbildungsplätze in den hippen Ausbildungszweigen anzubieten, egal, ob die Betriebe tatsächlich kompetent ausbilden können. Hauptsache, die jungen Leute verschwinden aus der Arbeitslosenstatistik.

Ähnliches gilt für etliche der angesagten Kulturmanagement-Studiengänge. Zum einen wird häufig ein praxisfernes Studium angeboten. So habe ich noch keinen studierten Kulturmanager in meiner Firma erlebt, der als Studienabgänger zum Beispiel die Handhabung der Ausländersteuer oder der Künstlersozialkasse korrekt erklären und abwickeln konnte. Das ist etwa so, als hätte ein studierter Architekt keinen blassen Schimmer von Statik. Zum anderen wird hier ganz offensichtlich für die Arbeitslosigkeit ausgebildet, denn natürlich gibt es nicht annähernd so viele Arbeitsplätze im Kulturbereich wie Interessenten beziehungsweise Absolventen der Studien- oder Ausbildungsgänge. Neuerdings würde man sagen: Es gibt zwar keine herkömmlichen Arbeitsplätze, aber wer mobil ist, dynamisch und bereit, mit wenig auszukommen, der kann selbständiges Mitglied der »digitalen Boheme« (Holm Friebe) oder vielleicht besser gesagt einer »kulturellen Boheme« werden.

»Doch wovon lebt der Mensch?« Wovon leben Popmusiker heute? Von den Verkäufen ihrer Alben jedenfalls kaum, unabhängig davon, ob sie ihre Songs als CDs oder bei Streaming-Diensten verkaufen. Wer denkt, daß man Alben veröffentlicht, um damit Geld zu verdienen, ist naiv – oder ein wirklich erfolgreicher Musiker. »Es gab eine kurze Periode von 1970 bis 1997, als die Leute sehr anständig bezahlt wurden«, sagte Sir Mick Jagger, als die BBC ihn vor zwei Jahren einmal auf die Krise des Musikgeschäfts im Download-Zeitalter ansprach: »Mit Platten ließ sich nur eine sehr, sehr kurze Zeit lang Geld machen, aber jetzt ist diese Periode vorbei.«[26]

Bei einem sogenannten Bandübernahmevertrag (der Künstler liefert bei seiner Plattenfirma ein fertiges Masterband ab) erhält der durchschnittliche Indie-Künstler in der Regel 20 bis 24 Prozent vom Händlerabgabepreis (HAP), der meistens als Netto-HAP verstanden wird. Bedeutet: HAP minus Rabatte, die die Tonträgerfirmen dem Handel gewähren. Bei den Indie-Vertrieben liegt der HAP bei 10,50 bis 11,50 Euro und die Rabatte bei etwa 20 Prozent – wobei die deutschen HAP relativ üppig sind. In Großbritannien oder den USA hat schon vor geraumer Zeit ein massiver Preisverfall eingesetzt, der auch hierzulande ankommen dürfte. Nach dieser Rechnung kommen zwischen 1,68 und 2,20 Euro pro verkaufter CD bei den Künstlern an. Ausnahmen bestätigen die Regel. Erfolgreiche Charts-Künstler erhalten deutlich höhere Anteile vom dann noch höheren HAP, außerdem gibt es Profit-Share-Modelle, und die beliebten CD-Sondereditionen generieren natürlich deutlich höhere HAP.

Bleiben wir beim Indie-Künstler, rechnen wir einmal für die 99 Prozent der Popmusiker nach: Verkauft eine Band 1000 CDs, dann erhält sie zwischen 1680 und 2208 Euro – und 1000 Exemplare eines Albums wollen heutzutage erst einmal verkauft sein, in den USA wurden im

[26] Zitiert nach: Robert Rotifer, »50 Jahre Rolling Stones«, Frankfurter Rundschau, 11. 7. 2012.

Jahr 2010 laut SoundScan nur noch von 1215 aller veröffentlichten Alben mehr als 10 000 Kopien verkauft, und
darin sind alle Weihnachts- und Best-of-Alben enthalten.
Ich würde sagen, 90 Prozent aller hierzulande erscheinenden CDs schaffen diese Schwelle nicht.

Die knapp 2000 Euro werden dann aufgeteilt: Gibt es
einen Manager, erhält der 15 bis 20 Prozent, und das, was
übrig bleibt, teilen sich zum Beispiel vier Bandmitglie-
der. Bleiben zwischen 336 und 441 Euro pro Musiker für
1000 verkaufte CDs – nach oft einem Jahr harter Arbeit.
Wer in den angesehenen Musikmagazinen vorkommt, erste Tourneen hinter sich hat und sogar im Radio gespielt
wird, verkauft vielleicht 5000 Alben – macht in der obi-
gen Rechnung zwischen 1680 und 2205 Euro pro Musiker. Diese Zahlen dürften desillusionierend sein, sie sind
aber die Regel (siehe die Statistik der Künstlersozialkasse), und zwar nicht nur in der Popmusik. Die Agentin
Sonia Simmenauer, die einige der erfolgreichsten Klas-
sik-Ensembles (unter anderem das Artemis Quartett)
vertritt, weist darauf hin, daß drei Viertel aller Streich-
quartett-Ensembles die aktuelle Entwicklung »nicht überleben« werden. Der Scheck von der Plattenfirma »reicht
nur für ein warmes Abendessen«, selbst etablierte En-
sembles erhalten im Schnitt um ein Drittel geringere Gagen, unter anderem weil überall die Saalmieten steigen.[27]
Nicht viel anders sieht es für Buchautoren aus: Verkaufszahlen von mehr als 1000 Exemplaren sind die Ausnahme. Die Autoren erhalten oft nicht einmal mehr 10 Prozent des Netto-Buchpreises.

Eine Möglichkeit, überhaut erst mal ein Bewußtsein für
die Situation der Kulturarbeiter zu schaffen, wäre die
Veröffentlichung der bei der Herstellung von Platten
(oder Büchern) angefallenen Kosten. Die Band Scritti
Politti hat vor Jahrzehnten auf ihren Single-Covern exakt

---

[27] Volker Hagedorn, »Wir sind am Ende einer Zeit«, Zeit Online, 31.
3. 2013.

diese Kosten dokumentiert, von der Studiomiete bis zum Preßwerk und dem Druck der Plattenhüllen. Der Wagenbach Verlag hat früher in seinem Almanach *Zwiebel* eine knappe »Bilanzübersicht« des Verlages gegeben inklusive aller gezahlten Autorenhonorare, Gehälter und Herstellungskosten. Beides Versuche von Kulturarbeitern, den Mitgliedern ihrer Klasse, den sozial Gleichgestellten und den Gleichgesinnten, darzustellen, wie Kultur »funktioniert«, wie sie sich rechnet. Sicher – längst vergangene Zeiten, in denen es beim Musikmachen nicht um die Herstellung von neo-esoterischen Zuständen der Verfestigung und Vergewisserung des selbstgewählten Wohlfühl-Biedermeiers ging. Zeiten, in denen das Denken und der Zweifel noch nicht obsolet waren.

Das durchschnittliche Jahreseinkommen der unter dreißigjährigen MusikerInnen in Deutschland beträgt gut 9500, das der Berufsanfänger 8826 Euro. Allein dies macht klar, daß das Geschrei der Propagandisten des Urheber- und Leistungsschutzrechts von den wahren Profiteuren der bestehenden Rechtslage ablenken soll – der Verwertungsindustrie. Oder hat etwa jemand jüngst, als die Bundesregierung die Schutzfristen für Musikaufnahmen von 50 auf 70 Jahre verlängert hat, in den Altersheimen einen Jubelsturm der dort residierenden Künstler vernommen? Natürlich haben nur die Vertreter des Bundesverbandes der Deutschen Musikindustrie die Verlängerung der Schutzfristen begrüßt. Nicht nur diese Leute aber tun so, als könnte man als Musiker von CD-Verkauf, Copyright und Gema leben. Was für ein Blödsinn.

Daß das Internet besonders für Indie-Künstler eine nennenswerte Geldquelle darstellen kann, davon war schon die Rede. Das amerikanische Netzradio Pandora gab Anfang 2013 die Unternehmenszahlen des Vorjahres bekannt:[28] Mehr als 2000 Künstlern wurden jeweils mehr

---

[28] Zahlen laut Website von Pandora (Rubrik »Investors«), FY 2012 Annual Report.

als 10 000 Dollar Tantiemen für die letzten zwölf Monate überwiesen. Und darunter sind viele, die nicht dem Mainstream angehören. Natürlich erhalten die weltweiten Topverdiener auch bei Pandora das meiste Geld, Coldplay oder Adele konnten sich über mehr als eine Million Dollar freuen, Drake oder Lil Wayne über fast drei Millionen. Aber auch der 2007 verstorbene Jazzpianist Oscar Peterson wird bei Pandora gespielt – seine Erben bekommen heute fünfstellige Einnahmen. Und anspruchsvolle Indie-Bands verdienen dort ebenfalls prächtig: Iron & Wine (173 152 Dollar), Bon Iver (135 223 Dollar) oder Mumford & Sons (523 902 Dollar). Nicht nur in den USA, wo mittlerweile jeder zweite Online-Nutzer regelmäßig auf Online-Radio und Streaming zurückgreift, schütten Streaming-Dienste heute mehr Geld an Labels und Künstler aus als das terrestrische Radio, das in den USA für Airplay gar nichts und in Großbritannien gerade mal 0,00012 Dollar pro Airplay bezahlt, also nur ein 36stel von dem, was Spotify ausschüttet (0,0042 Dollar pro Play) und ein Zehntel von dem, was ein Webradio wie Pandora zahlt (0,0011 Dollar).

Mit Ausnahme der von Mick Jagger erwähnten recht kurzen Phase des prosperierenden Tonträgergeschäfts stand immer das Konzert im Mittelpunkt des künstlerischen Geschehens, der naheliegende Ort, an dem Musiker mit ihrem Publikum direkt kommunizieren und interagieren können, »the real thing«. Es ist also ein Irrtum anzunehmen, daß Musiker erst heute wieder Auftritte benötigen, um sich über Wasser halten zu können. Die Tradition, daß Musiker durch Konzerte wesentliche Teile ihres Lebensunterhalts bestreiten und sogar ihre Konzerte selbst vermarkten, ist so alt wie das bürgerliche Konzertleben selbst.

Mozart veranstaltete regelmäßig Auftritte auf eigene Rechnung, Subskriptionskonzerte für Klavier und kleines Orchester an ungewöhnlichen Schauplätzen. Und Mozart war stolz, die Zahl seiner »suscripteurs«, also Abonnenten, von 100 auf 176 gesteigert zu haben.[29] Oder: Ludwig van Beethoven. Im April 1800 durfte Beethoven im Wiener Burgtheater endlich »eine große musikalische Akademie zu seinem Vortheile geben«. »Billets« waren laut Konzertplakat »bei Herrn van Beethoven, in dessen Wohnung im tiefen Graben Nro. 241 im 3ten Stock zu haben«. Einer der größten Musiker aller Zeiten, längst erfolgreich, muß sich an den Tagen vor seinem wichtigsten Konzert um den Verkauf von Konzertkarten und die Platzanweisung kümmern. Im Jahr darauf zahlte Fürst Lichnowsky Beethoven ein Gehalt von 600 Gulden. »Zu hoch, um darauf zu verzichten, und zu niedrig, um sorglos davon leben und arbeiten zu können«, wie Biograph Jan Cayeers schreibt.[30] Beethoven blieb auf andere Geldquellen angewiesen, »steckte aber in einem Korsett von Verpflichtungen gegenüber Lichnowsky« – der Mäzen hatte für wenig Geld Exklusivrechte an »seinem« Künstler erworben. Wollte ein Komponist wie Beethoven seine Werke veröffentlichen, mußte er sich eines Verlages bedienen, wobei die Vorteile sehr ungleich verteilt waren. Beim Verlag »Artaria & Comp.« trug der Komponist das ganze Risiko. Erst ab fünfunddreißig Exemplaren deckten die Einnahmen seine Unkosten.[31] Und Fürst Lobkowitz, ein anderer sogenannter »Mäzen« Beethovens, wollte Beethoven bei der Aufführung der 3. Sinfonie unter die Arme greifen. »Er stellte dem Komponisten Räume für Proben und Probeaufführungen zur Verfügung und versprach, ihn bei der Veranstaltung der ersten halböffentlichen Konzerte zu unterstützen, einschließlich in Sachen

[29] Mozart in einem Brief an seinen Vater vom 3. 3, 1784, in: W. A. Mozart, Briefe und Aufzeichnungen, München 2005, Bd. III, S. 303; siehe auch den Brief vom 8. 5. 1782, in dem er das Geschäftsmodell seiner Subskriptionskonzerte inklusive der zu erwartenden Einnahmen aus den Kartenverkäufen beschreibt.
[30] Jan Caeyers, Beethoven: Der einsame Revolutionär, 2012, Kindle Edition, Pos. 1795.
[31] Caeyers, a. a. O., Pos. 2106.

Reklame. Als Gegenleistung wollte er die Aufführungsrechte für ein halbes Jahr. Für die Widmung bot er 400
Gulden, später sogar 700 Gulden plus 80 Golddukaten;
dafür sollten die Aufführungsrechte auf ein Jahr verlängert werden« (Caeyers).[32] Und als einige Jahre später eine große Wirtschaftskrise den Wiener Kulturbetrieb
praktisch lahmlegte, konnte Beethoven auch keine »Aka-
demien«, also Konzerte zu seinen Gunsten, mehr veranstalten. Sounds familiar?

Musiker zu sein ist hart. Niemand wartet auf einen neu-
en Künstler. Auch ein Mozart, auch ein Beethoven mußte
sich durchschlagen. In Frankreich existieren gesetzlich
festgeschriebene Mindestgagen pro Musiker und Konzert
von 80 Euro netto (also zuzüglich Steuern und Sozialbei-
träge) pro Musiker und Auftritt, und es gibt eine soziale
Absicherung für professionelle Künstler, die eine Min-
destzahl von Auftritten pro Jahr haben. Ein ähnliches
Modell existierte bis vor kurzem in den Niederlanden, ein
»Arbeits- und Einkommensgesetz für Künstler«, das
Künstler durch bis zu vier magere Jahre hindurchhalf, sofern sie eine künstlerische Ausbildung oder Einkommen
aus künstlerischer Betätigung nachweisen konnten. Aber
hierzulande, wo es nicht einmal verbindliche Mindestlöhne gibt, dürften derartige Modelle erst einmal Zu-
kunftsmusik bleiben. Hierzulande erhält man als Künstler
selbst vom hochsubventionierten öffentlich-rechtlichen
Fernsehen nur ausbeuterische Angebote. Eine bekannte
TV-Musikreihe der ARD interessierte sich für den Mit-
schnitt eines Konzertes einer Band meiner Agentur im
Mai 2013: »Als Produktionsmodell könnte je nach Gege-
benheit/Machbarkeit eine Ü-Wagen Produktion mit 6-8
Kameras, eine Produktion mit mobiler Regieeinheit mit
6-7 Kameras oder eine EB-Produktion mit 5-6 Kamera-
leuten dienen. Beim Ton ist Ton-Ü-Wagen oder mobile
Mehrspurige denkbar. Vertragliches Einverständnis aller

---

[32] A. a. O., Pos. 4296.

und Machbarkeit vorausgesetzt würden wir das Konzert auch gerne als Live Stream auf Website senden.« Ich signalisierte Interesse, falls Band und Management auch einverstanden seien, schrieb aber auch: »Mich wundert, daß Sie die Honorarfrage in Ihrer Mail nicht ansprechen.« Die Antwort der ARD: »Honorare für Künstler sind nicht vorgesehen. Die Aufzeichnung und Ausstrahlung dient der Promotion. Meines Wissens erzielen die Künstler in der Regel zumindest über die Gema durch die TV-Ausstrahlung einen geldwerten Vorteil.«

Das sind prä-feudale Zustände. Selbst am Königshof des Absolutismus erhielten Künstler wenn nicht Honorare, dann doch immerhin Geschenke. Diese Zeiten sind vorbei. Honorare für Künstler sind nicht vorgesehen.

Es ist interessant, an dieser Stelle einen Blick auf die soziale Herkunft der hiesigen Künstler und »Kulturarbeiter« zu werfen. Es ist bezeichnend, daß es hierzulande meines Wissens keinerlei soziologische Studie darüber gibt. Mithin müssen wir uns mit Beobachtungen in der Szene weiterhelfen. Mir ist in der deutschen Musikszene praktisch kein einziger deutscher Popkünstler und kein einziger Firmengründer oder Mitarbeiter einer Musikfirma bekannt, der aus einer Arbeiterfamilie käme. Nur Christiane Rösinger thematisiert ihre Herkunft: »Ich habe tatsächlich noch ein vielleicht altmodisches Klassenbewußtsein. Wenn ich jemanden neu kennenlerne und dann erfahre, daß derjenige wie ich aus einfachen Verhältnissen kommt, das verbindet schon.«[33]

Praktisch ausnahmslos entstammen die deutschen Popkünstler und Pop-Kulturarbeiter der besseren Mittelschicht, zum Teil der Oberschicht – Apotheker- und Arzt-

---

[33] Andreas Hartmann, Franziska Klün, »Bei uns nennt man es nicht Feiern, sondern Saufen«, Gespräch mit Christiane Rösinger und Jens Friebe, Zitty, 22/2010. Zu Friebe heißt es dort: »Jens Friebe sagt, daß er aus besseren Verhältnissen kommt, er bezeichnete sich in unserem Vorgespräch sogar als reich.«

söhne, Lehrer- oder Unternehmerstöchter. Sie kommen also aus einer Schicht, die sich den Disktinktionsgewinn der Auseinandersetzung mit Popkultur gut leisten kann. Erinnern wir uns, auch wenn es hoffnungslos altmodisch sein mag, an die Definition des Begriffs des »Distinktionsgewinns«, der für Bourdieu die erfolgreiche Durchsetzung eines neuen vorherrschenden Geschmacks und Lebensstils als Mittel im Kampf um gesellschaftliche Positionen darstellt.[34] Die Unterschichten »spielen in diesem System ästhetischer Positionen« lediglich die »Rolle als die einer Art Kontrastfolie, eines negativen Bezugspunkts, von dem sich alle Ästhetiken in fortschreitender Negation absetzen«.[35] Es ist bezeichnend, daß in Deutschland weder eine Popkultur der Unterschichten entstanden ist (wie zum Beispiel in den USA der Rap oder in den USA und Frankreich eine irgendwie bastardisierte Einwandererkultur), noch eine Ästhetisierung etwa der Arbeiterklasse. Bands wie The Who oder The Rolling Stones oder The Clash haben sich immerhin, obwohl ihre Protagonisten zum Teil der Mittelschicht entstammten, mit der Arbeiterklasse solidarisiert, haben sich ihr verbunden gefühlt. So etwas sucht man bei den deutschen Mittelschicht-Bands vergebens. Hanns Eisler wies darauf hin, daß in der deutschen Literatur, sieht man von Gerhard Hauptmann und später von Bertolt Brecht ab, praktisch keine Plebejer vorkommen. Drei höhnische Sätze bei Thomas Mann in den *Buddenbrooks*, das war's. In England dagegen wurde über Jahrzehnte geradezu ein Kult um die Zugehörigkeit von Popmusikern zur Arbeiterklasse betrieben. »Ein Weg ins Glück und in die Charts im fordistischen England ist die in vielen Popsongs besungene Art School. Die staatlich finanzierten Kunstschulen sind in Großbritannien Brutstätten der

---

[34] Pierre Bourdieu, Die feinen Unterschiede: Kritik der gesellschaftlichen Urteilskraft, Frankfurt a. M. 1982, S. 107 ff.
[35] Bourdieu, a. a. O., S. 107.

Popkunst, Leute wie Pete Townshend, Brian Eno und Bryan Ferry konnten hier ohne großen ökonomischen Druck experimentieren. Von einem großzügigen Uni-Stipendium profitierte auch Mick Jagger – heute müßte er Gebühren zahlen«, konstatiert Klaus Walter in seiner Kritik[36] von Owen Hatherlys glänzendem kleinen Buch über eine großartige englische Band – Pulp. Bei Hatherly heißt es: »Pulp war die letzte große Band, deren Mitglieder sich ihrer Zugehörigkeit zur Arbeiterklasse bewußt waren und sich gleichzeitig als Künstler verstanden. Letzteres nicht ohne einen gewissen Stolz darüber, aus Nordengland zu stammen, proletarisch zu sein und dabei ganz unverfroren intelligent. (...) So wie die spezifische Atmosphäre Sheffields den Bandmitgliedern erst bewußt wurde, als sie die Stadt verließen, verhielt es sich auch mit ihrem Klassenbewußtsein. Jarvis Cocker gibt an, sich nicht wie einer aus der Arbeiterklasse gefühlt zu haben, bis er in den späten achtziger Jahren am Londoner St. Martin's College studierte und die Mittelklasse-Kommilitonen und ihre Privilegien näher kennen lernte. So oder so, in einem Jahrzehnt, in dem der konservative Premierminister John Major behauptete, eine ›klassenlose Gesellschaft‹ zu formen, und sein Labour-Nachfolger Tony Blair sowie dessen Vize John Prescott verkündeten, daß jetzt alle Briten der Mittelklasse angehören würden, fielen Pulps empfindliche Antennen für Ressentiments, historische Ungerechtigkeiten sowie ihr schwelgerischer, teilweise etwas kleinkarierter Revanchismus besonders ins Auge. Zu der Zeit wurde diese Haltung einzig (und eher in musikalischem Sinn) von den Manic Street Preachers geteilt. Mit *Different Class* [...] legten [Pulp] damit ein Konzeptalbum über den anhaltenden Klassenkampf vor.«[37]

---

[36] Für Byte.fm (Internetradio), 18. 11. 2012.
[37] Owen Hatherly, These Glory Days, deutsch von Sylvia Prahl, Berlin 2012, S. 23 f.

Wie anders die Situation in Deutschland: Bereits im Jahr 1930 hatte Siegfried Kracauer in einer Studie auf die »ausgeprägten ständischen Ambitionen der Mehrzahl der deutschen Angestellten« hingewiesen, »deren ökonomischer und sozialer Status in Wirklichkeit an den der Arbeiter angrenzte oder ihm noch unterlegen war. Obwohl diese Leute der unteren Mittelschicht nicht länger bürgerliche Sicherheit erhoffen konnten, verachteten sie alle Lehren und Ideale, die eher in Einklang mit ihrer Misere gestanden hätten, und hielten statt dessen an Haltungen fest, die längst jeglicher Basis in der Wirklichkeit ermangelten. Die Konsequenz war geistige Verlorenheit: Sie verharrten in einer Art Vakuum, was ihre psychologische Verstocktheit nur vergrößerte«.[38] Dies läßt sich fast eins zu eins auf die Lage im heutigen Berlin, gut achtzig Jahre später, übertragen: Ein Kultur- und Medienprekariat verharrt in einem intellektuellen Vakuum, während es gleichzeitig trotz sozialer Schieflage so tut, als ob es zur Mittelschicht gehören würde wie noch die Generation der Eltern. Man akzeptiert unbezahlte oder gering bezahlte Praktika und lebt gleichzeitig den Distinktionsvorteil Popkultur aus. Faktisch wurde längst eine neue Modellbiographie installiert: »Jugendarbeitslosigkeit – Prekariat – Doppelbelastung – schleichende Enteignung durch den asozialen Staat – Altersarmut – Sterbehilfe« (Georg Seeßlen).[39] Doch ein Bewußtsein der eigenen Rolle ist nicht zu verzeichnen. Statt dessen mutieren die jungen Menschen des Prekariats zu Freizeitmaschinen. Der »Körperpanzer«, von dem Wilhelm Reich sprach, als Schutz gegen die Reize der Außenwelt und die verdrängten Triebe, ist durch einen »Freizeitpanzer« ersetzt worden, der ähnliche Ausgangsbedingungen haben dürf-

---

[38] Siegfried Kracauer, Von Caligari zu Hitler, Berlin 2012, S. 21. Kracauer faßt an dieser Stelle wesentliche Thesen seiner Studie »Die Angestellten« zusammen.
[39] Georg Seeßlen, »Sondermüll Mensch«, Konkret, 12/2012.

te. Der Körper entwickelt sich zum »Kontrollgut« (Seeßlen), er wird das Medium der vermeintlichen Macht. In
der neuen Klassengesellschaft wird noch jeder Verlierer
schöne Popmusik konsumieren oder ein attraktives Mobiltelefon kaufen oder sich mit billigen Textilien einkleiden, die mit Zeichen und Sinn aufgeladen sind und dem
Verlierer, eben, einen Distinktionsgewinn bescheren und
ihn weiter funktionieren lassen. Der prekäre Mensch ist
nicht mehr Subjekt der eigenen Geschichte, er ist weit
von jeder Emanzipation entfernt. Der postdemokratische
Staat hat ihn wieder zu dem gemacht, was er in Deutschland ohnedies immer bevorzugt war: zum Untertan. Und
das neoliberale Wirtschaftsmodell sieht sowieso in jedem
Menschen eine »Ego-Maschine« (Schirrmacher).

Robert Rotifer, in seinem Artikel über die Rolling Stones,[40] ruft zu Recht in Erinnerung, daß es einmal eine
Zeit gab, »in der die Bohème noch selbstverständlich die
Innenstädte bevölkern konnte«. Wenn auch die erste gemeinsame Wohnung von Jagger, Richards und Jones am
Edith Grove im Stadtteil Chelsea eher ein »zwei Zimmer
großes Drecksloch ohne funktionierende Heizung« war.
Und er fährt fort: »Musizierende Arbeiterkinder sind eine
verschwindende Minderheit. In Zeiten des geschrumpften
und immer brotloser werdenden Musikgeschäfts bleibt
die Popstar-Perspektive finanziell vorversorgten Ex-Pri-
vatschülern wie Mumford & Sons, Lily Allen, Laura
Marling, Florence Welch oder Coldplay vorbehalten.«
Hatherly berichtet, daß 2010 bereits 60 Prozent der in den
Top Ten der Charts vertretenen britischen Künstler eine
Privatschule besucht hatten (im Jahr 1990 war es nur ein
Prozent)[41], verglichen mit »nur« 54 Prozent der Sitze der
konservativen Parlamentsfraktion nach den Unterhaus-
wahlen im selben Jahr. Und genau so hört sich die heuti-
ge britische Popmusik eben auch an, meist eine langwei-

---

[40] Robert Rotifer, »50 Jahre Rolling Stones«, a. a. O.
[41] Hatherly, a. a. O., S. 9

lige Musik gelangweilter und verwöhnter Ex-Privatschüler (und wenn man in England von »Privatschülern« spricht, redet man nicht von verwöhnten Mittelstandskids vom Prenzlauer Berg, die auf eine Waldorfschule gehen – »Privatschüler« in England bedeutet Zugehörigkeit zur Oberschicht und ist ein Luxus, den sich nur wirklich Betuchte leisten können).

Längst ist der Trend zur Privatschule auch in Deutschland nicht mehr zu übersehen und wird im doppelten Wortsinn eine »Klassenfrage«: Seit 1992 hat sich die Zahl der Privatschulen trotz insgesamt sinkender Schülerzahlen um knapp 70 Prozent erhöht, und die Zahl der Berliner SchülerInnen, die Privatschulen besuchen, hat sich innerhalb eines Jahrzehnts mehr als verdoppelt.[42] Diese neue Segregation steigert noch den Effekt, den Pierre Bourdieu schon vor Jahren generell festgestellt hat: »Die am vollständigsten der Mittel zur Aneignung von Kunst Enteigneten sind auch die am vollständigsten des Bewußtseins dieser Enteignung Enteigneten.«

Interessanterweise entsteht aus der Mittelschicht heraus eher eine Art neues Kleinbürgertum, das sich, wie Anja Schwanhäußer schreibt, »weder an der Hochkultur noch an der proletarischen Kultur orientiert«.[43] Ein Kleinbürgertum, eine Art neuer Kleinunternehmerklasse als Anhang des Bürgertums. Pierre Bordieu schreibt über dieses neue Kleinbürgertum: »Lieber wollen sie als ›drop-outs‹ und Randgruppe leben, als klassifiziert, einer Klasse, einem bestimmten Platz in der Gesellschaft zugeordnet sein.« Natürlich ist die Entstehung dieses neuen Kleinbürgertums nur »Bestandteil breiterer gesellschaftlicher Wandlungsprozesse, bei denen die Populärkultur zunehmend zur gesellschaftlichen Leitkultur (...) transformiert

---

[42] Siehe: Martin Klesmann, »Die Klassenfrage«, Berliner Zeitung, 15. 2. 2013.
[43] Anja Schwanhäußer, Kosmonauten des Underground, Ethnografie einer Berliner Szene, Frankfurt a. M. 2010.

wird« (Schwanhäußer). Und natürlich hinterläßt die allenthalben in Politik und Medien anzutreffende Feier der Kreativwirtschaft und ihrer fragmentarischen, flexiblen und letztendlich für den Einzelnen ruinösen Arbeitsbedingungen einen mehr als schalen Nachgeschmack, zumal angesichts der in der Musikbranche generell herrschenden sozialen Rückständigkeit. Was alle werden sollen, ist auch, was allen droht. Der Wohlfahrtsstaat dient mittlerweile vor allem der Mittelschicht, und die in den besseren Innenstadtquartieren lebenden Spießer fürchten nichts mehr als den »Abstieg aus der genormten Selbstverwirklichung« (Ralf Schröder).[44] Und so wird die Mittelschicht ihre einmal gewonnene Macht auch keinesfalls mehr aus den Händen geben: »Sie reproduziert sich selbst, durch Empfehlungen ihres Nachwuchs in die guten Jobs, durch die Wucherung unbezahlter Praktika, die sich nur durch Mami und Papi finanzieren lassen, durch das berühmte Kapital von Judo bis Klavierspielen und Auslandsaufenthalt«, schreibt Ambros Waibel.[45]

Im US-Fernsehen hat die Serie *Girls* die programmatische Nachfolge von *Sex and the City* angetreten. Nicht unabhängige und auf die eine oder andere Art erfolgreiche Frauen in ihren Dreißigern in Manhattan, »mit faszinierenden Jobs und aufregendem Sexleben« (Nina Rehfeld),[46] sondern prekär lebende junge Frauen Anfang zwanzig in Brooklyn, die meistens eher traurigen und alles andere als glamourösen Sex haben. Hannah beispielsweise läßt sich zwei Jahre als unbezahlte Praktikantin in einem Verlag ausbeuten. Als sie ihrem Chef sagt, daß sie unter diesen Bedingungen nicht weiter für

---

[44] Ralf Schröder, »Gelebte Verwertung«, Konkret, 4/2013.
[45] Ambros Waibel, »Als der Proll geboren wurde«, taz, 26. 10. 2012; siehe auch Owen Jones, Prolls: Die Dämonisierung der Arbeiterklasse, Mainz 2012
[46] Nina Rehfeld, »Was Sie noch nie über Sex wissen wollten«, Frankfurter Allgemeine, 16. 10. 2012.

ihn arbeiten kann, sagt der: »Es tut mir wirklich leid, dich gehen zu sehen, wir haben große Stücke auf dich gehalten.« Jede dieser jungen Frauen wurschtelt vor sich hin, es geht natürlich nicht um Solidarität, es geht um »one mistake at a time«, wie der Untertitel der Serie verheißt. »Ich bin sehr damit beschäftigt, zu werden, wer ich bin«, erklärt Hannah ihren Eltern. US-Kritiker weisen darauf hin, daß in der Serie kaum Personen anderer Hautfarbe oder anderer Schichten vorkommen. Aber genau darum geht es, um eine Neudefinition der weißen Mittelschicht, die sich ausprobieren darf auf dem Weg zum Erhalt ihrer Macht.

Ideologisch macht es sich das neue »Popkultur-Mittelschichts-Prekariat« eher in einer spießigen Neo-Biedermeierlichkeit bequem. Die jungen Berliner Mitte-Frauen tragen schon mal Dutt, also die Frisuren ihrer Großmütter, die schlurfigen männlichen Hipster tragen möglichst viel Bart und möglichst wenig Verantwortung und halten sich so verkrampft an ihren »Vorglüh«-Bierflaschen fest wie ein paar Jahre zuvor an ihren Teddybären. Studenten streben heute nach »Sicherheit und Geborgenheit« und einer eher privaten, auf jeden Fall sehr persönlichen Glücksversprechung – »Angsthasen auf Glückssuche«.[47]

Pausenlos wird eine hippe, »geile« Arbeitswelt in der Kulturindustrie vorgegaukelt. In den Hinterhöfen der Kreativindustrie hört man die Tischkicker klackern, auf den Dächern der größeren Plattenfirmen wird gegrillt, man geht zu Afterwork-Partys, man ist Teil eines hippen, coolen Teams, zu dem schein-egalitär alle vom Chef bis zur unbezahlten Praktikantin gehören.

---

[47] Torsten Harmsen, »Angsthasen auf Glückssuche«, Berliner Zeitung, 12. 4. 2012. Laut der dort beschriebenen Studie von Konstanzer Hochschulforschern haben für 90 Prozent der knapp 100.000 befragten StudentInnen »Freiheit, Freizeit und Selbstverwirklichung« den höchsten Stellenwert. Laut der Studie hat sich ein Wandel »weg von sozial-ökologischen hin zu konservativ-liberalen Zielen« vollzogen, wobei »eher angst- und abwehrbesetzte Ziele im Vordergrund stehen«.

Und wenn sich der Chef von »Tape.TV«, Conrad Fritzsch, in der *Berliner Zeitung* als cooler, moderner Chef inszenieren darf (»Ich habe meinen Jugendtraum verwirklicht, mit meinem eigenen Unternehmen genau das zu tun, was ich immer wollte«; »Ich fahre einen alten Mercedes 280 SLC Coupé, den ich liebe!«) und feststellt, daß er »nie nur für Geld arbeiten« würde, »es muß immer auch Spaß dabei sein«,[48] dann vergißt Fritzsch zu erzählen, daß er das Geld für seine gelungene Selbstverwirklichung von Investoren erhält. So haben etwa im Mai 2012 laut *Musikmarkt* mehrere Investoren zusammen fünf Millionen Euro in Tape.TV gesteckt.[49]

Stellenanzeige eines deutschen Musikvideoanbieters im Jahr 2011: »Du hast Eier in der Hose? Du kannst verkaufen? Du hast keine Angst vor großen Zahlen? Du hast ein großes Maul? Du erzählst gerne Geschichten? Du tanzt gerne auf allen Hochzeiten? Du findest Dich geil? Du willst fame, fun, cash? Du bist außerdem noch trinkfest und hast vor allen Dingen eins: Eier! Bewirb Dich jetzt.«

Vorgeblich geht es um »Talent«, oder um »Eier«, und es kommt darauf, daß man sich selbst »geil« findet. Tatsächlich geht es darum, eine Arbeitswelt zu inszenieren, in der sich Sklaverei wie Freiheit anfühlt. Tasächlich geht es den Unternehmen darum, die bestmöglichen Kandidaten für die bestmögliche (Selbst-) Ausbeutung zu gewinnen, und dafür Kandidaten zu finden, denen jegliches Klassenbewußtsein ausgetrieben wurde, die statt dessen die Kunst der Selbstinszenierung beherrschen.

»Die Ansprüche auf individuelle Selbstverwirklichung« sind laut Axel Honneth in den westlichen Gesellschaften »so stark zu einem institutionalisierten Erwartungsmuster geworden, daß sie ihre innere Zweckbestimmung verloren haben und zur Legitimationsgrundlage des Systems«

---

[48] »Chefsessel: Conrad Fritzsch, Tape.TV«, Berliner Zeitung, 7. 2. 2013.
[49] Musikmarkt.de, 24. 5. 2012.

geworden sind – zur »mißbrauchten Produktivkraft der kapitalistischen Modernisierung«.[50] Dies führe zu »individuellen Symptomen innerer Leere, Sich-überflüssig-Fühlens und Bestimmungslosigkeit«.

Von wegen, rufen die Arrivierten: Wir modernen Kulturarbeiter sind immer erreichbar und niemals erschöpft! Wozu gibt es Smartphones und koffeinhaltige Getränke, die einem »Energie« verschaffen (von Fritz Cola mit »viel viel Koffein« bis hin zum einschlägigen Red Bull) und die gleichzeitig Teil des Lifestyles sind. Wir lieben Eigendoping und die Kunst der Selbstoptimierung!

Dabei ist es höchste Zeit, daß sich die KulturarbeiterInnen fragen: Wie wollen wir leben und arbeiten? Die Zweiteilung in solche, die sich permanent selbst ausbeuten oder prekär beschäftigt sind, und in die, die von den wenigen gut bezahlten Jobs in der Kulturindustrie oder vom elterlichen Erbe (und nicht selten von beidem) einigermaßen luxuriös oder zumindest angenehm leben, muß überwunden werden. Praktika zum Beispiel sollten nach gesetzlichen Regeln stattfinden, korrekt bezahlt werden und sozialversicherungspflichtig sein. Und es ist höchste Zeit, daß die KünstlerInnen konkrete Forderungen auf den Tisch legen: Keine Ausbeutung mehr, niemand arbeitet ohne Honorar! Mindestgagen bei jedem Konzert, Mindestlöhne bei jedem öffentlichen Auftrag! Oder vielleicht gar eine Grundsicherung?

Aber zugegeben: »Es ist einfacher, sich das Ende der Welt vorzustellen als das Ende des Kapitalismus.« (Žižek).

---

[50] Axel Honneth, Kreation und Depression: Freiheit im gegenwärtigen Kapitalismus, Berlin 2012.

Musikjournalismus

Kooperationen, Preislisten und ein Hengst
im Karpfenteich

Wenn alles mit rechten Dingen zuginge, dann wären Musikjournalisten dazu da, aufzuklären, und in der ersten Stunde an einer Journalistenschule würden sie lernen, daß zu große Nähe zu denen, über die man schreibt, gefährlich ist. Aber da es nun einmal ist, wie es ist, haben wir den »embedded music journalism«. Er funktioniert ähnlich wie der »eingebettete« Polit-Journalismus, wenn er auch naturgemäß mehr der Kulturindustrie und den Markenartiklern verpflichtet ist. Die Zeitgeist-, Kultur- und Musikmagazine sind von der Konsumgüterindustrie und der Werbewirtschaft ebenso abhängig wie *Spiegel* oder *Zeit*, die von Anzeigen von Luxusprodukten im Hochpreissegment leben (zählen Sie einmal die Anzeigenseiten für teure Uhren in einer Ausgabe des *Spiegel!*). Was die Musikbranche betrifft, so sind Zeitungen, Zeitschriften, Radio- und Fernsehsendungen längst reine »Abspielstationen« von Promotion-Aktivitäten der Kulturindustrie. Und man denke nicht, daß wenigstens bei den besseren Zeitungen und Magazinen Journalisten säßen, die selbst Themen entwickeln und recherchieren oder kommentieren würden. Nein, die Themen entstehen an den Reißbrettern der Marketingabteilungen der Kulturindustrie. Es ist ein langfristig arbeitender strategischer Apparat, der dafür sorgt, daß Themen »stattfinden«. Nicht selten werden diese Themen beziehungsweise die exklusive oder doch zumindest Vorab-Berichterstattung an den

Meistbietenden versteigert. Und ein Interview im *Spiegel* schlägt dabei natürlich die Berichterstattung in einer kleinen Musikzeitschrift, eine Fotostrecke im *Stern* ein Interview in *Visions* oder *taz*. Aufmerksamkeit ist die Währung, in der die Kulturindustrie rechnet. Im Grunde absurd in einer Zeit, in der die größte Aufmerksamkeit das Internet generiert, und in der ein Artikel in einem Musikmagazin oder im Feuilleton einer Tageszeitung wenig mehr bedeutet als etwas, das man stolz seinen Eltern zeigen kann. Dennoch tut die Kulturindustrie immer noch so, als ob ohne Promotion und Marketing, also die selbstreferentiellen »Feel good«-Aktivitäten des alten Jahrtausends, ein Künstleraufbau nicht stattfinden könne.[1]

Stellen Sie sich vor, Sie sind eine Plattenfirma und haben einen Künstler unter Vertrag. Sie haben bereits einen fünfstelligen Betrag darin investiert, damit ihr Künstler auf einigen Titelseiten wichtiger Musikmagazine prangt. Sie haben etwas Geld in die Hand genommen, damit ihr Künstler mit auf der CD vertreten ist, die den Heften beiliegt (und diese Tracks sind immer quasi bezahlte Anzeigen der Plattenfirmen). Nun geht es ans Fine-Tuning. Gehen wir davon aus, Ihr Künstler ist von einem gewissen kommerziellen Rang, will sagen: Die Medien müssen nicht überredet werden, über Ihren Künstler zu berichten, sondern die Pressevertreter stehen quasi Gewehr bei Fuß und betteln um exklusive Berichterstattung, seit sie gehört haben, daß ein neues »Produkt« des Künstlers auf den Markt kommt. Nun geht es darum, den größtmöglichen Output zu erreichen. Je nach Zielgruppe könnte ein großes Interview im *Spiegel*, im *Stern* oder in der *Zeit*

---

[1] Wie »Promotion« im 21. Jahrhundert wirklich funktioniert, zeigte der Musiker Prince anläßlich seines Konzerts im Rahmen der SXSW-Messe in Austin, Texas, im März 2013. Wochenlang war im Internet die Clubshow von Prince diskutiert worden, und während der Künstler selbst sich gar nicht an Promoaktivitäten beteiligte, leistete sein Publikum genau dies und bewarb sein Konzert in all den Tweets und Feeds im Netz ohne jegliches Zutun des Künstlers.

wichtig sein. Je nach Zielgruppe ist eine große Exklusiv-story in *Rolling Stone*, *Musikexpress*, *Spex* oder *Intro* in-teressanter. Sie verhandeln jetzt also über »Kooperatio-nen« mit den jeweiligen Medien. Haben Sie einen exklu-siven Fotografen mit »Namen« am Start, der ihren Künst-ler toll ablichten kann? Können Sie einen »besonderen« Fragesteller, gerne aus einem ganz anderen Gebiet, an-bieten, der ein Gespräch mit Ihrem Künstler führen wür-de (von den Medien gern als »zufälliges«, wenn nicht ge-radezu »schicksalhaftes« Zusammentreffen beschrieben)? Die Medien werden Ihnen aus der Hand fressen!

Das Zauberwort lautet »Koops«. Sie können mit einem Monatsmagazin zum Beispiel eine »dreiteilige Koopera-tion« abschließen, mit folgenden »Features«:

Print:
– redaktionelles Feature über 1/1 Seite
– ausführliche Review mit Empfehlungs-Charakter
– Einbindung als Abo-Prämie
– Verlosung auf der Verlosungsseite inkl. Album-Cover-Abbil-dung
– Berücksichtigung in den Redaktionscharts
Online:
– redaktionelle Präsenz auf der Website (ca. 6,3 Mio. Seitenab-rufe/Monat)
– Banner auf der Startseite für drei Wochen
– Feature/Review mit Startseitenplatzierung und Cover-Abbil-dung
– Einbindung in den Newsletter zur Veröffentlichung der CD
– Direktzugriff auf Produktinfo über eigenen Menüpunkt »Plat-ten-Empfehlungen«
– Audiofiles & Interview als Stream bzw. Download
Handel:
– Präsenz des Magazins im Trendhandel im Veröffentlichungs-Monat
– Plazierung des Covers auf der Aufstellerblende in Plattenlä-den
– Cover-Platzierung im Magazin-Display, hochwertiger Auf-steller in »Top100«-Auslagestellen«

Das ist kein fingiertes Beispiel zu Veranschaulichungszwecken, sondern ein Zitat aus einem Angebot eines der großen deutschen Musikmagazine über eine Kooperation zum Erscheinen eines Albums. Kostenpunkt: fünfstellig. Das »Machen« von Künstlern durch den »embedded journalism« ist die Norm, nicht die Ausnahme, unabhängig vom Medium, unabhängig vom Produkt.

Noch bevor das Album, das Bushido und Sido 2011 gemeinsam für Universal Music eingespielt haben, überhaupt erschienen war, gab es bereits ein großes Interview im Feuilleton der *Berliner Zeitung*. Und da die Journalisten noch keine Vorab-Besprechungsexemplare des Albums erhalten hatten, sprach man nicht über das Produkt, über die Musik, sondern eben »einfach so«. Es mußte ein großer Artikel in einer großen Zeitung generiert werden.

Oder die Kampagne, die der weltgrößte Musikkonzern um Lana del Rey inszenierte: Nachdem man der Künstlerin die Produzenten besorgt hatte, die auch schon die Alben von Adele, Duffy oder Robbie Williams im angesagten Sound glattpoliert hatten, wurde die Künstlerin schon Wochen vor dem Erscheinen ihres Albums auf zahlreichen Titelblättern und in etlichen Geschichten gefeaturt. Hinzu kam in diesem Fall eine umfassende Kampagne im Internet: Das banale Filmchen, das auf YouTube von zig Millionen Nutzern angeklickt worden war, bediente sich einiger positiv konnotierter Schnippsel aus dem kollektiven Mediengedächtnis, von Elvis über John F. Kennedy bis zur Mondlandung. Das wird immer wieder gerne gesehen, da kann nichts schiefgehen. Gerne wird behauptet, »das Netz« habe Lana del Rey zum Star gemacht. Es dürfte aber eher der weltgrößte Musikkonzern gewesen sein, der durch geschicktes »social marketing« den Hype im Internet kreierte.

Januar 2013, termingerecht zum bevorstehen Erscheinungstermin der neuen CD von Tocotronic: Auf dem Titel der *Spex* sieht man Tocotronic. Auf dem Titel des *Rolling Stone* sieht man: Tocotronic (beigelegt: eine Tocotronic-CD *Live 1993-2012* mit unveröffentlichten Aufnahmen, die im Handel nicht erhältlich ist). In der *Frankfurter Allgemeinen*: ein großes Interview mit Tocotronic. In der *Süddeutschen,* in der *Berliner* – große Interviews mit Tocotronic. In der *Zeit*: großer Artikel. Und die Musik? Im *Rolling Stone* wird sie als »schön verwaschen, unscharf und undeutlich« bezeichnet, und in *Spex* als »Ästhetik, die von Verwaschungen, Unschärfen (...) getragen ist«. Zufall? Nein, beide »Kritiker« dürften einfach vom gleichen Waschzettel der »Universal Music« abgeschrieben haben.

Kein öffentlich geführtes Gespräch, kein Interview ist je anlaßlos, alles ist den Vermarktungszyklen der Kulturindustrie unterworfen. Doch damit nicht genug. Eine »Kampagne« ist ein wenig wie Wahlkampf, sie muß möglichst lange am Köcheln gehalten werden. Ganze Heerscharen von Marketingfachleuten, Werbefritzen und Promotion-Experten machen sich einen Kopf, wie man das »Produkt« zu welchem Zeitpunkt optimal präsentieren kann. Natürlich ist bei Mainstream-Künstlern der Zeitpunkt der Veröffentlichung essentiell. Es sollen zum »VÖ-Termin« möglichst viele CDs abgesetzt werden, damit das Album möglichst hoch in den Charts einsteigt, was wiederum weitere Käufe nach sich zieht – allein schon, weil viele Besteller in den Musikläden und Kaufhäusern ihre Angebote nach Charts-Positionen zusammenstellen, und weil – à la Henne und Ei – die Käufer sich wiederum an den Charts-Positionen der Künstler orientieren. Deswegen ist es wichtig, daß bereits Wochen vor Veröffentlichung des Albums darüber berichtet wird, daß die Köpfe der Konsumenten weich gekocht werden: Es gibt eine Vorab-Single, die im Radio rauf und runter läuft. Sollte im Internet nicht bereits über das noch zu veröffentlichende Album des Künstlers diskutiert werden, sorgt man dafür, daß Vorab-Tapes im Internet herumgeistern (und gibt sich gegebenenfalls entrüstet über das »illegale« Forum, das man von den hauseigenen Internet- oder Social-Media-Experten hat inszenieren lassen). Wird heutzutage das neue Album eines bekannten Künstlers nicht Wochen vorher bereits von den Nerds im Internet ausgiebig diskutiert, ist die Kampagne im Grunde schon tot, bevor sie begonnen hat.

Viele Plattenfirmen konzentrieren sich nur auf den Veröffentlichungstermin, was ein großer Fehler ist, denn es kommt jetzt darauf an, daß die Kampagne weiterläuft. Nun geht es vor allem um das Produzieren von »soften« Geschichten, die die Künstler in sympathischen neuen Umfeldern zeigen. Musterbeispiel: Die drollige Story »Stille Nacht: Wie die Rapper Sido und Bushido einmal versuchten, einen Weihnachtskarpfen zu angeln«, die sich 2011 im Dezemberheft des *Kultur-Spiegel* fand, einige Wochen, nachdem die Feuilletons und Musikzeitschriften die Rapper interviewt oder über sie berichtet hatten, und kurz nachdem der Burda-Verlag mit der Vergabe eines »Integrations-Bambis« an den homophoben und frauenfeindlichen Rapper Bushido für weitere Neuigkeiten gesorgt hatte, die die Kampagne in allen Medien am Köcheln gehalten hatte.

Als Königsdisziplin gilt das Unterbringen des Künstlers im Fernsehen. Haben Sie sich nie gefragt, wie all die pseudo-journalistischen Beiträge und Konzertmitschnitte und Personality-Shows von Pop- oder Schlagerstars im öffentlich-rechtlichen Fernsehen immer genau in der Woche erscheinen, wenn das aktuelle Album des Künstlers oder der Künstlerin erscheint? All das war das Werk von spezialisierten Promofirmen. Ein etwa dreiminütiger Bericht über die Tournee eines Künstler inklusive kurzem Interview und paar Originaltönen in einer abendlichen Nachrichtensendung im öffentlich-rechtlichen Fernsehen beispielsweise kostet einen niedrigen vierstelligen Betrag. Wenn irgend jemand glaubt, daß ein Künstler von einem Fernsehredakteur etwa von *Wetten daß* engagiert würde, dann hat er sich getäuscht. Es läuft genau anders herum: In der Plattenfirma wird überlegt, was der Verkaufsschwerpunkt im Monat von *Wetten daß* sein soll. Es geht natürlich nicht um Musik, sondern um massenkompatible »Produkte«, weswegen die Mitarbeiter der Plattenfirmen ja auch »Produktmanager« heißen. Also guckt man sich einen Star aus, bei dem man sicher ist, daß durch einen paarminütigen Fernsehauftritt etliche weitere CDs verkauft werden können. Es ist eine simple Kosten-Nutzen-Rechnung.

Der Auftritt kostet, sagen wir, 150 000 Euro, dafür sehen vielleicht 13 oder 15 Millionen die Sendung und den Künstler, und davon kaufen dann vielleicht hunderttausend die neue CD für sich oder, weil Weihnachtszeit ist, als Geschenk, macht 100 000 mal den Betrag x Profit. Rechnet sich also. Und wenn das durchkalkuliert ist, macht die Fernsehabteilung der Plattenfirma der sogenannten Redaktion der Fernsehshow ein Angebot: »Wir könnten für die Sendung am soundsovielten den Künstler XY an den Start bringen.« Der Künstler kostet das Fernsehen gar nichts, er bekommt kein Honorar, die Kosten werden komplett von der Plattenfirma übernommen. Es ist, wie gesagt, eine reine Promotion-Geschichte. Die Millionen, die jede Folge *Wetten daß* kostet, werden an anderer Stelle zum Fenster hinausgeschmissen, aber die Künstler bekommen davon nichts.

Und im Radio: Ein besonders perfides Druckmittel, mit dem die Musikindustrie darüber mitentscheidet, was gespielt wird und was nicht, stellte die wichtigste französische Fernsehzeitschrift *Télérama* in einem sehr aufschlußreichen Artikel vor. Das Stichwort lautet: »Co-Ausnutzung«. Ein Radiosender beschließt, über seine Playlist und mittels deutlich rabattierter Werbung eine Band oder einen Sänger zu hypen. Im Gegenzug erhält der Radiosender Prozente aus den Einnahmen vom CD-Verkauf, häufig mit einem garantierten Minimum. Heißt: Je öfter der Sender den Titel spielt, desto mehr Tonträger werden verkauft, und desto größer die Chancen des Senders, damit Geld zu machen über die garantierte Verkaufsbeteiligung.[2] »Sie brauchen nur Ihr Radio aufzudrehen, zur x-beliebigen Tagesstunde, und Sie werden eine Fülle von Dummheit hören, die Sie, auch wenn Sie kein Musikkenner sind, als Dummheit erkennen werden,« sagte Hanns Eisler bereits 1961.[3] Weil eigenständiges Denken eben nicht stattfindet. Zwar ist ein kultureller Auftrag in den Gesetzen zum öffentlich-rechtlichen Rundfunk und Fernsehen hierzulande ebenso festgeschrieben wie der Bildungsauftrag, in Wahrheit haben sich Radio- und Fernsehprogramme aber zu weiten Teilen von ihrem kulturellen Auftrag verabschiedet. Man hat sich dem Diktat der Quote unterworfen. Anspruchsvolle Radiosendungen wurden eingestellt oder sind ins nichtöffentlich-rechtliche Programm abgewandert, wie Klaus Walters *Der Ball ist rund*, die seinerzeit angesehene Musiksendung beim Hessischen Rundfunk. Heute sendet Walter gewissermaßen eine Nachfolgesendung unter dem Titel *Was ist Musik?* im Internet-Radio Byte.fm. Nur sehr wenige im »etablierten« Radio verbliebene Sendungen zeigen, was Radio immer noch leisten kann, wenn man es nicht dem von den großen Plattenfirmen geprägten Formatradio preisgibt.

Mitunter unterwerfen sich etablierte Musikzeitschriften auch direkt den Konzernen der Konsumgüterindustrie. 2011 präsentierte der damalige *Spex*-Chefredakteur Max Dax eine Kooperation mit einem italienischen Nudelhersteller – letzterer lieferte der Redaktion eine Tonne Nudeln, und die *Spex* erwähnte den Nudelhersteller dafür ein Jahr lang im Impressum. Laut Dax hatte *Spex* mit dem Nudelhersteller einen Partner gefunden, »der zu uns paßt«. Dabei galt die Zeitschrift unter der Ägide von Chefredakteuren wie Diedrich Diederichsen oder Dietmar

---

[2] Valérie Lehoux, »La musique à la radio, bonjour business?«, Télérama, 13. 10. 2012.
[3] Hans Bunge, Fragen Sie mehr über Brecht. Hanns Eisler im Gespräch, München 1972, S. 45.

Dath als intellektuelles Flaggschiff der deutschen Pop-kritik. Unter Chefredakteur Dax gab sich das Blatt dagegen für praktisch alles her. »Unser Chef vom Dienst stellt Ausgabe für Ausgabe die Spex-CD zusammen. Auf dieser versucht er die größtmögliche Bandbreite der im jeweiligen Heft beschriebenen Themen abzubilden. Oft gibt es auch exklusive Tracks oder Erstveröffentlichungen. Dieses Mal ist M. H. die CD besonders gut gelungen...«, stand in Spex zu lesen. Wer's glaubt. Die Wahrheit ist: Die Tracks auf der *Spex*-CD werden natürlich von den Plattenfirmen gekauft. Die Musikindustrie bucht Tracks ihrer Künstler zu Promotion-Zwecken auf den CDs der *Spex*, für ein paar hundert Euros. Den Leserinnen und Lesern der *Spex* wird dagegen vorgegaukelt, daß dieses von der Musikindustrie gekaufte Promo-Tool ein eigens für sie von der Redaktion zusammengestellter Mix sei. So machen's alle, klar. Warum nun allerdings ausgerechnet die *Spex* so tun muß, als ob da der Chef vom Dienst stundenlang am CD-Player sitzt und handverlesene Tracks zusammenstellt, ist mir ein Rätsel.

Als ich in meinem monatlichen Newsletter auf dieses falsche Spiel der *Spex*-Redaktion hinwies, erreichte mich eine Zuschrift des Chefs vom Dienst von *Spex*, in dem dieser bestätigt: »Richtig ist, daß Plattenfirmen für die Plazierung auf der Spex-CD bezahlen. Warum auch nicht? Sie bezahlen ja auch für eine Anzeige, und der Verlag und wir sehen diese Tracks als Anzeige an.« Als Anzeige, die jedoch nicht als solche gekennzeichnet wird, sondern ausdrücklich als »redaktioneller Beitrag«. Und der Chef vom Dienst schrieb weiter: »Wir als Redaktion sind so unabhängig wie möglich.« So unabhängig, wie das die Scheckbücher der Anzeigenkunden zulassen.

Aber es kommt noch schöner: »Wir wollen einen Diskurs darüber anregen, wie wahnsinnig hart es ist, Qualität sowie innere und äußere Unabhängigkeit im Journalismus zu garantieren.« So klingt sie, die Sprache der Nudelpresse.

Nicht selten wird die Kooperation auch im stillen Einverständnis vorweggenommen. Der Chefredakteur einer deutschen Musikzeitschrift schreibt für seine Zeitschrift ein großes Porträt über eine Musikerin, mit der er zufällig verwandt ist. Oder: Ein freier Journalist schreibt fürs Feuilleton einer großen deutschen Tageszeitung einen Artikel über einen französischen Chanson-Star, den sein Kumpel, der eine Plattenfirma betreibt, gerade unter Vertrag genommen hat. Und der Journalisten-Kumpel liefert auch brav eine lange Jubelarie über den Chanson-Star ab, nicht, ohne seinen Plattenfirmen-Kumpel in dem Artikel mit einem eigenen Absatz zu bedenken. Die Komplizenschaft zwischen Journalisten und der Kulturindustrie gehört zum System. Man ist befreundet und tut sich gegenseitig einen Gefallen. Nach einem Wort von Hermann L. Gremliza hat »jeder, auch der Journalist, bekanntlich seine zwölf Bekannten, aus deren Gerede er die Ansichten destilliert, die er für die der Mehrheit, der Partei, der Gesellschaft, des Volks hält«.[4] Für das Gros der Musikjournalisten sind die »zwölf Bekannten« die Promo-Abteilungen der drei multinationalen Tonträgerkonzerne sowie vielleicht fünf bis zehn Promo-Agenturen, die die Produkte der kleineren Tonträgerfirmen anpreisen. Die Journalisten sind Teile der Kampagnen der Kulturindustrie, eingebettet in Promo-Strategien, Hofberichterstatter einer Musikindustrie, die den »Endverbrauchern« Massenprodukte schmackhaft machen sollen. Mitunter sind die Kulturjournalisten sogar staatlich »embedded«: Die »Initiative Musik«, eine gemeinnützige Stiftung, die aber im Auftrag und mit dem Geld der Bundesregierung agiert, hat 2013 drei deutschen Musikjournalisten den Besuch der Musikmesse SXSW in Austin finanziert, die Reise, die Hotelzimmer. Journalisten, die auf Staatskosten die Maßnahmen der staatlichen Pop-Export-Förderung journalistisch »begleiten«. In den ent-

---

[4] Hermann L. Gremliza, »Sieg im Gotteskrieg«, Konkret, 1/2013.

sprechenden Berichten der staatlich eingebundenen Journalisten war folglich kein kritisches Wort zur Arbeit der staatlichen Pop-Institutionen zu finden, und es fehlte auch jeder Hinweis darauf, daß die entsprechenden Artikel nur dank staatlicher Finanzierung zustande gekommen sind.

Nun sollte man doch meinen, daß es trotz aller Verflechtungen immer noch Journalisten gibt, die in der Lage sind, eigenständig über Musik zu schreiben. Die gibt es, aber sie bilden eine verschwindende Minderheit. Eine der einfacheren Übungen ist das beliebte Künstlerinterview. Interviews sind eine bequeme Sache. Man braucht keinen ganzen Aufsatz zu schreiben, man gibt Stichworte, der Künstler liefert den Stoff. Aber die gängigen Fragen sind mittlerweile so unverschämt blöd geworden, daß Popmusiker, die es sich leisten können, Interviews einfach verweigern. Standards sind: »Wie würden Sie Ihre Musik kategorisieren?«, oder »Worum geht es in den Texten?«, und je unbekannter der zu interviewende Künstler, desto häufiger die freche Frage: »Ich hatte leider noch keine Zeit, ihr neues Album anzuhören, beschreiben Sie doch bitte selbst, worum es da geht.« Mit wenigen Ausnahmen sind Musikerinterviews ein sicheres Zeichen für faule Journalisten und Inkompetenz.

Doch es ist nicht nur eine Frage der Kompetenz. Der Fehler liegt, auch hier, im System. Der Musiker hat ein Album vorgelegt. Das, was er zu sagen hat, steckt in diesem Album. Wenn er noch etwas Weiteres dazu zu sagen hätte, würde er es ganz sicher keinem Journalisten erzählen, sondern hätte es ebenfalls in seine Musik gepackt. Insofern gibt es wenig Sinnloseres unter der Sonne als ein Musikerinterview. Das Werk zu erklären, ist nicht die Aufgabe des Künstlers, sondern des Kritikers. Schon Friedrich Nietzsche wußte: »Der Autor hat den Mund zu halten, wenn sein Werk den Mund auftut.« Für die meisten Musiker sind Interviews ein purer Graus. »Erläuterungen beschmutzen die Kunst. Der Künstler sollte und möchte in aller Regel im Dunkeln bleiben und sein Werk unbelastet von seiner Person atmen lassen«, sagte die Schriftstellerin Yasmina Reza, die meistgespielte zeitgenössische Theaterautorin, und spricht den meisten Künstlern wohl aus dem Herzen, wenn sie sagt: »In einer idealen Welt würde ich das, was ich mache, überhaupt nicht kommentieren, das wäre wunderbar.«[5] Die Kritikerin Clara Drechsler schrieb einmal in der (alten) *Spex*, Schallplatten seien keine Edeka-Preisrätsel, wo die Lösung immer schon mit auf der Seite steht. Das Faszinierende und Berauschende an Popmusik wie generell an großer Musik und Kunst ist doch, daß sie ein Geheimnis hat. Warum soll ausgerechnet der Musiker, der Künstler dieses Geheimnis lüften?

Das bürgerliche Feuilleton hat den popkulturellen Diskurs an sich gezogen und rezensiert Popmusik. Doch auch bei der bürgerlichen Presse werden Stellen eingespart und Zeilenhonorare reduziert, und nur noch selten werden von den großen Verlagen Popjournalisten nach dem Modell eingekauft, das Klaus Walter so beschrieben hat: »Tobias Rapp etwa hat über Jahre in *taz* und *Jungle World* für wenig Geld kluge Texte über interessante Themen geschrieben, mit denen er sich für eine Stelle beim *Spiegel* qualifiziert hat, wo er jetzt für viel Geld weniger interessante Texte über weniger interessante Themen schreibt.«[6] Und wenn von 71 Prozent der Journalistenschüler in Deutschland mindestens ein Elternteil einen Hochschulabschuß hat, während »Kinder von Facharbeitern oder ungelernten Arbeitern an den Journalistenschulen nicht existieren« (Klarissa Lueg),[7] und »beim Beruf des Vaters der Beamte dominiert, gefolgt von Angestellten oder Selbständigen«, und »beim Beruf

---

[5] Yasmina Reza, »Der Text fliegt vorbei«, FAS, 19. 8. 2012.
[6] Klaus Walter, »Webstream kills the radio star«, taz, 9. 11. 2010.
[7] Klarissa Lueg, Habitus, Herkunft und Positionierung – Die Logik des journalistischen Feldes, Wiesbaden 2012, Kindle Edition.

der Mutter die Angestellte an der Spitze steht, knapp vor der Beamtin« (Lueg) – wenn die Eltern also vor allem Staatsdiener und Angestellte sind, dann werden auch die Journalisten-Kinder gern systemtreue Diener von Staat oder (Kultur-)Wirtschaft. Mittelschichtskinder, die Mittelschichtskultur, »gehobene Mittelschichts-Pop-Musik« (Diederichsen), für andere Mittelschichtsangehörige aufbereiten.

Viele früher festangestellte Journalisten wurden von den Verlagen auf die Straße gesetzt und müssen sich heute mit teilweise erbärmlichen Zeilenhonoraren durchschlagen. Manche verbessern ihr Einkommen durch Zweit- oder Mehrfachverwertung ihrer Artikel. Man hat zum Beispiel ein Label gefunden, das einem die teure Auslandsreise finanziert hat, um einen bestimmten Künstler zu interviewen – den Bericht bringt man bei einer großen deutschen Tageszeitung unter, wenig später bei einer großen Schweizer Tageszeitung, kurz darauf beim öffentlich-rechtlichen deutschen Radio, und dann ein paar Monate später noch einmal bei einem großen deutschen Musikmagazin, jeweils leicht abgeändert. Selbst der festangestellte Popmusik-Redakteur der alternativen Berliner *Taz* schreibt nebenher gerne mal für eine etablierte Schweizer Tageszeitung, die eben besser bezahlt. So landet die ausführliche Rezension des neuen Albums von »My Bloody Valentine« am Erscheinungstag nicht in der Zeitung, die sein Festgehalt zahlt, sondern in der *Neuen Zürcher*, wo das zusätzliche Zeilenhonorar lockt. Und nicht einmal die *Zeit* leistet sich einen fest angestellten Popmusikredakteur. Der dortige Autor, sicher einer der kompetentesten, die hierzulande über Popkultur schreiben, arbeitet als freier Mitarbeiter.

Die Musikpresse ist ein Teil der Verwertungsmaschinerie der Kulturindustrie; die freien, sich von Auftrag zu Auftrag hangelnden Journalisten sind den Zwängen und Zumutungen der Musikindustrie jedoch ganz besonders ausgesetzt. Nur wenige vermögen es noch, sich dem

»modern talking« der Kulturindustrie zu widersetzen, die meisten pfeifen das Lied, das ihnen vorgesummt wird, die »herrschenden Ideen als die Ideen der herrschenden Klasse« (Marx), die dominierende Mainstream-Musik als die Musik der multinationalen Kulturindustrie. Die Konzentrationsprozesse in der Medienbranche tun ein übriges: Einige der größten deutschsprachigen Musikmagazine, der *Musikexpress*, der *Rolling Stone* und *Metal Hammer*, gehören seit längerem dem Axel-Springer-Verlag und hatten einen gemeinsamen Herausgeber – den stellvertretenden Chefredakteur der *Welt am Sonntag* Ulf Poschardt (und wer sich fragt, wie ein stellvertretender *WamS*-Chefredakteur gleichzeitig Herausgeber von *Metal Hammer* oder *Rolling Stone* sein kann, der hat die Gesetze der Kulturindustrie nicht begriffen). Der Axel-Springer-Konzern hat in den letzten Jahren eine bemerkenswerte Feuilleton-Offensive gestartet. Springer hat nicht nur die genannten Musik-Lifestyle-Magazine in sein Portfolio aufgenommen, sondern auch etliche Spitzenkräfte eingekauft. Cornelius Tittel, der früher mal bei der *taz* war, kam vom Kunstmagazin *Monopol* und wurde zum Feuilleton-Chef der *Welt*-Gruppe ernannt; Richard Kämmerlings und Mara Delius kamen von der *FAZ*; und der (Stand: Frühjahr 2013) aktuelle Chefredakteur des *Rolling Stone*, Sebastian Zabel, war einmal Redakteur der *Spex*, bis er bei Springers *Morgenpost* Mitglied der Chefredaktion wurde. Im gesamten deutschen Musikjournalismus gab es in den letzten Jahren ein munteres Bäumchen-wechsel-dich-Spiel.

Der ehemalige Chefredakteur der *Spex* leitet jetzt das »Kundenmagazin« der Deutschen Telekom (das bereits erwähnte *Electronic Beats*). Ein Redakteur des *Rolling Stone* wird Chefredakteur von *Spex*, ein ehemaliger *Spex*-Redakteur wird Chefredakteur des *Rolling Stone* und schreibt parallel für die *Bild*. Der spätere kurzzeitige Chefredakteur der *Spex* schreibt jetzt für die *Süddeutsche Zeitung*. Der Pop-Chef der *Berliner Zeitung* wechselt mit einer Kolumne von *Spex* zu *Rolling Stone* ebenso wie ein weiterer Autor des Feuilletons der *Berliner Zeitung*. Ein ehemaliger *Spex*-Redakteur wird erst beim *Musikexpress* als »unser neuer Mann an Bord« und Redaktionsleiter vorgestellt und wenig später plötzlich Redakteur des *Rolling Stone*. Man kommt kaum noch mehr hinterher.

Und was hat das alles zu bedeuten? Im Zweifelsfall nichts Gutes. Die verkauften Auflagen der großen Musikzeitschriften haben sich in den letzten paar Jahren fast halbiert: Vom *Rolling Stone* wurden im Herbst 2012 50 965 Exemplare verkauft, wobei diese Zahl geschönt ist, da in ihr die Exemplare für Lesezirkel (13 842!) und sogenannte Bordexemplare (also für Fluggesellschaften) (2600) enthalten sind. Im Kioskverkauf und bei den Abonnenten, den beiden eigentlichen Gradmesser, lag die Zeitschrift nur noch knapp über 33 000. Auch die verkaufte Auflage von Springers *Musikexpress* konnte nur durch Lesezirkel (hier waren es gar 20 682 Exemplare!) auf 51 427 Exemplaren gebracht werden. Im Kioskverkauf und bei den Abonnenten lag die Zeitschrift bei nur noch 22 237 Exemplaren. *Spex* lag übrigens bei 14 822 verkauften Exemplaren, *Visions* bei 40 349 (bei Kiosk und Abonnements allerdings auch nur bei 20 582). Zum Vergleich: Die verkaufte Auflage von *Neon* betrug im gleichen Jahr 233 421, die des *Spiegel* 941 407 (allerdings inklusive 93 196 Lesezirkel- und 79 595 Bordexemplare). Während das ominöse Magazin *Landlust – die schönsten Seiten des Landlebens* über eine Million Exemplare verkaufte, ganz ohne Tricks wie Lesezirkel oder Bordexemplare.[8]

Es ist wie bei der Tonträgerindustrie: Einige wenige Konzerne dominieren den Großteil des Geschäfts. Vier Medienkonzerne kontrollieren in Deutschland mehr als 60 Prozent des Zeitschriftenmarkts, und nur zehn Ver-

---

[8] Alle Zahlen laut Informationsgemeinschaft zur Feststellung der Verbreitung von Werbeträgern e.V. (IVW), Quartal 3/2012.

lagsgruppen geben gut 55 Prozent aller Tageszeitungen heraus. Und ein Konzern, nämlich Axel Springer, verlegt drei der vier größten Musikmagazine. Die Feuilleton-Offensive des Springer-Konzerns hat, was die Verkaufszahlen seiner Musikzeitschriften angeht, nur geringen Erfolg gezeitigt. Immerhin ist ihm jetzt möglich, seine Redakteure querzufinanzieren: Die Magazinredakteure schreiben auch für die Tageszeitungen des Konzerns und vice versa.

Wachstum ist auch im Hause Springer nur im Internet in Sicht. Ausgerechnet einer der Top-Lobbyisten für das neue Leistungsschutzrecht für Presseverlage (das erwähnte »Anti-Google-Gesetz«), dessen Vorstandsvorsitzender Mathias Döpfner noch im Februar 2013 bei einem Fachgespräch im Ausschuß für Kultur und Medien behauptet, daß »ein tragfähiges Geschäftsmodell für den Vertrieb von Zeitungsinhalten im Internet nicht in Sicht« sei – dieser Axel-Springer-Konzern wächst ausweislich seiner eigenen, Anfang März 2013 veröffentlichten Geschäftszahlen, »*vor allem* durch den Ausbau digitaler Medien« (Hervorhebung von mir) und hat mit digitalen Medien über eine Milliarde Euro Umsatz erzielt, »mehr als mit jedem anderen Geschäftsbereich«. Der »Bereich Digitale Medien löste mit einem Umsatz von 1,2 Milliarden Euro« und einem Zuwachs von 22 Prozent »erstmals die inländischen Zeitungen als umsatzstärksten Geschäftsbereich ab«.[9]

Das eine ist die Rhetorik, das andere das Business. Und beides stimmt nicht notwendigerweise überein. Döpfner betont: »Wir wollen das führende digitale Medienunternehmen werden«, aber weiterhin gilt selbstverständlich: »Unsere wichtigste Kernkompetenz ist der Inhalt.«

Kehren wir also zu den »Inhalten« zurück: Beim Filmfestival von Cannes 2002 gab es eine Art »Preisliste« der

---

[9] »Axel Springer drückt bei Internetgeschäft aufs Tempo«, Berliner Zeitung, 6. 3. 2013.

kanadischen Produktionsfirma »Alliance« für Interviews in Zusammenhang mit den Wettbewerbsfilmen *Killing Them Softly* und *On The Road*. Zwanzig Minuten mit Brad Pitt kosteten 3232 Dollar, Kristen Stewart war billiger und schon für 1293 Dollar zu haben. Die Firma »Planet Media«, die *The Paper Boy* in Deutschland herausgebracht hat, verlangte 650 Euro allein für die Teilnahme an einer Pressekonferenz mit Nicole Kidman.[10]

Popbands wie Coldplay oder Rammstein und Labels wie »Aggro Berlin« versuchen, die Kontrolle über die von ihren »Produkten« aufgenommenen Bilder zu behalten und Bildjournalisten zur Unterschrift unter unzumutbare »Akkreditierungsbestimmungen« und Knebelverträge zu zwingen, die den Deutschen Journalisten-Verband (DJV) im Herbst 2012 dazu gebracht haben, Bildjournalisten aufzurufen, nicht über die Konzerte einer Band zu berichten, da eine freie und ungehinderte Berichterstattung nicht mehr gewährleistet sei.[11]

Johanna Adorján hat bereits 2005 sehr erhellend geschildert, wie Robbie Williams seinerzeit in Berlin vor versammelter Weltpresse seine neue Platte und ein paar andere Konsumgüter vorgestellt hat und hauptsächlich als »einer der größten europäischen Werbeträger« auftrat: »Die Präsentation seiner neuen Platte war eigentlich eine Werbeveranstaltung für zwei Unternehmen aus der Kommunikationsbranche. Selten wurde so hemmungslos zelebriert, um was es der Musikbranche im Innersten geht, um Geld, Geld, Geld nämlich, also um Klingeltöne, Downloads und Handys mit neuen Funktionen, die kein Mensch braucht.«[12] Nach ausführlicher Paßkontrolle (!) erhielten die Pressevertreter je ein Mobiltelefon, auf dem

---

[10] Hanns-Georg Rodek, »Was kostet der Held?«, Die Welt, 19. 5. 2012.
[11] Bernd Graff, »Ein kaltes Spiel«, Süddeutsche Zeitung, 22. 9. 2012
[12] Johanna Adorján, »Vielen Dank, wir rufen zurück«, FAS, 9. 10. 2005.

das neue Album des Künstlers gespeichert war und über Kopfhörer angehört werden konnte.

Adorján faßt zusammen: »Die ganze Veranstaltung war für alle Beteiligten eine einzige riesige Demütigung. (...) Für die Journalisten, die zu dieser Veranstaltung genötigt wurden, wenn sie über die neue Platte eines der größten Popsänger unserer Zeit berichten wollten: Die Plattenfirma hält sie offenbar alle für Verbrecher, die Vorabkassetten ins Netz stellen würden, und verschickt die neue Platte deshalb vor der Veröffentlichung gar nicht. Daß die Journalisten, erwachsene Menschen, darunter bestimmt auch ein paar gute ihres Fachs, außerdem gezwungen waren, sich die neue Platte über Mobiltelefone anzuhören, war auch nicht schön.«

Als Leser habe ich mich damals gefragt: Warum tun Journalisten sich das an? Die einzig akzeptable Art und Weise, mit so einer Unverschämtheit umzugehen, ist die von der Autorin gewählte: Das demütigende Procedere der Musikindustrie öffentlich zu machen, sich dem Mitmachen zu verweigern.

Der Beitrag im *FAS*-Feuilleton blieb der einzige kritische. Die sonstige »versammelte Weltpresse« und die Vertreter des öffentlich-rechtlichen Fernsehens fühlten sich offensichtlich pudelwohl. Aber es führt kein Weg daran vorbei: Musikjournalisten, die sich derartige Bedingungen gefallen lassen, sind willige Vollzugshelfer einer Maschinerie. Robbie Williams erklärte in einem Interview: »Diese Maschine wird alle paar Jahre mal angeschmissen. Dann betrete ich die mediale Bühne. Für einen Moment bin ich dann der geile Hengst, um den sich alle reißen.«[13] Wie soll unter solchen Bedingungen eine ernstzunehmende Popkritik möglich sein? Oder besser: Wo? Die naheliegende Antwort wäre: Im Internet. Doch nach wie vor tun sich die Deutschen mit dem Medium ungemein schwer. Tobi Müller hat in einem Aufsatz zur

---

[13] Interview mit Robbie Williams, Spex, 11/2009.

Zukunft der klassischen Popkritik bemerkt: »Längst gibt es ein Popbürgertum, das die Musik (...) als Teil einer ästhetischen Welterfahrung betrachtet. Aber ausgerechnet da, wo man mehr Gründergeist als im Theater vermuten würde, herrscht digitale Kritikdürre. Zumindest in Deutschland.«[14]

In der Tat: Wo ist sie, die fundierte, experimentierfreudige Musikkritik im Internet, die über die bloße Konsumberatung und Kaufempfehlung hinausgeht, eine »Kritik im aufklärerischen Sinne«, was heißen würde: »die Welt durch das Kunstwerk zu betrachten« (Müller). Außer der erfolgreichen »Abgehört«-Kolumne auf *Spiegel Online*, die Jan Wigger und Andreas Borcholte seit Jahren betreuen und wo an *zwei* Tagen oft 35.000 Klicks gemessen werden (also mehr, als die meisten etablierten Musikmagazine *monatlich* Käufer haben), existiert hierzulande kaum etwas Nennenswertes. Der Branchenführer wird in den USA betrieben und heißt »Pitchfork«, 1995 in Chicago gegründet. Pitchfork betreibt »weiträumige Popkritik« (Müller) und ist einflußreich wie kaum ein anderes Musikmedium in den USA. Viele Bands, die nur wenige Promotermine wahrnehmen wollen, geben bloß Pitchfork ein längeres Interview, nicht nur, weil sie um die Reichweite des Mediums wissen und darum, daß Pitchfork etliche Bands groß gemacht hat (von Iron & Wine über Bon Iver bis Beach House).

Vergegenwärtigen wir uns für einen Moment, was Journalismus leisten könnte. Heinrich von Kleist vertrat bereits 1809 in seiner Schrift *Lehrbuch der französischen Journalistik* das Ideal: »Die Journalistik ist eine gänzliche Privatsache, und alle Zwecke der Regierung, sie mögen heißen, wie man wolle, sind ihr fremd.« In unsere Zeit transponiert und auf unsere Situation bezogen müßten wir für den Musikjournalismus fordern: *Alle Zwecke der Kulturindustrie müssen dem Journalismus fremd sein!*

[14] Tobi Müller, »Am Tropf der Tante«, Berliner Zeitung, 28. 4. 2012.

Eigentlich eine selbstverständliche Forderung, in Zeiten der engen Verflechtung von Kulturindustrie und Kulturjournalismus aber geradezu eine absurd anmutende. Heute arbeiten Musikkritiker und PR-Agenturen Hand in Hand, »als habe man vergessen, daß es im einen Fall um die Vermarktung von Musikern geht, im anderen um ihre Beurteilung und die kritische Auseinandersetzung mit ihren Interpretationen« (Julia Spinola).[15]

Ein Dilemma der deutschen Popkritik ist, daß sie so eisern wie verzweifelt an ihrer Rolle als vermeintlicher »gatekeeper« festhält. Nur: als Gatekeeper kommen Journalisten eigentlich immer zu spät, die wenigen Nerds, die die Tonträgerindustrie »Intensivkäufer« nennt, informieren sich längst im Internet über Neuerscheinungen. Überall werden die Informationen über neue Musik schneller verbreitet als im klassischen Rezensionsjournalismus, den die Musikmagazine pflegen. Klassischer Gatekeeper-Journalismus ist passé. Die Chance der Musikkritik ist letztlich die Langsamkeit – es gilt das als Stärke herauszubilden, was das Internet so nicht bieten kann. In die Tiefe und in die Breite gehende Kritik und Analyse.

Es geht darum, die eigene Überzeugung zum Maßstab zu machen. Es geht darum, die Abhängigkeiten des Kulturbetriebs zu durchschauen und zu thematisieren. Es geht um Hintergrundberichte über Produktionsbedingungen von Musikern. Um Analysen von Zusammenhängen, die das Phänomenen Popmusik in einen größeren Rahmen stellen, statt nur reflexhaft auf den gerade aktuellen Release und die gerade laufen Promo-Kampagne zu reagieren. Pop braucht, wie Klaus Walter sagt, Kritik. »Nur mit Kritik schöpft Pop seine Möglichkeiten aus.« Das aber würde bedeuten, aus Verwertungszyklen auszubrechen. Eine Rezension sollte also nicht zum Veröffentlichungstermin erscheinen (schon gar nicht Wochen vor-

---

[15] Julia Spinola, »Schafft sich die Musikkritik ab?«, Musik & Ästhetik, Heft 2, April 2013.

her), sondern dann, wenn der Kritiker Zeit gefunden hat, sich mit dem Album zu befassen. Das würde von den Hörern allerdings gleichzeitig verlangen, daß sie auch sechs oder zehn Monate nach Erscheinen des jeweiligen Produkts noch bereit sind, sich von einem einzelnen Kritiker begeistern zu lassen, statt nur das Bad im Massenhype zu suchen. Und das wiederum würde vom Handel verlangen, daß das Produkt auch Monate nach Erscheinen noch erhältlich ist und nicht schon wieder retourgeschickt wurde. Der Handel wird nicht mitmachen, die Digitalisierung dagegen ermöglicht, daß »alte« Musik, die längst aus den Regalen der Plattenläden verschwunden ist, weiter gehört werden kann – ausgerechnet digitale Vertriebskanäle wie iTunes oder Spotify tragen so zu einer Entschleunigung der Auseinandersetzung mit Musik bei.

Dies ermöglicht ein neues, auf Langfristigkeit und Tiefe ausgerichtetes Geschäftsmodell in der Kulturindustrie. Keine einfache Aufgabe in einer Zeit, in der der von Online-Diensten geprägte Nachrichtenrhythmus von wöchentlich auf stündlich heruntergezoomt wurde. Diedrich Diederichsen hat sich für dieses Gegenmodell ausgesprochen. Er fordert: »Autoren schreiben gut bezahlte, lange Texte, die nicht zum Erscheinen der Platte, des Buches, zur Einführung des Games oder zum Kinostart des Films erscheinen, sondern irgendwann, zu Beginn, in der Mitte oder am Ende eines Rezeptionszyklus intervenieren. Die Verbindung zum Leben, zur Rezensentensubjektivität als Testarena der Rezeption stellt nicht mehr Schnelligkeit her, sondern eine qualifizierte Langsamkeit die antikapitalistische Tiefe eines ungehetzten Lebens im Dienste ästhetischer Reflexion. (...) Man muß nur der Kulturindustrie klarmachen, daß dies die einzige Möglichkeit ist, ihre aktuelle Vermarktungsutopie, den sogenannten *long tail*, (...) in die Wirklichkeit umzusetzen.«[16]

---

[16] Diedrich Diederichsen, »Plattenkritik: Stirb langsam«, Frankfurter Allgemeine Sonntagszeitung, 10. 1. 2010.

Wie kommt es denn, daß ich bei den nur vier monatlichen Albenrezensionen in der Zeitschrift *Konkret* häufig mehr interessante Empfehlungen finde als in den meisten Musikzeitschriften, die Hunderte Rezensionen veröffentlichen? Wie kommt es, daß ich mir nach der Lektüre von britischen Musikzeitschriften wie *Wire* oder *fRoots* mehr Alben kaufe, als nach der Lektüre aller monatlich erscheinenden Musikmagazine einheimischer Provenienz? Es hat damit zu tun, daß die Rezensenten der genannten Zeitschriften unabhängig von Erscheinungsdaten und Kampagnen und von den Anzeigen der Kulturindustrie schreiben, über Musik, die *ihnen* wichtig ist, nicht irgendeinem Konzern.

Die bereits erwähnte französische Gruppe Bratsch nimmt im übrigen neue Alben erst dann auf, wenn sie das darauf enthaltene Programm mit neuen Stücken zirka zwei Jahre lang auf Tournee gespielt hat.»Ist doch klar«, sagen mir die Musiker,»wir wollen unsere Stücke in den bestmöglichen Versionen aufnehmen, und sie gewinnen, wenn wir sie viel vor Publikum gespielt haben.« Oder die legendären Residents, die Erfinder des Musikvideos: Sie haben sich schon seit langem von der Verwertungslogik des Musikmarkts verabschiedet. Die Residents gehen auf Tour, wenn sie ein Programm fertig haben, mit dem sie vor Publikum spielen wollen. Und sie veröffentlichen Tracks (übrigens ohne Plattenfirma, im Internet!), wenn ihnen danach ist, und nicht, wenn eine Verkaufs- und Verwertungsmaschinerie angeworfen werden muß. Und Interviews geben die Residents generell nicht, das lassen sie in seltenen Ausnahmefällen einen»Sprecher« erledigen, sie selbst wahren seit vier Jahrzehnten ihre Anonymität. Qualifizierte, antizyklische Langsamkeit gepaart mit einer gesunden antikapitalistischen Haltung.

Politik

Zeitkultur, Staatspop und die Rolle
der Musiker

Die Politik bestimmt, ob direkt oder indirekt, welche Kunst in einer Gesellschaft stattfindet oder produziert wird. Im Österreich der Metternich-Zeit überwachte ein brutaler Repressionsapparat Theater, Opernhäuser und Universitäten. Die Bürger Wiens, von Haus aus konservativ und obrigkeitstreu, flüchteten sich in eine neue Privatheit fernab von politischen Interessen. Biedermeier war eine Geisteshaltung, Schicksalsergebenheit sein Programm. Georg Büchner schrieb: »Seht die Österreicher, sie sind wohlgenährt und zufrieden! Fürst Metternich (...) hat allen revolutionären Geist, der jemals unter ihnen aufkommen könnte, für immer in ihrem eigenen Fett erstickt.« Man bevorzugte nun eine andere Kultur als noch wenige Jahre zuvor. Die Walzer von Johann Strauß und Joseph Lanner sowie leichte, »spritzige« Opern wie die von Gioachino Rossini (der von Metternich verehrt wurde) und Gaetano Donizetti gaben jetzt den Ton an. Es regierte eine Kultur der oberflächlichen Vergnügungen, des Massengeschmacks. Beethoven konstatierte deprimiert: »Man sagt *vox populi vox dei* (die Stimme des Volkes ist die Stimme Gottes; B.S.), – ich habe nie daran geglaubt.«[1]

---

[1] Jan Caeyers, Beethoven: Der einsame Revolutionär, 2012, Kindle Edition Pos. 8146

Wir leben in einem neuen, sozusagen post-postmodernen Biedermeier. Erst spät hat die Politik in Deutschland erkannt, daß sich die Popkultur für ihre Zwecke einspannen läßt. Noch in den achtziger Jahren wollte eine sozialdemokratische Familienministerin eine Sondermarke der Post verbieten, die Jim Morrison von den Doors zeigte – weil er als jemand, der Drogen genommen habe, kein Vorbild für die deutsche Jugend sein könne.

Der Jazz hatte es da leichter. Seit den siebziger Jahren wurden allerorts Jazzfestivals gegründet, wo ausländische Jazzstars mit deutlich überhöhten Gagen angelockt wurden. Hier zeigte sich erstmals ein neues Phänomen: Bürgermeister, die in ihrer Jugend und während ihres Studiums Rollkragenpullover getragen und Jazz gehört hatten, sorgten nun dafür, daß »ihre« Musik aus Steuergeldern subventioniert wurde, wie das bislang nur für Opern- oder Konzerthäuser denkbar gewesen war. Eine »Umarmungsstrategie« (»Jazz at the Philharmonic«), mit der der Staat eine widerständige Kulturform in die Hochkultur einzubinden suchte. Und während die Jazzfestivals, »fast alle mit hohen Subventionen oder Sponsorengeldern ausgestattet, die Preise verdorben« haben, wie Deutschlands größter Jazzveranstalter, Karsten Jahnke, berichtet,[2] findet der experimentelle Jazz eher in kleinen Clubs statt, die um ihre Existenz kämpfen – oder diesen Kampf verloren haben wie das Birdland, einer der wichtigsten Hamburger Jazzclubs. Und während der Bar-227-Club für vierzig Konzerte gerade mal 3600 Euro aus der »Reihenförderung« der Hamburger Kulturbehörde erhält, unterstützt die Hansestadt die Gala zur Verleihung des Jazz-Echo gleich mit 100 000 Euro. Es geht der Politik eben immer nur um Event- und Repräsentationskultur.[3]

---

[2] Zitiert nach Stefan Krulle, »Geburtstagsständchen: Karsten Jahnke wird 75«, Welt, 17. November 2012.
[3] Hans Hielscher, »Gala hui, Brutstätte pfui«, Spiegel Online 27. 4. 2013.

Inzwischen hat die Politik auch den Pop für sich entdeckt. Bundeskanzler Gerhard Schröder ließ 2002 seine Wahlkampfveranstaltungen von den Scorpions musikalisch umrahmen, und Sigmar Gabriel wurde 2003 zum Popbeauftragten der SPD ernannt (»Siggy Pop«). Popkultur war zu einem Wirtschaftsfaktor geworden. Es ging um Standortpolitik, um Arbeitsplätze, und das galt natürlich um so mehr, seit die rot-grüne Regierung zu Beginn unseres Jahrtausends mit ihrem neoliberalen Wirtschaftsprogramm zunehmend prekäre Arbeitsbedingungen förderte, und in denen fühlt sich die Kreativwirtschaft ja erst so richtig wohl, wie wir gesehen haben.

Insgesamt fließen in der föderalen Struktur der Bundesrepublik heute pro Jahr 9,5 Milliarden Euro aus öffentlichen Haushalten an die Kultur – was sich viel anhört, aber nur 0,4 Prozent des Bruttoinlandsprodukts ausmacht. Wie Politiker das bewerten, zeigt Norbert Lammert (CDU), der darauf hinweist, daß »die Wertschöpfung des Kultursektors höher ausfällt als in der Landwirtschaft oder im Bergbau«.[4] Seit Jahren profiliert sich Bundeskulturminister Bernd Neumann als »Anwalt der Kreativen«, – womit er jedoch nicht etwa gesetzlich festgelegte Mindestgagen für Künstler oder Mindestlöhne für die oft geringfügig Beschäftigten in der Kulturindustrie meint, sondern »ein Urheberrecht, das (...) den wirtschaftlichen Erfolg absichert«. Laut Neumann gibt es »kein Recht auf Privatkopie« und »keinen kostenlosen Zugang zu Kulturgütern«[5] – Sprüche, die nur verdeutlichen, daß er sich weniger als Staatsminister für »Kultur und Medien«, wie sein Amt korrekt betitelt ist, denn als Minister »für Kulturindustrie und Medienkonzerne« versteht.

---

[4] Sebastian Preuss, »Goldene Hosen, zirpende Zikaden«, Berliner Zeitung, 25. 6. 2012.
[5] Im Interview mit Promedia, zitiert nach: Musikwoche.de, 30. 11. 2009.

Neumann ist ein großer Freund der Lobbyorganisation der Kulturindustrie namens »Deutsche Content Allianz«, die vom BVMI zusammen mit ARD, ZDF, Gema, dem Börsenverein des Deutschen Buchhandels und anderen einschlägigen Organisationen der Film- und Fernsehwirtschaft 2011 gegründet worden war – als »Interessengemeinschaft der Medien in der digitalen Welt«. Motto: »Inhalte kreieren, Technologie mit Leben erfüllen, Wertschöpfung gestalten.« Von der Gema ließ Neumann sich für seine Verdienste mit deren »Richard-Strauss-Medaille« ehren – wohlgemerkt, in einer Zeit, in der die Gema mit ihren extremen Gebührensteigerungen zum Totengräber für die Clubkultur wurde. Aber Neumann verkündete allen Ernstes: »Ohne eine durchsetzungsstarke Verwertungsgesellschaft stünden die Urheber auf verlorenem Posten.«[6]

Hierzulande ist die Förderung von Popkultur ein Instrument, das hauptsächlich von SPD und Grünen im Rahmen ihrer Koalition entwickelt wurde. Als Vorbild diente Frankreich, wo Jack Lang als Kulturminister während der Ägide des Präsidenten Mitterand von 1981 bis 1993 (mit einer Unterbrechung von 1986 bis 1988) die französische Kulturpolitik modernisierte. Auf Jack Lang geht die Erfindung der »Fête de la Musique« zurück. Lang initiierte die Gründung und finanzielle Ausstattung zahlreicher Kulturhäuser in der Provinz, was einen Affront in der bis dahin zentralistischen, auf Paris ausgerichteten Politik Frankreichs darstellte, und setzte sich für eine starke Filmförderung und für eine Quotierung nicht nur einheimischer Film-, sondern auch französischer Musikproduktionen ein – gegen die »Dominanz der amerikanischen Kultur«. Zu seiner Kulturpolitik gehörte auch die soziale Absicherung der Musiker, etwa durch eine ge-

---

[6] »Rede von Staatsminister Bernd Neumann anläßlich seiner Ehrung mit der Richard-Strauss-Medaille der GEMA«, 27. 6. 2012, nachzulesen auf der Website der Bundesregierung.

setzliche Mindestgage pro Musiker und Auftritt, sowie eine umfassende Sozialversicherung, die Musikern ab einer bestimmten, nachgewiesenen Anzahl von jährlichen Konzerten eine Grundsicherung auch während auftrittsfreier Zeiten garantierte. Seit 1993 gehört zum Instrumentarium französischer Kulturpolitik auch das »Bureau Export«, eine vom Kulturministerium und der Musikindustrie zusammen mit der SACEM (der französischen Gema) kofinanzierte Organisation, die sich der Vermittlung französischer Musik im Ausland annimmt, die Mutter aller »Exportbüros«, die heute in vielen Industriestaaten existieren.

In Deutschland besteht seit 2007 eine staatliche Pop-Förderungseinrichtung auf Bundesebene, die »Initiative Musik« – zustandegekommen mit dem Segen aller Parteien und unter Beteiligung der Lobbyorganisationen der Musikindustrie. Im Aufsichtsrat finden sich (Stand 2012) die bekannten Köpfe: Dieter Gorny, Mark Chung, Jörg Evers (Gema), Frank Dostal (»Lied der Schlümpfe«). Die Kulturfunktionäre vergleichen die Aktivitäten der Initiative Musik immer gern mit der ach so erfolgreichen Filmförderung. Und so, wie die deutsche Filmförderung Millionen von Steuergeldern für die Förderung von Filmen wie *Rubbeldiekatz, Kokowääh, Prinzessin Lillifee, Werner – Eiskalt, Die Superbullen* oder *Otto's Eleven* ausgibt, fördert auch die Initiative Musik (wenn auch finanziell auf niedrigerem Niveau) einen systemkonformen Gemischtwarenladen aus Bands wie »Luxuslärm«, »Casper«, »Schwefelgelb«, »Beißpony«, »Die Drogen« oder »Polarkreis 18«. Interessant, daß Bands, deren Alben beim weltweit größten Major, Universal, erscheinen, vom Füllhorn der Initiative Musik zusätzlich mit Staatsknete bedacht werden. Es fällt auf, daß die Initiative Musik bevorzugt Mittelmaß fördert, auch Bands und Künstler, die kommerziell längst erfolgreich sind, wie Philipp Poisel, »The Baseballs«, Fritz Kalkbrenner oder Thees Uhlmann.

Wem nützt dieser zahnlose Subventionspop? Welchen

Zweck verfolgt der Staat, wenn er Popmusik fördert? Auch hier handelt es sich natürlich um eine Umarmungsstrategie, eine »Einbindung« subversiver Potentiale. Interessant ist aber in diesem Zusammenhang der zweite wesentliche Förderbereich der staatlichen Initiative Musik: Neben Wirtschaftsförderung geht es den selbsternannten Pop-Förderern nämlich um Protektionismus, um »Nation Branding«. Ein nicht unwesentlicher Teil der Fördersumme wird aufgewendet, um deutscher Popmusik im Ausland zu mehr Beachtung zu verhelfen: So schickte die Initiative Musik im Herbst 2008 deutsche »Branchenvertreter« zu »Wirtschaftstreffen« in sechs chinesische Städte, organisierte in Guangzhou ein Forum »Musikmarkt in Bewegung / Musikmarkt der Zukunft«. Laut Dieter Gorny ging es darum, »erste Geschäftskontakte von Unternehmen der Musikwirtschaft aus China und Deutschland anzubahnen, um nachhaltige wirtschaftliche Verbindungen zu knüpfen.«[7] Und wenn die Initiative Musik bei der weltgrößten Musikmesse, der SXSW in Texas, fünf Tage lang einen eigenen Treffpunkt betreibt, dann nennt sie diesen bedenkenlos »German House«, so wie die Gaststätte im Feldlager der Bundeswehr in Kabul eben »Deutscher Hof« hieß.

Die These, daß Nationen nicht, wie der Nationalismus behauptet, natürliche, »gewachsene« Einheiten sind, sondern auf der Konstruktion einer »erfundenen Tradition« beruhen, hat Eric J. Hobsbawm entwickelt. »Erfundene Traditionen« sind demnach historische Fiktionen, die suggerieren, etwas sei »immer schon« Element der eigenen Geschichte gewesen. »Nationen tun so, als griffen sie auf Gepflogenheiten aus unvordenklichen Zeiten zurück, die in Wahrheit bestenfalls hundert Jahre alt sind.«[8] Mit der »Erfindung von Tradition« konnte sich der europäi-

---

[7] Pressemitteilung der Initiative Musik, 9. 10. 2008.
[8] Franziska Augstein, »Mehr Glück als je erwartet«, Süddeutsche Zeitung, 2. 10. 2012

sche Nationalismus seit der zweiten Hälfte des 19. Jahrhunderts ausbreiten, die Arbeiter konnten von ihren Klasseninteressen abgebracht und stattdessen auf Symbole nationaler Zusammengehörigkeit konditioniert werden. Nationen sind keine ursprüngliche oder unveränderliche soziale Einheit – »nicht die Nationen sind es, die Staaten und Nationalismus hervorbringen, sondern umgekehrt«.[9] Nationen sind »von oben konstruiert«. Ein wichtiges Mittel des »nation branding«, wie man die heutige Konstruktion von Tradition, den aktuellen Nationalismus, nennen kann, ist die Kulturpolitik.

Ein Blick in die »Vertragsbedingungen für die Förderung mit einer Fehlbedarfsfinanzierung durch die Initiative Musik«, die die Künstler, Plattenfirmen oder Veranstalter unterschreiben müssen, um in den Genuß der Förderung zu kommen, zeigt ganz konkret, wie diese Konstuktion vonstatten geht. In Punkt 4 heißt es: »Die Vertragsparteien sind verpflichtet, sich gegenseitig jeder negativen Darstellung des anderen Teils zu enthalten und Kritik an der Kooperation nicht in die Öffentlichkeit zu tragen. (...) Vor der Veröffentlichung von Pressemitteilungen, Einladungen und sonstigen projektbezogenen Verlautbarungen oder deren Freischaltung im Internet ist der Antragsteller verpflichtet, eine Freigabeerklärung der Initiative Musik einzuholen. Dazu hat er der Initiative Musik derartige Mitteilungen zumindest drei Werktage vor Drucklegung oder anderweitiger Veröffentlichung vorzulegen. Dies gilt auch und insbesondere für alle Medien, in denen die Initiative Musik gem. 4.2.1. zu erwähnen ist oder erwähnt wird.«[10] Wer Fördermittel haben will, muß also einen Maulkorb anlegen. Geld macht gefügig, und das ist ja wohl auch der Sinn der Sache.

---

[9] Eric J. Hobsbawm, Nationen und Nationalismus, Mythos und Realität seit 1780, Frankfurt 2005, S. 20 f.
[10] Website der Initiative Musik gGmbH, Rubrik »Förderprogramme / Vertragsbedingungen«, Stand 12. 1. 2013.

Wie die Antwort der Bundesregierung auf eine Große Anfrage der SPD-Fraktion zum Thema »Musikförderung durch den Bund«[11] ergab, fördert das Auswärtige Amt »in Einzelfällen auch Kunstprojekte direkt, wenn außenpolitische Erwägungen und auch das Projektvolumen dafür sprechen«. So wurde ein Auftritt von Tokio Hotel in Tokyo in diesem Rahmen im Dezember 2010 mit 25 738 Euro bezuschußt. Wohlgemerkt: Tokio Hotel, das ist eine Band, die weltweit über sechs Millionen Alben verkauft hat und als kommerziell erfolgreich gelten darf und in der Lage sein sollte, einen Auftritt in Japan selbst zu finanzieren. Ebenfalls als kommerziell einigermaßen erfolgreich kann die Schlagerrockband Tote Hosen gelten, die in ihrer Karriere um die 22 Millionen Tonträger verkauft hat. In den Augen des Auswärtigen Amts muß der Band aber unter die Arme gegriffen werden – aus außenpolitischen Erwägungen gewissermaßen: Die Toten Hosen haben jedenfalls 2010 für zwei Auftritte im usbekischen Taschkent und im kasachischen Almaty insgesamt 68 793 Euro Staatsförderung erhalten.

Doch nicht nur Mainstreambands werden vom Staat subventioniert. Unter der Rubrik »Förderung der (professionellen) populären Musik« hat der Bundesverband Musikindustrie (BVMI) 75 000 Euro als »Anschubfinanzierung« für den von ihm veranstalteten Jazz-Echo erhalten. Man glaubt es kaum: Die oberste Musiklobby-Organisation des Landes erhält Staatszuschüsse zur Finanzierung ihrer eigenen Promo-Veranstaltung. Ob der Vorsitzende des Aufsichtsrats der Initiative Musik, Dieter Gorny, mit abgestimmt hat über diese Subvention an den BVMI, dessen Vorstandsvorsitzender er ist?

All das sind lächerliche Auswüchse. Tatsache ist: Popmusik braucht keine Förderung! Gute Popmusik befindet sich auf der Höhe der Zeit und setzt sich, wenn sie ein

---

[11] Bundestagsdrucksache 17/4901, 23. 2. 2011, und 17/7222, 29. 9. 2011.

Lebensgefühl artikuliert, als Zeitkultur immer durch. Oder kann sich jemand vorstellen, daß die Beatles einen Förderantrag beim britischen Kulturminister gestellt hätten, um im Hamburger Star-Club aufzutreten, oder daß sich die Rolling Stones vom Staat hätten subventionieren lassen, um weltweit ihr »Can't get no satisfaction« oder ihren »Street Fighting Man« erklingen zu lassen? Wer auf dem Schoß der Mächtigen sitzt, um seine Lieder zu trällern, ist so wenig ernst zu nehmen wie eine radikale Indie-Rockband auf den Straßen von Pjöngjang.

Was die Zeitkultur wirklich braucht, ist eine systematische Spielstättenförderung. Das hat sogar die Initiative Musik inzwischen erkannt. Sie stiftete auf Empfehlung der Politik einen jährlichen »Club Award«, der von den Spielstätten in einer großen Untersuchung jedoch als überflüssig abgelehnt wurde. Viel sinnvoller als symbolische Preise wäre die kontinuierliche Bereitsstellung von Mitteln für die Ausstattung der Clubs. Die Mittel hierfür wurden jedoch vom zuständigen Wirtschaftsministerium immer wieder gekürzt, zuletzt auf 100.000 Euro. Für alle Spielstätten in der ganzen Bundesrepublik, wohlgemerkt! Nach wie vor beruft man sich bei der deutschen Pop-Förderung gern auf das oben erwähnte Modell Frankreichs. Bezeichnenderweise hat man sich aber nur die wenig kostenrelevanten Bausteine des Langschen Fördermodells herausgepickt – neben der Exportförderung etwa die unsägliche Radioquote für deutsche Musik. Dabei war einer der wesentlichen Baustein des Langschen Konzepts im Nachbarland gerade eine umfassende Spielstättenförderung. Durch eine solche strukturelle Förderung könnten soziokulturelle Zentren vernünftig ausgestattet werden (Ton- und Lichtanlagen, Übungsräume für Bands, Anbindung an örtliche Musikschulen), und wenn man die Bedingungen verbessert, unter denen Popkultur entstehen kann, dann kann man die Popkultur getrost sich selber überlassen.

Statt dessen wurde in den letzten Jahren viel Geld in

sogenannte Pop-Akademien gesteckt, auf denen Musiker und Beschäftigte für die Musikindustrie ausgebildet werden. Und wer wollte nicht einen Bachelor in »Popmusikdesign« erwerben? Hört sich nach einem netten und entspannten Studium an, oder? Glaubt irgendjemand, daß man Rock- und Popmusik an einer Uni studieren kann? Als staatlich diplomierter Rock'n'Roller ist man bestenfalls in der Lage, »Senatsrockwettbewerbe« zu gewinnen und Förderanträge bei der Initiative Musik unfallfrei einzureichen. Und die wichtigsten Kulturmanager, Agenten und Konzertveranstalter der letzten Jahrzehnte haben sich ihren Job in aller Regel selbst beigebracht. Es ist sicherlich kein Zufall, daß es vor allem private Hochschulen sind, die Popmusik- und Kulturmanagement-Studiengänge anbieten. Da wird gezielt den Eltern der Mittelschichtskinder das Geld aus der Tasche gezogen.

Der Regisseur Werner Herzog empfiehlt seinen Filmstudenten in Kalifornien: »Lest, lest, lest, lest!« Und man solle nicht auf Studios und Fördermittel warten, sondern: »Autarkie ist wichtig. Ich sage meinen Studenten: Arbeitet als Türsteher sechs Monate in einem Sexclub. Dann habt ihr das Geld zusammen, um mit fünf Leuten euren Film zu drehen. Und den dreht ihr hier in der Vorstadt. Oder irgendwo draußen.«[12] Da, wo das Leben spielt. Der Komponist und Dirigent Pierre Boulez schlug auf die Frage, wie der klassische Konzertbetrieb zu erneuern wäre, weiland als »eleganteste Lösung« vor, »die Opernhäuser in die Luft [zu] sprengen«.[13] Laßt uns also für die Initiative Musik die »eleganteste Lösung« finden, laßt sie uns in aller Form beerdigen.

[12] Alex Rühle, »Ich bin kein Künstler, ich bin Soldat«, Interview mit Werner Herzog, Süddeutsche Zeitung vom 14. 11. 2012.
[13] »Sprengt die Opernhäuser in die Luft!«, Gespräch mit Pierre Boulez, Spiegel, 40/1967. Der Artikel belegt eindrücklich, daß ästhetische Reflexion in Publikumszeitschriften möglich war, als diese sich noch nicht völlig den »Verwertungszyklen« der Kulturindustrie angepaßt hatten.

In keinem anderen westlichen Staat gibt es eine vergleichbar rigide Einteilung von E und U, von sogenannter Ernster und Unterhaltungs-Musik (die nicht zuletzt kulturhistorisch völlig absurd ist). Die Tempel der Hochkultur, die Opern- und Konzerthäuser, werden jährlich mit dreistelligen Millionenbeträgen subventioniert, aber wenn ein Konzertveranstalter eine subventionierte Spielstätte anmieten möchte, dann wird ihm, der mit seiner Arbeit die Steuern erwirtschaftet, die die Subventionen ja erst möglich machen, kräftig in die Tasche gegriffen. Absurderweise schwingen sich in den letzten Jahren immer mehr staatliche Institutionen auch als Konzertveranstalter für Zeitkultur auf, ohne daß sie dazu einen gesellschaftlichen Auftrag erhalten hätten, die Volksbühne Berlin etwa oder das Centraltheater Leipzig. Diese Theater gerieren sich als Konzertveranstalter und machen den freien Konzertveranstaltern Konkurrenz oder zerstören gar, wie in Leipzig intensiv diskutiert wurde, heimische Konzertszenen. Das Konzept der Theater ist dabei simpel: Man macht sein Haus für junge Leute interessant, die zu Theatervorstellungen normalerweise nicht kommen, und das Publikum liebt es, Konzerte in besonderen Orten zu erleben. Der Pop-Abo-Planer im Konzerthaus Dortmund gibt freimütig zu, daß es darum gehe, »den Twen über die Hochkultur-Schwelle zu führen« und »gepflegte, komfortable Indoor-Konzerte« anzubieten.[14] Subventionspop als Repräsentationskultur der neuen Eliten.

Für die Theater ergibt sich noch ein weiterer, unschätzbarer Vorteil: Konzertproduktionen sind in aller Regel deutlich billiger als Theateraufführungen, die subventionierten Häuser sparen durch Popmusikveranstaltungen also eine Menge Geld, während sie gleichzeitig den Imagegewinn bei jungen Leuten zu ihren Gunsten verbuchen dürfen. Nicht selten haben die Konzertveranstalter oder

---

[14] Christian Lenzing in: »Pop im klassischen Konzerthaus«, Musikmarkt, 44/2012.

Musikkuratoren bei den Theatern nicht einmal ein eigenes Budget, etwa an der Berliner Volksbühne, deren zuständiger Kurator eingesteht: »Die Musikbühne ist (...) keine Repertoireveranstaltung (...) und hat von daher erst mal kein Budget. Ich bin dazu gezwungen, im Grunde genommen auf einer kalkulatorischen Basis zu arbeiten, in der ich die Unkosten, die dort entstehen, auch finanzieren muß«[15] – womit natürlich das offiziell verlautbarte Ziel, daß es darum gehe, »künstlerisch wertvolle Konzerte« zu präsentieren, ad absurdum geführt wird, denn in den seltensten Fällen generieren derartige Konzerte Gewinne oder spielen wenigstens ihre Kosten ein. Lassen wir mal die heikle Frage beiseite, daß an einer staatlichen Institution wie der Berliner Volksbühne heute ausgerechnet ein Tourneeveranstalter die Musikbühne kuratiert und auffällig häufig Konzerte seiner eigenen Bands bucht – wie darf man sich das vorstellen? Verhandelt der Kurator, der gleichzeitig Tourveranstalter ist, mit sich selber über die Gagen? Da wird mit größter Selbstverständlichkeit der Bock zum Gärtner gemacht. Aber darauf kommt es nur am Rande an, wir leben eben in einer Gesellschaft, in der vieles wie geschmiert läuft, ob bei der Initiative Musik oder an der Berliner Volksbühne. Die Kernfrage ist: Wenn ein musikalisches Programm ohne eigenes Budget zu erstellen ist, wie kann dies dann kommerzielle Klippen umschiffen? Es ist ein Ding der Unmöglichkeit. Es gibt Kulturzentren in der Provinz, die nicht selten zwei Diskos in der Woche veranstalten, um sich mit diesen Gewinnen ein anspruchsvolles Popmusik-Programm zu leisten, das Verluste macht und anders nicht zu finanzieren wäre. Wenn aber Gewinnmöglichkeiten ausbleiben, muß ein Kurator sein Programm unter die Fuchtel der Kommer-

---

[15] Christian Morin, Kurator der Musikbühne der Volksbühne, in: »Wasch mir den Pelz, aber mach mich nicht naß«, Streitgespräch zwischen Christian Morin und Berthold Seliger in Deutschlandradio Kultur, 21. 4. 2011 (Abschrift auf der Webseite von dradio.de).

zialität, des Erfolgs, der Quote stellen – daß dies an subventionierten, also vom Steuerzahler bezahlten öffentlichen Häusern wie zum Beispiel Theatern passiert, ist nicht nur absurd, sondern ein Skandal – und beweist eine traurige Nähe der Popkulturförderung zum Quotenterror der Filmförderung. Gefördert wird, was Tickets verkauft; mit öffentlichem Geld wird subventioniert, was Mainstream ist.

Man möge mich nicht falsch verstehen: Es gibt Popmusikproduktionen, die gehören ins Theater, genauso, wie es Popmusikproduktionen gibt, die nicht gewinnbringend zu veranstalten sind. Ich habe nichts dagegen, daß sich subventionierte Häuser derartiger Themen annehmen. Doch dann sollte man das auch offen tun, der Musiksparte ein ordentliches Budget zur Verfügung stellen, und man sollte es Hand in Hand mit den freien Veranstaltern der Szene tun. Dies hat im europäischen Ausland eine lange Tradition, zumindest in Ländern, in denen die Schubladisierung von Musik weniger ausgeprägt ist. Das Wiener Konzerthaus etwa veranstaltet mit größter Selbstverständlichkeit anspruchsvolle Popkonzerte oder solche der Weltmusik, ebenso die führenden Pariser Konzertsäle und Theater und selbst das Centre Pompidou, eines der führenden Museen der Welt, wo auch Musikabende etwa der Residents oder mit »Rocket From The Tombs« stattfinden. Zeitkultur ist dort längst erwünschter und geachteter Teil des Programms. Oder nehmen wir London: Lambchop, Tortoise, Emilíana Torrini, Oliver Mtukudzi oder »Ba Cissoko« finden wir im Programm der Royal Festival Hall oder der Queen Elizabeth Hall neben den offiziellen Orchesterkonzerten. Während Popmusik, während Zeitkultur europaweit längst an den etablierten Veranstaltungsorten stattfindet, müssen Konzertveranstalter hierzulande für teures Geld Spielstätten wie die Berliner Philharmonie anmieten, wenn sie dort Bands auftreten lassen wollen. Die Anmietung der Berliner Philharmonie für ein Popkonzert kann nur durch Anhebung der Ticketpreise um zweistellige Eurobeträge finanziert werden. Das heißt, der Käufer der Eintrittskarte zahlt einen Aufpreis, um seine Lieblingsband in der Philharmonie zu sehen, während er mit seinen Steuergeldern die Philharmonie zuvor längst subventioniert hat.

In Deutschland begegnet man den Wirtschaftsbürgern, den »kommerziellen« Unternehmen oft mit Ressentiments. Wenn ein städtisches Kulturamt etwa Pur oder Unheilig oder die Kastelruther Spatzen veranstaltet, ist dies selbstverständlich »Kultur«. Wenn aber ein Konzertveranstalter sein Geld zusammenkratzt, um das Defizit zu finanzieren, das er mit seinen vielen kleinen, subversiven, anspruchsvollen Popbands verliert, gilt das hierzulande als »kommerziell«. Bewertet und beurteilt wird die Kultur in der sogenannten »Kulturnation« Deutschland nicht nach ihrer Qualität, sondern nach dem, der sie veranstaltet. Und der sollte möglichst ein Beamter sein. Diese Haltung ist historisch verwurzelt – in Deutschland herrschte nicht nur immer schon eine Feindseligkeit gegen jede Form der »Aufklärung«, also auch gegen jede Form ökonomischen Denkens, nein, in Deutschland gab es im Gegensatz etwa zu England auch nie ein bedeutendes städtisches Wirtschaftsbürgertum. Die Musiker standen traditionell in Diensten von Feudalherren oder der Kirche, die allermeisten Schriftsteller waren Staatsbedienstete, die Philosophen Beamte. Die Staatsgläubigkeit des Protestantismus trug das ihre zu dieser Grundhaltung bei. Wo seit Jahrhunderten eine »Feindschaft gegenüber Instrumenten bürgerlicher Selbstbehauptung wie dem Parlamentarismus, dem freien Unternehmertum und den kommerzialisierten Massenmedien« (Nicholas Boyle)[16] als Grundkonsens der Gesellschaft herrscht, ist es nicht verwunderlich, daß sich Künstler und Kulturarbeiter ihre

---

[16] Nicholas Boyle, Eine kleine deutsche Literaturgeschichte, München 2009.

Existenz nur als Abhängige von Feudalherren und deren zeitgemäßen Reinkarnationen vorstellen können.

Mitunter werden Musikkuratoren von öffentlich subventionierten Häusern am Gewinn ihrer Veranstaltungen beteiligt. Wenn ein Kurator beispielsweise am Jahresende von seinem Haus einen Gewinnanteil als Bonus erhält, falls seine Konzerte übers Jahr gerechnet einen bestimmten Gewinn abgeworfen haben, kann man sich leicht ausmalen, daß der Kurator kaum Wagnisse eingehen, sondern eher kommerziell erfolgreiche Mainstream-Konzerte buchen wird, die ihm seinen Bonus garantieren. So binden die staatlichen Institutionen ihr Personal ein auf dem Weg zu einer begradigten Popkultur. Wie überhaupt die Kuratoren-Pest um sich greift – das subversive Potential von Pop- und Subkultur soll von staatlichen Bediensteten, die sich Kuratoren schimpfen, begradigt und angepaßt werden. »Ein Rock'n'Roll-Kurator? Das ist das Albernste, was ich je gehört habe« (Keith Richards).

Daß sich diese Verhältnisse in absehbarer Zeit ändern könnten, scheint wenig wahrscheinlich, nicht zuletzt durch die von der Bankenkrise verursachten finanziellen Probleme der Kommunen. Die Kassen der öffentlichen Hand sind leergespült worden, die Kommunen müssen sparen, und der Rotstift wird bevorzugt an der Kultur angesetzt. Christoph von Dohnanyi, weltweit gefeierter Dirigent und Bruder des ehemaligen Hamburger Ersten Bürgermeisters Klaus von Dohnanyi, sagte zu seinem Bruder, als der in Hamburg Bürgermeister war: »Nimm die Kultur als eine Katastrophe. Für Katastrophen ist immer Geld da.«[17] Doch daß Kultur zur Grundversorgung einer Gesellschaft gehört, hat sich in der Politik anscheinend noch nicht herumgesprochen.

[17] Kai Luehrs-Kaiser, »Kultur ist eine Katastrophe«, Gespräch mit Christoph von Dohnanyi, Die Welt, 3. 9. 2004.

BERLIN

Es lohnt sich in diesem Zusammenhang, einen genaueren Blick auf die Hauptstadt zu werfen, auf die Kulturpolitik in Berlin, wo 2013 mit großem Pomp eine Behörde für die Popmusik installiert wurde, zeitgemäß »Musicboard« genannt. Die Kulturpolitik in Berlin ist von zahlreichen Widersprüchen geprägt. Der Berliner Kulturetat beläuft sich auf etwa 365 Millionen Euro, wovon mehr als 200 Millionen an die Bühnen, also Oper und Theater, gehen, während nur 10 Millionen an die freie Szene fließen – und das in einer Stadt, in der ungefähr die Hälfte aller Künstler als Freiberufler ihr Geld verdienen. Zusätzlich kommen rund 400 Millionen Euro jährlich vom Bund, der die wenigen sogenannten »kulturellen Leuchttürme«[18] fördert, also die Sanierung der Museumsinsel oder die Berliner Filmfestspiele, und etwa 120 Millionen Euro aus den Bezirken. In der Summe kommt Berlin auf etwa eine Milliarde Euro an jährlichen öffentlichen Kulturausgaben. Doch der Konflikt zwischen »etablierter« und »freier« Kultur brodelt zunehmend, insbesondere, da die Nischen in der Stadt immer geringer werden, die freie Szene nur noch schwer geeignete Räumlichkeiten findet (im Gegensatz zur Nachwendezeit mit ihren vielen verwaisten Gebäuden) und die Lebenshaltungskosten drastisch steigen. In solchen Zeiten hat Berlin einen Kulturausschußvorsitzenden, der findet, daß sich »auch in der Demokratie Kunst ökonomisch tragen muß«, denn »auch ein Dürer mußte sich rechnen«.[19]

An der Berliner Situation sieht man deutlich, daß eine reine Kulturpolitik, eine auf Popsubvention beschränkte Politik, generell zum Scheitern verurteilt ist, während die nötige Politik eher mit Stadtentwicklung zu tun haben würde. Bei einer Demonstration am Prenzlauer Berg war

---

[18] Siehe: Tobias Rapp, »Angst vor den Schiller-Killern«, Spiegel, 13/2012.
[19] Birgit Walter, »Auch ein Dürer mußte sich rechnen«, Interview mit Frank Jahnke (SPD), Berliner Zeitung, 15. 12. 2011.

ein Plakat zu sehen: »Erst wenn die letzte Eigentums-
wohnung gebaut, der letzte Club abgerissen, der letzte
Freiraum zerstört ist, werdet ihr feststellen, daß der
Prenzlauer Berg die Kleinstadt geworden ist, aus der ihr
mal geflohen seid!«[20]

Nach der Wende hatte sich die Berliner Clubszene,
maßgeblich mitverantwortlich für den internationalen Ruf
der Stadt als Metropole mit einer vielfältigen Kulturszene, hauptsächlich in Prenzlauer Berg und Mitte angesiedelt. Dort gab es Brachgebiete, freie Flächen und Gebäude und günstige Mieten. Viele der wichtigsten Clubs waren hier zu finden: der Knaack Klub (der schon in den
fünfziger Jahren in der DDR gegründet worden war), der
Magnet Club, der Bastard, der Mudd Club, der Icon Club,
das Tacheles mit dem Café Zapata, um nur einige zu
nennen. Diese Clubs sind heute verschwunden, entweder
ganz geschlossen oder nach Kreuzberg oder Neukölln
abgewandert.

Eine problemorientierte und zukunftsgewandte Stadt-
politik würde sich der Problematik angenommen haben.
Nicht so die Berliner Politik, nicht die Stadtregierung, die
SPD und Linke ein Jahrzehnt lang gebildet haben, und
auch nicht die neue Regierung von SPD und CDU, jeweils geführt vom SPD-Politiker Wowereit. Ganz im Gegenteil: um die Problematik der nirgends im Bundesge-
biet so drastisch steigenden Mieten hat sich der Senat
nicht gekümmert. »Die Liegenschaftspolitik war danach
ausgerichtet, möglichst viel Geld einzunehmen«, gab der
Senatspressesprecher zu.[21] Der Berliner Liegenschafts-
fonds bot ein großes städtisches Grundstück in der Nähe
des Schloßgartens im Bieterverfahren gar unter dem Titel
an: »Wohnen wie Sophie Charlotte« (die preußische Kö-

---

[20] Foto in George Lindt, Ingolf Rech, Wir werden immer weiter gehen, Lieblingslied Records (Buch und DVD), Köln 2012, S. 96.
[21] Richard Meng beim a2n_Salon »Reicher und trotzdem sexy?«,
19. 1. 2012.

nigin) – »Grundstück für die Entwicklung von hochwertigem Wohnen«.[22] Doch die Künstler und jungen MitarbeiterInnen der Berliner Kulturunternehmen wollen und können nicht leben wie die preußische Königin, sondern sie benötigen bezahlbaren Wohnraum. Doch diese Politik des Berliner Senats hat natürlich System. Es wird die Aufwertung einzelner attraktiver Stadtviertel betrieben »zugunsten einer kleinen Gruppe von Menschen, die in der Lage ist, sich mit Eigentumsrechten zu bewaffnen«, sagt der Berliner Stadtplaner und Architekt Arno Brandlhuber.[23] Das individuelle Recht der Besitzenden gewinnt nicht nur in Berlin zunehmend über das Recht der Gesellschaft. Gerne wird behauptet, daß die Kreativwirtschaft einer Stadt oder einer Region nicht nur einen langfristigen Imagevorteil verschaffen, sondern gerade krisengeschüttelten Kommunen auch zu neuem Wirtschaftswachstum verhelfen würde. Die »kreative Klasse« als Hoffnungsträger der postindustriellen Stadtentwicklung – an diesen Hoffnungsanker klammern sich im Grunde seit Jahren auch Wowereit und sein jeweiliger Berliner Senat mit ihrem »Arm, aber sexy«-Mythos. Nun aber mußte selbst Richard Florida, amerikanischer Wirtschaftsprofessor und Erfinder des Begriffs von der »kreativen Klasse«, eingestehen, daß diese Theorie nicht länger aufrechtzuerhalten ist. Seine eigenen Forschungsergebnisse ergeben: Gerade da, wo sich die Kreativwirtschaft konzentriert, öffnet sich die Schere zwischen Arm und Reich weiter. Überall dort, wo der Wohlstand zugenommen hat, haben einzig die Hochqualifizierten und zum Teil die Kreativen von den steigenden Einkommen profitiert – und letztere auch nur, solange die Auswirkungen des Kreativitätsschubs auf den Immobilienmarkt ausgeklammert bleiben. Gerade in den von der Kreativ-

[22] Niklas Maak, »Stadt der Untoten«, FAS, 7. 12. 2012.
[23] Zitiert nach: Daniela Pogade, »Wie viel Geschichte verträgt der Schloßplatz?«, Berliner Zeitung, 6. 8. 2012.

wirtschaft attraktiver gemachten Städten müssen die Geringverdiener als die eigentlichen Verlierer gelten. Eigentlich erzielen Politiker, die den Boom der Kreativwirtschaft befeuern, eine »Verschärfung der sozialen und räumlichen Polarisierung« (Joel Kotkin).[24] Genau dies kann in Berlin seit Jahren en detail beobachtet werden: Die Kreativen selbst verdienen immer weniger und werden prekarisiert, stattdessen steigen Mieten drastisch (und zwar so stark wie nirgends sonst in Deutschland), der Wohlstand kommt zuvörderst einer Minderheit, den Besitzern von Wohneigentum zugute.[25] Die Armen fliegen aus den Wohnungen, die sie sich nicht mehr leisten können. Die Politik, die auf die Kreativwirtschaft als Motor der postindustriellen Stadtentwicklung setzt, ist großflächig gescheitert.

Aber der Berliner Senat hat ja sein Musicboard. Laut Senatskanzlei besteht die Aufgabe dieser, laut Eigenaussage, »bundesweit einzigartigen Einrichtung« darin, »neue Impulse insbesondere für die Berliner Pop- und Rockmusik zu setzen«. Betrachten wir die Vorlage des Senats zur »Einrichtung eines Musicboards durch Berufung eines/einer Beauftragten des Senats für Pop- und Rockmusik«, wie die Drucksache des Abgeordnetenhauses präzise heißt, die vom Parlament nicht beschlossen, sondern den Abgeordneten lediglich »zur Kenntnisnahme« gebracht wurde. Der Schwerpunkt des Musicboards liegt in den vom Senat festgelegten Zielen: »Berliner Popmusik international stärken«. Das Musicboard »soll Anlaufstelle für die Berliner Musikszene sein und professionelle Musiker/innen in die Musikwirtschaft vermit-

---

[24] Werner Girgert, »Erfolgsrezept mit Schönheitsfehlern«, Berliner Zeitung, 10. 4. 2013. Siehe auch: Richard Florida, »More Losers Than Winners in America's New Economic Geography«, TheAtlanticCities.com, 30. 1. 2013.

[25] In Berlin sind nur 14,1 Prozent der Wohnungen in privatem Besitz, 85,9 Prozent der Menschen in Berlin leben laut Statistischem Bundesamt (»Preise auf einen Blick«, 2011) zur Miete.

teln«.[26] Eine Arbeitsagentur Pop also? Und die Musikwirtschaft wartet nur auf diese vom Senat vermittelten Musiker/innen? Warum sollte ein Musiker sich nicht direkt an eine Plattenfirma oder einen Konzertveranstalter wenden? Und Protagonisten der Musikindustrie sind bestens vernetzt, in den Clubs der Stadt unterwegs und wissen mit hundertprozentiger Sicherheit lange vor dem Senat, welche »professionellen Musiker/innen« für »die Musikwirtschaft« interessant sind. Wirklichkeitsfremder kann man die Aufgaben der Kulturpolitik nicht definieren.

Weitere Aufgaben des Musicboards: »Es soll zweitens Transparenz über bestehende Förderstrukturen herstellen, indem es leichten Zugang zu Informationen verschafft und zu den richtigen Ansprechpartnern vermittelt.« Man sollte annehmen dürfen, daß bestehende Angebote *generell* transparent sein sollten, aber wir wollen nicht kleinlich sein. Denn drittens »ist das Musicboard beauftragt, Unterstützungsangebote für Musikerinnen und Musiker auszuweiten. Dabei soll es bestehende Ausbildungs- und Fortbildungsangebote evaluieren und in Kooperation mit den Anbietern Verbesserungsvorschläge erarbeiten.«

Sind diese Menschen noch zu retten? Keine Mindestgage für MusikerInnen, keine Finanzierung von Proberäumen oder was sonst der konkreten Aufgaben mehr sein könnten, sondern: Verbesserungsvorschläge »erarbeiten« und bestehende Förderungen »evaluieren«? Außerdem will das Musicboard für ihre Kunden noch »in Verhandlungen mit potentiellen Kooperationspartnern treten, um gemeinsam die Infrastruktur für Popmusik in Berlin zu verbessern. Potentielle Kooperationspartner sind (...) Anbieter von Proberäumen, Studiobetreiber und

---

[26] Dieses wie alle folgenden Zitate laut: Drucksache 17/0577 des Abgeordnetenhaus Berlin vom 18. 10. 2012, Vorlage »Einrichtung eines Musicboards durch Berufung eines/einer Beauftragte/n des Senats für Pop- und Rockmusik (Musikbeauftragte/r des Landes) zum 1.1.2013«.

-verleiher, Clubs und Live-Spielstätten, Veranstalter, Tourmanager usw.« Schön wäre es, wenn der Senat einfach sagen würde: Wir stellen 250 000 Euro für zusätzliche Proberäume zur Verfügung. Es geht jedoch nur darum, mit Anbietern von Proberäumen zu sprechen.

Dann aber kommt das Senatspapier zum eigentlichen Anliegen des Musicboards, nämlich: »Den Berliner Standort für Popmusik stärken (Standortmarketing)«. Es geht also um Stadtmarketing, mitnichten um die Musikerinnen und Musiker. »Das Musicboard wird gemeinsam mit der Senatskanzlei und der Senatsverwaltung für Wirtschaft, Technologie und Forschung die Vermarktung Berlins als internationalen Musikstandort stärken. Dabei wird die Berlin Music Week in der Verantwortung der Senatsverwaltung für Wirtschaft als zentrale Veranstaltung weitergeführt und ausgebaut.«

Olaf Kretschmar, Vorstandsvorsitzender der »Berlin Music Commission«, eines Verbands der Berliner Musikwirtschaft, hat sich jahrelang für die Schaffung eines solchen Musicboard stark gemacht. Er dürfte sehr zufrieden mit dem Board sein, der Jargon ist jedenfalls ein und derselbe: »Das Alleinstellungsmerkmal dieser Stadt ist die Vielfalt«, kann man von Kretschmar hören, und daß »Räume geöffnet« werden, »um die Potenziale dieser liberalen, kreativen Metropole authentisch einzubinden. (...) Die Protagonisten dieser Soundwelten leben hier, haben eine hohe Spartenkompetenz mit authentischen Communities (...) Wir müssen lernen, die Interessen aller Akteure der Musikwirtschaft zu« – ja, man ahnt, was kommt: – »evaluieren«. Und schließlich: »Um unser strategisches Ziel zu erreichen, den Musikstandort Berlin mit einem Leitevent in Deutschland zu etablieren, brauchen wir perspektivisch ein umfassendes Commitment des Landes Berlin.«[27] Und in ihrer Kampagne »Musik

---

[27] »Das Alleinstellungsmerkmal dieser Stadt ist die Vielfalt«, Interview mit Olaf Kretschmar, Musikwoche, 36/2010.

2020 Berlin« sprach die Berlin Music Commission von der »musikwirtschaftlichen Wertschöpfungskette« und von »Lobbyarbeit« und kulminiert in der Forderung nach »Definition des Künstlers als »Produkt« eines Unternehmens – zur Erlangung besserer Außenwirtschaftsförderung«.[28] Es geht um Förderung von »Wertschöpfungsnetzwerken«, sogenannten »Clustern«, und so bezeichnet sich der Vorstandsvorsitzende der Berlin Music Commission, wenn er sich nicht gerade »Gemse« nennt, denn auch gern als »Clustermanager«.

So reden keine Rock'n'Roller und erst recht keine Menschen, denen die Kultur (und sei es nur die Sprache) am Herzen liegt. So reden Marketingfachleute und Funktionäre, die mit öffentlichen Mitteln jederzeit eine Speed-Dating-Session organisieren können oder sich jährlich vom Senat für um die 10 000 Euro eine Promo-CD finanzieren lassen, die niemanden interessiert und die bei Stadtmarketing-Veranstaltungen herumliegt.[29]

Gegen all das hirnverkleisternde Gewäsch ist es wichtig, immer wieder beim Namen zu nennen, was wirkliche Kulturpolitik zu leisten hätte: Wenn wir uns wünschen, daß Menschen über eine möglichst große kulturelle Offenheit verfügen, wenn wir wollen, daß Menschen neugierig auf vielfältige kulturelle Angebote bleiben, statt den »formatierten« und hochmanipulativen Produkten von Formatradio und Musikindustrie auf den Leim zu gehen, dann müssen wir zu allererst in die musische Bildung der Kinder und Jugendlichen investieren. Wenn sich Berlin jedes Jahr dreistellige Millionenzuschüsse für Repräsentationskultur leisten kann, dann sollten mindestens zweistellige Millionenbeträge für flächendeckende

---

[28] Hagen Liebing, »Konzertierte Aktion«, Tip, 12/2011.
[29] Laut Haushaltsplan des Landes Berlin, »Förderungen im Bereich Populäre Musik & Weltmusik«, hat die »Berlin Music Commission« vom Senat 2011 10 500 Euro und 2012 9000 Euro für je eine Promo-CD *Listen to Berlin* erhalten.

musikalische und künstlerische Bildung vorhanden sein
(und nicht nur in Pankow und Zehlendorf, sondern auch
im Wedding oder in Neukölln). Hier geht es um die Zukunft unserer Gesellschaft. »Warum lernen unsere Kinder
in der Schule nicht Musik, wie sie Mathematik, Geogra-
phie oder Französisch lernen?,« fragt Daniel Barenboim
in einem Interview mit der *Zeit*. »Das ist das Problem!
Wenn uns die Musik wirklich wichtig ist, dann müssen
wir jetzt ganz drastisch denken und sie zur Pflicht erklären. Ganz selbstverständlich und für jeden. Das ist keine
Frage des Geldes oder der Subventionen, sondern eine
des politischen Willens.«[30] Dazu müßten Musiklehrer
(und Kunstpädagogen) eingestellt werden (und diese
müßten mit ordentlichen Arbeitsverträgen ausgestattet
werden). Einer der spannendsten jungen Musiker unserer
Tage verweist übrigens ausdrücklich auf seine musikalische Ausbildung: Das Songwriter- und Dubstep-Wun-
derkind James Blake ist Absolvent nicht irgendeiner Pop-
Akademie, sondern des Londoner Goldsmith College, hat
also eine klassische Ausbildung am Klavier genossen[31]
und weiß, was ein Kontrapunkt ist, und das hört man seiner Musik auch an. *So* geht Kulturpolitik, die wirklich
etwas erreichen will.

»Industrie und Medien haben (...) den Akt des Erkennens durch den Reflex fröhlichen Wiedererkennens ersetzt«, hat Ivan Nagel bereits 1985 formuliert.[32] Es käme
darauf an, den »Akt des Erkennens« neu in Gang zu setzen oder ihn überhaupt erst zu ermöglichen. Kultur, die
nicht den Menschen als Konsumenten und willenloses
Subjekt begreift, sondern die »die Geschichte des Sub-
jekts weiterschreiben« (Nagel) kann und will. Eine Kul-

---

[30] Jörg Lau, Christine Lemke-Matwey, »Das kann man nur mensch-
lich lösen«, Gespräch mit Daniel Barenboim, Zeit Online, 28. 3. 2012.
[31] Thomas Groß, »Die Mathematik der Seele«, Die Zeit, 4. 4. 2013.
[32] Ivan Nagel, Autonomie und Gnade: Über Mozarts Opern, München
1985, S. 10 f.

tur, die das Gegenteil von Mainstream will, denn Mainstream-Kultur wird an der Kasse abgerechnet. Wir sollten keine Steuergelder mehr für die Subventionierung von Staatspop ausgeben, sondern einen Paradigmenwechsel der Kulturpolitik verlangen. Es muß um die Förderung der Menschen gehen, um die Verbesserung ihrer Lebensumstände. Und es muß um die Förderung des Widerständigen gehen, um Musik, die *beunruhigt*, um den Gedanken von Charles Ives aufzunehmen.

Aber natürlich wissen wir vom Historiker Eric Hobsbawm – und die postmodernen jungen Menschen unserer Tage können daran nicht oft genug erinnert werden: Historische Veränderungen ergeben sich nicht aus ihrer objektiven Wünschbarkeit oder Notwendigkeit, sondern nur nach langem, zähem Kampf.

* * *

Doch wo sind die Künstler und Musiker, die den Kampf für Veränderungen, für eine andere Kultur aufnehmen? In den arabischen Ländern ist der einheimische Rap eines der wesentlichen Sprachrohre der Bevölkerung und ein wichtiger politischer Faktor. Lange schon haben Rapper etwa im Senegal oder in Kuba eine gesellschaftliche Bedeutung und artikulieren oppositionelle Gedanken. Doch nicht nur im Senegal, wo der vielleicht bedeutendste Popmusiker Afrikas, Youssou N'Dour, zunächst Präsidentschaftskandidat war und später Minister wurde, oder in Haiti, wo Wyclef Jean für die Präsidentschaft kandidierte, stellen sich Popmusiker ihrer gesellschaftlichen Verantwortung und schalten sich ganz selbstverständlich in die Politik ein. Der brasilianische Musiker Gilberto Gil war bereits in den achtziger Jahren Kulturbeauftragter der Stadt Salvador und dann von 2003 bis 2008 brasilianischer Kulturminister. 2011 wurde die Grammy-Gewinnerin Susana Baca Kulturministerin in Peru, und Kinky Friedman, der US-amerikanische Schriftsteller und Singer-Songwriter (»They Ain't Makin' Jews Like Jesus Anymore«) trat als Unabhängiger bei der texanischen Gouverneurswahl 2006 an. Der britische Pop und Rock ist dem »working class hero« verpflichtet, während der US-Rap und Hip-Hop sich als Kultur der Unterdrückten begreift, ähnlich wie früher Soul und Rhythm & Blues.

Gemeinsam ist dieser Popmusik von Brasilien bis zum Senegal, dem Hip-Hop von der Bronx bis nach Tunesien, den Songwritern von Peru bis Texas das Bewußtsein, daß ihre Musik die Gesellschaft verändern kann. Und gemein ist dieser weltweiten Popkultur, daß ihre Haltung als im weitesten Sinne »dissident« bezeichnet werden kann, daß sie die Gesellschaft ändern *will*, daß sie revolutionäres Potential hat. »Wir gehören zur Befreiungsfront der Rockmusik«, definierte John Lennon die Rolle der Rockmusiker in den frühen siebziger Jahren in Anlehnung an Befreiungsbewegungen in der damals noch so genannten »Dritten Welt«.[33]

Und hierzulande? Hier dominieren junge Musiker wie Casper, der sich und sein Freunde als »nette deutsche Jungs« bezeichnet, die deutsche Popmusik. Caspers politische Statements hören sich so an: »Als die Studiengebühren eingeführt wurden, hat sich ein Dozent von mir furchtbar aufgeregt. Und wir sind einfach weiter an die Uni gegangen.« Und Charts-Stürmer Cro singt: »Die Welt ist geil / Denn ich habe alles was ich brauch / Ich will hier nie wieder raus / Solang ich hier bin mach ich das Beste draus.« Deutscher Welt-Zustimmungs-Pop des Jahres 2012.

Das hat Methode: Xavier Naidoo, einer der erfolgreichsten deutschen Popmusiker unserer Tage, singt im ersten Song seines aktuellen Gemeinschaftsprojekts mit Kool Savas, das sich »Xavas« nennt: »Und ich schau nicht

---

[33] Und auf derselben legendären Pressekonferenz in New York antwortete Lennon auf die Frage: »Was hat die Beatles getötet«, nach vielleicht drei Sekunden Nachdenkens: »Der Kapitalismus!«

mehr zurück / aber wenn ich zurückschau / dann seh ich nur mein Glück / alles andere habe ich gerne zugeschüttet / und mit schöner Erinnerung einfach überbrückt.« Damit landeten Xavas dieser Tage auf Platz 1 der deutschen Album-Charts und gewannen den Bundesvision Song Contest. »Zur Zeit gibt es keine Gefahr, keine Konfrontation, keinen Sex, kein Drama in der Musik. Alle sind nur gehorsame Ja-Sager, die sich nicht aufregen. Die jungen Leute sind entpolitisiert worden. Wir dagegen glauben, daß die Künste etwas Rebellisches sein sollten!«, fordert Bobby Gillespie von Primal Scream.[34]

Spiegel Online meldete im September 2012, daß Angela Merkel zurzeit »unschlagbar in der Wählergunst vorne« liege. »Vor allem die Jungen und Erstwähler sehen zu Merkel demnach keine Alternative: Die Zustimmung reicht hin bis zu 69 Prozent.« Mehr als zwei Drittel der jungen Menschen favorisieren die konservative Kanzlerin – eine ganze Generation scheint ohne den üblichen Umweg über wie auch immer geartete progressive Gedanken direkt bei konservativem Konformismus gelandet zu sein, ohne sich, wie Hegel sagte, »die Hörner abgelaufen« zu haben – ein Weg, für den ihre Eltern noch zwanzig bis dreißig Jahre brauchten ... Eine Generation von Selbstoptimierern. Als unsereiner jung war, in den siebziger Jahren, sympathisierte der Großteil der Generation mit progressiven Parteien oder lehnte sich generell gegen »das Establishment« auf. Man demonstrierte gegen Atomkraftwerke und für den Frieden, die verrosteten Autos wurden von Aufklebern »Wir sind die Leute, vor denen uns unsere Eltern immer gewarnt haben« zusammengehalten, und wir legten allergrößten Wert darauf, andere Musik zu hören als unsere Eltern, schließlich wollten wir eine andere Welt, ein Leben »outside the so-

---

[34] »Primal Scream: Dissonanz und Dissens«, Classicrockmag.de, 4/2013.

ciety« (Patti Smith), und: »Macht kaputt, was euch kaputt macht.«

Wie politisch ist Pop? Welche Rolle spielen Künstler, Kulturarbeiter und Konsumenten? Natürlich wissen wir von Diedrich Diederichsen, daß die Kids nicht automatisch allright sind, und die jugendkulturelle Dissidenz, die wir im Pop finden, ist nicht per se emanzipatorisch. Aber was bedeutet es, wenn junge Menschen überwiegend Musik hören, die um etliche Klassen braver und biederer ist als die Plattensammlung ihrer Eltern? Was ist davon zu halten, wenn junge Menschen einen christlich-esoterisch stammelnden Musiker lieben, der leidenschaftlich Truppenbetreuung in Afghanistan betreibt? Warum flüchtet hierzulande eine ganze Generation in den systemstabilisierenden Wohlfühlpop eines neuen Biedermeier?

Das neuerdings gern vorgetragene Postulat aktueller Popmusiker lautet: Wir haben – beziehungsweise Popmusik allgemein hat – mit Politik nichts zu tun. Man kann heutzutage mit brav vorgetragenen und langweilig vertonten Tagebuch-Texten ganze Kirchen (sic!) füllen, und nicht nur in den von der Finanzkrise gebeutelten USA schlagen Musiker eher leisere Töne an. Was all diese gehypten Acts des Kuschel-Folk gemein haben, ist, wie Markus Schneider sehr treffend bemerkt hat, »die Abwesenheit jedes tieferen Begehrens«.[35] Die Musik ist brav und will nichts weiter, als vielleicht ein »Like« auf Facebook zu bekommen. »Musik für den Burnout«, wie Tobias Rapp lästert, ein Konservatismus als Musikgeschmack in einem Land, in dem sich die Produktivität pro Arbeitsstunde seit 1991 um 34,8 Prozent erhöht hat und die Menschen »nach getaner Arbeit müde aufs Sofa sinken und mit nichts belästigt werden möchten, was sie nicht kennen«.[36] Ein Land, in dem die jungen Menschen

---

[35] Markus Schneider, »Was für den Gefällt-mir-Knopf«, Berliner Zeitung, 10. 9. 2011

[36] Tobias Rapp, »Musik für den Burnout«, Uni-Spiegel, 3/2012

langweilige Burnout-Musik und anspruchslosen Welt-Zustimmungs-Pop hören.

Noel Gallagher im Interview mit der *Zeit*: »Musik und Politik gehören nicht zusammen. Insbesondere Rock'n' Roll ist purer Eskapismus. Bevor Sie ein Konzert besuchen, haben Sie Nachrichten im Radio gehört, in der Zeitung oder im Internet gelesen. Wer dann ein Rockkonzert besucht, will von der realen Welt da draußen abgelenkt werden. Soll ich etwa die Schlagzeilen singen? Rocksongs über Aufstände junger Araber und die *riots* in London? In ein Rockkonzert gehören Songs über die Freuden des Saufens und wie man seine Traumfrau aufreißt. Alles andere ist ein verdammtes Mißverständnis.« Die von der Initiative Musik geförderte Berliner Elektronikkünstlerin und Produzentin Gudrun Gut stellt klar: »Politisch motivierte Musik finde ich inzwischen total zum Kotzen. (...) Ich möchte mich lieber gar nicht politisch äußern und als Wattebausch wahrgenommen werden.«[37] Und Sven Regener stößt ins selbe Horn: »Es gibt keinen Zusammenhang zwischen Politik und Kunst (...). Wir wollen Menschen mit Kunst glücklicher machen. Wir sind nicht der verlängerte Arm der Volkshochschulen. Politik ist nicht die Basis, das ist falsch verstandener Marxismus.«[38]

In gewisser Weise kann man diese Ideologen des unpolitischen Biedermeier-Pop nur als »Idioten« bezeichnen – und zwar in der ursprünglichen und bis weit ins 19. Jahrhundert so gebrauchten Bedeutung des griechischen Wortes ιδιώτης (*idiotes*), nämlich als »Personen, die sich nur um ihre eigenen Angelegenheiten und nicht um die des größeren Gemeinwesens kümmern«.[39]

---

[37] »Musik hören mit Gudrun Gut«, De:Bug 166.
[38] »Allround-Künstler Sven Regener: ›Hat euch Rudi Dutschke nicht gereicht?‹«, Spiegel Online, 25. 9. 2009.
[39] Nach Eric Hobsbawn, Wie man die Welt verändert: Über Marx und den Marxismus, München 2012, Kindle-Edition, Pos. 1787.

Es soll also um das kleine private Glück gehen, darin sind sich Noel Gallagher, Xavier Naidoo und Sven Regener einig. Vor der Bühne stehen dann vielleicht, wie Karl Bruckmaier mal geschrieben hat, »Kinder aus gutem Haus, einigermaßen belesen, halbgebildet und durchaus nicht abgeneigt, während eines Freisemesters mal was richtig Ausgeflipptes zu unternehmen wie etwa einen Joint zu rauchen.«[40] Junge Menschen, die sich explizit nicht um die gesellschaftlichen Verhältnisse kümmern wollen, sondern die, so Gallagher, »von der realen Welt da draußen abgelenkt«, oder, so Regener, durch Musik »etwas glücklicher« gemacht werden wollen.

Muß das aber die Rolle des Künstlers, des Musikers in einer niedergehenden Demokratie sein, in einer Welt, in der »der Kapitalismus seit zwanzig Jahren in eine ausweglose Krise schlittert« und »sich seiner inneren Grenze nähert – seinem Untergang« (André Gorz)?[41] Bleibt Popmusikern nur die selbstgewählte Rolle des Hofnarren in einer neofeudalen Gesellschaft? Und bleibt dem Pop-Publikum wirklich nur die Rolle des apolitischen Objekts, des Konsumenten individueller Glücksversprechen einer aus dem Ruder laufenden Musikindustrie?

Die *New York Times* berichtet im Nachruf auf den »Black Panther« D. L. Cox von anderen Zeiten, nämlich von einer Fundraising-Party mit Liberalen in Leonard Bernsteins New Yorker Appartement zugunsten von zu Unrecht angeklagten Mitgliedern der Black-Panther-Bewegung, auf der D. L. Cox mit einigen anderen Mitgliedern seiner Bewegung auftauchte. Bernstein fragte Cox: »Now about your goals. I'm not sure I understand how you're going to achieve them. I mean, what are your tactics?«

---

[40] Karl Bruckmeier, »Klangmolke aus dem Mittelalter«, Süddeutsche.de, 19. 5. 2010.
[41] André Gorz, Auswege aus dem Kapitalismus, Zürich 2009, S. 79.

Cox: »If business won't give us full employment, then we must take the means of production and put them in the hands of the people.« Bernstein: »I dig absolutely.«[42]

Es gab also Zeiten, in denen Musiker wie der legendäre Dirigent Leonard Bernstein, der sonst Mahler und Mozart dirigierte, sich mit den Besitzverhältnissen in der Gesellschaft auseinandersetzten. Die Sängerin Nina Simone schreibt in ihrer Autobiographie: »Musik und Politik bestimmten mein Leben.« Peter Brötzmann wurde 1968 zum Berliner Jazzfest eingeladen und auch gleich wieder ausgeladen – er wollte auf der Bühne keinen Anzug tragen, wie es die Jazzpolizei vorschrieb. Brötzmann versteckte während des Vietnam-Krieges in seinem Wuppertaler Haus GIs, die desertiert waren, und spielt und komponiert bis heute eine harte, widerständige Musik, denn: »Eine brutale Gesellschaft provoziert natürlich eine brutale Musik.«[43]

Es geht hier nicht um billigen Agit-Prop. Musik in der Art der Bots ist ästhetisch so verabscheuungswürdig wie die von Pur. Wohl aber erwarte ich von Künstlern unserer Zeit, daß sie sich mit der Gesellschaft, in der sie leben, auseinandersetzen. Es geht um Haltung, eine Haltung, die eine Position zur Welt und zu den Verhältnissen bezieht.

Es geht aber auch um das grundsätzlich rebellische Potential von Pop- und Rockmusik. Was in Simon Reynolds Buch *Retromania* meistens überlesen wird, ist die Geschichte, wie sich die Popkultur immer stärker der Logik der Mode und des Marktes unterworfen hat.[44] Reynolds beschreibt dies am ständigen Revival der fünfziger Jahre und des Garagen-Rock der sechziger. Immer wieder wird

---

[42] Bruce Weber, »D. L. Cox, a Leader of Radicals During 1960s, Dies at 74«, The New York Times, 31. 3. 2011.

[43] Christoph J. Bauer, Brötzmann – Gespräche, Berlin 2013, Kindle-Edition, Pos. 2786; das Zitat stammt von 1968.

[44] Simon Reynolds, Retromania: Warum Pop nicht von seiner Vergangenheit lassen kann, Mainz 2012.

ein Garagen-Rock-Revival ausgerufen, mit immer langweiliger und austauschbarer werdenden Bands, mit diesen, wie Jens Balzer mal wütend in einer Rezension eines Pere-Ubu-Konzerts geschrieben hat, »sonnenbrillentragenden zwanzigjährigen Stumpfbirnen, die von der Musikindustrie in unermüdlichem Reigen auf die Konzertbühnen gestellt und wieder hinuntergeschubst werden«.[45] Der bereits erwähnte englische Musiker und Maler und manchmal auch Produzent »Wild« Billy Childish erzählt in Reynolds Buch lakonisch, wie die White Stripes über Monate hinweg versuchten, Platten aufzunehmen, die so klingen sollten wie diejenigen, die ihre Vorbilder an einem Tag im Studio einspielten: »Die White Stripes wollten auch aufnehmen, wo wir aufnahmen, nur daß sie ein paar Monate bleiben wollten, wo wir einen Tag brauchten.« Letztendlich, so Childish, besteht der Unterschied zwischen ihm und den White Stripes darin, »daß wir versuchen, die 15 Yards zwischen uns und dem Publikum abzubauen«, während die White Stripes »versuchen, 15 Yards *zwischen* sich und das Publikum zu kriegen. Sie wollten ins Stadion.«[46]

Es geht eben – und darauf weist Childish ausdrücklich hin – nicht um den *Sound*, sondern um die Haltung. Ihm gefällt es, wenn Bands »auf gleicher Ebene mit dem Publikum spielen«, Billy Childish und der von ihm mitbegründeten Kunstrichtung des »Stuckismus« geht es um »Revolte gegen die trendigen Konzepte und Provokationen der Brit Art«, nicht darum, einen Retro-Sound zu entwickeln, der einfach nur »Style« wäre, eine Mode ohne jedes Engagement und jeden Inhalt.

Natürlich müssen wir dessen gewahr bleiben, daß Popkultur längst keine Subkultur mehr ist. Ja, daß Subkulturen (im Plural) mittlerweile einen konstitutiven Teil des

---

[45] Jens Balzer, »Caroleen, ihr Name reimt sich auf Benzin«, Berliner Zeitung 19. 10. 2006.
[46] Billy Childish, zitiert nach Reynolds, a. a. O., S. 254.

Bürgertums darstellen, daß das Bürgertum sogar »nur noch aus Subkulturen besteht, die sich nicht mehr zu einem größeren Ganzen ergänzen wollen, sondern vor sich hin atomisieren« (Diedrich Diederichsen).[47]

Vielleicht sollten wir unser Augenmerk verstärkt darauf richten, Kunst und Kultur wieder voneinander zu unterscheiden? Natürlich, es ist nun einmal das Schicksal der großen Kunst, »daß sie in offizielle Kultur verwandelt wird«, die der Bewußtseinsindustrie oder dem Staat oder beiden unterliegt und von diesen ge- und mißbraucht wird. Als Richard Wagner noch »Subkultur« war, wurde seine Musik in Paris von einer Clique konservativer Bourgeois ausgebuht, während die heutigen konservativen Cliquen »ihren« Wagner in Bayreuth zelebrieren. Doch hat dies etwas an der Qualität von Wagners Musik geändert? Kultur ist laut Žižek »im innersten Kern der Name für das ganze Feld verleugneter oder unpersönlicher Glaubenssätze« und damit das Gegenteil von Kunst. Kultur als Bezeichnung für all die Dinge und Rituale, die wir praktizieren, ohne an sie wirklich zu glauben, ohne sie *ernst* zu nehmen.[48]

Dagegen sollten wir die Unbedingtheit der Kunst setzen. Ob er leben könne, ohne zu schreiben, das sei die einzige Frage, die er sich stellen müsse, schrieb Rilke einem jungen Fan, der sich ebenfalls zum Dichter berufen glaubte.[49] »Und wenn Sie mit einem starken und einfachen *ich muß* dieser ernsten Frage begegnen dürfen, dann bauen Sie Ihr Leben nach dieser Notwendigkeit.« In der Kunst (und, möchte ich hinzufügen: in der Liebe) geht es

---

[47] Ulf Poschardt, »Das Bürgertum besteht nur aus Subkulturen«, Interview mit Diedrich Diederichsen, Die Welt, 25. 5. 2008.

[48] Slavoj Žižek, Das Jahr der gefährlichen Träume, Frankfurt a. M. 2013, Pos. 579.

[49] In einem Brief vom Februar 1903 an den jungen Lyriker Franz Xaver Kappus, der Rilke seine Gedichte vorgelegt hatte; zitiert nach: Volker Weidermann, Rebellion der Armut und der Angst, FAZ, 10. 3. 2013.

um nicht weniger als um *alles. Mußt* du schreiben? *Mußt* du Musik machen? *Mußt* du die Songs, die du geschrieben hast, veröffentlichen und anderen Menschen vorspielen? Kannst du leben, ohne zu schreiben, ohne Musik zu machen? Die Musik »muß schon irgendwo aus den eingeweiden kommen und der einstellung zum leben, und nicht von den hochschulen«, fordert Peter Brötzmann.[50] Townes Van Zandt entschied sich als Anfang Zwanzigjähriger für eine Existenz als Musiker und Künstler: »There was one point, when I realized: I could really do this. But it takes one everything off: Family, money, security, happiness, friends ... Blowing off. Take your guitar and go.«[51]

Denken wir an Georg Büchner, der 1834, im Alter von zwanzig Jahren, als Mitverfasser der sozialrevolutionären Flugschrift *Der Hessische Landbote* in den Verdacht der Behörden geriet. Büchner, einer der größten deutschen Schriftsteller, hat sich nicht auf Regeners Position »es gibt keinen Zusammenhang zwischen Politik und Kunst« zurückgezogen, und Büchner hat Noel Gallaghers Frage, »soll ich etwa über Aufstände und *riots* singen«, klar beantwortet: Büchner hat mit seiner Flugschrift, mit seinem »Friede den Hütten! Krieg den Palästen!« die mittellosen Bauern, Handwerker und Tagelöhner zum Aufstand gegen ihre adeligen Obrigkeiten und gegen die »Reichen« bewegen wollen. Er mußte vor den Behörden zu seinen Eltern, ins reaktionäre Großherzogtum Hessen-Darmstadt fliehen. Büchner schreibt über die französische Revolution, weil es ihm um aktuelle Umwälzungen im Deutschland des Vormärz geht. Und es ist beileibe nicht so, daß bei Büchner das private Glück, daß Emotionen

---

[50] Peter Brötzmann im Gespräch mit Karl Lippegaus, zitiert nach: »Long Story Short«, Programmheft zum Unlimited Festival in Wels 2011.
[51] Townes Van Zandt im Dokumentarfilm: Be Here To Love Me, von Margaret Brown, USA 2005.

keine Rolle spielen. Büchner hat einige der schönsten Liebesszenen der deutschen Literatur geschrieben. Gleichzeitig teilt Büchner mit seinen Helden die selbstverständliche Bereitschaft, die Welt zu verbessern, also zu revolutionieren.

Nun, gewiß, Georg Büchner, der mit dreiundzwanzig Jahren starb, war ein Jahrhundertgenie. Nicht jeder ist ein Büchner. Bei manch einem reicht es eben nur zu einem Platz im Schlafsack auf einem Occupy-Camp. Aber: muß man sich in bewegten, in krisenhaften, in, wie Alexander Kluge sagt, »vorrevolutionären Zeiten« wirklich mit Musik zufriedengeben, die die »Freuden des Saufens« und das »Aufreißen einer Traumfrau« besingt, die der Welt und den Zeitläuften also nur »ein kleines bißchen Glück« entgegenhält? Haben wir wirklich nicht mehr verdient?

Künstler und Publikum haben immer eine Wahl, das sollten wir nicht vergessen. Man kann Rassist sein wie Morrisey, der gegen Einwanderung oder allgemein gegen Schwarze wettert und Chinesen als eine »Unterart« (»subspecies«), also als Untermenschen, bezeichnet. Man kann, wie der amerikanische Countrysänger Hank Williams Junior oder der Rocksänger Ted Nugent, ein veritabler Reaktionär sein.[52] Man kann, wie die deutschen Bands Unheilig oder Haudegen, auf »Gefühl und Bärigkeit« setzen und »mit biederer Pathosmusik gewaltige Erfolge feiern« (Jürgen Ziemer), und man kann wie Frei.Wild mit nationalistischen Themen kokettieren und sich von der NPD gut finden lassen. Oder man kann, wie Sean Lennon und sein Kumpel Rufus Wainwright oder auch Jackson Browne, in New York im Zuccotti Park

---

[52] Hank Williams Junior: »Wir haben einen muslimischen Präsidenten, der das Militär haßt, der die Vereinigten Staaten haßt – und wir hassen ihn.« Ted Nugent: »Man kann einfach nicht jeden dazu bringen, sein Haus sauberzumachen in dieser widerlichen, bösen, Amerika-hassenden Regierung Obamas«. Beide Zitate aus Uwe Schmitt, »Idiotie des Landlebens«, Die Welt, 24. 8. 2012.

auftauchen und im Occupy-Camp ein Solidaritätskonzert spielen.

Man kann sich von der Regierung für ein »Fest der Freiheit« am Brandenburger Tor vereinnahmen lassen wie Bon Jovi oder Paul van Dyk, der sogar eine Hymne für diesen Anlaß geschrieben hat. Man kann, wie Xavier Naidoo oder Paul Kalkbrenner, als »Truppenbetreuer« vor den Soldaten der Bundeswehr in Afghanistan aufspielen und Werbung für die deutsche Armee machen.[53] Oder man kann wie Mick Jagger einen Song wie »High Wire« schreiben, in dem er zu Zeiten des zweiten Golfkrieges die Aufrüstung Saddam Husseins durch den Westen kritisiert, oder »Sweet Neo Con«, in der er 2005 die Politik der Bush-Administration nach den Attentaten vom 11. September anprangert (viele US-Radiostationen weigerten sich, den Song zu spielen). Keith Richards sagte dazu:»Ich sag Ihnen was: Manchmal tut es gut, verboten zu werden. Mit ›Sweet Neo Con‹ war es einfach. Der Titel sagte, worum es ging – die Abschaffung bestimmter freiheitlicher Grundrechte durch die Neokonservativen. Jeder wußte, was damals in den USA geschah. Manchmal ist es eine Ehre, verboten zu werden.«[54] Protest gegen die bestehenden Verhältnisse nicht als Mode, sondern als Substanz von Pop- und Rockmusik. Der Künstler als jemand, der »subversive Ideen verbreiten und Unzufriedenheit und Rebellion schüren muß«, wie es der Literaturnobelpreisträger Mario Vargas Llosa fordert.

Vermutlich der Inbegriff eines engagierten, politischen Künstlers ist Harry Belafonte. Belafonte schreibt in seiner Autobiographie:»Ich war kein Künstler, der Aktivist

---

[53] Xavier Naidoo: »Ich kann's nur jedem anderen Künstler in Deutschland empfehlen, die Truppen zu unterstützen«, in: Christoph Twickel, »Operation Hineinfühlung – Deutscher Pop in Afghanistan«, Spex, Nr. 332.
[54] »Angst? Kenne ich nicht!«, Interview mit Keith Richards, Berliner Zeitung, 12. 12. 2011.

geworden war. Ich war ein Aktivist, der Künstler geworden war. Ich war von dem Bedürfnis getrieben, mich gegen jede Ungerechtigkeit auf jede mir mögliche Weise aufzulehnen.«[55]

Und wer von uns wäre nicht gerne bei einem der wichtigsten und würdevollsten Konzerte des letzten Jahrhunderts dabeigewesen, dem unprätentiösen »Stars for Freedom«-Konzert in Montgomery, Alabama, im März 1965? Aktivisten der amerikanischen Civil-Rights-Bewegung hatten einen Marsch für das Wahlrecht von afroamerikanischen BürgerInnen über die Edmund Pettus Bridge organisiert, der von den weißen Polizisten brutal niedergeknüppelt wurde und als »Bloody Sunday« weltweit in die Schlagzeilen geriet. Am Dienstag darauf wurde ein weiterer Marsch über die Brücke von Martin Luther King angeführt, diesmal waren aus den sechshundert Aktivisten des ersten Marsches 2500 geworden. Einige der Aktivisten wurden von Ku-Klux-Klan-Mitgliedern angegriffen, ein Demonstrant erlag seinen Verletzungen. Belafonte, der der schwarzen Bürgerrechtsbewegung eng verbunden war, organisierte ein »Stars for Freedom«-Konzert am Abend vor dem nächsten Marsch über die Brücke, und so traten auf einem kleinen Holzpodest außerhalb der Hauptstadt des Staates Mississippi neben Belafonte Stars wie Tony Bennett, Sammy Davis Jr., Nina Simone und Peter, Paul and Mary auf, und am nächsten Tag zogen sie zusammen mit über 25 000 Demonstranten über die Brücke, um für das Wahlrecht der schwarzen Bevölkerung zu kämpfen.

Man kann sich, wie John William Cummings alias Johnny Ramone, als Spießer inszenieren, der abends die Füße hochlegt, Baseball im Fernsehen schaut, sich aus allem heraushält und versucht, seinem Lebensziel – der ersten Million – irgendwie näher zu kommen.[56] Oder man

---

[55] Harry Belafonte, My Song, Köln 2012, S. 309.
[56] Johnny Ramone, Commando, Autobiographie, Stuttgart 2012.

kann für seine politische Überzeugung ins Gefängnis gehen, wie Pussy Riot.

Bernadette La Hengst reflektiert in ihrem Song
»Grundeinkommen Liebe« ihre prekäre Situation als
Popmusikerin: »Armut macht das Leben süß (...) Die Krise hat mich in der Hand (...) mein Portomonnaie ist immer leer / doch irgendwo krieg ich immer was zu essen
her / ich bin ein Meister der Improvisation / Die Liebe ist
wie freie Kunst / ich glaub nicht ans Geld, ich glaub an
uns / und unsere kreative Depression.« Und Jochen Diestelmeyer beantwortet die selbstgestellte Frage in seinem
gleichnamigen Song »Wohin mit dem Hass, den ich in
mir spür?« mit: »Kennst du die Reichen und Mächtigen?
Laß ihre Wagen brennen«, auch wenn diese Reichen und
Mächtigen »weder Respekt noch Angst vor uns haben«.[57]

Japans wichtigster Rockstar, Saito Kazuyoshi, hat sich
nach der atomaren Katastrophe in seinem Land nicht auf
Sven Regeners Diktum »es gibt keinen Zusammenhang
zwischen Politik und Kunst« oder auf Gudrun Guts »ich
möchte mich lieber gar nicht politisch äußern und als
Wattebausch wahrgenommen werden« zurückgezogen,
sondern hat seinen Song »Zutto suki Data«, ein wüstes
Anti-Fukushima-Lied, veröffentlicht, das auf Druck der
japanischen Regierung bei YouTube wieder entfernt
wurde.

Alain Badiou schreibt in seinen »15 Thesen zur zeitgenössischen Kunst« unter anderem: »Kunst ist die unpersönliche Produktion einer Wahrheit, die sich an alle
richtet. (...) Die nicht imperiale Kunst muß so festgefügt
sein wie ein Beweis, so überraschend wie ein nächtlicher
Hinterhalt und so hoch wie ein Stern.«[58] Wäre es nicht an
der Zeit, von unseren Künstlern eine derartige »nicht imperiale Kunst« zu fordern? Eine Kunst, die sich bemüht,

---

[57] Auf der CD »Heavy«, 2009.
[58] Alain Badiou, 15 Thesen zur zeitgenössischen Kunst, in: Inaesthetik
Nr. 0, Zürich / Berlin, Juni 2008, S. 13 u. 23.

diesen hochgesteckten Zielen gerecht zu werden? »So festgefügt wie ein Beweis, so überraschend wie ein nächtlicher Hinterhalt«?

Es ist klar, daß Kunst keine objektive Gültigkeit beansprucht. Statt dessen kommuniziert sie eine Haltung. »Kunst behauptet nicht, wie irgend etwas ist, sondern sie vermittelt, wie man sich dazu verhalten kann. Kunst teilt Perspektiven mit« (Dietmar Dath).[59] Nicht nur die Künstler selbst, sondern auch die Kulturvermittler, vor allem aber die Kulturempfänger, also das Publikum, die »Konsumenten«, müssen sich fragen, ob sie sich mit einer Kunst und Kultur zufrieden geben wollen, die nur der Unterhaltung und der Zerstreuung dient, die nur das Einverständnis mit der Welt zementiert – oder ob sie eine Kultur des Fortschritts wollen, eine Kultur, die der Forderung Brechts gerecht wird, daß der Mensch dem Menschen ein Helfer sei.

In einer Zeit, in der das Menschenrecht auf kulturelle Teilhabe weltweit durch multinationale Konzerne massiv gefährdet ist, kommt es mehr denn je darauf an, Haltung zu zeigen. »Die Massen haben das Recht, Eigentumsverhältnisse zu verändern«, sagt Walter Benjamin. Die Massen, die »99 Prozent«, haben nicht nur das Recht, sondern vielleicht sogar die Pflicht, sich einer »Kultur der Konzerne« zu widersetzen. Wir alle haben in der Hand, was aus unserer Kultur wird.

---

[59] Martin Hatzius, Dietmar Dath, Alles fragen, nichts fürchten, Berlin 2011, S. 81.

Literaturverzeichnis

Hier werden nur Werke erwähnt, die kontinuierlich für das Abfassen des Buches herangezogen wurden, oder die den Lesern zur Vertiefung des Stoffs empfohlen werden. Als Quelle wurde auch Wikipedia herangezogen. Teile einzelner Kapitel dieses Buches wurden zuerst in der *Berliner Zeitung*, im *Freitag* oder in *Konkret* veröffentlicht. Das Kapitel über die Geschichte der amerikanischen Live-Industrie hätte ohne das Buch *Ticket Masters* von Dean Budnick und Josh Baron so nicht geschrieben werden können; eine hervorragende deutschsprachige Zusammenfassung von *Ticket Masters* kann man auf dem von Peter Tschmuck betriebenen Blog *Musikwirtschaftsforschung* nachlesen.

Theodor W. Adorno, Zu einer Theorie der musikalischen Reproduktion, Frankfurt 2001.

Theodor W. Adorno, Beethoven – Philosophie der Musik, Frankfurt 1993.

Theodor W. Adorno, Gesellschaftstheorie und Kulturkritik, Frankfurt 1975.

Theodor W. Adorno, Kulturkritik und Gesellschaft, Bände I, III und IV, Frankfurt 2003.

Theodor W. Adorno, Die musikalischen Monographien, Frankfurt 2003.

Martin Atkins, Tour:Smart and break the band, Chicago 2007.

Alain Badiou, Fünf Lektionen zum »Fall« Wagner, Zürich 2012.

Martin Baltes und Rainer Höltschl, absolute Marshall McLuhan, Freiburg 2011.

Christoph J. Bauer, Brötzmann – Gespräche, Berlin 2013, Kindle-Edition.

Steven Lee Beeber, The Heebie-Jeebies at CBGB'S, A Secret History of Jewish Punk, Chicago 2006. Dtsch. Mainz 2008.

Harry Belafonte, My Song, Köln 2012.

Walter Benjamin, Charles Baudelaire, Frankfurt 1974.

Walter Benjamin, Das Kunstwerk im Zeitalter seiner technischen Reproduzierbarkeit. Drei Studien zur Kunstsoziologie, Frankfurt a. M. 1963.

Peter Berling, Hazard und Lieblos, Hamburg 2012.

Heinrich Böll Stiftung (Hg.), Copy.Right.Now!, Berlin 2010.

Pierre Bourdieu, Die feinen Unterschiede: Kritik der gesellschaftlichen Urteilskraft, Frankfurt a. M. 1982.

Pierre Bourdieu, Gegenfeuer, Konstanz 2004.

Pierre Bourdieu, Wie die Kultur zum Bauern kommt, Hamburg 2001.

Susan Buck-Morss, Hegel und Haiti, Frankfurt 2011.

Dean Budnick, Josh Baron, Ticket Masters, Toronto 2011.

Hans Bunge, Fragen Sie mehr über Brecht. Hanns Eisler im Gespräch, München 1972.

Larry Butler, The Twelve Lessons of Rock'n'Roll, New York 2012, Kindle Edition.

Jan Caeyers, Beethoven: Der einsame Revolutionär, 2012, Kindle Edition.

Edgar O. Cruz, The Beatles – Extraordinary Plagiarists, Manila 2009.

Dietmar Dath, Für immer in Honig, Berlin 2008.

Clive Davis, The Soundtrack Of My Life, New York 2013, Kindle Edition.

Guy Debord, Die Gesellschaft des Spektakels, Berlin 1996.

Gilles Deleuze, Unterhandlungen 1972-1990, Frankfurt 1993.

Jacques Derrida, Ein Porträt von Geoffrey Bennington und Jacques Derrida, Frankfurt 1994.

Diedrich Diederichsen, Eigenblutdoping, Köln 2008

Alain Ehrenberg, Das erschöpfte Selbst, Frankfurt 2008.

Hanns Eisler, Reden und Aufsätze, Leipzig 1961.

Hanns Eisler, 's müßt dem Himmel Höllenangst werden, Archive zur Musik des 20. Jahrhunderts, Band 3, Hofheim 1998.

Engelmann/Frühauf/Nell/Waldmann, We are ugly but we have the music: Eine ungewöhnliche Spurensuche in Sachen jüdische Erfahrung und Subkultur, Mainz 2012.

Mark Fisher, Kapitalistischer Realismus ohne Alternative?, Hamburg 2013.

Harald Fricke, Texte 1990-2007, Berlin 2010.

Wolfgang Frömberg, Spucke, Lohmar 2009.

Neal Gabler, An Empire of Their Own: How the Jews Invented Hollywood, New York 1989.

Dirk von Gehlen, Mashup – Lob der Kopie, Berlin 2011.

Dizzy Gillespie, To Be Or Not To Bop, St. Andrä-Wördern 1985.

Joseph Goebbels, Tagebücher, Band 2: 1930-1934, München 2003.

Danny Goldberg, Unter Genies, Berlin 2009.

André Gorz, Auswege aus dem Kapitalismus, Zürich 2009.

Eric Goulden, a dysfunctional success – The Wreckless Eric Manual, London 2003.

Bill Graham und Robert Greenfield, Bill Graham Presents – Ein Leben zwischen Rock & Roll, Frankfurt 1996.

Zack O'Malley Greenburg, Empire State of Mind – Jay-Z's Journey from Street Corner to Corner Office, New York 2012, Kindle Edition.

Byung-Chul Han, Shanzhai. Dekonstruktion auf Chinesisch, Berlin 2011.

Owen Hatherly, These Glory Days, Berlin 2012.

Martin Hatzius, Dietmar Dath, Alles fragen, nichts fürchten, Berlin 2011.

Hans G Helms, Musik-Konzepte 111, München 2001.

Hans Werner Henze, Musik und Politik, Schriften und Gespräche 1955-1975, München 1976.

Eric J. Hobsbawm, Nationen und Nationalismus, Mythos und Realität seit 1780, Frankfurt 2005.

Max Horkheimer, Theodor W. Adorno, Dialektik der Aufklärung, Frankfurt a. M. 1988.

Charles Ives, Ausgewählte Texte, Zürich 1985.

Waylon Jennings und Lenny Kaye, Waylon, An Autobiography, Chicago 2012.

Owen Jones, Prolls: Die Dämonisierung der Arbeiterklasse, Mainz 2012.

François Jullien, Die Affenbrücke. Kulturelle Fruchtbarkeit statt nationaler Identität: Über künftige Diversität, Wien 2011.

François Jullien, Vortrag vor Managern über Wirksamkeit und Effizienz in China und im Westen, Berlin 2006.

Georg Knepler, Musikgeschichte des 19. Jahrhunderts, Bd. 1, Frankreich – England, Berlin 1961.

Friedrich Kittler, Grammophon, Film, Typewriter, Berlin 1986.

Siegfried Kracauer, Von Caligari zu Hitler, Berlin 2012.

Robert B. Laughlin, Das Verbrechen der Vernunft. Betrug an der Wissensgesellschaft, Frankfurt 2008.

Miles Marshall Lewis, There's a Riot Goin' On, New York 2012.

Alan Licht, Will Oldham on Bonnie »Prince« Billy, London 2012, Kindle Edition.

George Lindt und Ingolf Rech, Wir werden immer weitergehen, Berlin 2012.

Bernadette Loacker, kreativ prekär – Künstlerische Arbeit und Subjektivität im Postfordismus, Bielefeld 2010.

Prince Rupert Loewenstein, A Prince among Stones, London 2013, Kindle Edition.

Klarissa Lueg, Habitus, Herkunft und Positionierung – Die Logik des journalistischen Feldes, Wiesbaden 2012, Kindle Edition.

Niklas Luhmann, Protest. Systemtheorie und soziale Bewegungen, Frankfurt a. M.

Herbert Marcuse, Kultur und Gesellschaft I, Frankfurt 1965.

Herbert Marcuse, Der eindimensionale Mensch, Darmstadt 1967.

Markus Metz und Georg Seeßlen, Kapitalismus als Spektakel, Berlin 2012.

Wolfgang Müller, Subkultur Westberlin 1979–1989, Hamburg 2013.

Ivan Nagel, Autonomie und Gnade: Über Mozarts Opern, München 1985.

Philipp Otto, Das Netz 2012 – Jahresrückblick Netzpolitik, 2012 Kindle Edition.

Blaise Pascal, Gedanken, übersetzt von Ulrich Kunzmann, Stuttgart 1997.

Pier Paolo Pasolini, Freibeuterschriften, Berlin 1988.

Wolfgang Pohrt, Honoré de Balzac, Der Geheimagent der Unzufriedenheit, Berlin 1990.

Jacques Rancière, Der emanzipierte Zuschauer, Wien 2009.

Jacques Rancière, Ist Kunst widerständig?, Berlin 2008.

Gerald Raunig, Fabriken des Wissens, Zürich 2012.

Andreas Reckwitz, Die Erfindung der Kreativität, Berlin 2012.

Simon Reynolds, Retromania: Warum Pop nicht von seiner Vergangenheit lassen kann, Mainz 2012.

Keith Richards, Life, München 2010.

Nile Rodgers, Le Freak, London 2011.

Jean-Jacques Rousseau, Abhandlung über den Ursprung und die Grundlagen der Ungleichheit unter den Menschen, Amsterdam 1755.

Helmut Salzinger, Best of Jonas Überohr, Popkritik 1966-1982, Hamburg 2010.

Nadine Sander, Das akademische Prekariat, Konstanz 2012.

Frank Schirrmacher, Ego – Das Spiel des Lebens, München 2013.

Anja Schwanhäußer, Kosmonauten des Underground – Ethnografie einer Berliner Szene, Frankfurt 2010.

Richard Sennett, Die Kultur des neuen Kapitalismus, Berlin 2007.

Joseph A. Tainter, The Collapse of Complex Societies, Cambridge University Press, 1988 (20. Auflage 2009).

Nick Tosches, Country – The twisted roots of rock'n'roll, New York 1985.

Gian Trepp, Bertelsmann – Eine deutsche Geschichte, Zürich 2007.

David Van Reybrouck, Kongo. Eine Geschichte, Berlin 2012.

Dave Van Ronk with Elijah Wald, The Mayor of MacDougal Street, New York 2009, Kindle Edition.

Max Weber, Die protestantische Ethik und der Geist des Kapitalismus, München 2004.

Peter Weiss, Die Ästhetik des Widerstands, Frankfurt 1991.

Tim Wu, Der Master Switch, Aufstieg und Niedergang der Medienimperien, Heidelberg 2012.

Slavoj Žižek, Das Jahr der gefährlichen Träume, Frankfurt 2012.